ROMANS
HISTORIQUES

AVENTURES, ANECDOTES, MYSTÈRES

PAR

ALEXANDRE DUMAS

TOME CINQUIÈME

PARIS
DUFOUR, MULAT ET BOULANGER, LIBRAIRES
6, rue de Beaune, près le Pont-Royal
(ANCIEN HÔTEL DE NESLE)

1860

ROMANS
HISTORIQUES

TOME V

LAGNY. — IMPRIMERIE DE A. VARIGAULT.

ROMANS
HISTORIQUES

AVENTURES, ANECDOTES, MYSTÈRES

PAR

ALEXANDRE DUMAS

TOME CINQUIÈME

PARIS

DUFOUR, BOULANGER ET LEGRAND, ÉDITEURS

8, rue de Beaune, près le Pont-Royal

(ANCIEN HÔTEL DE NESLE)

1862

LES COMPAGNONS

DE JEHU

AVANT-PROPOS.

LA VILLE D'AVIGNON.

Je ne sais si l'avant-propos que nous allons mettre sous les yeux du lecteur est bien utile, et cependant nous ne pouvons résister au désir d'en faire, non pas le premier chapitre, mais la préface de ce livre.

Plus nous avançons dans la vie, plus nous avançons dans l'art, plus nous demeurons convaincu que rien n'est abrupt et isolé, que la nature et la société marchent par déduction et non par accident, et que l'événement, fleur joyeuse ou triste, parfumée ou fétide, souriante ou fatale, qui s'ouvre aujourd'hui sous nos yeux, avait son bouton dans le passé et ses racines parfois dans les jours antérieurs à nos jours, comme elle aura son fruit dans l'avenir.

Jeune, l'homme prend le temps comme il vient, amoureux de la veille, insoucieux du jour, s'inquiétant peu du lendemain. La jeunesse, c'est le printemps avec ses fraîches aurores et ses beaux soirs; si parfois un orage passe au ciel, il éclate, gronde et s'évanouit, laissant le ciel plus azuré, l'atmosphère plus pure, la nature plus souriante qu'auparavant.

A quoi bon réfléchir aux causes de cet orage qui passe rapide comme un caprice, éphémère comme une fantaisie? Avant que nous ayons le mot de l'énigme météorologique, l'orage aura disparu.

Mais il n'en est point ainsi de ces phénomènes terribles qui, vers la fin de l'été, menacent nos moissons; qui, au milieu de l'automne, assiégent nos vendanges: on se demande où ils vont, on s'inquiète d'où ils viennent, on cherche le moyen de les prévenir.

Or, pour le penseur, pour l'historien, pour le poëte, il y a bien un autre sujet de rêverie dans les révolutions, ces tempêtes de l'atmosphère sociale qui couvrent la terre de sang et brisent toute une génération d'hommes, que dans les orages du ciel qui noient une moisson ou grêlent une vendange, c'est-à-dire l'espoir d'une année seulement, et qui font un tort que peut, à tout prendre largement, réparer l'année suivante, à moins que le Seigneur ne soit dans ses jours de colère.

Ainsi autrefois, soit oubli, soit insouciance, ignorance peut-être, heureux qui ignore! malheureux qui sait! autrefois j'eusse eu à raconter l'histoire que je vais vous dire aujourd'hui, que, sans m'arrêter au lieu où se passe la première scène de mon livre, j'eusse insoucieusement écrit cette scène, j'eusse traversé le Midi comme une autre province, j'eusse nommé Avignon comme une autre ville.

Mais aujourd'hui il n'en est pas de même; j'en suis, non plus aux bourrasques du printemps, mais aux orages de l'été, mais aux tempêtes de l'automne. Aujourd'hui, quand je nomme Avignon, j'évoque un spectre, et, de même qu'Antoine, déployant le linceul de César, disait : « Voici le trou qu'a fait le poignard de Casca; voici celui qu'a fait le glaive de Cassius; voici celui qu'a fait l'épée de Brutus; » je dis, moi, en voyant le suaire sanglant de la ville papale : « Voilà le sang des Albigeois; voilà le sang des Cévenoles; voilà le sang des républicains; voilà le sang des royalistes; voilà le sang de Lescuyer; voilà le sang du maréchal Brune. »

Et je me sens alors pris d'une profonde tristesse et je me mets à écrire; mais, dès les premières lignes, je m'aperçois que, sans que je m'en doutasse, le burin de l'historien a pris entre mes doigts la place de la plume du romancier.

Eh bien, soyons l'un et l'autre; lecteur, accordez les dix, les quinze, les vingt premières pages à l'historien, le romancier aura le reste.

Disons donc quelques mots d'Avignon, lieu où va s'ouvrir la première scène du nouveau livre que nous livrons au public.

Peut-être, avant de lire ce que nous en dirons, est-il bon de jeter les yeux sur ce qu'en dit son historien national, François Nouguier.

« Avignon, dit-il, ville noble pour son antiquité, agréable pour son assiette, superbe pour ses murailles, riante pour la fertilité du solage, charmante pour

LES COMPAGNONS DE J HU. COMBAT DE GEORGES CADOUDAL ET DE ROLAND. TYP. J. CLAYE.

la douceur de ses habitants, magnifique pour son palais, belle pour ses grandes rues, merveilleuse pour la structure de son pont, riche pour son commerce et connue par toute la terre. »

Que l'ombre de François Nouguier nous pardonne si nous ne voyons pas tout à fait sa ville natale avec les mêmes yeux que lui.

Ceux qui connaissent Avignon diront qui l'a mieux vue de l'historien ou du romancier.

Il est juste d'établir avant tout qu'Avignon est une ville à part, c'est-à-dire la ville des passions extrêmes. L'époque des dissensions religieuses qui ont amené pour elle les haines politiques remonte au douzième siècle; les vallées du mont Ventoux abritèrent, après sa fuite de Lyon, Pierre de Valdo et ses Vaudois; les ancêtres de ces protestants qui, sous le nom d'Albigeois, coûtèrent aux comtes de Toulouse, et qui valurent à la papauté les sept châteaux que Raymond VI possédait dans le Languedoc.

Puissante république gouvernée par des podestats, Avignon refusa de se soumettre au roi de France. Un matin, Louis VIII, qui trouvait plus simple de se croiser contre Avignon, comme avait fait Simon de Montfort, que pour Jérusalem, comme avait fait Philippe-Auguste, un matin, disons-nous, Louis VIII se présenta aux portes d'Avignon demandant à y entrer, la lance en arrêt, le casque en tête, les bannières déployées, et les trompettes de guerre sonnant.

Les bourgeois refusèrent; ils offrirent au roi de France, comme dernière concession, l'entrée pacifique, tête nue, lance haute, et bannière royale seule déployée. Le roi commença le blocus; ce blocus dura trois mois, pendant lesquels, dit le chroniqueur, les bourgeois d'Avignon rendirent aux soldats français flèches pour flèches, blessures pour blessures, mort pour mort.

La ville capitula enfin. Louis VIII conduisait dans son armée le cardinal-légat Romain de Saint-Ange; ce fut lui qui dicta les conditions, véritables conditions de prêtre, dures et absolues.

Les Avignonnais furent condamnés à démolir leurs remparts, à combler leurs fossés, à abattre trois cents tours, à livrer leurs navires, à brûler leurs engins et leurs machines de guerre. Ils durent, en outre, payer une contribution énorme, abjurer l'hérésie vaudoise, entretenir en Palestine trente hommes d'armes parfaitement armés et équipés pour y concourir à la délivrance du tombeau du Christ. Enfin, pour veiller à l'accomplissement de ces conditions, dont la bulle existe encore dans les archives de la ville, il fut fondé une confrérie de pénitents qui, traversant plus de six siècles, s'est perpétuée jusqu'à nos jours.

En opposition avec ces pénitents, qu'on appelle les pénitents Blancs, se fonda l'ordre des pénitents Noirs, tout imprégnés de l'esprit d'opposition de Raymond de Toulouse.

A partir de ce jour, les haines religieuses devinrent des haines politiques.

Ce n'était point assez pour Avignon d'être la terre de l'hérésie, il fallait qu'elle devînt le théâtre du schisme.

Qu'on nous permette, à propos de la Rome française, une courte digression historique : à la rigueur elle ne serait point nécessaire au sujet que nous traitons, et peut-être ferions-nous mieux d'entrer de plein bond dans le drame, mais nous espérons qu'on nous la pardonnera. Nous écrivons surtout pour ceux qui, dans un roman, aiment à rencontrer parfois autre chose que du roman.

En 1285, Philippe le Bel monta sur le trône.

C'est une grande date historique que cette date de 1285. La papauté qui, dans la personne de Grégoire VII, a tenu tête à l'empereur d'Allemagne; la papauté qui, vaincue matériellement par Henri IV, l'a vaincu moralement; la papauté est souffletée par un simple gentilhomme sabin, et le gantelet de fer de Colonna rougit la face de Boniface VIII.

Mais le roi de France, par la main duquel le soufflet avait été réellement donné, qu'allait-il advenir de lui sous le successeur de Boniface VIII?

Ce successeur, c'était Benoît XI, homme de bas lieu, mais qui eût été un homme de génie peut-être, si on lui en eût donné le temps.

Trop faible pour heurter en face Philippe le Bel, il trouva un moyen que lui eût envié, deux cents ans plus tard, le fondateur d'un ordre célèbre. Il pardonna hautement, publiquement à Colonna.

Pardonner à Colonna, c'était déclarer Colonna coupable : les coupables seuls ont besoin de pardon.

Si Colonna était coupable, le roi de France était au moins son complice.

Il y avait quelque danger à soutenir un pareil argument; aussi Benoît XI ne fut-il pape que huit mois.

Un jour, une femme voilée, qui se donnait pour converse de Sainte-Pétronille à Pérouse, vint, comme il était à table, lui présenter une corbeille de figues.

Un aspic y était-il caché, comme dans celle de Cléopâtre? Le fait est que le lendemain le saint-siége était vacant.

Alors Philippe le Bel eut une idée étrange, si grande, qu'elle dut lui paraître d'abord une hallucination.

C'était de tirer la papauté de Rome, de l'amener en France, de la mettre en geôle, et de lui faire battre monnaie à son profit.

Le règne de Philippe le Bel est l'avénement de l'or. L'or, c'était le seul et unique dieu de ce roi qui avait souffleté un pape. Saint Louis avait eu pour ministre un prêtre, le digne abbé Suger; Philippe le Bel eut pour ministres deux banquiers, les deux Florentins Biscio et Musciato.

Vous attendez-vous, cher lecteur, à ce que nous allons tomber dans ce lieu commun philosophique qui consiste à anathématiser l'or? Vous vous tromperiez.

Au treizième siècle, l'or est un progrès.

Jusque-là, on ne connaissait que la terre.

L'or, c'était la terre monnayée, la terre mobile, échangeable, transportable, divisible, subtilisée, spiritualisée, pour ainsi dire.

Tant que la terre n'avait pas eu sa représentation dans l'or, l'homme, comme le dieu Terme, cette borne des champs, avait eu les pieds pris dans la terre. Autrefois la terre emportait l'homme; aujourd'hui, c'est l'homme qui emporte la terre.

Mais l'or, il fallait le tirer d'où il était; et où il était, il était bien autrement enfoui que dans les mines de Chiloé ou de Mexico.

L'or était chez les juifs et dans les églises.

Pour le tirer de cette double mine, il fallait plus qu'un roi, il fallait un pape.

C'est pourquoi Philippe le Bel, le grand tireur d'or, résolut d'avoir un pape à lui.

Benoît XI mort, il y avait conclave à Pérouse ; les cardinaux français étaient en majorité au conclave.

Philippe le Bel jeta les yeux sur l'archevêque de Bordeaux, Bertrand de Got. Il lui donna rendez-vous dans une forêt près de Saint-Jean d'Angely.

Bertrand de Got n'avait garde de manquer au rendez-vous.

Ils y entendirent la messe, et au moment de l'élévation, sur ce Dieu que l'on glorifiait, ils se jurèrent un secret absolu.

Bertrand de Got ignorait encore ce dont il était question.

La messe entendue :

— Archevêque, lui dit Philippe le Bel, il est en mon pouvoir de te faire pape.

Bertrand de Got n'en écouta point davantage, et se jeta aux pieds du roi.

— Que faut-il faire pour cela? demanda-t-il. — Me faire six grâces que je te demanderai, répondit Philippe le Bel. — C'est à toi de commander et à moi d'obéir, dit le futur pape.

Le serment de servage était fait.

Le roi le releva, le baisa sur la bouche, et lui dit :

— Les six grâces que je te demande sont les suivantes : La première, que tu me réconcilies parfaitement avec l'Église, et que tu me fasses pardonner le méfait que j'ai commis à l'égard de Boniface VIII. La seconde, que tu me rendes, à moi et aux miens, la communion que la cour de Rome m'a enlevée. La troisième, que tu m'accordes les décimes du clergé, dans mon royaume, pour cinq ans, afin d'aider aux dépenses faites en la guerre de Flandre. La quatrième, que tu détruises et annules la mémoire du pape Boniface VIII. La cinquième, que tu rendes la dignité de cardinal à messires Jacob et Pietro de Colonna. Pour la sixième grâce et promesse, je me réserve de t'en parler en temps et lieu.

Bertrand de Got jura pour les promesses et grâces connues et pour la promesse et grâce inconnue. Cette dernière, que le roi n'avait osé dire à la suite des autres, c'était la destruction des Templiers.

Outre la promesse et le serment faits sur le *corpus Domini*, Bertrand de Got donna pour otages son frère et deux de ses neveux.

Le roi jura de son côté qu'il le ferait élire pape.

Cette scène se passant dans le carrefour d'une forêt, au milieu des ténèbres, ressemblait bien plus à une évocation entre un magicien et le démon, qu'à un engagement pris entre un roi et un pape.

Aussi, le couronnement du roi, qui eut lieu quelque temps après à Lyon, et qui commençait la captivité de l'Église, parut-il peu agréable à Dieu.

Au moment où le cortége royal passait, un mur chargé de spectateurs s'écroula, blessa le roi et tua le duc de Bretagne.

Le pape fut renversé, la tiare roula dans la boue.

Bertrand de Got fut élu pape sous le nom de Clément V.

Clément V paya tout ce qu'avait promis Bertrand de Got.

Philippe fut innocenté : la communion fut rendue à lui et aux siens, la pourpre remonta aux épaules des Colonna, l'Église fut obligée de payer les guerres de Flandre et la croisade de Philippe de Valois contre l'empire grec. La mémoire du pape Boniface VIII fut sinon détruite et annulée, du moins flétrie ; les murailles du Temple furent rasées, et les Templiers brûlés sur le terre-plein du pont Neuf.

Tous ces édits, cela ne s'appelait plus des bulles, du moment où c'était le pouvoir temporel qui dictait, tous ces édits étaient datés d'Avignon.

Philippe le Bel fut le plus riche des rois de la monarchie française; il avait un trésor inépuisable : c'était son pape. Il l'avait acheté, il s'en servait, il le mettait au pressoir, et comme d'un pressoir coulent le cidre et le vin, de ce pape écrasé coulait l'or.

Le pontificat, soufflété par Colonna dans la personne de Boniface VIII, abdiquait l'empire du monde dans celle de Clément V.

Nous avons dit comment le roi du sang et le pape de l'or étaient venus.

On sait comment ils s'en allèrent.

Jacques de Molay, du haut de son bûcher, les avait ajournés tous deux à un an, pour comparaître devant Dieu, *It ho géron sibyllia*, dit Aristophane : *les moribonds chenus ont l'esprit de la sibylle.*

Clément V partit le premier, il avait vu en songe son palais incendié.

« A partir de ce moment, dit Baluze, il devint triste et ne dura guère. »

Sept mois après ce fut le tour de Philippe. Les uns le font mourir à la chasse, renversé par un sanglier. Dante est du nombre de ceux-là. « Celui, dit-il, qui a été vu près de la Seine falsifiant les monnaies, mourra d'un coup de dent de sanglier. »

Mais Guillaume de Nangis fait au roi faux-monnayeur une mort bien autrement providentielle.

« Miné par une maladie inconnue aux médecins, Philippe s'éteignit, dit-il, au grand étonnement de tout le monde, sans que son pouls ni son urine révélassent ni la cause de la maladie ni l'imminence du péril. »

Le roi désordre, le roi vacarme, Louis X, dit *le Hutin*, succède à son père Philippe le Bel; Jean XXII à Clément V.

Avignon devint alors bien véritablement une seconde Rome. Jean XXII et Clément VI la sacrèrent reine du luxe. Les mœurs du temps en firent la reine de la débauche et de la mollesse. A la place des tours, abattues par Romain de Saint-Ange, Hermandez de Herédi, grand maître de Saint-Jean de Jérusalem, lui noua autour de la taille une ceinture de murailles. Elle eut des moines dissolus qui transformèrent l'enceinte bénie des couvents en lieux de débauche et de luxure; elle eut de belles courtisanes qui arrachèrent les diamants de la tiare pour s'en faire des bracelets et des colliers; enfin elle eut les échos de Vaucluse, qui lui renvoyèrent les molles et mélodieuses chansons de Pétrarque.

Cela dura jusqu'à ce que le roi Charles V, qui était un prince sage et religieux, ayant résolu de faire cesser ce scandale, envoya le maréchal de Boucicaut pour chasser d'Avignon l'antipape Benoît XIII; mais à la vue des soldats du roi de France, celui-ci se souvint qu'avant d'être pape sous le nom de Benoît XIII, il avait été capitaine sous le nom de Pierre de Luna. Pendant cinq mois il se défendit, pointant lui-même, du haut des murailles du château, ses machines de guerre, bien autrement meurtrières que ses foudres pontificales. Enfin, forcé de fuir, il sortit de la ville par une poterne, après avoir ruiné cent maisons et tué quatre mille Avignonnais, et se réfugia en Espagne, où le roi d'Aragon lui offrit un asile. Là, tous les matins, du haut d'une tour, assisté de deux prêtres, dont il avait fait son sacré collège, il bénissait le monde, qui n'en allait pas mieux, et excommuniait ses ennemis, qui ne s'en portaient pas plus mal. Enfin, se sentant près de mourir et craignant que le schisme ne mourût avec lui, il nomma ses deux vicaires cardinaux, à la condition que, lui trépassé, l'un des deux élirait l'autre pape. L'élection se fit. Le nouveau pape poursuivit un instant le schisme, soutenu par le cardinal qui l'avait proclamé. Enfin tous deux entrèrent en négociation avec Rome, firent amende honorable et rentrèrent dans le giron de la sainte Église, l'un avec le titre d'archevêque de Séville, l'autre avec celui d'archevêque de Tolède.

A partir de ce moment jusqu'en 1790, Avignon, veuve de ses papes, avait été gouvernée par des légats et des vice-légats; elle avait eu sept souverains pontifes qui avaient résidé dans ses murs pendant sept dizaines d'années; elle avait sept hôpitaux, sept confréries de pénitents, sept couvents d'hommes, sept couvents de femmes, sept paroisses et sept cimetières.

On comprend que ces deux confréries de pénitents, représentant, l'une l'hérésie, l'autre l'orthodoxie; l'une le parti français, l'autre le parti romain; l'une le parti monarchiste absolu, l'autre le parti constitutionnel progressif, n'étaient pas des éléments de paix et de sécurité pour l'ancienne ville pontificale; on comprend, disons-nous, qu'au moment où éclata la révolution à Paris et où cette révolution se manifesta par la prise de la Bastille, les deux partis, encore tout chauds des guerres de religion de Louis XIV, ne restèrent pas inertes en face l'un de l'autre.

Pour ceux qui connaissent Avignon, il y avait à cette époque, il y a encore deux villes dans la ville : la ville des prêtres, c'est-à-dire la ville romaine ; la ville des commerçants, c'est-à-dire la ville française.

La ville des prêtres, avec son palais des papes, ses cent églises, ses cloches innombrables, toujours prêtes à sonner le tocsin de l'incendie, le glas du meurtre.

La ville des commerçants, avec son Rhône, ses ouvriers en soierie et son transit croisé qui va du nord au sud, de l'ouest à l'est, de Lyon à Marseille, de Nîmes à Turin.

La ville française était la ville damnée, envieuse d'avoir un roi, jalouse d'obtenir des libertés, et qui frémissait de se sentir terre esclave, terre des prêtres, ayant le clergé pour seigneur.

Le clergé, non pas le clergé tel qu'il y en a eu de tout temps dans l'Église romaine et tel que nous le connaissons aujourd'hui : pieux, tolérant, austère au devoir et à la charité, vivant dans le monde pour le consoler et l'édifier, sans se mêler à ses joies ni à ses passions ; mais le clergé tel que l'avaient fait l'intrigue, l'ambition et la cupidité, c'est-à-dire ces abbés de cour, rivaux des abbés romains, oisifs, libertins, élégants, hardis, rois de la mode, autocrates des salons, baisant la main des dames dont ils s'honoraient d'être les sigisbés, donnant leurs mains à baiser aux femmes du peuple, à qui ils faisaient l'honneur de les prendre pour maîtresses.

Voulez-vous un type de ces abbés-là ? prenez l'abbé Maury. Orgueilleux comme un duc, insolent comme un laquais, fils de cordonnier, plus aristocrate qu'un fils de grand seigneur.

Nous avons dit Avignon ville de prêtres, ajoutons ville de haines. Nulle part mieux que dans les couvents on n'apprend à haïr. Le cœur de l'enfant partout ailleurs pur de mauvaises passions, naissait là plein de haines paternelles, léguées de père en fils depuis huit cents ans, et après une vie haineuse léguait à son tour l'héritage diabolique à ses enfants.

Aussi, au premier cri de liberté que poussa la France, la ville française se leva-t-elle pleine de joie et d'espérance; le moment était enfin venu pour elle de contester tout haut la concession faite par une jeune reine mineure, pour racheter ses péchés, d'une ville, d'une province, et avec elles d'un demi-million d'âmes. De quel droit ces âmes avaient-elles été vendues *in æternum* au plus dur et au plus exigeant de tous les maîtres, au pontife romain?

La France allait se réunir au Champ de Mars dans l'embrassement fraternel de la Fédération. N'était-elle pas la France? On nomma des députés, ces députés se rendirent chez le légat et le prièrent respectueusement de partir.

On lui donnait vingt-quatre heures pour quitter la ville.

Pendant la nuit, les papistes s'amusèrent à pendre à une potence un mannequin portant la cocarde tricolore.

On dirige le Rhône, on canalise la Durance, on met des digues aux âpres torrents, qui, au moment de la fonte des neiges, se précipitent en avalanches liquides des sommets du mont Ventoux. Mais ce flot terrible, ce flot vivant, ce torrent humain qui bondit sur la pente rapide des rues d'Avignon, une fois lâché, une fois bondissant, Dieu lui-même n'a point encore essayé de l'arrêter.

A la vue du mannequin aux couleurs nationales, se balançant au bout d'une corde, la ville française se souleva de ses fondements en poussant des cris de rage. Quatre papistes soupçonnés de ce sacrilége, deux marquis, un bourgeois, un ouvrier, furent arrachés de leur maison et pendus à la place du mannequin.

C'était le 11 juin 1790.

La ville française tout entière écrivit à l'Assemblée nationale qu'elle se donnait à la France; et avec elle son Rhône, son commerce, le midi, la moitié de la Provence.

L'Assemblée nationale était dans un de ses jours de réaction, elle ne voulait pas se brouiller avec le pape, elle ménageait le roi; elle ajourna l'affaire. Dès lors le mouvement d'Avignon était une révolte, et le pape pouvait faire d'Avignon ce que la cour eût fait de Paris, après la prise de la Bastille, si l'Assemblée eût ajourné la proclamation des droits de l'homme.

Le pape ordonna d'annuler tout ce qui s'était fait dans le comtat Venaissin, de rétablir les priviléges des nobles et du clergé, et de relever l'inquisition dans toute sa rigueur.

Les décrets pontificaux furent affichés.

Un homme, un seul, en plein jour, à la face de tous, osa aller droit à la muraille où était affiché le décret et l'en arracher.

Il se nommait Lescuyer.

Ce n'était point un jeune homme; il n'était donc point emporté par la fougue de l'âge. Non, c'était presque un vieillard qui n'était même pas du pays; il était Français, Picard, ardent et réfléchi à la fois, ancien notaire, établi depuis longtemps à Avignon.

Ce fut un crime dont l'Avignon romaine se souvint.

Un crime si grand que la Vierge en pleura.

Vous le voyez, Avignon, c'est déjà l'Italie. Il lui faut à tout prix des miracles;

et si Dieu n'en fait pas, il se trouve à coup sûr quelqu'un pour en inventer. Encore faut-il que le miracle soit un miracle de la Vierge. La Vierge est tout pour l'Italie, cette terre poétique. *La Madone!* Tout l'esprit, tout le cœur, toute la langue des Italiens est pleine de ces deux mots.

Ce fut dans l'église des Cordeliers que ce miracle se fit.

La foule y accourut.

C'était beaucoup que la Vierge pleurât, mais un bruit se répandit en même temps qui mit le comble à l'émotion : un grand coffre bien fermé avait été transporté par la ville. Ce coffre avait excité la curiosité des Avignonnais : que pouvait-il contenir?

Deux heures après, ce n'était plus un coffre dont il était question, c'étaient dix-huit malles que l'on avait vues se rendant au Rhône.

Quant aux objets qu'elles contenaient, un portefaix l'avait révélé : c'étaient les effets du mont-de-piété que le parti français emportait avec lui en s'exilant d'Avignon.

Les effets du mont-de-piété, c'est-à-dire la dépouille des pauvres.

Plus une ville est misérable, plus le mont-de-piété est riche. Peu de monts-de-piété pouvaient se vanter d'être aussi riches que celui d'Avignon.

Ce n'était plus une affaire d'opinion, c'était un vol et un vol infâme. Blancs et rouges coururent à l'église des Cordeliers, criant qu'il fallait que la municipalité leur rendît compte.

Lescuyer était le secrétaire de la municipalité.

Son nom fut jeté à la foule, non pas comme ayant arraché les deux décrets pontificaux, dès lors il y eût eu des défenseurs, mais comme ayant signé l'ordre au gardien du mont-de-piété de laisser enlever les effets.

On envoya quatre hommes pour prendre Lescuyer et l'amener à l'église. On le trouva dans la rue, se rendant à la municipalité; les quatre hommes se ruèrent sur lui et le traînèrent avec des cris féroces dans l'église.

Arrivé là, au lieu d'être dans la maison du Seigneur, Lescuyer comprit, aux yeux flamboyants qui se fixaient sur lui, aux poings étendus qui le menaçaient, aux cris qui demandaient sa mort, Lescuyer comprit qu'il était dans un de ces cercles de l'enfer oubliés par Dante.

La seule idée qui lui vint fut que cette haine soulevée contre lui avait pour cause la mutilation des affiches pontificales; il monta à la chaire, comptant s'en faire une tribune, et de la voix d'un homme qui non-seulement ne se reproche rien, mais qui encore est prêt à recommencer :

— Mes frères, dit-il, j'ai cru la révolution nécessaire; j'ai, en conséquence, agi de tout mon pouvoir.....

Les fanatiques comprirent que si Lescuyer s'expliquait, Lescuyer était sauvé. Ce n'était point cela qu'il leur fallait. Ils se jetèrent sur lui, l'arrachèrent de la tribune, le poussèrent au milieu de la meute aboyante, qui l'entraîna vers l'autel en poussant cette espèce de cri terrible qui tient du sifflement du serpent et du rugissement du tigre, ce meurtrier *zou! zou!* particulier à la populace avignonnaise.

Lescuyer connaissait ce cri fatal; il essaya de se réfugier au pied de l'autel. Il ne s'y réfugia point, il y tomba.

Un ouvrier matelassier, armé d'un bâton, venait de lui en asséner un si rude coup sur la tête, que le bâton s'était brisé en deux morceaux.

Alors on se précipita sur ce pauvre corps, et, avec ce mélange de férocité et de gaieté particulier aux peuples du Midi, les hommes, en chantant, se mirent à lui danser sur le ventre, tandis que les femmes, afin qu'il expiât les blasphèmes qu'il avait prononcés contre le pape, lui découpaient, disons mieux, lui festonnaient les lèvres avec leurs ciseaux.

Et de tout ce groupe effroyable sortait un cri ou plutôt un râle; ce râle disait :

— Au nom du ciel! au nom de la Vierge! au nom de l'humanité! tuez-moi tout de suite.

Ce râle fut entendu : d'un commun accord, les assistants s'éloignèrent. On laissa le malheureux, sanglant, défiguré, broyé, savourer son agonie.

Elle dura cinq heures; pendant lesquelles, au milieu des éclats de rire, des insultes et des railleries de la foule, ce pauvre corps palpita sur les marches de l'autel. Voilà comme on tue à Avignon.

Attendez, il y a une autre façon encore.

Un homme du parti français eut l'idée d'aller au mont-de-piété et de s'informer.

Tout y était en bon état; il n'en était pas sorti un couvert d'argent.

Ce n'était donc pas comme complice d'un vol que Lescuyer venait d'être si cruellement assassiné; c'était comme patriote.

Il y avait en ce moment à Avignon un homme qui disposait de la populace.

Tous ces terribles meneurs du Midi ont conquis une si fatale célébrité, qu'il suffit de les nommer pour que chacun, même les moins lettrés, les connaisse.

Cet homme, c'était Jourdan.

Vantard et menteur, il avait fait croire aux gens du bas peuple que c'était lui qui avait coupé le cou au gouverneur de la Bastille.

Aussi l'appelait-on Jourdan Coupe-Tête.

Ce n'était pas son nom : il s'appelait Mathieu Jouve. Il n'était pas Provençal, il était du Puy en Velay. Il avait d'abord été muletier sur ces âpres hauteurs qui entourent sa ville natale; puis soldat sans guerre, la guerre l'eût peut-être rendu plus humain; puis cabaretier à Paris.

A Avignon, il était marchand de garance.

Il réunit trois cents hommes, s'empara des portes de la ville, y laissa la moitié de sa troupe, et avec le reste marcha sur l'église des Cordeliers précédé de deux pièces de canon.

Il les mit en batterie devant l'église et tira tout au hasard.

Les assassins se dispersèrent comme une volée d'oiseaux effarouchés, laissant quelques morts sur les degrés de l'église.

Jourdan et ses hommes enjambèrent par-dessus les cadavres et entrèrent dans le saint lieu.

Il n'y restait plus que la Vierge, et le malheureux Lescuyer respirant encore.

Jourdan et ses camarades se gardèrent bien d'achever Lescuyer; son agonie était un suprême moyen d'excitation. Ils prirent ce reste de vivant, ces trois quarts de cadavre, et l'emportèrent saignant, pantelant, râlant.

Chacun fuyait à cette vue, fermant portes et fenêtres.

Au bout d'une heure, Jourdan et ses trois cents hommes étaient maîtres de la ville.

Lescuyer était mort, mais peu importait; on n'avait plus besoin de son agonie,

Jourdan profita de la terreur qu'il inspirait, et arrêta ou fit arrêter quatre-vingts personnes à peu près, assassins ou prétendus assassins de Lescuyer.

Trente peut-être n'avaient pas même mis le pied dans l'église ; mais quand on trouve une bonne occasion de se défaire de ses ennemis, il faut en profiter : les bonnes occasions sont rares.

Ces quatre-vingts personnes furent entassées dans la tour Trouillas.

On l'a appelée historiquement la tour de la Glacière.

Pourquoi donc changer ce nom de la *tour Trouillas ?* Le nom est immonde et va bien à l'immonde action qui devait s'y passer.

C'était le théâtre de la torture inquisitionnelle.

Aujourd'hui encore on y voit le long des murailles la grasse suie qui montait avec la fumée du bûcher où se consumaient les chairs humaines ; aujourd'hui encore on vous montre le mobilier de la torture précieusement conservé : la chaudière, le four, les chevalets, les chaînes, les oubliettes et jusqu'à de vieux ossements, rien n'y manque.

Ce fut dans cette tour, bâtie par Clément V, que l'on enferma les quatre-vingts prisonniers.

Ces quatre-vingts prisonniers faits et enfermés dans la tour Trouillas, on en fut bien embarrassé.

Par qui les faire juger ?

Il n'y avait de tribunaux légalement constitués que les tribunaux du pape.

Faire tuer ces malheureux, comme ils avaient tué Lescuyer ?

Nous avons dit qu'il y en avait un tiers, une moitié peut-être qui non seulement n'avaient point pris part à l'assassinat, mais qui même n'avaient pas mis le pied dans l'église.

Les faire tuer ? la tuerie passerait sur le compte des représailles.

Mais, pour tuer ces quatre-vingts personnes, il fallait un certain nombre de bourreaux.

Une espèce de tribunal, improvisé par Jourdan, siégeait dans une des salles du palais : il y avait un greffier nommé Raphel, un président moitié Italien, moitié Français, orateur en patois populaire, nommé Barbe Savournin de La Roua ; puis trois ou quatre pauvres diables, un boulanger, un charcutier, les noms se perdent dans l'infinité des conditions.

C'étaient ces gens-là qui criaient :

— Il faut les tuer tous ; s'il s'en sauvait un seul il servirait de témoin.

Mais, nous l'avons dit, les tueurs manquaient.

A peine avait-on sous la main une vingtaine d'hommes dans la cour, tous appartenant au petit peuple d'Avignon : un perruquier, un cordonnier pour femmes, un savetier, un maçon, un menuisier ; tout cela armé à peine, au hasard, l'un d'un sabre, l'autre d'une baïonnette, celui-ci d'une barre de fer, celui-là d'un morceau de bois durci au feu.

Tous ces gens-là refroidis par une fine pluie d'octobre.

Il était difficile de faire de ces gens-là des assassins.

Bon ! rien est-il difficile au diable ?

Il y a, dans ces sortes d'événements, une heure où il semble que Dieu abandonne la partie.

Alors, c'est le tour du démon.

Le démon entra en personne dans cette cour froide et boueuse. Il avait revêtu l'apparence, la forme, la figure d'un apothicaire du pays, nommé Mendes; il dressa une table éclairée par deux lanternes; sur cette table, il déposa des verres, des brocs, des cruches, des bouteilles.

Quel était l'infernal breuvage renfermé dans ces mystérieux récipients aux formes bizarres? on l'ignore, mais l'effet en est bien connu.

Tous ceux qui burent de la liqueur diabolique se sentirent pris soudain d'une rage fiévreuse, d'un besoin de meurtre et de sang.

Dès lors on n'eut plus qu'à leur montrer la porte, ils se ruèrent dans le cachot.

Le massacre dura toute la nuit; toute la nuit, des cris, des plaintes, des râles de mort furent entendus dans les ténèbres.

On tua tout, on égorgea tout, hommes et femmes; ce fut long : les tueurs, nous l'avons dit, étaient ivres et mal armés.

Cependant ils y arrivèrent.

Au milieu des tueurs, un enfant se faisait remarquer par sa cruauté bestiale, par sa soif immodérée de sang.

C'était le fils de Lescuyer.

Il tuait, et puis tuait encore; il se vanta d'avoir à lui seul, de sa main enfantine, tué dix hommes et quatre femmes.

— Bon, je puis tuer à mon aise, disait-il, je n'ai pas quinze ans, on ne me fera rien.

A mesure qu'on tuait, on jetait morts et blessés, cadavres et vivants, dans la cour Trouillas; ils tombaient de soixante pieds de haut; les hommes y furent jetés d'abord, les femmes ensuite. Il avait fallu aux assassins le temps de violer les cadavres de celles qui étaient jeunes et jolies.

A neuf heures du matin, après douze heures de massacre, une voix criait encore du fond de ce sépulcre :

— Par grâce! venez m'achever, je ne puis mourir.

Un homme, l'armurier Bouffier, se pencha dans le trou et regarda; les autres n'osaient.

— Qui crie donc? demandèrent-ils. — C'est Lami, répondit Bouffier.

Puis, quand il fut au milieu des autres :

— Eh bien! firent-ils, qu'as-tu vu au fond? — Une drôle de marmelade, dit-il, tout pêle-mêle, des hommes et des femmes, des prêtres et de jolies filles, c'est à crever de rire.

« Décidément, c'est une vilaine chenille que l'homme!... » disait le comte de Monte-Cristo à M. de Villefort...

Eh bien, c'est dans la ville encore sanglante, encore chaude, encore émue de ces derniers massacres, que nous allons introduire les deux personnages principaux de notre histoire.

PREMIÈRE PARTIE.

I

LA TABLE D'HÔTE.

Le 9 octobre de l'année 1799, par une belle journée de cet automne méridional qui fait, aux deux extrémités de la Provence, mûrir les oranges d'Hyères et les raisins de Saint-Peray, une calèche, attelée de trois chevaux de poste, traversait à fond de train le pont jeté sur la Durance, entre Cavaillon et Château-Renard, se dirigeant sur Avignon, l'ancienne ville papale, qu'un décret du 25 mai 1791 avait, huit ans auparavant, réunie à la France, réunion confirmée par le traité signé, en 1797, à Tolentino, entre le général Bonaparte et le pape Pie VI.

La voiture entra par la porte d'Aix, traversa dans toute sa longueur et sans ralentir sa course la ville aux rues étroites et tortueuses, bâtie tout à la fois contre le vent et contre le soleil, et alla s'arrêter à cinquante pas de la porte d'Oulle, à l'hôtel du *Palais-Égalité*, que l'on commençait tout doucement à réappeler l'hôtel du *Palais-Royal*, nom qu'il avait porté autrefois, et qu'il porte encore aujourd'hui.

Ces quelques mots, presque insignifiants, à propos du titre de l'hôtel devant lequel s'arrêtait la chaise de poste sur laquelle nous avons les yeux fixés, indiquent assez bien l'état où était la France sous ce gouvernement de réaction thermidorienne que l'on appelait le Directoire.

Après la lutte révolutionnaire qui s'était accomplie du 14 juillet 1789 au 9 thermidor 1794; après les journées des 5 et 6 octobre, du 21 juin, du 10 août, des 2 et 3 septembre, du 21 juin, du 31 mai et du 5 avril; après avoir vu tomber la tête du roi et de ses juges, de la reine et de son accusateur, des Girondins et des Cordeliers, des modérés et des Jacobins, la France avait éprouvé la plus effroyable et la plus nauséabonde de toutes les lassitudes, la lassitude du sang!

Elle en était donc revenue, sinon au besoin de la royauté, du moins au désir d'un gouvernement fort, dans lequel elle pût mettre sa confiance, sur lequel elle pût s'appuyer, qui agît pour elle et qui lui permît de se reposer elle-même pendant qu'il agissait.

A la place de ce gouvernement vaguement désiré, elle avait le faible et irrésolu Directoire, composé pour le moment du voluptueux Barras, de l'intrigant Sieyès, du brave Moulins, de l'insignifiant Roger Ducos et de l'honnête mais un peu trop naïf Gohier.

Il en résultait une dignité médiocre au dehors et une tranquillité fort contestable au dedans.

Il est vrai qu'au moment où nous en sommes arrivés, nos armées, si glorieuses pendant les campagnes épiques de 96 et 97, un instant refoulées vers la France par l'incapacité de Scherer à Vérone et à Cassano, et par la défaite et la mort de Joubert à Novi, commencent à reprendre l'offensive. Moreau a battu Souvarov à Bassignana ; Brune a battu le duc d'York et le général Hermann à Bergen; Masséna a anéanti les Austro-Russes à Zurich ; Korsakoff s'est sauvé à grand'peine, et l'Autrichien Hotz ainsi que trois autres généraux ont été tués, et cinq faits prisonniers.

Masséna a sauvé la France à Zurich, comme quatre-vingt-dix ans auparavant Villars l'a sauvée à Denain.

Mais à l'intérieur, les affaires n'étaient point en si bon état, et le gouvernement directorial était, il faut le dire, fort embarrassé entre la guerre de la Vendée et les brigandages du Midi, auxquels, selon son habitude, la population avignonnaise était loin de rester étrangère.

Sans doute les deux voyageurs qui descendirent de la chaise de poste, arrêtée à la porte de l'hôtel du *Palais-Royal*, avaient-ils quelque raison de craindre la situation d'esprit dans laquelle se trouvait la population toujours agitée de la ville papale, car un peu au-dessus d'Orgon, à l'endroit où trois chemins se présentent aux voyageurs, l'un conduisant à Nîmes, le second à Carpentras, le troisième à Avignon, le postillon avait arrêté ses chevaux et avait demandé :

— Les citoyens passent-ils par Avignon ou par Carpentras ? — Laquelle des deux routes est la plus courte ? avait demandé d'une voix brève et stridente l'aîné des deux voyageurs, qui, quoique visiblement plus vieux de quelques mois, était à peine âgé de trente ans. — Oh ! la route d'Avignon, citoyen, d'une bonne lieue et demie au moins. — Alors, avait-il répondu, suivons la route d'Avignon.

Et la voiture avait repris un galop qui annonçait que les *citoyens* voyageurs, comme les appelait le postillon, quoique la qualification de *monsieur* commençât à rentrer dans la conversation, payaient au moins trente sous de guides.

Ce même désir de ne pas perdre de temps se manifesta à l'entrée de l'hôtel.

Ce fut toujours le plus âgé des deux voyageurs qui, là comme sur la route, prit la parole. Il demanda si l'on pouvait dîner promptement, et la forme dont était faite la demande indiquait qu'il était prêt à passer sur bien des exigences gastronomiques, pourvu que le repas demandé fût promptement servi.

— Citoyens, répondit l'hôte, qui au bruit de la voiture était accouru la serviette à la main au-devant des voyageurs, vous serez rapidement et convenablement servis dans votre chambre ; mais si je me permettais de vous donner un conseil.....

Il hésita.

— Oh ! donnez, donnez ! dit le plus jeune des deux voyageurs, prenant la parole pour la première fois. — Eh bien, ce serait de dîner tout simplement à table d'hôte, comme fait en ce moment le voyageur qui est attendu par cette voiture tout attelée; le dîner y est excellent, et tout servi.

L'hôte en même temps montrait une voiture organisée de la façon la plus confortable, et attelée en effet de deux chevaux qui frappaient du pied, tandis que le postillon prenait patience en vidant, sur le bord de la fenêtre, une bouteille de vin de Cahors.

Le premier mouvement de celui à qui cette offre était faite fut négatif; mais cependant, après une seconde de réflexion, le plus âgé des deux voyageurs, comme s'il fût revenu sur sa détermination première, fit un signe interrogateur à son compagnon.

Celui-ci répondit d'un regard qui signifiait :

— Vous savez bien que je suis à vos ordres. — Eh bien, soit, dit celui qui paraissait chargé de prendre l'initiative, nous dînerons à table d'hôte.

Puis se retournant vers le postillon, qui, chapeau bas, attendait ses ordres :

— Que dans une demi-heure au plus tard, dit-il, les chevaux soient à la voiture.

Et sur l'indication du maître d'hôtel, tous deux entrèrent dans la salle à manger; le plus âgé des deux marchait le premier, l'autre le suivait.

On sait l'impression que produisent en général deux nouveaux venus à une table d'hôte. Tous les regards se tournèrent vers eux; la conversation, qui paraissait assez animée, fut interrompue.

Les convives se composaient : des habitués de l'hôtel, du voyageur dont la voiture attendait tout attelée à la porte, d'un marchand de vin de Bordeaux en séjour momentané à Avignon pour les causes que nous allons dire, et d'un certain nombre de voyageurs se rendant de Marseille à Lyon par la diligence.

Les nouveaux arrivés saluèrent la société d'une légère inclination de tête et se placèrent à l'extrémité de la table, s'isolant des autres convives par un intervalle de trois ou quatre couverts.

Cette espèce de réserve aristocratique redoubla la curiosité dont ils étaient l'objet; d'ailleurs on sentait qu'on avait affaire à des personnages d'une incontestable distinction, quoique leurs vêtements fussent de la plus grande simplicité.

Tous deux portaient la botte à retroussis sur la culotte courte, l'habit à longues basques, le surtout de voyage et le chapeau à larges bords, ce qui était à peu près le costume de tous les jeunes gens de l'époque; mais ce qui les distinguait des élégants de Paris et même de la province, c'étaient leurs cheveux longs et plats et leur cravate noire serrée autour du cou, à la façon des militaires.

Les muscadins, c'était le nom que l'on donnait alors aux jeunes gens à la mode, les muscadins portaient les oreilles de chien bouffant aux deux tempes, les cheveux retroussés en chignon derrière la tête, et la cravate immense aux longs bouts flottants et dans laquelle s'engouffrait le menton.

Quelques-uns poussaient la réaction jusqu'à la perdre.

Quant au portrait des deux jeunes gens, il offrait deux types complétement opposés.

Le plus âgé des deux, celui qui plusieurs fois avait, nous l'avons déjà remarqué, pris l'initiative, et dont la voix, même dans ses intonations les plus familières, dénotait l'habitude du commandement, était, nous l'avons dit, un homme d'une trentaine d'années, aux cheveux noirs séparés sur le milieu du front, plats et tombant le long des tempes jusque sur ses épaules. Il avait le teint basané de l'homme qui a voyagé dans les pays méridionaux, les lèvres minces, le nez droit, les dents blanches, et ces yeux de faucon que Dante donne à César.

Sa taille était plutôt petite que grande, sa main était délicate, son pied fin et élégant; il avait dans ses manières une certaine gêne qui indiquait qu'il portait en ce moment un costume dont il n'avait point l'habitude, et quand il avait parlé, si l'on eût été sur les bords de la Loire au lieu d'être sur les bords du Rhône, son interlocuteur aurait pu remarquer qu'il avait dans la prononciation un certain accent italien.

Son compagnon paraissait de trois ou quatre ans moins âgé que lui.

C'était un beau jeune homme au teint rose, aux cheveux blonds, aux yeux bleu clair, au nez fermé et droit, au menton prononcé, mais presque imberbe. Il pouvait avoir deux pouces de plus que son compagnon, et, quoique d'une taille au-dessus de la moyenne, il semblait si bien pris dans tout son ensemble, si admirablement libre dans tous ses mouvements, qu'on devinait qu'il devait être, sinon d'une force, du moins d'une agilité et d'une adresse peu communes.

Quoique mis de la même façon, quoique se présentant sur le pied de l'égalité, il paraissait avoir pour le jeune homme brun une déférence remarquable, qui, ne pouvant tenir à l'âge, tenait sans doute à une infériorité dans la condition sociale. En outre, il l'appelait citoyen, tandis que son compagnon l'appelait simplement Roland.

Ces remarques, que nous faisons pour initier plus profondément le lecteur à notre récit, ne furent probablement point faites dans toute leur étendue par les convives de la table d'hôte; car, après quelques secondes d'attention données par eux aux nouveaux-venus, les regards se détachèrent, et la conversation, un instant interrompue, reprit son cours.

Il faut avouer qu'elle portait sur un sujet des plus intéressants pour des voyageurs : il était question de l'arrestation d'une diligence chargée d'une somme de soixante mille francs appartenant au gouvernement. L'arrestation avait eu lieu la veille sur la route de Marseille à Avignon, entre Lambesc et Pont-Royal.

Aux premiers mots qui furent redits sur l'événement, les deux jeunes gens prêtèrent l'oreille avec un véritable intérêt.

L'événement avait eu lieu sur la route même qu'ils venaient de suivre, et celui qui le racontait était un des principaux acteurs de cette scène de grand chemin.

C'était le marchand de vin de Bordeaux.

Ceux qui paraissaient le plus curieux de détails étaient les voyageurs de la diligence qui venait d'arriver et qui allait repartir. Les autres convives, c'est-à-dire ceux qui appartenaient à la localité, paraissaient assez au courant de ces sortes de catastrophes pour donner eux-mêmes des détails, au lieu d'en recevoir.

— Ainsi, citoyen, disait un gros monsieur contre lequel se pressait, dans sa terreur, une femme grande, sèche et maigre, vous dites que c'est sur la route même que nous venons de suivre que le vol a eu lieu?... — Oui, citoyen, entre Lambesc et Pont-Royal, avez-vous remarqué un endroit où la route monte et se resserre entre deux monticules? il y a là une foule de rochers. — Oui, oui, mon ami, dit la femme en serrant le bras de son mari, je l'ai remarqué, j'ai même dit, tu dois t'en souvenir : Voici un mauvais endroit, j'aime mieux y passer de jour que de nuit. — Oh! Madame, dit un jeune homme dont la voix affectait le parler grasseyant de l'époque, et qui dans les temps ordinaires paraissait exercer sur la table d'hôte la royauté de la conversation, vous savez que, pour MM. les *compagnons de Jehu*, il n'y a ni jour ni nuit. — Comment! citoyen, demanda la dame encore plus effrayée, c'est en plein jour que vous avez été arrêtés? — En plein jour, citoyenne, à dix heures du matin. — Et combien étaient-ils? demanda le gros monsieur. — Quatre, citoyen. — Embusqués sur la route? — Non, ils sont arrivés à cheval, armés jusqu'aux dents et masqués. — C'est leur habitude, dit le jeune habitué de la table d'hôte; ils ont dit, n'est-ce pas : « Ne vous défendez point, il ne vous sera fait aucun mal, nous n'en voulons qu'à l'argent du gouvernement. » — Mot pour mot, citoyen. — Puis, continua celui qui paraissait si bien renseigné, deux sont descendus de cheval, ont jeté la bride de leurs chevaux à leurs compagnons et ont sommé le conducteur de leur remettre l'argent. — Citoyen, dit le gros homme émerveillé, vous racontez la chose comme si vous l'aviez vue. — Monsieur y était peut-être, dit un des voyageurs, moitié plaisantant, moitié doutant. — Je ne sais, citoyen, si en disant cela vous avez l'intention de me dire une impolitesse, fit insoucieusement le jeune homme qui venait si complaisamment et si pertinemment en aide au narrateur; mais mes opinions politiques font que je ne regarde pas votre soupçon comme une insulte. Si j'avais eu le malheur d'être du nombre de ceux qui étaient attaqués, ou l'honneur d'être du nombre de ceux qui attaquaient, je le dirais aussi franchement dans un cas que dans l'autre; mais hier matin, à dix heures, juste au moment où l'on arrêtait la diligence à quatre lieues d'ici, je déjeunais tranquillement à cette même place; et justement, tenez, avec les deux citoyens qui me font en ce moment l'honneur d'être placés à ma droite et à ma gauche. — Et, demanda celui des deux voyageurs qui, les derniers arrivés, venaient de prendre place à table, et que son compagnon désignait sous le nom de Roland, et combien étiez-vous d'hommes dans la diligence? — Attendez; je crois que nous étions.... oui, nous étions sept hommes et trois femmes. — Sept hommes, non compris le conducteur? répéta Roland. — Bien entendu. — Et, à sept hommes, vous vous êtes laissé dévaliser par quatre bandits? Je vous en fais mon compliment, Messieurs. — Nous savions à qui nous avions affaire, répondit le marchand de vin, et nous n'avions garde de nous défendre. — Comment! répliqua le jeune homme, à qui vous aviez affaire? mais vous aviez affaire, ce me semble, à des voleurs, à des bandits? — Point du tout : ils s'étaient nommés. — Sans doute. — Comment! ils s'étaient nommés? — Ils avaient dit : Messieurs, il est inutile de vous défendre; Mesdames, n'ayez pas peur; nous ne sommes pas des brigands, nous sommes des *compagnons de Jehu*. — Oui, dit le jeune homme de la table d'hôte, ils préviennent pour qu'il n'y ait pas de méprise; c'est leur habitude. — Ah çà, dit Roland, qu'est-ce que c'est donc que ce Jehu qui a des compagnons si polis? Est-ce leur capitaine? — Monsieur, dit un homme dont le costume avait quelque chose d'un prêtre sécularisé et qui paraissait, lui aussi, non-seulement un habitué de la table d'hôte, mais encore un initié aux mystères de l'honorable corporation dont on était en train de discuter les mérites, si vous étiez plus versé que vous ne paraissez l'être dans la lecture des Écritures saintes, vous sauriez qu'il y a quelque chose comme deux mille six cents ans que ce Jehu est mort, et que par conséquent il ne peut arrêter à l'heure qu'il est les diligences sur les grandes routes. — Monsieur l'abbé, répondit Roland qui avait reconnu l'homme d'église, comme, malgré le ton aigrelet avec lequel vous parlez, vous paraissez fort instruit, permettez à un pauvre ignorant de vous demander quelques détails sur ce Jehu mort il y a deux mille six cents ans, et qui, cependant, a l'honneur d'avoir des compagnons qui portent son nom. — Jehu, répondit l'homme d'église du même ton vinaigré, était un roi d'Israël, sacré par Élisée, sous la condition de punir les crimes de la maison d'Achab et de Jézabel, et de mettre à mort tous les prêtres de Baal. — Monsieur l'abbé, répliqua en riant le jeune homme, je vous remercie de l'explication; je ne doute point qu'elle soit exacte et surtout très-savante : seulement je vous avoue qu'elle ne m'apprend pas grand'chose. — Comment! citoyen, dit l'habitué de la table d'hôte, vous ne comprenez pas que Jehu c'est Sa Majesté Louis XVIII, sacré sous la condition de punir les crimes de la Révolution et de mettre à mort les prêtres de Baal, c'est-à-dire tous ceux qui ont pris une part quelconque à cet abominable état de choses que depuis sept ans on appelle la république? — Oui-da! fit le jeune homme; si fait, je comprends. Mais, parmi ceux que les compagnons de Jehu sont chargés de combattre, comptez-vous les braves soldats qui ont repoussé l'étranger des frontières de France, et les illustres généraux qui ont commandé les armées du Tyrol, de Sambre-et-Meuse et d'Italie? — Mais, sans doute, ceux-là les premiers et avant tout.

Les yeux du jeune homme lancèrent un éclair, sa narine se dilata, ses lèvres se serrèrent, il se souleva sur sa chaise; mais son compagnon le tira par son habit et le fit rasseoir, tandis que d'un seul regard il lui imposa silence.

Puis, celui qui venait de donner cette preuve de sa puissance, prenant la parole pour la première fois :

— Citoyen, dit-il s'adressant au jeune homme de la table d'hôte, excusez deux voyageurs qui arrivent du bout du monde, comme qui dirait de l'Amérique ou de l'Inde, qui ont quitté la France depuis deux ans, qui ignorent complétement ce qui s'y passe, et qui sont désireux de s'instruire. — Mais, comment donc, répondit celui auquel ces paroles étaient adressées, c'est trop juste, citoyen; interrogez et l'on vous répondra. — Eh bien! continua le jeune homme brun à l'œil d'aigle et aux cheveux noirs et plats, au teint granitique, maintenant que je sais ce que c'est que Jehu et dans quel but sa compagnie est instituée, je voudrais savoir ce que ses compagnons font de l'argent qu'ils prennent. — Oh! mon Dieu! c'est bien simple, citoyen; vous savez qu'il est fort question de la restauration de la monarchie bourbonienne? — Non, je ne le sais pas, répondit le jeune homme brun d'un ton qu'il essayait inutilement de rendre naïf; j'arrive, comme je vous l'ai dit, du bout du monde. — Comment! vous ne saviez pas cela? eh bien! dans six mois, ce sera un fait accompli. — Vraiment! — C'est comme j'ai l'honneur de vous le dire, citoyen.

Les deux jeunes gens à la tournure militaire échangèrent entre eux un regard et un sourire, quoique le jeune blond parût sous le poids d'une vive impatience.

Leur interlocuteur continua :

— Lyon est le quartier général de la conspiration, si toutefois on peut appeler conspiration un complot qui s'organise au grand jour; le nom de gouvernement provisoire conviendrait mieux. — Eh bien! citoyen, dit le jeune homme brun avec une politesse qui n'était point exempte de raillerie, disons gouvernement provisoire. — Ce gouvernement provisoire a son état-major et ses armées. — Bah! son état-major, peut-être... mais ses armées... — Ses armées, je le répète, — Où sont-elles? — Il y en a une qui s'organise dans les montagnes d'Auvergne sous les ordres de M. de Chardon, une autre dans les montagnes du Jura sous les ordres de M. de Teyssonnet, enfin une troisième qui fonctionne, et même assez agréablement à cette heure, dans la Vendée, sous les ordres d'Escarboville, d'Achille Leblond et de Cadoudal. — En vérité, citoyen, vous me rendez un véritable service en m'apprenant toutes ces nouvelles. Je croyais les Bourbons complétement résignés à l'exil ; je croyais la police faite de manière qu'il n'existât ni comité provisoire royaliste dans les grandes villes, ni bandits sur les grandes routes. Enfin je croyais la Vendée complétement pacifiée par le général Hoche.

Le jeune homme auquel s'adressait cette réponse éclata de rire.

— Mais d'où venez-vous? s'écria-t-il, d'où venez-vous? — Je vous l'ai dit, citoyen, du bout du monde. — On le voit.

Puis continuant :

— Eh bien! vous comprenez, dit-il, les Bourbons ne sont pas riches, les émigrés, dont on a vendu les biens, sont ruinés, il est impossible d'organiser deux armées et d'en entretenir une troisième sans argent. On était embarrassé, il n'y avait que la république qui pût solder ses ennemis : or, il n'était pas probable qu'elle s'y décidât de gré à gré ; alors, sans essayer avec elle cette négociation scabreuse, on jugea qu'il était plus court de lui prendre son argent que de le lui demander. — Ah! je comprends, enfin. — C'est bien heureux. — Les *compagnons de Jehu* sont les intermédiaires entre la république et la contre-révolution, les percepteurs des généraux royalistes. — Oui, ce n'est plus un vol, c'est une opération militaire, un fait d'armes comme un autre. — Justement, citoyens, vous y êtes, et vous voilà sur ce point maintenant aussi savants que nous. — Mais, glissa timidement le marchand de vin de Bordeaux, si MM. les *compagnons de Jehu*, remarquez que je n'en dis aucun mal, si MM. les *compagnons de Jehu* n'en veulent qu'à l'argent du gouvernement...

— A l'argent du gouvernement, pas à d'autre ; il est sans exemple qu'ils aient dévalisé un particulier. — Sans exemple? — Sans exemple. — Comment se fait-il alors que hier, avec l'argent du gouvernement, ils aient emporté un groupe de deux cents louis qui m'appartient? — Mon cher Monsieur, répondit le jeune homme de la table d'hôte, je vous ai déjà dit qu'il y avait là quelque erreur, et qu'aussi vrai que je m'appelle Alfred de Barjols, cet argent vous sera rendu un jour ou l'autre.

Le marchand de vin poussa un soupir et secoua la tête en homme qui, malgré l'assurance qui lui est donnée, conserve encore quelques doutes.

Mais en ce moment, comme si l'engagement pris par le jeune noble, qui venait de révéler sa condition sociale en disant son nom, avait éveillé la délicatesse de ceux pour lesquels il se portait garant, un cheval s'arrêta à la porte, on entendit des pas dans le corridor, la porte de la salle à manger s'ouvrit, et un homme masqué et armé jusqu'aux dents parut sur le seuil.

— Messieurs, dit-il au milieu du plus profond silence causé par son apparition, y a-t-il parmi vous un voyageur nommé Jean Picot, qui se trouvait hier dans la diligence qui a été arrêtée entre Lambesc et Pont-Royal? — Oui, dit le marchand de vin tout étonné. — C'est vous? demanda l'homme masqué. — C'est moi. — Ne vous a-t-il rien été pris? — Si fait, il m'a été pris un groupe de deux cents louis que j'avais confié au conducteur. — Et je dois même dire, ajouta le jeune noble, qu'à l'instant même Monsieur en parlait et le regardait comme perdu. — Monsieur avait tort, dit l'inconnu masqué, nous faisons la guerre au gouvernement et non aux particuliers, nous sommes des partisans et non des voleurs; voici vos deux cents louis, Monsieur, et si pareille erreur arrivait à l'avenir, réclamez et recommandez-vous du nom de Morgan.

A ces mots l'homme masqué déposa un sac d'or à la droite du marchand de vin, salua courtoisement les convives de la table d'hôte et sortit, laissant les uns dans la terreur et les autres dans la stupéfaction d'une pareille hardiesse.

II

UN PROVERBE ITALIEN.

Au reste, quoique les deux sentiments que nous venons d'indiquer aient été les sentiments dominants, ils ne se manifestaient point chez tous les assistants à un degré semblable. Les nuances se graduèrent selon le sexe, selon l'âge, selon le caractère, nous dirons presque selon la position sociale des auditeurs.

Le marchand de vin, Jean Picot, principal intéressé dans l'événement qui venait de s'accomplir, reconnaissant dès la première vue, à son costume, à ses armes et à son masque, un des hommes auxquels il avait eu affaire la veille, avait d'abord, à son apparition, été frappé de stupeur; puis, peu à peu reconnaissant le motif de la visite que lui faisait le mystérieux bandit, il avait passé de la stupeur à la joie en traversant toutes les nuances intermédiaires qui séparent ces deux sentiments. Son sac d'or était près de lui et l'on eût dit qu'il n'osait y toucher : peut-être craignait-il, au moment où il y porterait la main, de le voir s'évanouir comme l'or que l'on croit trouver en rêve et qui disparaît même avant que l'on rouvre les yeux, pendant cette période de lucidité progressive qui sépare le sommeil profond du réveil complet.

Le gros monsieur de la diligence et sa femme avaient manifesté, ainsi que les autres voyageurs faisant partie du même convoi, la plus franche et la plus complète terreur. Placé à la gauche de Jean Picot, quand il avait vu le bandit s'approcher du marchand de vin, il avait, dans l'espérance illusoire de maintenir une distance honnête entre lui et le compagnon de Jehu, reculé sa chaise sur celle de sa femme, qui, cédant au mouvement de pression, avait essayé de reculer la sienne à son tour. Mais comme la chaise qui venait ensuite était celle du citoyen Alfred de Barjols, qui, lui, n'avait aucun motif de craindre des hommes sur lesquels il venait de manifester une si haute et si avantageuse opinion, la chaise de la femme du gros monsieur avait trouvé un obstacle dans l'immobilité de celle du jeune noble, de sorte que, de même qu'il arriva à Marengo, huit ou neuf mois plus tard, lorsque le général en chef jugea qu'il était temps de reprendre l'offensive, le mouvement rétrograde s'était arrêté.

Quant à celui-ci, c'est du citoyen Alfred de Barjols que nous parlons, son aspect, comme celui de l'abbé qui avait donné l'explication biblique touchant le roi d'Israël Jehu et la mission qu'il avait reçue d'Élisée, son aspect, disons-nous, avait été celui d'un homme qui non-seulement n'éprouve aucune crainte, mais qui s'attend même à l'événement qui arrive, si inattendu que soit cet évènement. Il avait, le sourire sur les lèvres, suivi du regard l'homme masqué; et si tous les convives n'eussent été si préoccupés des deux acteurs principaux de la scène qui s'accomplissait, ils eussent pu remarquer un signe presque imperceptible échangé des yeux entre le bandit et le jeune noble, signe qui, à l'instant même, s'était reproduit entre le jeune noble et l'abbé.

De leur côté, les deux voyageurs que nous avons introduits dans la salle de la table d'hôte et qui, comme nous l'avons dit, étaient assez isolés à l'extrémité de la table, avaient conservé l'attitude propre à leurs différents caractères : le plus jeune des deux avait instinctivement porté la main à son côté, comme pour y chercher une arme absente, et s'était levé, comme mû par un ressort, pour s'élancer à la gorge de l'homme masqué, ce qui n'eût certes pas manqué d'arriver s'il eût été seul; mais le plus âgé, celui qui paraissait avoir non-seulement l'habitude, mais le droit de lui donner des ordres, s'était, comme il avait déjà fait une première fois, contenté de le retenir vivement par son habit en lui disant d'un ton impératif, presque dur même :

— Assis, Roland !

Et le jeune homme s'était assis.

Mais celui de tous les convives qui était demeuré, en apparence du moins, le plus impassible pendant toute la scène qui venait de s'accomplir, était un homme de trente-trois à trente-quatre ans, blond de cheveux, roux de barbe, calme et beau de visage, avec de grands yeux bleus, un teint clair, des lèvres intelligentes et fines, une taille élevée, et un accent étranger qui indiquait un homme né au sein de cette île dont le gouvernement nous faisait à cette heure une si rude guerre, autant qu'on pouvait en juger par les rares paroles qui lui étaient échappées. Il parlait, malgré l'accent que nous avons signalé, la langue française avec une rare pureté. Au premier mot qu'il avait prononcé et dans lequel il avait reconnu cet accent d'outre-Manche, le plus âgé des deux voyageurs avait tressailli ; et, se retournant du côté de son compagnon, habitué à lire la pensée dans son regard, il avait semblé lui demander comment un Anglais se trouvait en France, au moment où la guerre acharnée que se faisaient les deux nations exilait naturellement les Anglais de la France, comme les Français de l'Angleterre.

Sans doute l'explication avait paru impossible à Roland, car celui-ci lui avait répondu d'un mouvement des yeux et d'un geste des épaules qui signifiaient :

— Cela me paraît tout aussi extraordinaire qu'à vous ; mais si vous ne trouvez pas l'explication d'un pareil problème, vous le mathématicien par excellence, ne me la demandez pas à moi.

Ce qui était resté de plus clair dans tout cela, dans l'esprit des deux jeunes gens, c'est que l'homme blond, à l'accent anglo-saxon, était le voyageur dont la calèche confortable attendait tout attelée à la porte de l'hôtel, et que ce voyageur était de Londres ou tout au moins de quelqu'un des comtés ou duchés de la grande-Bretagne.

Quant aux paroles qu'il avait prononcées, nous avons dit qu'elles étaient rares, si rares qu'en réalité c'étaient plutôt des exclamations que des paroles ;

seulement, à chaque explication qui avait été demandée et donnée sur l'état de la France, l'Anglais avait ostensiblement tiré un calepin de sa poche, et en priant, soit le marchand de vin, soit l'abbé, soit le jeune noble de répéter l'explication, ce que chacun avait fait avec une complaisance pareille à la courtoisie qui présidait à la demande, il avait pris en note ce qui avait été dit de plus important, de plus extraordinaire et de plus pittoresque sur l'arrestation de la diligence, l'état de la Vendée et les *compagnons de Jehu*, remerciant chaque fois de la voix et du geste avec cette roideur particulière à nos voisins d'outre-mer, et chaque fois remettant dans la poche de côté de sa redingote son calepin enrichi d'une note nouvelle.

Enfin, comme un spectateur tout joyeux d'un dénoûment inattendu, il s'était écrié de satisfaction à l'aspect de l'homme masqué, avait écouté de toutes ses oreilles, avait regardé de tous ses yeux, ne l'avait point perdu de vue que la porte ne se fût refermée derrière lui ; et alors tirant vivement son calepin de sa poche :

— Oh ! Monsieur, avait-il dit à son voisin qui n'était autre que l'abbé, seriez-vous assez bon, si je ne m'en souvenais pas, de me répéter mot pour mot ce qu'a dit le gentleman qui sort d'ici ?

Il s'était mis à écrire aussitôt, et, la mémoire de l'abbé s'associant à la sienne, il avait eu la satisfaction de transcrire, dans toute son intégrité, la phrase du compagnon de Jehu au citoyen Jean Picot.

Puis, cette phrase transcrite, il s'était écrié avec un accent qui ajoutait un étrange cachet d'originalité à ses paroles :

— Oh ! ce n'est qu'en France, en vérité, qu'il arrive de pareilles choses ; la France, c'est le pays le plus curieux du monde. Je suis enchanté, Messieurs, de voyager en France et de connaître les Français.

Et la dernière phrase avait été dite avec tant de courtoisie, qu'il ne restait plus, lorsqu'on l'avait entendue sortir de cette bouche sérieuse, qu'à remercier celui qui l'avait prononcée, fût-il le descendant des vainqueurs de Crécy, de Poitiers et d'Azincourt.

Ce fut le plus jeune des deux voyageurs qui répondit à cette politesse avec le ton d'insouciante causticité qui paraissait lui être naturel.

— Par ma foi ! je suis exactement comme vous, milord ; je dis milord, car je présume que vous êtes Anglais. — Oui, Monsieur, répondit le gentleman, j'ai cet honneur. — Eh bien, comme je vous le disais, continua le jeune homme, je suis enchanté de voyager en France et d'y voir ce que j'y ai vu. Il faut vivre sous le gouvernement des citoyens Gohier, Moulins, Roger-Ducos, Sieyès et Barras, pour assister à une pareille drôlerie, et quand dans cinquante ans on racontera qu'au milieu d'une ville de trente mille âmes, en plein jour, un voleur de grand chemin est venu, le masque sur le visage, deux pistolets et un sabre à la ceinture, rapporter à un honnête négociant qui se désespérait de les avoir perdus les deux cents louis qu'il lui avait pris la veille ; quand on ajoutera que cela s'est passé à une table d'hôte où étaient assises vingt ou vingt-cinq personnes, et que ce bandit modèle s'est retiré sans que pas une des vingt ou vingt-cinq personnes présentes lui ait sauté à la gorge, j'offre de parier que l'on traitera d'infâme menteur celui qui aura l'audace de raconter l'anecdote.

Et le jeune homme, se renversant sur sa chaise, éclata de rire, mais d'un rire si nerveux et si strident, que tout le monde le regarda avec étonnement, tandis que, de son côté, son compagnon avait les yeux fixés sur lui avec une inquiétude presque paternelle.

— Monsieur, dit le citoyen Alfred de Barjols, qui, ainsi que les autres, paraissait impressionné de cette étrange modulation plus triste, ou plutôt plus douloureuse que gaie, et dont, avant de répondre, il avait laissé éteindre jusqu'au dernier frémissement ; Monsieur, permettez-moi de vous faire observer que l'homme que vous venez de voir n'est point un voleur de grand chemin? — Bah ! franchement, et qu'est-ce donc ? — C'est, selon toute probabilité, un jeune homme d'aussi bonne famille que vous et moi. — Le comte de Horn, que le régent fit rouer en place de Grève, était aussi un jeune homme de bonne famille, et la preuve, c'est que toute la noblesse de Paris envoya des voitures à son exécution. — Le comte de Horn avait, si je m'en souviens bien, assassiné un juif pour lui voler une lettre de change qu'il n'était point en mesure de lui payer, et nul n'osera vous dire qu'un compagnon de Jehu ait touché à un cheveu de la tête d'un enfant. — Eh bien, soit, admettons que l'institution soit fondée au point de vue philanthropique, pour rétablir la balance entre les fortunes, redresser les caprices du hasard, réformer les abus de la société ; pour être un voleur à la façon de Karl Moor, votre ami Morgan, n'est-ce point Morgan qu'a dit que s'appelait cet honnête citoyen ?... — Oui, dit l'Anglais. — Eh bien, votre ami Morgan n'en est pas moins un voleur.

Le citoyen Alfred de Barjols devint très-pâle.

— Le citoyen Morgan n'est pas mon ami, répondit le jeune aristocrate, et s'il l'était, je me ferais honneur de son amitié. — Sans doute, répondit Roland en éclatant de rire ; comme dit M. de Voltaire :

L'amitié d'un grand homme est un bienfait des dieux.

— Roland ! Roland ! lui dit à voix basse son compagnon. — Oh ! général, répondit celui-ci, laissant à dessein peut-être échapper le titre qui était dû à son compagnon, laissez-moi, par grâce, continuer avec Monsieur une discussion qui m'intéresse au plus haut degré.

Celui-ci haussa les épaules.

— Seulement, citoyen, continua le jeune homme avec une étrange persistance, j'ai besoin d'être édifié : il y a deux ans que j'ai quitté la France, et depuis mon départ tant de choses ont changé, costumes, mœurs, accent, que la langue pourrait bien avoir changé aussi. Comment appelez-vous, dans la langue que l'on parle aujourd'hui en France, arrêter les diligences et prendre l'argent qu'elles renferment? — Monsieur, dit le jeune noble du ton d'un homme décidé à soutenir la discussion jusqu'au bout, j'appelle cela faire la guerre ; et voilà votre compagnon, que vous avez appelé général tout à l'heure, qui, en sa qualité de militaire, vous dira qu'à part le plaisir de tuer et d'être tués, les généraux de tout temps n'ont pas fait autre chose que ce que fait le citoyen Morgan. — Comment ! s'écria le jeune homme, dont les yeux lancèrent un éclair, vous osez comparer... — Laissez Monsieur développer sa théorie, Roland, dit le voyageur brun, dont les yeux, tout au contraire de ceux de son compagnon, qui semblaient s'être dilatés pour jeter leurs flammes, se voilèrent sous ses longs cils noirs, pour ne point laisser voir ce qui se pas-

~ait dans son cœur. — Ah! dit le jeune homme avec son accent saccadé, vous voyez bien qu'à votre tour vous commencez à prendre intérêt à la discussion.

Puis se tournant vers celui qu'il semblait avoir pris à partie :

— Continuez, Monsieur, continuez, dit-il ; le général le permet.

Le jeune noble rougit d'une façon aussi visible qu'il venait de pâlir un instant auparavant, et les dents serrées, les coudes sur la table, le menton sur son poing pour se rapprocher autant que possible de son adversaire, avec un accent provençal qui devenait de plus en plus prononcé à mesure que la discussion devenait plus intense :

— Puisque *le général le permet*, reprit-il en appuyant sur ces deux mots *le général*, j'aurai l'honneur de lui dire, et à vous, citoyen, par contre-coup, que je crois me souvenir d'avoir lu dans Plutarque, qu'au moment où Alexandre partit pour l'Inde, il n'emportait avec lui que dix-huit ou vingt talents d'or, quelque chose comme cent ou cent vingt mille francs. Or, croyez-vous que ce soit avec ces dix-huit ou vingt talents d'or qu'il nourrit son armée, gagna la bataille du Granique, soumit l'Asie Mineure, conquit Tyr, Gaza, la Syrie, l'Égypte, bâtit Alexandrie, pénétra jusqu'en Libye, se fit déclarer fils de Jupiter par l'oracle d'Ammon, pénétra jusqu'à l'Hyphase, et, comme ses soldats refusaient de le suivre plus loin, revint à Babylone pour y surpasser en luxe, en débauches et en mollesse, les plus luxueux, les plus débauchés et les plus voluptueux des rois d'Asie? Est-ce de Macédoine qu'il tirait son argent, et croyez-vous que le roi Philippe, un des plus pauvres rois de la pauvre Grèce, faisait honneur aux traites que son fils tirait sur lui? Non pas : Alexandre faisait comme le citoyen Morgan ; seulement, au lieu d'arrêter les diligences sur les grandes routes, il pillait les villes, mettait les rois à rançon, levait des contributions sur les pays conquis. Passons à Annibal. Vous savez comment il est parti de Carthage, n'est-ce pas? Il n'avait pas même les dix-huit ou vingt talents de son prédécesseur Alexandre ; mais, comme il lui fallait de l'argent, il prit et saccagea, au milieu de la paix et contre la foi des traités, la ville de Sagonte ; dès lors il fut riche et put se mettre en campagne. Pardon, cette fois-ci ce n'est plus du Plutarque, c'est du Cornélius Népos. Je vous tiens quitte de sa descente des Pyrénées, de sa montée des Alpes, des trois batailles qu'il a gagnées en s'emparant chaque fois des trésors du vaincu, et j'en arrive aux cinq ou six ans qu'il a passés dans la Campanie. Croyez-vous que lui et son armée payaient pension aux Capouans, et que les banquiers de Carthage, qui étaient brouillés avec lui, lui envoyaient de l'argent? Non : la guerre nourrissait la guerre, système Morgan, citoyen. Passons à César. Ah! César, c'est autre chose. Il part pour l'Espagne avec quelque chose comme trente millions de dettes, revient à peu près au pair, part pour la Gaule, reste dix ans chez nos ancêtres, pendant ces dix ans envoie plus de cent millions à Rome, repasse les Alpes, franchit le Rubicon, marche droit au Capitole, force les portes du temple de Saturne où est le trésor, y prend pour ses besoins particuliers, et non pas pour ceux de la république, trois mille livres pesant d'or en lingots, et meurt, lui que ses créanciers, vingt ans auparavant, ne voulaient pas laisser sortir de sa petite maison de la rue Suburra, laissant deux ou trois mille sesterces par chaque tête de citoyen, dix ou douze millions à Calpurnie, et trente ou quarante millions à Octave. Système Morgan toujours, à l'exception que Morgan, j'en suis sûr, mourra sans avoir touché pour son compte ni à l'argent des Gaulois, ni à l'or du Capitole. Maintenant, sautons dix-huit cents ans et arrivons au général *Buonaparté*.

Et le jeune aristocrate, comme avaient l'habitude de le faire les ennemis du vainqueur de l'Italie, affecta d'appuyer sur l'*u*, que Bonaparte avait retranché de son nom, et sur l'*é*, dont il avait enlevé l'accent fermé.

Cette affectation parut irriter vivement Roland, qui fit un mouvement comme pour s'élancer en avant, mais son compagnon l'arrêta.

— Laissez, dit-il, laissez, Roland ; je suis bien sûr que le citoyen Barjols ne dira pas que le général *Buonaparté*, comme il l'appelle, est un voleur. — Non, je ne le dirai pas, moi ; mais il y a un proverbe italien qui le dit pour moi. — Voyons le proverbe ? demanda le général se substituant à son compagnon, et cette fois fixant sur le jeune noble son œil limpide, calme et profond. — Le voici dans toute sa simplicité : *Francesi non sono tutti ladroni, ma Buonaparte*. Ce qui veut dire : « Tous les Français ne sont pas des voleurs, mais... » — Une bonne partie, dit Roland. — Oui, mais Buonaparte, répondit Barjols.

A peine l'insolente parole était-elle sortie de la bouche du jeune aristocrate que l'assiette avec laquelle jouait Roland s'était échappée de ses mains et l'allait frapper en plein visage.

Les femmes jetèrent un cri, les hommes se levèrent.

Roland éclata de ce rire nerveux qui lui était habituel et retomba sur sa chaise.

Le jeune aristocrate resta calme, quoique une rigole de sang coulât de son sourcil sur sa joue.

En ce moment le conducteur entra, disant selon la formule habituelle :

— Allons, citoyens voyageurs, en voiture !

Les voyageurs, pressés de s'éloigner du théâtre de la rixe à laquelle ils venaient d'assister, se précipitèrent vers la porte.

— Pardon, Monsieur, dit Alfred de Barjols à Roland, vous n'êtes pas de la diligence, j'espère ? — Non, Monsieur, je suis de la chaise de poste ; mais soyez tranquille, je ne pars pas. — Ni moi, dit l'Anglais ; dételez les chevaux, je reste. — Moi je pars, dit avec un soupir le jeune homme brun que Roland avait désigné sous le titre de général ; tu sais qu'il le faut, mon ami, et que ma présence est absolument nécessaire là-bas. Mais je te jure bien que je ne te quitterais point ainsi si je pouvais faire autrement....

Et, en disant ces mots, sa voix trahissait une émotion dont son timbre, ordinairement ferme et métallique, ne paraissait pas susceptible.

Tout au contraire, Roland paraissait au comble de la joie ; on eût dit que cette nature de lutte s'épanouissait à l'approche du danger qu'il avait, sinon fait naître, mais que du moins il n'avait point cherché à éviter.

— Bon ! général, dit-il, nous devions nous quitter à Lyon, puisque vous avez eu la bonté de m'accorder un congé d'un mois pour aller à Bourg, dans ma famille. C'est une soixantaine de lieues de moins que nous faisons ensemble, voilà tout. Je vous retrouverai à Paris. Seulement, vous savez, si vous avez besoin d'un homme dévoué et qui ne boude pas, songez à moi. — Sois tranquille, Roland.

Puis regardant attentivement les deux adversaires :

— Avant tout, Roland, dit-il à son jeune compagnon avec un indéfinissable accent de tendresse, ne te fais pas tuer ; mais, si la chose est possible, ne tue pas non plus ton adversaire. Ce jeune homme, à tout prendre, est un homme de cœur, et je veux avoir un jour pour moi tous les gens de cœur. — On fera de son mieux, général, soyez tranquille.

En ce moment, l'hôte parut sur le seuil de la porte.

— La chaise de poste pour Paris est attelée, dit-il.

Le général prit son chapeau et sa canne déposés sur une chaise ; mais, au contraire, Roland affecta de le suivre nu-tête, pour que l'on vît bien qu'il ne comptait point partir avec son compagnon.

Aussi Alfred de Barjols ne fit-il aucune opposition à sa sortie. D'ailleurs il était facile de voir que son adversaire était plutôt de ceux qui cherchent les querelles que de ceux qui les évitent.

Celui-ci accompagna le général jusqu'à la voiture, où le général monta.

— C'est égal, dit ce dernier en s'asseyant, cela me fait gros cœur de te laisser seul ici, Roland, sans un ami pour te servir de témoin. — Bon ! ne vous inquiétez point de cela, général ; on ne manque jamais de témoins : il y a et il y aura toujours des gens curieux de savoir comment un homme en tue un autre. — Au revoir, Roland ; tu entends bien, je ne te dis pas adieu, je te dis au revoir ! — Oui, mon cher général, répondit le jeune homme d'une voix presque attendrie, j'entends bien, et je vous remercie. — Promets-moi de me donner de tes nouvelles aussitôt l'affaire terminée, ou de me faire écrire par quelqu'un, si tu ne pouvais m'écrire toi-même. — Oh ! n'ayez crainte, général ; avant quatre jours vous aurez une lettre de moi, répondit Roland.

Puis avec un accent de profonde amertume :

— Ne vous êtes-vous pas aperçu, dit-il, qu'il y a sur moi une fatalité qui ne veux pas que je meure ? — Roland ! fit le général d'un ton sévère, encore ! — Rien, rien, dit le jeune homme en secouant la tête et en donnant à ses traits l'apparence d'une insouciante gaieté qui devait être l'expression habituelle de son visage avant qu'il lui fût arrivé le malheur inconnu qui, si jeune, paraissait lui faire désirer la mort. — Bien. A propos, tâche de savoir une chose. — Laquelle, général ?

— C'est comment il se fait qu'au moment où nous sommes en guerre avec l'Angleterre, un Anglais se promène en France aussi libre et aussi tranquille que s'il était chez lui. — Bien : je le saurai. — Comment cela ? — Je ne sais pas encore ; mais quand je vous promets de le savoir, je le saurai, quand je devrais le lui demander à lui. — Mauvaise tête ! ne va pas te faire une autre affaire de ce côté-là. — Dans tous les cas, comme c'est un ennemi, ce ne serait plus un duel, ce serait un combat. — Allons, encore une fois, au revoir et embrasse-moi.

Roland se jeta avec un mouvement de reconnaissance passionnée au cou de celui qui venait de lui donner cette permission.

— Oh ! général ! s'écria-t-il, que je serais heureux.... si je n'étais pas si malheureux !

Le général le regarda avec une affection profonde.

— Un jour tu me conteras ton malheur, n'est-ce pas, Roland ? dit-il.

Roland éclata de ce rire douloureux qui deux ou trois fois déjà s'était fait jour entre ses lèvres.

— Oh ! par ma foi non, dit-il, vous en ririez trop.

Le général le regarda comme il eût regardé un fou.

— Enfin, dit-il, il faut prendre les gens comme ils sont. — Surtout lorsqu'ils ne sont pas ce qu'ils paraissent être. — Tu me prends pour Œdipe, et tu me poses des énigmes, Roland. — Ah! si vous devinez celle-là, général, je vous salue roi de Thèbes. Mais avec toutes mes folies, j'oublie que chacune de vos minutes est précieuse et que je vous retiens ici inutilement. — Tu as raison. As-tu des commissions pour Paris? — Trois : mes amitiés à Bourrienne, mes respects à votre frère Lucien, et mes plus tendres hommages à madame Bonaparte. — Il sera fait comme tu le désires. — Où vous retrouverai-je à Paris? — Dans ma maison de la rue de la Victoire, et peut-être.... — Peut-être..? — Qui sait? peut-être au Luxembourg.

Puis se rejetant en arrière, comme s'il regrettait d'en avoir tant dit, même à celui qu'il regardait comme son meilleur ami :

— Route d'Orange, dit-il au postillon, et le plus vite possible.

Le postillon, qui n'attendait qu'un ordre, fouetta ses chevaux; la voiture partit, rapide et grondante comme la foudre, et disparut par la porte d'Oulle.

III

L'ANGLAIS.

Roland resta immobile à sa place, non-seulement tant qu'il put voir la voiture, mais encore longtemps après qu'elle eût disparu.

Puis, secouant la tête comme pour faire tomber de son front le nuage qui l'assombrissait, il rentra dans l'hôtel et demanda une chambre.

— Conduisez Monsieur au n° 3, dit l'hôte à une femme de chambre.

La femme de chambre prit une clef suspendue à une large tablette de bois noir sur laquelle étaient rangés, sur deux lignes, des numéros blancs, et fit signe au jeune voyageur qu'il pouvait la suivre.

— Faites-moi monter du papier, une plume et de l'encre, dit le jeune homme à l'hôte; et si M. de Barjols s'informe où je suis, donnez-lui le numéro de ma chambre.

L'hôte promit de se conformer aux intentions de Roland, qui monta derrière la fille en sifflant *la Marseillaise*.

Cinq minutes après il était assis près d'une table, ayant devant lui l'encre, le papier, la plume demandés, et s'apprêtant à écrire.

Mais au moment où il allait tracer la première ligne, on frappa trois coups à sa porte.

— Entrez, dit-il en faisant pirouetter sur un de ses pieds de derrière le fauteuil dans lequel il était assis, afin de faire face au visiteur, qui, dans son appréciation, devait être soit M. de Barjols, soit un de ses amis.

La porte s'ouvrit d'un mouvement régulier comme celui d'une mécanique, et l'Anglais parut sur le seuil.

— Ah! s'écria Roland enchanté de la visite au point de vue de la recommandation que lui avait faite son général, c'est vous? — Oui, dit l'Anglais, c'est moi. — Soyez le bienvenu. — Oh! que je sois le bienvenu, tant mieux! car je ne savais pas si je devais venir. — Pourquoi cela? — A cause d'Aboukir.

Roland se mit à rire.

— Il y a eu deux batailles d'Aboukir, dit-il : celle que nous avons perdue, celle que nous avons gagnée. — A cause de celle que vous avez perdue. — Boh! dit Roland, on se bat, on se tue, on s'extermine sur le champ de bataille; mais cela n'empêche point qu'on se serre la main lorsqu'on se rencontre en terre neutre; je vous répète donc, soyez le bienvenu, surtout si vous voulez bien me dire pourquoi vous venez. — Merci; mais avant tout lisez ceci.

Et l'Anglais tira un papier de sa poche.

— Qu'est-ce? demanda Roland. — Mon passe-port. — Qu'ai-je affaire de votre passe-port? demanda Roland; je ne suis pas gendarme. — Non; mais comme je viens vous offrir mes services, peut-être ne les accepteriez-vous point si vous ne saviez pas qui je suis. — Vos services, Monsieur? — Oui; mais lisez.

Roland lut :

« Au nom de la République française, le Directoire exécutif invite les autorités à laisser circuler librement et à lui prêter aide et protection en cas de besoin sir John Tanlay, esq., dans toute l'étendue du territoire de la République.

« Signé : FOUCHÉ. »

Et plus bas : — Voyez.

« Je recommande tout particulièrement à qui de droit sir John Tanlay comme un philanthrope et un ami de la liberté.

« Signé : BARRAS. »

— Vous avez lu? — Oui, j'ai lu, après? — Oh! après. Mon père, milord Tanlay, a rendu des services à M. Barras; c'est pourquoi M. Barras permet que je me promène en France, et je suis bien content de me promener en France, je m'amuse beaucoup. — Oui, je me le rappelle, sir John; vous nous avez déjà fait l'honneur de nous dire cela à table. — Oui, je l'ai dit, c'est vrai; j'ai dit aussi que j'aimais beaucoup les Français.

Roland s'inclina.

— Et surtout le général Bonaparte, continua sir John. — Vous aimez beaucoup le général Bonaparte! — Je l'admire : c'est un grand, très-grand homme. — Ah! pardieu! sir John, je suis fâché qu'il n'entende pas un Anglais dire cela de lui. — Oh! s'il était là, je ne le dirais point. — Pourquoi? — Je ne voudrais pas qu'il crût que je dis cela pour lui faire plaisir. Je dis cela parce que c'est mon opinion. — Je n'en doute pas, milord, fit Roland qui ne savait pas où l'Anglais en voulait venir, et qui, ayant appris par le passe-port ce qu'il voulait savoir, se tenait sur la réserve. — Et quand j'ai vu, continua l'Anglais avec le même flegme, que vous preniez le parti du général Bonaparte, cela m'a fait plaisir. — Vraiment? — Grand plaisir, fit l'Anglais avec un mouvement de tête affirmatif. — Tant mieux! — Mais quand j'ai vu que vous jetiez une assiette à la tête de M. Alfred de Barjols, cela m'a fait de la peine. — Cela vous a fait de la peine, milord; et en quoi? — Parce qu'en Angleterre un gentleman il ne jette pas une assiette à la tête d'un autre gentleman. — Ah! milord, dit Roland en se levant et en fronçant le sourcil, seriez-vous venu, par hasard, pour me faire une leçon? — Oh! non; je suis venu pour vous dire : Vous êtes embarrassé peut-être pour trouver un témoin? — Ma foi! sir John, je vous l'avouerai, et au moment où vous avez frappé à la porte, je m'interrogeais pour savoir à qui je demanderais ce service. — Moi, si vous voulez, dit l'Anglais, je serai votre témoin. — Ah! pardieu! fit Roland, avec grand plaisir. — Voilà le service que je voulais rendre moi à vous!

Roland lui tendit la main.

— Accepté, dit-il.

L'Anglais s'inclina.

— Maintenant, continua Roland, vous avez eu le bon goût, milord, avant de m'offrir vos services, de me dire qui vous étiez; il est trop juste, du moment où je les accepte, que vous sachiez qui je suis. — Oh! comme vous voudrez. — Je me nomme Louis de Montrevel; je suis aide de camp du général Bonaparte. — Aide de camp du général Bonaparte! je suis bien aise. — Ceci vous explique comment j'ai pris, un peu trop chaudement peut-être, la défense de mon général. — Non, pas trop chaudement; seulement l'assiette... — Oui, je sais bien, la provocation pouvait se passer de l'assiette; mais, que voulez-vous, je la tenais à la main, je ne savais qu'en faire, je l'ai jetée à la tête de M. de Barjols; elle est partie toute seule sans que je le voulusse. — Vous ne lui direz pas cela à lui. — Oh! soyez tranquille; je vous le dis à vous pour mettre votre conscience en repos. — Très-bien; alors, vous vous battrez? — Je suis resté pour cela du moins. — Et, à quoi vous battrez-vous? — Cela ne me regarde pas, milord. — Comment! cela ne vous regarde pas? — Non: M. de Barjols est l'insulté, c'est à lui de choisir ses armes. — Alors, l'arme qu'il proposera, vous l'accepterez? — Pas moi, sir John, mais vous en mon nom, puisque vous me faites l'honneur d'être mon témoin. — Et si c'est le pistolet qu'il choisit, à quelle distance et comment désirez-vous vous battre? — Ceci c'est votre affaire, milord, et non la mienne. Je ne sais pas si cela se fait ainsi en Angleterre, mais en France les combattants ne se mêlent de rien; c'est aux témoins d'arranger les choses; ce qu'ils font est toujours bien fait. — Alors, ce que je ferai sera bien fait? — Parfaitement fait, milord.

L'Anglais s'inclina.

— L'heure et le jour du combat? — Oh! cela le plus tôt possible; il y a deux ans que je n'ai vu ma famille, et je vous avoue que je suis pressé d'embrasser tout mon monde.

L'Anglais regarda Roland avec un certain étonnement; il parlait avec tant d'assurance qu'on eût dit qu'il avait d'avance la certitude de ne pas être tué.

En ce moment on frappa à la porte, et la voix de l'aubergiste demanda:

— Peut-on entrer?

Le jeune homme répondit affirmativement: la porte s'ouvrit, et l'aubergiste entra effectivement tenant à la main une carte qu'il présenta à son hôte.

Le jeune homme prit la carte et lut: « Charles de Valansolle. »

— De la part de M. Alfred de Barjols, dit l'hôte. — Très-bien! fit Roland.

Puis, passant la carte à l'Anglais:

— Tenez, cela vous regarde; c'est inutile que je voie ce monsieur, puisque dans ce pays-ci on n'est plus citoyen. M. de Valansolle est le témoin de M. de Barjols, vous êtes le mien, arrangez la chose entre vous; seulement, ajouta le jeune homme en serrant la main de l'Anglais et en le regardant fixement, tâchez que ce soit sérieux; je ne récuserais ce que vous aurez fait que s'il n'y avait point chance de mort pour l'un ou pour l'autre. — Soyez tranquille, dit l'Anglais, je ferai comme pour moi. — A la bonne heure! allez, et quand tout sera arrêté remontez; je ne bouge pas d'ici.

Sir John suivit l'aubergiste; Roland se rassit, fit pirouetter son fauteuil dans le sens inverse et se retrouva devant sa table.

Il prit sa plume et se mit à écrire.

Lorsque sir John rentra, Roland, après avoir écrit et cacheté deux lettres, mettait l'adresse sur la troisième.

Il fit signe de la main à l'Anglais d'attendre qu'il eût fini, afin de pouvoir lui donner toute son attention.

Il acheva l'adresse, cacheta la lettre, et se retourna.

— Eh bien, demanda-t-il, tout est-il réglé? — Oui, dit l'Anglais; et ç'a été chose facile : vous avez affaire à un vrai gentleman. — Tant mieux! fit Roland.

Et il attendit.

— Vous vous battez dans deux heures à la fontaine de Vaucluse, un lieu charmant, au pistolet, en marchant l'un sur l'autre, chacun tirant à sa volonté et pouvant continuer de marcher après le feu de son adversaire. — Par ma foi! vous avez raison, sir John; voilà qui est tout à fait bien. C'est vous qui avez réglé cela? — Moi et le témoin de M. de Barjols, votre adversaire ayant renoncé à tous ses priviléges d'insulté. — S'est-on occupé des armes? — J'ai offert mes pistolets; ils ont été acceptés sur ma parole d'honneur qu'ils étaient aussi inconnus à vous qu'à M. de Barjols; ce sont d'excellentes armes avec lesquelles, à vingt pas, je coupe une balle sur la lame d'un couteau. — Peste! vous tirez bien, à ce qu'il paraît, milord? — Oui; je suis, à ce que l'on dit, le meilleur tireur de l'Angleterre. — C'est bon à savoir; quand je voudrai me faire tuer, sir John, je vous chercherai querelle. — Oh! ne cherchez jamais une querelle à moi, dit l'Anglais, cela me ferait trop grand'peine d'être obligé de me battre avec vous. — On tâchera, milord, de ne pas vous faire de chagrin; c'est dans deux heures, dites-vous? — Oui : vous m'avez dit que vous étiez pressé. — Parfaitement. Combien y a-t-il d'ici à l'endroit charmant? — D'ici à Vaucluse? — Oui. — Quatre lieues. — C'est l'affaire d'une heure et demie; nous n'avons pas de temps à perdre; débarrassons-nous donc des choses ennuyeuses pour n'avoir plus que le plaisir.

L'Anglais regarda le jeune homme avec étonnement.

Roland ne parut faire aucune attention à ce regard.

— Voici trois lettres, dit-il : une pour madame de Montrevel, ma mère; une pour mademoiselle de Montrevel, ma sœur; une pour le citoyen Bonaparte, mon général. Si je suis tué, vous les mettrez purement et simplement à la poste. Est-ce trop de peine? — Si ce malheur arrive, je porterai moi-même les lettres, dit l'Anglais.

Roland regarda sir John.

— Où demeurent madame votre mère et mademoiselle votre sœur? demanda-t-il. — A Bourg, chef-lieu du département de l'Ain. — C'est tout près d'ici, répondit l'Anglais. Quant au général Bonaparte, j'irai, s'il le faut, en Égypte; je serais extrêmement satisfait de voir le général Bonaparte. — Si vous prenez, comme vous le dites, milord, la peine de porter la lettre vous-même, vous n'aurez pas une si longue course à faire : dans trois jours le général Bonaparte sera à Paris. — Oh! fit l'Anglais sans manifester le moindre étonnement; vous croyez? — J'en suis sûr, répondit Roland. — C'est, en vérité, un homme fort extraordinaire, que le général Bonaparte. Maintenant, avez-vous encore quelque autre recommandation à me faire, monsieur de Montrevel? — Une seule, milord. — Oh! plusieurs si vous voulez. — Non, merci, une seule, mais très-importante. — Dites. — Si je suis tué... mais je doute que j'aie cette chance.

Sir John regarda Roland avec cet œil étonné qu'il avait déjà deux ou trois fois arrêté sur lui.

— Si je suis tué, reprit Roland, car au bout du compte il faut bien tout prévoir..., — Oui, si vous êtes tué, j'entends. — Écoutez bien ceci, milord, car je tiens expressément, en ce cas, à ce que les choses se passent exactement comme je vais vous le dire. — Cela se passera comme vous le direz, répliqua sir John; je suis un homme fort exact. — Eh bien donc, si je suis tué, insista Roland en posant et en appuyant la main sur l'épaule de son témoin, comme pour mieux imprimer dans sa mémoire la recommandation qu'il allait lui faire, vous mettrez mon corps comme il sera, tout habillé, sans permettre que personne le touche, dans un cercueil de plomb que vous ferez souder devant vous; vous enfermerez le cercueil de plomb dans une bière de chêne, que vous ferez également clouer devant vous; enfin, vous expédierez le tout à ma mère, à moins que vous n'aimiez mieux jeter le tout dans le Rhône, ce que je laisse absolument à votre choix, pourvu qu'il y soit jeté. — Il ne me coûtera pas plus de peine, reprit l'Anglais, puisque je porte la lettre, de porter le cercueil avec moi. — Allons décidément, milord, dit Roland riant aux éclats de son rire étrange, vous êtes un homme charmant, et c'est la Providence en personne qui a permis que je vous rencontre. En route, milord, en route.

Tous deux sortirent de la chambre de Roland. Celle de sir John était située sur le même palier. Roland attendit que l'Anglais rentrât chez lui pour prendre ses armes.

Il en sortit après quelques secondes, tenant une boîte de pistolets à la main.

— Maintenant, milord, demanda Roland, comment allons-nous à Vaucluse? à cheval ou en voiture? — En voiture, si vous voulez bien. Une voiture, c'est commode beaucoup plus si l'on était blessé; la mienne attend en bas. — Je croyais que vous aviez fait dételer? — J'en avais donné l'ordre, mais j'ai fait courir après le postillon pour lui donner contre-ordre.

On descendit l'escalier.

— Tom, Tom, dit sir John en arrivant à la porte où l'attendait un domestique dans la sévère livrée d'un groom anglais, chargez-vous de cette boîte. — *I am going with, mylord?* demanda le domestique. — *Yes!* répondit sir John.

Puis montrant à Roland le marchepied de la calèche qu'abaissait son domestique :

— Venez, monsieur de Montrevel, dit-il.

Roland monta dans la calèche et s'y étendit voluptueusement.

— En vérité, dit-il, il n'y a décidément que vous autres Anglais pour comprendre les voitures de voyage; on est dans la vôtre comme dans son lit. Je parie que vous faites capitonner vos bières avant de vous y coucher! — Oui, c'est un fait, répondit John, le peuple anglais il entend très-bien le confortable; mais le peuple français il est un peuple plus curieux et plus amusant.... Postillon, à Vaucluse.

IV

LE DUEL.

La route n'est praticable que d'Avignon à l'Isle. On fit les trois lieues qui séparaient l'Isle d'Avignon en une heure.

Pendant cette heure, Roland, comme s'il eût pris à tâche de faire paraître le temps court à son compagnon de voyage, fut verveux et plein d'entrain; plus il approchait du lieu du combat, plus sa gaieté redoublait. Quiconque n'eût point su la cause du voyage ne se fût jamais douté que ce jeune homme, au babil intarissable et au rire incessant, fût sous la menace d'un danger mortel.

Au village d'Isle, il fallut descendre de voiture. On s'informa : Roland et sir John étaient les premiers arrivés.

Ils s'engagèrent dans le chemin qui conduit à la fontaine.

— Oh! oh! dit Roland, il doit y avoir un bel écho ici.

Il y jeta un ou deux cris auxquels l'écho répondit avec une complaisance parfaite.

— Ah! par ma foi, dit le jeune homme, voici un écho merveilleux. Je ne connais que celui de la Scinonnetta, à Milan, qui lui soit comparable. Attendez, milord.

Et il se mit, avec des modulations qui indiquaient à la fois une voix admirable et une méthode excellente, à chanter une tyrolienne qui semblait un défi porté, par la musique révoltée, au gosier humain.

Sir John regardait et écoutait Roland avec un étonnement qu'il ne se donnait plus la peine de dissimuler.

Lorsque la dernière note se fut éteinte dans la cavité de la montagne :

— Je crois, Dieu me damne! dit sir John, que vous avez le spleen.

Roland tressaillit et le regarda comme pour l'interroger.

Mais voyant que sir John n'allait pas plus loin..

— Bon! et qui vous fait croire cela? demanda-t-il. — Vous êtes trop bruyamment gai pour n'être pas profondément triste. — Oui, et cette anomalie vous étonne? — Rien ne m'étonne, chaque chose a sa raison d'être. — C'est juste; le tout est d'être dans le secret de la chose. Eh bien, je vais vous y mettre. — Oh! je ne vous y force aucunement. — Vous êtes trop courtois pour cela; mais avouez que cela vous ferait plaisir d'être fixé à mon endroit. — Par intérêt pour vous, oui. — Eh bien, milord, voici le mot de l'énigme, et je vais vous dire à vous ce que je n'ai encore dit à personne. Tel que vous me voyez, et avec les apparences d'une santé excellente, je suis atteint d'un anévrisme qui me fait horriblement souffrir. Ce sont à tout moment des spasmes, des faiblesses, des évanouissements qui feraient honte à une femme. Je passe ma vie à prendre des précautions ridicules, et avec tout cela Larrey m'a prévenu que je dois m'attendre à disparaître de ce monde d'un moment à l'autre, l'artère attaquée pouvant se rompre dans ma poitrine au moindre effort que je ferai. Jugez comme c'est amusant pour un militaire ! Vous comprenez que, du moment où j'ai été éclairé sur ma situation, j'ai décidé que je me ferais tuer avec le plus d'éclat possible. Je me suis mis incontinent à l'œuvre. Un autre plus chanceux aurait réussi déjà cent fois ; mais moi, ah ! bien oui, je suis ensorcelé : ni balles ni boulets ne veulent de moi ; on dirait que les sabres ont peur de s'ébrécher sur ma peau. Je ne manque pourtant pas une occasion ; vous l'avez vu d'après ce qui s'est passé à table. Eh bien, nous allons nous battre, n'est-ce pas ? Je vais me livrer comme un fou, donner tous les avantages à mon adversaire, cela n'y fera absolument rien : il tirera à quinze pas, à dix pas, à cinq pas, à bout portant sur moi et il me manquera, ou son pistolet brûlera l'amorce sans partir ; et tout cela, la belle avance, je vous le demande un peu, pour que je crève un beau jour au moment où je m'y attendrai le moins en tirant mes bottes ! Mais, silence, voici mon adversaire.

En effet, par la même route qu'avaient suivie Roland et sir John à travers les sinuosités du terrain et les aspérités du rocher, on voyait apparaître la partie supérieure du corps de trois personnages qui allaient grandissant à mesure qu'ils approchaient.

Roland les compta.

— Trois ! Pourquoi trois, dit-il, quand nous ne sommes que deux ? — Ah ! j'avais oublié, dit l'Anglais : M. de Barjols, autant dans votre intérêt que dans le sien, a demandé d'amener un chirurgien de ses amis. — Pourquoi faire ? demanda Roland d'un ton presque brusque et en fronçant le sourcil. — Mais au cas où l'un de vous serait blessé : une saignée, dans certaines circonstances, peut sauver la vie à un homme. — Sir John, fit Roland avec une expression presque féroce, je ne comprends pas toutes ces délicatesses en matière de duel. Quand on se bat, c'est pour se tuer. Qu'on se fasse auparavant toutes sortes de politesses, comme vos ancêtres et les miens se sont fait à Fontenoy, très-bien ; mais une fois que les épées sont hors du fourreau ou les pistolets chargés, il faut que la vie d'un homme paye la peine que l'on a prise et les battements de cœur que l'on a perdus. Moi, sur votre parole d'honneur, sir John, je vous demande une chose : c'est que, blessé ou tué, vivant ou mort, le chirurgien de M. de Barjols ne me touchera pas. — Mais cependant, monsieur Roland... — Oh ! c'est à prendre ou à laisser. Votre parole d'honneur, milord, ou, le diable m'emporte, je ne me bats pas.

L'Anglais regarda le jeune homme avec étonnement. Son visage était devenu livide, ses membres étaient agités d'un tremblement qui ressemblait à de la terreur.

Sans rien comprendre à cette impression inexplicable, sir John donna sa parole.

— A la bonne heure, fit Roland ; tenez, c'est encore un des effets de cette charmante maladie, c'est que je suis prêt à me trouver mal à l'idée d'une trousse déroulée, à la vue d'un bistouri ou d'une lancette. J'ai dû devenir très-pâle, n'est-ce pas ? — J'ai cru un instant que vous alliez vous évanouir.

Roland éclata de rire.

— Ah ! la belle affaire que cela eût fait, dit-il, nos adversaires arrivant et vous trouvant occupé à me faire respirer des sels comme à une femme qui a des syncopes. Savez-vous ce qu'ils auraient dit, eux, et ce que vous auriez dit, vous tout le premier ? Ils auraient dit que j'avais peur.

Les trois nouveaux venus, pendant ce temps, s'étaient avancés et se trouvaient à portée de la voix, de sorte que sir John n'eut pas même le temps de répondre à Roland.

Ils saluèrent en arrivant. Roland, le sourire sur les lèvres, ses belles dents à fleur de lèvres, répondit à leur salut.

Sir John s'approcha de son oreille.

— Vous êtes encore un peu pâle, dit-il ; allez faire un tour jusqu'à la fontaine, j'irai vous chercher quand il sera temps. — Ah ! c'est une idée, cela, dit Roland ; j'ai toujours eu envie de voir cette fameuse fontaine de Vaucluse, Hippocrène de Pétrarque. Vous connaissez son sonnet ?

> Chiare, fresche e dolci acque
> Ove le belle membra
> Pose colei, che sola a me perdona.

Et cette occasion-ci passée, je n'en retrouverais peut-être pas une pareille. De quel côté est-elle, votre fontaine ? — Vous en êtes à trente pas ; suivez le chemin, vous allez la trouver au détour de la route, au pied de cet énorme rocher dont vous voyez le faîte. — Milord, dit Roland, vous êtes le meilleur cicerone que je connaisse, merci.

Et, faisant à son témoin un signe amical de la main, il s'éloigna dans la direction de la fontaine en chantonnant entre ses dents la charmante villanelle de Du Bellay :

> Rosette, pour un peu d'absence,
> Votre cœur vous avez changé ;
> Et moi, voyant votre inconstance,
> Le mien d'autre part j'ai rangé.
> Jamais plus beauté si légère
> Sur mon cœur de pouvoir n'aura ;
> Nous verrons, volage bergère,
> Qui de nous s'en repentira.

Sir John se retourna aux modulations de cette voix à la fois fraîche et tendre, et qui, dans les notes élevées, avait quelque chose de la voix d'une femme ; son esprit méthodique et froid ne comprenait rien à cette nature saccadée et nerveuse, sinon qu'il avait sous les yeux une des plus étonnantes organisations que l'on pût rencontrer.

Les deux jeunes gens l'attendaient ; le chirurgien se tenait un peu à part.

Sir John portait à la main sa boîte de pistolets, et la posa sur un rocher ayant la forme d'une table, tira de sa poche une petite clef qui semblait travaillée par un orfèvre et non par un serrurier, et ouvrit la boîte.

Les armes étaient magnifiques, quoique d'une grande simplicité ; elles sortaient des ateliers de Menton, le grand-père de celui qui aujourd'hui est encore un des meilleurs arquebusiers de Londres. Il les donna à examiner au témoin de M. de Barjols, qui en fit jouer les ressorts et poussa la gâchette d'arrière en avant, pour voir s'ils étaient à double détente.

Ils étaient à détente simple.

M. de Barjols jeta dessus un coup d'œil, mais ne les toucha même pas.

— Notre adversaire ne connaît point vos armes ? demanda M. de Valensolle. — Il ne les a même pas vues, répondit sir John, je vous en donne ma

LES COMPAGNONS DE JEHU. LE DUEL.

parole d'honneur. — Oh! fit M. de Valensolle, une simple dénégation suffisait.

On régla une seconde fois, afin qu'il n'y eût point de malentendu, les conditions du combat déjà arrêtées; puis, ces conditions réglées, afin de perdre le moins de temps possible en préparatifs inutiles, on chargea les pistolets, on les remit tout chargés dans la boîte, on confia la boîte au chirurgien, et sir John, la clef de la boîte dans sa poche, alla chercher Roland.

Il le trouva causant avec un petit pâtre qui faisait paître trois chèvres aux flancs roides et rocailleux de la montagne, et jetant des cailloux dans le bassin.

Sir John ouvrait la bouche pour dire à Roland que tout était prêt; mais lui, sans donner à l'Anglais le temps de parler :

— Vous ne savez pas ce que me raconte cet enfant, milord? Une véritable légende des bords du Rhin. Il dit que ce bassin, dont on ne connaît pas le fond, s'étend à plus de deux ou trois lieues sous la montagne, et sert de demeure à une fée, moitié femme, moitié serpent, qui, dans les nuits calmes et pures de l'été, glisse à la surface de l'eau, appelant les pâtres de la montagne et ne leur montrant, bien entendu, que sa tête aux longs cheveux, ses épaules nues et ses beaux bras; mais les imbéciles se laissent prendre à ce semblant de femme : ils s'approchent, lui font signe de venir à eux, tandis que, de son côté, la fée leur fait signe de venir à elle. Les imprudents s'avancent sans s'en apercevoir, ne regardant pas à leurs pieds; tout à coup la terre leur manque, la fée étend le bras, plonge avec eux dans ses palais humides, et le lendemain reparaît seule. Qui diable a pu faire à ces idiots de bergers le même conte que Virgile racontait en si beaux vers à Auguste et à Mécène?

Il demeura pensif un instant, les yeux fixés sur cette eau azurée et profonde; puis se retournant vers sir John :

— On dit que jamais nageur, si vigoureux qu'il soit, n'a reparu après avoir plongé dans ce gouffre; si j'y plongeais, milord, ce serait peut-être plus sûr que la balle de M. de Barjols. Au fait, ce sera toujours une dernière ressource; en attendant, essayons de la balle. Allons, milord, allons.

Et prenant par-dessous le bras l'Anglais émerveillé de cette mobilité d'esprit, il le ramena vers ceux qui les attendaient.

Eux, pendant ce temps, s'étaient occupés de chercher un endroit convenable et l'avaient trouvé.

C'était un petit plateau, accroché en quelque sorte à la rampe escarpée de la montagne, exposé au soleil couchant et servant, dans une espèce de château en ruine, d'asile aux pâtres surpris par le mistral.

Un espace plan, d'une cinquantaine de pas de long et d'une vingtaine de pas de large, qui avait dû être autrefois la plate-forme du château, allait être le théâtre d'un drame qui approchait de son dénoûment.

— Nous voici, Messieurs, dit sir John. — Nous sommes prêts, Messieurs, répondit M. de Valensolle. — Que les adversaires veuillent bien écouter les conditions du combat, dit sir John.

Puis s'adressant à M. de Valensolle :

— Redites-les, Monsieur, ajouta-t-il, vous êtes Français et moi étranger, vous les expliquerez plus clairement que moi. — Vous êtes de ces étrangers, milord, qui montreriez la langue à de pauvres Provençaux comme nous;

mais, puisque vous avez la courtoisie de me céder la parole, j'obéirai à votre invitation.

Et il salua sir John, qui lui rendit son salut.

— Messieurs, continua le gentilhomme qui servait de témoin à M. de Barjols, il est convenu que l'on vous placera à quarante pas; que vous marcherez l'un vers l'autre; que chacun tirera à sa volonté, et, blessé ou non, aura la liberté de marcher après le feu de son adversaire.

Les deux combattants s'inclinèrent en signe d'assentiment, et d'une même voix, presque en même temps, dirent :

— Les armes!

Sir John tira une petite clef de sa poche et ouvrit la boîte.

Puis il s'approcha de M. de Barjols et là lui présenta tout ouverte.

Celui-ci voulut renvoyer le choix des armes à son adversaire; mais, d'un signe de la main, Roland refusa en disant avec une voix d'une douceur presque féminine :

— Après vous, monsieur de Barjols; j'apprends que, quoique insulté par moi, vous avez renoncé à tous vos avantages; c'est bien le moins que je vous laisse celui-ci, si toutefois cela en est un.

M. de Barjols n'insista point davantage et prit au hasard un des deux pistolets.

Sir John alla offrir l'autre à Roland, qui le prit, l'arma, et, sans même en étudier le mécanisme, le laissa pendre au bout de son bras.

Pendant ce temps M. de Valensolle mesurait les quarante pas : une canne avait été plantée au point de départ.

— Voulez-vous mesurer après moi, Monsieur? demanda-t-il à sir John. — Inutile, Monsieur, répondit celui-ci, nous nous en rapportons, monsieur de Montrevel et moi, parfaitement à vous.

M. de Valensolle planta une seconde canne au quarantième pas.

— Messieurs, dit-il, quand vous voudrez.

L'adversaire de Roland était déjà à son poste, chapeau et habit bas.

Le chirurgien et les deux témoins se tenaient à l'écart.

L'endroit avait été si bien choisi, que nul ne pouvait avoir sur son ennemi avantage de terrain ni de soleil.

Roland jeta près de lui son habit, son chapeau, et vint se placer à quarante pas de M. de Barjols, en face de lui.

Tous deux, l'un à droite, l'autre à gauche, envoyèrent un regard sur le même horizon.

L'aspect en était en harmonie avec la terrible solennité de la scène qui allait s'accomplir.

Rien à voir à la droite de Roland, ni à la gauche de M. de Barjols : c'était la montagne descendant vers eux avec la pente rapide et élevée d'un toit gigantesque.

Mais du côté opposé, c'est-à-dire à la droite de M. de Barjols et à la gauche de Roland, c'était tout autre chose.

L'horizon était infini.

Au premier plan, c'était cette plaine aux terrains rougeâtres trouée de tous côtés par des pointes de roches, et pareille à un cimetière de Titans dont les os perceraient la terre.

Au second plan, se dessinant en vigueur sur le soleil couchant, c'était Avignon avec sa ceinture de murailles et son palais gigantesque qui, pareil à un lion accroupi, semble tenir la ville haletante sous sa griffe.

Au delà d'Avignon, une ligne lumineuse comme une rivière d'or fondu dénonçait le Rhône.

Enfin, de l'autre côté du Rhône, se levait comme une ligne d'azur foncé la chaîne de collines qui sépare Avignon de Nîmes et d'Uzès.

Au fond, tout au fond, le soleil, que l'un de ces deux hommes regardait probablement pour la dernière fois, s'enfonçait lentement et majestueusement dans un océan d'or et de pourpre.

Au reste, ces deux hommes formaient un contraste étrange.

L'un, avec ses cheveux noirs, son teint basané, ses membres grêles, son œil sombre, était le type de cette race méridionale qui compte parmi ses ancêtres des Grecs, des Romains, des Arabes et des Espagnols.

L'autre, avec son teint rosé, ses cheveux blonds, ses grands yeux azurés, ses mains potelées comme celles d'une femme, était le type de cette race des pays tempérés qui compte les Gaulois, les Germains et les Normands parmi ses aïeux.

Si l'on voulait grandir la situation, il était facile d'en arriver à croire que c'était quelque chose de plus qu'un combat singulier entre deux hommes.

On pouvait croire que c'était le duel d'un peuple contre un autre peuple, d'une race contre une autre race, du Midi contre le Nord.

Étaient-ce les idées que nous venons d'exprimer qui occupaient l'esprit de Roland et qui le plongeaient dans une mélancolique rêverie.

Ce n'est point probable.

Le fait est qu'un moment il sembla oublier témoins, duel, adversaire, abîmé qu'il était dans la contemplation du splendide spectacle.

La voix de M. de Barjols le tira de ce poétique engourdissement.

— Quand vous serez prêt, Monsieur, dit-il, je le suis.

Roland tressaillit.

— Pardon de vous avoir fait attendre, Monsieur, dit-il; mais il ne fallait pas vous préoccuper de moi, je suis fort distrait; me voici, Monsieur.

Et, le sourire aux lèvres, les cheveux soulevés par le vent du soir, sans s'effacer, comme il eût fait dans une promenade ordinaire, tandis qu'au contraire son adversaire prenait toutes les précautions usitées en pareil cas, Roland marcha droit sur M. de Barjols.

La physionomie de sir John, malgré son impassibilité ordinaire, trahissait une angoisse profonde.

La distance s'effaçait rapidement entre les deux adversaires.

M. de Barjols s'arrêta le premier, visa et fit feu, au moment où Roland n'était plus qu'à dix pas de lui.

La balle de son pistolet enleva une boucle des cheveux de Roland, mais ne l'atteignit pas.

Le jeune homme se retourna vers son témoin.

— Eh bien! demanda-t-il, que vous avais-je dit? — Tirez, Monsieur, tirez donc! dirent les témoins.

M. de Barjols resta muet et immobile à la place où il avait fait feu.

— Pardon, Messieurs, répondit Roland; mais vous me permettrez, je l'espère, d'être juge du moment et de la façon dont je dois riposter. Après avoir essuyé le feu de M. de Barjols, j'ai à lui dire quelques paroles que je ne pouvais lui dire auparavant.

Puis, se retournant vers le jeune aristocrate, pâle, mais calme :

— Monsieur, lui dit-il, peut-être ai-je été un peu vif dans notre discussion de ce matin.

Et il attendit.

— C'est à vous de tirer, Monsieur, répondit M. de Barjols.

— Mais, continua Roland, comme s'il n'avait pas entendu, vous allez apprendre la cause de cette vivacité et l'excuser peut-être. Je suis militaire et aide de camp du général Bonaparte. — Tirez, Monsieur, répéta le jeune noble.

— Dites une simple parole de rétractation, Monsieur; reprit le jeune officier; dites que la réputation d'honneur et de délicatesse du général Bonaparte est telle, qu'un mauvais proverbe italien, fait par des vaincus de mauvaise humeur, ne peut lui porter atteinte; dites cela, et je jette cette arme loin de moi, et je vais vous serrer la main; car, je le reconnais, Monsieur, vous êtes un brave. — Je ne rendrai hommage à cette réputation d'honneur et de délicatesse dont vous parlez, Monsieur, que lorsque votre général en chef se servira de l'influence que lui a donnée son génie sur les affaires de la France, pour faire ce qu'a fait Monck, c'est-à-dire pour rendre le trône à son roi légitime. — Ah! fit Roland avec un sourire, c'est trop demander d'un général républicain. — Alors je maintiens ce que j'ai dit, répondit le jeune noble; tirez, Monsieur, tirez.

Puis, comme Roland ne se hâtait pas d'obéir à l'injonction :

— Mais, ciel et terre! tirez-donc! dit-il en frappant du pied.

Roland, à ces mots, fit un mouvement indiquant qu'il allait tirer en l'air.

Alors, avec une vivacité de parole et de geste qui ne lui permit pas de l'accomplir :

— Ah! s'écria M. de Barjols, ne tirez point en l'air, par grâce! ou j'exige que l'on recommence et que vous fassiez feu le premier. — Sur mon honneur! s'écria Roland devenant aussi pâle que si tout son sang l'abandonnait, voici la première fois que j'en fais autant pour un homme, quel qu'il soit. Allez-vous-en au diable! et puisque vous ne voulez pas de la vie, prenez la mort.

Et à l'instant même, sans prendre la peine de viser, il abaissa son arme et fit feu.

Alfred de Barjols porta la main à sa poitrine, oscilla en avant et en arrière, fit un tour sur lui-même et tomba la face contre terre.

La balle de Roland lui avait traversé le cœur.

Sir John, en voyant tomber M. de Barjols, alla droit à Roland et l'entraîna vers l'endroit où il avait jeté son habit et son chapeau.

— C'est le troisième, murmura Roland avec un soupir; mais au moins vous m'êtes témoin que celui-là l'a voulu.

Et, rendant son pistolet tout fumant à sir John, il revêtit son habit et son chapeau.

Pendant ce temps, M. de Valensolle ramassait le pistolet échappé à la main de son ami et le rapportait avec la boîte à sir John.

— Eh bien? demanda l'Anglais en désignant des yeux Alfred de Barjols. — Il est mort, répondit le témoin. — Ai-je fait en homme d'honneur, Monsieur?

demanda Roland en essuyant avec son mouchoir la sueur qui, à l'annonce de la mort de son adversaire, lui avait subitement inondé le visage. — Oui, Monsieur, répondit de Valensolle, seulement laissez-moi vous dire ceci : Vous avez la main malheureuse.

Et, saluant Roland et son témoin avec une exquise politesse, il retourna près du cadavre de son ami.

— Et vous, milord, reprit Roland, que dites-vous ? — Je dis, répliqua sir John avec une espèce d'admiration forcée, que vous êtes de ces hommes à qui le divin Shakspeare fait dire d'eux-mêmes :

— Le danger et moi sommes deux lions nés le même jour, mais je suis l'aîné.

V

ROLAND.

Le retour fut muet et triste ; on eût dit qu'en voyant s'évanouir ses chances de mort, Roland avait perdu toute sa gaieté.

La catastrophe dont Roland venait d'être l'auteur pouvait bien être pour quelque chose dans cette taciturnité ; mais, hâtons-nous de le dire, Roland, sur le champ de bataille, et surtout dans sa dernière campagne contre les Arabes, avait eu trop souvent à enlever son cheval par-dessus les cadavres qu'il venait de faire, pour que l'impression produite sur lui par la mort d'un inconnu l'eût si fort impressionné.

Il y avait donc une autre raison à cette tristesse, il fallait donc que ce fût bien réellement celle que le jeune homme avait confiée à sir John. Ce n'était donc pas le regret de la mort d'autrui, c'était le désappointement de sa propre mort.

En rentrant à l'hôtel du Palais-Royal, sir John monta dans sa chambre pour y déposer ses pistolets, dont la vue pouvait exciter dans l'esprit de Roland quelque chose de pareil à un remords ; puis il vint rejoindre le jeune officier pour lui remettre les trois lettres qu'il en avait reçues.

Il le trouva accoudé et pensif sur sa table.

Sans prononcer une parole, l'Anglais déposa les trois lettres devant Roland.

Le jeune homme jeta les yeux sur les adresses, prit celle qui était destinée à sa mère, la décacheta et la lut.

A mesure qu'il la lisait, de grosses larmes coulaient sur ses joues.

Sir John regardait avec étonnement cette nouvelle face sous laquelle Roland lui apparaissait.

Il eût cru tout possible à cette nature multiple, excepté de verser les larmes qui coulaient silencieusement de ses yeux.

Puis secouant la tête sans faire le moins du monde attention à la présence de sir John, Roland murmura :

— Pauvre mère ! elle eût bien pleuré ; peut-être vaut-il mieux que cela soit ainsi : les mères ne sont pas faites pour pleurer leurs enfants !

Et, d'un mouvement machinal, il déchira la lettre écrite à sa mère, celle écrite à sa sœur, et celle écrite au général Bonaparte.

Après quoi il en brûla avec soin tous les morceaux.

Alors sonnant la fille de chambre :

— Jusqu'à quelle heure peut-on mettre les lettres à la poste? demanda-t-il.

— Jusqu'à six heures et demie, répondit celle-ci, vous n'avez plus que quelques minutes. — Attendez, alors.

Il prit une plume et écrivit.

« Mon cher général,

« Je vous l'avais bien dit, je suis vivant et lui mort. Vous conviendrez que cela a l'air d'une gageure.

« Dévouement jusqu'à la mort.

« Votre paladin,
« ROLAND. »

Puis il cacheta la lettre, écrivit sur l'adresse : *Au général Bonaparte, rue de la Victoire, à Paris*, et la remit à la fille de chambre en lui recommandant de ne pas perdre une seconde pour la faire mettre à la poste.

Ce fut alors seulement qu'il parut remarquer sir John et qu'il lui tendit la main.

— Vous venez de me rendre un grand service, milord, lui dit-il, un de ces services qui lient deux hommes pour l'éternité. Je suis déjà votre ami, voulez-vous me faire l'honneur d'être le mien?

Sir John serra la main que lui présenta Roland.

— Oh! dit-il, je vous remercie bien beaucoup, je n'eusse point osé vous demander cet honneur; mais vous me l'offrez, je l'accepte.

Et, à son tour, l'impassible Anglais sentit s'amollir son cœur et secoua une larme qui tremblait au bout de ses cils.

Puis regardant Roland :

— Il est très-malheureux, dit-il, que vous soyez si pressé de partir; j'eusse été heureux et satisfait de passer encore un jour ou deux avec vous. — Où alliez-vous, milord, quand je vous ai rencontré? — Oh! moi, nulle part, je voyageais pour désennuyer moi! J'ai le malheur de m'ennuyer souvent. — De sorte que vous n'alliez nulle part? — J'allais partout. — C'est exactement la même chose, dit le jeune officier en souriant. Eh bien! voulez-vous faire une chose? — Oh! très-volontiers, si c'est possible. — Parfaitement possible, elle ne dépend que de vous. — Dites. — Vous deviez, si j'étais tué, me reconduire mort à ma mère, ou me jeter dans le Rhône? — Je vous eusse reconduit mort à votre mère et pas jeté dans le Rhône. — Eh bien! au lieu de me reconduire mort, reconduisez-moi vivant, vous n'en serez que mieux reçu. — Oh! — Nous resterons quinze jours à Bourg, c'est ma ville natale, une des villes les plus ennuyeuses de France; mais, comme vos compatriotes brillent surtout par l'originalité, peut-être vous amuserez-vous où les autres s'ennuient. Est-ce dit? — Je ne demanderais pas mieux, fit l'Anglais, mais il me semble que c'est peu convenable de ma part. — Oh! nous ne sommes pas en Angleterre, milord, où l'étiquette est une souveraine absolue. Nous, nous n'avons plus ni roi ni reine, et nous n'avons pas coupé le cou à cette pauvre créature que l'on appelait Marie-Antoinette, pour mettre sa majesté l'étiquette à sa place. — J'en ai bien envie, dit sir John. — Vous le verrez, ma mère est une excellente femme, d'ailleurs fort distinguée. Ma sœur avait seize ans quand je suis parti, elle doit en avoir dix-huit ; elle était jolie, elle doit être belle. Il n'y a pas jusqu'à mon frère Édouard, un charmant gamin de douze ans, qui vous fera partir des fusées dans les jambes et qui baragouinera l'anglais avec vous ; puis, ces quinze jours passés, nous irons à Paris ensemble. — J'en viens de Paris, fit l'Anglais. — Attendez-donc, vous vouliez aller en Égypte pour voir le général Bonaparte ; il n'y a pas si loin d'ici à Paris que d'ici au Caire, je vous présenterai à lui ; présenté par moi, soyez tranquille, vous serez bien reçu. Puis vous parliez de Shakspeare tout à l'heure ? — Oh ! oui, j'en parle toujours. — Cela prouve que vous aimez les comédies, les drames. — Je les aime beaucoup, c'est vrai. — Eh bien ! le général Bonaparte est sur le point d'en faire représenter un à sa façon, qui ne manquera pas d'intérêt, je vous en réponds. — Ainsi, dit sir John hésitant encore, je puis, sans être indiscret, accepter votre offre ? — Je crois bien, et vous ferez plaisir à tout le monde, à moi surtout. — J'accepte alors. — Bravo ! Eh bien, quand voulez-vous partir ? — Quand vous voudrez partir ! Ma calèche était attelée quand vous avez jeté cette malheureuse assiette à la tête de de Barjols ; mais comme sans cette assiette je ne vous eusse jamais connu, je suis content que vous la lui ayez jetée ; oui, très-content. — Voulez-vous que nous partions ce soir ? — A l'instant. Je vais dire au postillon de renvoyer un de ses camarades avec d'autres chevaux, et, le postillon et les chevaux arrivés, nous partons.

Roland fit un signe d'assentiment.

Sir John sortit pour donner ses ordres, remonta en disant qu'il venait de faire servir deux côtelettes et une volaille froide.

Roland prit la valise et descendit.

L'Anglais réintégra ses pistolets dans le coffre de sa voiture.

Tous deux mangèrent un morceau pour pouvoir marcher toute la nuit sans s'arrêter, et comme neuf heures sonnaient à l'église des Cordeliers, tous deux s'accommodèrent dans la voiture et quittèrent Avignon, où leur passage laissait une nouvelle tache de sang, Roland avec l'insouciance de son caractère, sir John Tanlay avec l'impassibilité de sa nation.

Un quart d'heure après tous deux dormaient, ou du moins le silence que chacun gardait de son côté pouvait faire croire qu'ils avaient cédé au sommeil.

Nous profiterons de cet instant de repos pour donner à nos lecteurs quelques renseignements indispensables sur Roland et sa famille.

Roland était né le 1er juillet 1773, quatre ans et quelques jours après Bonaparte, aux côtés duquel, ou plutôt à la suite duquel il a fait son apparition dans ce livre.

Il était fils de M. Charles de Montrevel, colonel d'un régiment longtemps en garnison à la Martinique, où il s'était marié à une créole nommée Clotilde de La Clémencière.

Trois enfants étaient nés de ce mariage, deux garçons et une fille : Louis, avec qui nous avons fait connaissance sous le nom de Roland ; Amélie, dont celui-ci avait vanté la beauté à sir John, et Édouard.

Rappelé en France vers 1782, M. de Montrevel avait obtenu l'admission du jeune Louis de Montrevel, nous verrons plus tard comment il troqua son nom de Louis contre celui de Roland, à l'École militaire de Paris.

Ce fut là que Bonaparte connut l'enfant, lorsque, sur le rapport de M. de Kéralio, il fut jugé digne de passer de l'École de Brienne à l'École militaire.

Louis était le plus jeune des élèves.

Quoiqu'il n'eût que treize ans, il se faisait déjà remarquer par ce caractère indomptable et querelleur dont nous lui avons vu, dix-sept ans plus tard, donner un exemple à la table d'hôte d'Avignon.

Bonaparte avait, lui, tout enfant aussi, le bon côté de ce caractère, c'est-à-dire que, sans être querelleur, il était absolu, entêté, indomptable; il reconnut dans l'enfant quelques-unes des qualités qu'il avait lui-même, et cette parité de sentiment fit qu'il lui pardonna ses défauts et s'attacha à lui.

De son côté l'enfant, sentant dans le jeune Corse un soutien, s'y appuya.

Un jour l'enfant vint trouver son grand ami, c'est ainsi qu'il appelait Napoléon, au moment où celui-ci était profondément enseveli dans la solution d'un problème de mathématiques.

Il savait l'importance que le futur officier d'artillerie attachait à cette science qui lui avait valu jusque-là ses plus grands, ou plutôt ses seuls succès.

Il se tint debout près de lui sans parler, sans bouger.

Le jeune mathématicien devina la présence de l'enfant et s'enfonça de plus en plus dans ses déductions mathématiques, dont au bout de dix minutes il sortit enfin à son honneur.

Alors, il se retourna vers son jeune camarade avec la satisfaction intérieure de l'homme qui sort vainqueur d'une lutte quelconque, soit contre la science, soit contre la matière. L'enfant était debout, pâle, les dents serrées, les bras roides, les poings fermés.

— Oh! oh! dit le jeune Bonaparte, qu'y a-t-il donc de nouveau? — Il y a que Valence, le neveu du gouverneur, m'a donné un soufflet. — Ah! dit Bonaparte en riant, et tu viens me chercher pour que je le lui rende.

L'enfant secoua la tête.

— Non, dit-il, je viens te chercher parce que je veux me battre. — Avec Valence? — Oui. — Mais c'est Valence qui te battra, mon enfant; il est quatre fois fort comme toi! — Aussi je ne veux pas me battre contre lui comme se battent les enfants, mais comme se battent les hommes. — Oh! bah! — Cela t'étonne? demanda l'enfant. — Non, dit Bonaparte. Et à quoi veux-tu te battre? — A l'épée. — Mais les sergents seuls ont des épées, et il ne vous les prêteront pas. — Nous nous passerons d'épées. — Et avec quoi vous battrez-vous?

L'enfant montra au jeune mathématicien le compas avec lequel il venait de faire ses équations.

— Oh! mon enfant, dit Bonaparte, c'est une bien mauvaise blessure que celle d'un compas. — Tant mieux, répliqua Louis, je le tuerai. — Et s'il te tue, toi? — J'aime mieux cela que de garder son soufflet.

Bonaparte n'insista pas davantage : il aimait le courage par instinct, celui de son jeune camarade lui plut. — Eh bien, soit! dit-il, j'irai dire à Valence que tu veux te battre avec lui, mais demain. — Pourquoi demain? — Tu auras la nuit pour réfléchir. — Et d'ici à demain, répliqua l'enfant, Valence croira que je suis un lâche!

Puis secouant la tête :
— C'est trop long d'ici à demain.
Et il s'éloigna.
— Où vas-tu? lui demanda Bonaparte. — Je vais demander à un autre s'il veut être mon ami. — Je ne le suis donc plus, moi ? — Tu ne l'es plus, puisque tu me crois un lâche. — C'est bien, dit le jeune homme en se levant. — Tu y vas ? — J'y vais. — Tout de suite ? — Tout de suite. — Ah ! s'écria l'enfant, je te demande pardon, tu es toujours mon ami.

Et il lui sauta au cou en pleurant.

C'étaient les premières larmes qu'il avait versées depuis le soufflet reçu.

Bonaparte alla trouver Valence et lui expliqua gravement la mission dont il était chargé.

Valence était un grand garçon de dix-sept ans, ayant déjà, comme chez certaines natures hâtives, de la barbe et des moustaches : il en paraissait vingt.

Il avait, en outre, la tête de plus que celui qu'il avait insulté.

Valence répondit que Louis était venu lui tirer la queue de la même façon qu'il eût tiré un cordon de sonnette ; on portait des queues à cette époque; qu'il l'avait prévenu deux fois de ne pas y revenir, que Louis y était revenu une troisième, et qu'alors, ne voyant en lui qu'un gamin, il l'avait traité comme un gamin.

On alla porter la réponse de Valence à Louis, qui répliqua que tirer la queue d'un camarade n'était qu'une taquinerie, tandis que donner un soufflet était une insulte.

L'entêtement donnait à un enfant de treize ans la logique d'un homme de trente.

Le moderne Popilius retourna porter la guerre à Valence.

Le jeune homme était fort embarrassé : il ne pouvait, sous peine de ridicule, se battre avec un enfant ; s'il se battait et qu'il le blessât, c'était odieux ; s'il était blessé lui-même, c'était à ne jamais s'en consoler de sa vie.

Cependant l'entêtement de Louis, qui n'en démordait pas, rendait l'affaire grave.

On assembla le conseil des *grands*, comme cela se faisait dans les circonstances sérieuses.

Le conseil des grands décida qu'un des leurs ne pouvait pas se battre avec un enfant ; mais que, puisque cet enfant s'obstinait à se regarder comme un jeune homme, Valence lui dirait devant tous ses compagnons qu'il était fâché de s'être laissé emporter à le traiter comme un enfant, et que désormais il le regarderait comme un jeune homme.

On envoya chercher Louis, qui attendait dans la chambre de son ami ; on l'introduisit au milieu du cercle que faisaient dans la cour les jeunes élèves.

Là, Valence, à qui ses camarades avaient dicté une sorte de discours longtemps débattu entre eux pour sauvegarder l'honneur des grands à l'endroit des petits, déclara à Louis qu'il était au désespoir de ce qui était arrivé, qu'il l'avait traité selon son âge, et non selon son intelligence et son courage, le priant de vouloir bien excuser sa vivacité et de lui donner la main en signe que tout etait oublié.

Mais Louis secoua la tête.

— J'ai entendu dire un jour à mon père, qui est colonel, répliqua-t-il, que celui qui recevait un soufflet et qui ne se battait pas était un lâche. La première fois que je verrai mon père, je lui demanderai si celui qui donne le soufflet et qui fait des excuses pour ne pas se battre n'est pas plus lâche que celui qui l'a reçu.

Les jeunes gens se regardèrent; mais l'avis général avait été contre un duel qui eût ressemblé à un assassinat, et les jeunes gens, à l'unanimité, Bonaparte compris, affirmèrent à l'enfant qu'il devait se contenter de ce qu'avait dit Valence, ce que Valence avait dit étant le résumé de l'opinion générale.

Louis se retira pâle de colère et boudant son grand ami, qui, disait-il avec un imperturbable sérieux, avait abandonné les intérêts de son honneur.

Le lendemain, à la leçon de mathématiques des grands, Louis se glissa dans la salle d'étude, et, tandis que Valence faisait une démonstration sur la table noire, il s'approcha de lui sans que personne le remarquât, monta sur un tabouret afin de parvenir à la hauteur de son visage, et lui rendit le soufflet qu'il avait reçu la veille.

— Là, dit-il, maintenant nous sommes quittes et j'ai tes excuses de plus, car moi je ne t'en ferai pas, tu peux bien être tranquille.

Le scandale fut grand, le fait s'était passé en présence du professeur, qui fut obligé de faire son rapport au gouverneur de l'école, le marquis Timburce Valence.

Celui-ci, qui ne connaissait pas les antécédents du soufflet reçu par son neveu, fit venir le délinquant devant lui, et, après une effroyable semonce, lui annonça qu'il ne faisait plus partie de l'école, et qu'il devait le même jour se tenir prêt à retourner à Bourg, près de sa mère.

Louis répondit que dans dix minutes son paquet serait fait, et que dans un quart d'heure il serait hors de l'école.

Du soufflet qu'il avait reçu lui-même il ne dit point un mot.

La réponse parut plus qu'irrévérencieuse au marquis Timburce Valence; il avait bonne envie d'envoyer l'insolent pour huit jours au cachot, mais il ne pouvait à la fois l'envoyer au cachot et le mettre à la porte.

On donna à l'enfant un surveillant qui ne devait plus le quitter qu'après l'avoir mis dans la voiture de Mâcon. Madame de Montrevel serait prévenue d'aller recevoir son fils à la descente de la voiture.

Bonaparte rencontra le jeune homme suivi de son surveillant, et lui demanda une explication sur cette espèce de garde de la connétablie attaché à sa personne.

— Je vous conterais cela si vous étiez encore mon ami, répondit l'enfant; mais vous ne l'êtes plus, pourquoi vous inquiétez-vous de ce qui m'arrive de bon ou de mauvais?

Bonaparte fit un signe au surveillant, qui, tandis que Louis faisait sa petite malle, vint lui parler à la porte.

Il apprit alors que l'enfant était chassé de l'école.

La mesure était grave : elle désespérait toute une famille et brisait peut-être l'avenir de son jeune camarade.

Avec cette rapidité de décision qui était un des signes caractéristiques de son organisation, il prit le parti de faire demander une audience au gouverneur, tout en recommandant au surveillant de ne pas presser le départ de Louis.

Bonaparte était un excellent élève, fort aimé à l'école, fort estimé du marquis Timburce Valence ; sa demande lui fut donc accordée à l'instant même.

Introduit près du gouverneur, il lui raconta tout, et, sans charger le moins du monde Valence, il tâcha d'innocenter Louis.

— C'est vrai ce que vous me racontez là, Monsieur ? demanda le gouverneur. — Interrogez votre neveu lui-même, je m'en rapporterai à ce qu'il vous dira.

On envoya chercher Valence. Il avait appris l'expulsion de Louis et venait lui-même raconter à son oncle ce qui s'était passé.

Son récit fut entièrement conforme à celui du jeune Bonaparte.

— C'est bien, dit le gouverneur, Louis ne partira pas, c'est vous qui partirez ; vous êtes en âge de sortir de l'école.

Puis sonnant :

— Que l'on me donne le tableau des sous-lieutenances vacantes, dit-il au planton.

Le même jour une sous-lieutenance était demandée d'urgence au ministre pour le jeune Valence.

Le même soir, Valence partait pour rejoindre son régiment.

Il alla dire adieu à Louis, qu'il embrassa moitié de gré, moitié de force, tandis que Bonaparte lui tenait les mains.

L'enfant ne reçut l'accolade qu'à contre-cœur.

— C'est bien pour maintenant, dit-il ; mais si nous nous rencontrons jamais et que nous ayons tous deux l'épée au côté.....

Un geste de menace acheva sa phrase. Valence partit.

Le 10 octobre 1785, Bonaparte recevait lui-même son brevet de sous-lieutenant : il faisait partie des cinquante-huit brevets que Louis XVI venait de signer pour l'École militaire.

Onze ans plus tard, le 15 novembre 1796, Bonaparte, général en chef de l'armée d'Italie, à la tête du pont d'Arcole que défendaient deux régiments de Croates et deux pièces de canon, voyant la mitraille et la fusillade décimer ses rangs, sentant la victoire plier entre ses mains, s'effrayant de l'hésitation des plus braves, arrachait aux doigts crispés d'un mort un drapeau tricolore et s'élançait sur le pont, en s'écriant : « Soldats ! n'êtes-vous plus les hommes de Lodi ! » lorsqu'il s'aperçut qu'il était dépassé par un jeune lieutenant qui le couvrait de son corps.

Ce n'était point ce que voulait Bonaparte ; il voulait passer le premier ; il eût voulu, si la chose eût été possible, passer seul.

Il saisit le jeune homme par le pan de son habit, et, le tirant en arrière :

— Citoyen, dit-il, tu n'es que lieutenant, je suis général en chef : à moi le pas. — C'est trop juste, répondit celui-ci.

Et il suivit Bonaparte, au lieu de le précéder.

Le soir, en apprenant que les deux divisions autrichiennes avaient été complètement détruites, en voyant les deux mille prisonniers qu'il avait faits, en comptant les canons et les drapeaux enlevés, Bonaparte se souvient de ce jeune lieutenant qu'il avait trouvé devant lui au moment où il croyait n'avoir devant lui que la mort.

— Berthier, dit-il, donne l'ordre à mon aide de camp Valence de me chercher un jeune lieutenant de grenadiers avec lequel j'ai eu une affaire co mutin sur le pont d'Arcole. — Général, répondit Berthier en balbutiant, Valence est blessé. — En effet, je ne l'ai pas vu aujourd'hui. Blessé, où? comment? sur le champ de bataille? — Non, général; il a pris hier une querelle et a reçu un coup d'épée à travers la poitrine.

Bonaparte fronça le sourcil.

— On sait cependant autour de moi que je n'aime pas les duels; le sang d'un soldat n'est pas à lui, il est à la France. Donne l'ordre à Muiron alors. — Il est tué, général. — A Elliot en ce cas. — Tué aussi.

Bonaparte tira un mouchoir de sa poche et le passa sur son front inondé de sueur.

— A qui vous voudrez alors; mais je veux le voir.

Il n'osait plus nommer personne, de peur d'entendre encore retentir cette affreuse parole :

— Il est tué.

Un quart d'heure après, le jeune lieutenant était introduit sous sa tente.

La lampe ne jetait qu'une faible lueur.

— Approchez, lieutenant, dit Bonaparte.

Le jeune homme fit trois pas et entra dans le cercle de lumière.

— C'est donc vous, continua Bonaparte, qui vouliez ce matin passer avant moi? — C'était un pari que j'avais fait, général, répondit gaiement le jeune lieutenant, dont la voix fit tressaillir le général en chef. — Et je vous l'ai fait perdre? — Peut-être oui, peut-être non. — Et quel était ce pari? — Que je serais nommé aujourd'hui capitaine. — Vous avez gagné. — Merci, général.

Et le jeune homme s'élança comme pour serrer la main de Bonaparte; mais presque aussitôt il fit un mouvement en arrière.

La lumière avait éclairé son visage pendant une seconde; cette seconde avait suffi au général en chef pour remarquer le visage comme il avait remarqué la voix.

Ni l'un ni l'autre ne lui étaient inconnus.

Il chercha un instant dans sa mémoire; mais trouvant sa mémoire rebelle :

— Je vous connais, dit-il. — C'est possible, général. — C'est certain même; seulement je ne puis me rappeler votre nom. — Vous vous êtes arrangé de manière, général, à ce qu'on n'oublie pas le vôtre. — Qui êtes-vous? — Demandez à Valence, général.

Bonaparte poussa un cri de joie.

— Louis de Montrevel, dit-il.

Et il ouvrit ses deux bras.

Cette fois le jeune lieutenant ne fit point difficulté de s'y jeter.

— C'est bien, dit Bonaparte, tu feras huit jours le service de ton nouveau grade, afin qu'on s'habitue à te voir sur le dos les épaulettes de capitaine, et puis tu remplaceras mon pauvre Muiron comme aide de camp. Va. — Encore une fois, dit le jeune homme en faisant le geste d'un homme qui ouvre les bras. — Ah! ma foi! oui, dit Bonaparte avec joie.

Et, le retenant contre lui après l'avoir embrassé une seconde fois :

— Ah çà! c'est donc toi qui as donné un coup d'épée à Valence? lui demanda-t-il. — Dame! général, répondit le nouveau capitaine et le futur aide de camp, vous étiez là quand je le lui ai promis; un soldat n'a que sa parole.

Huit jours après, le capitaine Montrevel faisait le service d'officier d'ordonnance près du général en chef, qui avait remplacé son prénom de *Louis*, malsonnant à cette époque, par le pseudonyme de *Roland*.

Et le jeune homme s'était consolé de ne plus descendre de saint Louis en devenant le neveu de Charlemagne.

Roland, nul ne se serait avisé d'appeler désormais le capitaine Montrevel Louis, du moment où Bonaparte l'avait baptisé Roland, Roland fit avec le général en chef la campagne d'Italie, et revint avec lui à Paris après la paix de Campo-Formio.

Lorsque l'expédition d'Égypte fut décidée, Roland, que la mort du général de brigade de Montrevel, tué sur le Rhin tandis que son fils combattait sur l'Adige et le Mincio, avait rappelé près de sa mère, Roland fut désigné un des premiers par le général en chef pour prendre rang dans l'inutile mais poétique croisade qu'il entreprenait.

Il laissa sa mère, sa sœur Amélie et son jeune frère Édouard à Bourg, ville natale du général de Montrevel; ils habitaient, à trois quarts de lieue de la ville, c'est-à-dire aux Noires-Fontaines, une charmante maison à laquelle on donnait le nom de château et qui, avec une ferme et quelques centaines d'arpents de terre situés aux environs, formait toute la fortune du général, six ou huit mille livres de rente à peu près.

Ce fut une grande douleur au cœur de la pauvre veuve que le départ de Roland pour cette aventureuse expédition; la mort du père semblait présager celle du fils, et madame de Montrevel, douce et tendre créole, était loin d'avoir les âpres vertus d'une mère de Sparte ou de Lacédémone.

Bonaparte, qui aimait de tout son cœur son ancien camarade de l'École militaire, avait permis à celui-ci de le rejoindre au dernier moment à Toulon; mais la peur d'arriver trop tard empêcha Roland de profiter de la permission dans toute son étendue. Il quitta sa mère en lui promettant une chose qu'il n'avait garde de tenir : c'était de ne s'exposer que dans les cas d'une absolue nécessité, et arriva à Marseille huit jours avant que la flotte ne mît à la voile.

Notre intention n'est pas plus de faire une relation de la campagne d'Égypte que nous n'en avons fait une de la campagne d'Italie. Nous n'en dirons que ce qui sera absolument nécessaire à l'intelligence de cette histoire et au développement du caractère de Roland.

Le 19 mai, Bonaparte et tout son état-major mettaient à la voile sur l'Orient; le 15 juin, les chevaliers de Malte lui rendaient la clef de la citadelle. Le 2 juillet, l'armée débarquait au Marabout; le même jour, elle prenait Alexandrie; le 25, Bonaparte entrait au Caire après avoir battu les Mamelouks à Chebreïsse et aux Pyramides.

Pendant cette suite de marches et de combats, Roland avait été l'officier que nous connaissons, gai, courageux, spirituel, bravant la chaleur dévorante des jours, la rosée glaciale des nuits, se jetant en héros ou en fou au milieu des sabres turcs ou des balles bédouines.

En outre, pendant les quarante jours de traversée, il n'avait point quitté l'interprète Ventura; de sorte qu'avec sa facilité admirable, il était arrivé, non point à parler couramment l'arabe, mais à se faire entendre dans cette langue.

Aussi arrivait-il souvent que quand le général en chef ne voulait point avoir recours à l'interprète juré, c'était Roland qu'il chargeait de faire certaine communication aux muftis, aux ulémas et aux cheiks.

Pendant la nuit du 20 au 21 octobre, le Caire se révolta; à cinq heures du matin, on apprit la mort du général Dupuy, tué d'un coup de lance; à huit heures du matin, au moment où l'on croyait être maître de l'insurrection, un aide de camp du général mort accourut annonçant que les Bédouins de la campagne menaçaient la porte de Rab-el-Nassar ou de la Victoire.

Bonaparte déjeunait avec son aide de camp Sulkowsky, gravement blessé à Salehyéh, qui se levait à grand'peine de son lit de douleur.

Bonaparte, dans sa préoccupation, oublia l'état dans lequel était le jeune Polonais.

— Sulkowsky, dit-il, prenez quinze guides, et allez voir ce que nous veut cette canaille.

Sulkowsky se leva.

— Général, dit Roland, chargez-moi de la commission; vous voyez bien que mon camarade peut à peine se tenir debout. — C'est juste, dit Bonaparte, va.

Roland sortit, prit quinze guides et partit.

Mais l'ordre avait été donné à Sulkowsky, et Sulkowsky tenait à l'exécuter. Il partit de son côté avec cinq ou six hommes qu'il trouva prêts.

Soit hasard, soit qu'il connût mieux que Roland les rues du Caire, il arriva quelques secondes avant lui à la porte de la Victoire.

En arrivant à son tour, Roland vit un officier que les Arabes emmenaient, ses cinq ou six hommes étaient déjà tués.

Quelquefois les Arabes, qui massacraient impitoyablement les soldats, épargnaient les officiers dans l'espoir d'une rançon.

Roland reconnut Sulkowsky; il le montra de la pointe de son sabre à ses quinze hommes, et chargea au galop.

Une demi-heure après, un guide rentrait seul au quartier général, annonçant la mort de Sulkowsky, de Roland et de ses vingt et un compagnons.

Bonaparte, nous l'avons dit, aimait Roland comme un frère, comme un fils, comme il aimait Eugène; il voulut connaître la catastrophe dans tous ses détails et interrogea le guide.

Le guide avait vu un Arabe trancher la tête de Sulkowsky et l'attacher à l'arçon de sa selle. Quant à Roland, son cheval avait été tué. Pour lui, il s'était dégagé des étriers et avait combattu un instant à pied, mais bientôt il avait disparu dans une fusillade presque à bout portant.

Bonaparte poussa un soupir, versa une larme, murmura : « Encore un ! » et sembla n'y plus penser.

Seulement il s'informa à quelle tribu appartenaient les Arabes bédouins qui venaient de lui tuer deux des hommes qu'il aimait le mieux.

Il apprit que c'était une tribu d'Arabes insoumis dont le village était distant de dix lieues à peu près.

Bonaparte leur laissa un mois, afin qu'ils crussent bien à leur impunité; puis un mois écoulé, il ordonna à un de ses aides de camp, nommé Croisier, de cerner le village, de détruire les huttes, de faire couper la tête aux hommes, de mettre les têtes dans des sacs, et d'amener le reste de la population, c'est-à-dire les femmes et les enfants, au Caire.

Croisier exécuta ponctuellement l'ordre; on amena au Caire toute la population de femmes et d'enfants que l'on put prendre, et parmi cette population un Arabe vivant, lié et garrotté sur son cheval.

— Pourquoi cet homme vivant? demanda Bonaparte ; j'avais dit de trancher la tête à tout ce qui était en état de porter les armes. — Général, dit Croisier qui, lui aussi, baragouinait quelques mots d'arabe, au moment où j'allais faire couper la tête de cet homme, j'ai cru comprendre qu'il offrait d'échanger sa vie contre celle d'un prisonnier. J'ai pensé que nous aurions toujours le temps de lui couper la tête, et je l'ai amené. Si je me suis trompé, la cérémonie aura lieu ici au lieu d'avoir eu lieu là-bas ; ce qui est différé n'est pas perdu.

On fit venir l'interprète Ventura, et l'on interrogea le Bédouin.

Le Bédouin répondit qu'il avait sauvé la vie à un officier français, gravement blessé à la porte de la Victoire; que cet officier qui parlait un peu l'arabe s'était dit aide de camp du général Bonaparte ; qu'il l'avait envoyé à son frère qui exerçait la profession de médecin dans la tribu voisine ; que l'officier était prisonnier dans cette tribu, et que si on voulait lui promettre la vie, il écrirait à son frère de renvoyer le prisonnier.

C'était peut-être une fable pour gagner du temps, mais c'était peut-être aussi la vérité ; on ne risquait rien d'attendre.

On plaça l'Arabe sous bonne garde, on lui donna un thaleb qui écrivit sous sa dictée, il scella la lettre de son cachet, et un Arabe du Caire partit pour mener la négociation. Il y avait, si le négociateur réussissait, la vie pour le Bédouin, cinq cents piastres pour le négociateur.

Trois jours après le négociateur revint ramenant Roland.

Bonaparte avait espéré ce retour, mais il n'y avait pas cru.

Ce cœur de bronze, qui avait paru insensible à la douleur, se fondit dans la joie. Il ouvrit ses bras à Roland comme au jour où il l'avait retrouvé, et deux larmes, deux perles, les larmes de Bonaparte étaient rares, coulèrent de ses yeux.

Quant à Roland, chose étrange! il resta sombre au milieu de la joie qu'occasionnait son retour, confirma le récit de l'Arabe, appuya sa mise en liberté, mais refusa de donner aucun détail personnel sur la façon dont il avait été pris par les Bédouins et traité par le thaleb ; quant à Sulkowsky, il avait été tué et décapité sous ses yeux, il n'y fallait donc plus songer.

Seulement, Roland reprit son service d'habitude et l'on remarqua que ce qui, jusque-là, avait été du courage chez lui, était devenu de la témérité; que ce qui avait été un besoin de gloire, semblait être devenu un besoin de mort.

D'un autre côté, comme il arrive à ceux qui bravent le fer et le feu, le fer et le feu s'écartèrent miraculeusement de lui ; devant, derrière Roland, à ses côtés, les hommes tombaient : lui restait debout, invulnérable comme le démon de la guerre.

Lors de la campagne de Syrie, on envoya deux parlementaires sommer Djezzar-Pacha de se rendre ; les deux parlementaires ne reparurent plus : ils avaient eu la tête tranchée.

On dut en envoyer un troisième : Roland se présenta, insista pour y aller, en obtint à force d'instances la permission du général en chef, et revint.

Il fut de chacun des dix-neuf assauts qu'on livra à la forteresse ; à chaque assaut on le vit parvenir sur la brèche ; il fut un des dix hommes qui pénétrèrent dans la tour Maudite ; neuf y restèrent, lui revint sans une égratignure.

Pendant la retraite, Bonaparte ordonna à ce qui restait de cavaliers dans l'armée de donner leurs chevaux aux blessés et aux malades; c'était à qui ne donnerait pas son cheval aux pestiférés de peur de la contagion.

Roland donna le sien de préférence à ceux-ci : trois tombèrent de cheval à terre, il remonta son cheval après eux et arriva sain et sauf au Caire.

A Aboukir il se jeta au milieu de la mêlée, pénétra jusqu'au pacha en forçant la ceinture de noirs qui l'entouraient, l'arrêta par la barbe, essuya le feu de ses deux pistolets, dont l'un brûla l'amorce seulement; la balle de l'autre passa sous son bras et alla tuer un guide derrière lui.

Quand Bonaparte prit la résolution de revenir en France, Roland fut le premier à qui le général en chef annonça ce retour; tout autre eût bondi de joie, lui resta triste et sombre, disant :

— J'aurais mieux aimé que nous restassions ici, général, j'avais plus de chance d'y mourir.

Cependant, c'eût été une ingratitude à lui de ne pas suivre le général en chef; il le suivit.

Pendant toute la traversée il resta morne et impassible. Dans les mers de Corse on aperçut la flotte anglaise; là seulement il sembla se reprendre à la vie. Bonaparte avait déclaré à l'amiral Gantaume que l'on combattrait jusqu'à la mort, et avait donné l'ordre de faire sauter la frégate plutôt que d'amener le pavillon.

On passa sans être vu au milieu de la flotte, et le 8 on débarqua à Fréjus. Ce fut à qui toucherait le premier la terre de France; Roland descendit le dernier.

Le général en chef semblait ne faire attention à aucun de ces détails, pas un ne lui échappait; il fit partir Eugène, Berthier, Bourrienne, ses aides de camp, sa suite, par la route de Gap et de Draguignan.

Lui, prit incognito la route d'Aix, afin de juger par lui-même de l'état du Midi, ne gardant avec lui que Roland.

Dans l'espoir qu'à la vue de la famille la vie rentrerait dans ce cœur brisé d'une atteinte inconnue, il lui avait annoncé en arrivant à Aix qu'il le laisserait à Lyon, et lui donnait trois semaines de congé à titre de gratification pour lui et de surprise à sa mère et à sa sœur.

Roland avait répondu :

— Merci, général, ma sœur et ma mère seront bien heureuses de me revoir.

Autrefois Roland aurait répondu :

— Merci, général, je serai bien heureux de revoir ma mère et ma sœur.

Nous avons assisté à ce qui s'était passé à Avignon; nous avons vu avec quel mépris profond du danger, avec quel dégoût amer de la vie Roland avait marché à un duel terrible. Nous avons entendu la raison qu'il avait donnée à sir John de son insouciance en face de la mort : la raison était-elle bonne ou mauvaise, vraie ou fausse? sir John dut se contenter de celle-là; évidemment Roland n'était point disposé à en donner d'autre.

Et maintenant, nous l'avons dit, tous deux dormaient ou faisaient semblant de dormir, rapidement emportés par le galop de deux chevaux de poste sur la route d'Avignon à Orange.

DEUXIÈME PARTIE.

I

MORGAN.

Il faut que nos lecteurs nous permettent d'abandonner un instant Roland et sir John qui, grâce à la disposition physique et morale dans laquelle nous les avons laissés, ne doivent leur inspirer aucune inquiétude, et de nous occuper sérieusement d'un personnage qui n'a fait qu'apparaître dans cette histoire et qui cependant doit y jouer un grand rôle.

Nous voulons parler de l'homme qui était entré masqué et armé dans la salle de la table d'hôte d'Avignon, pour rapporter à Jean Picot le groupe de deux cents louis qui lui avait été volé par mégarde, confondu qu'il était avec l'argent du gouvernement.

Nous avons vu que l'audacieux bandit, qui s'était donné à lui-même le nom de Morgan, était arrivé à Avignon masqué, à cheval et en plein jour. Il avait, pour entrer dans l'hôtel du Palais-Égalité, laissé son cheval à la porte, et, comme si son cheval eût joui dans la ville pontificale et royaliste de la même impunité que son maître, il l'avait retrouvé au tourne-bride, l'avait détaché, avait sauté dessus, était sorti par la porte d'Oulle, avait longé les murailles au grand galop et avait disparu sur la route de Lyon.

Seulement, à un quart de lieue d'Avignon, il avait ramené son manteau autour de lui pour dérober aux passants la vue de ses armes, et, ôtant son masque, il l'avait glissé dans une de ses fontes.

Ceux qu'il avait laissés à Avignon si fort intrigués de ce que pouvait être ce terrible Morgan, la terreur du Midi, eussent pu alors, s'ils se fussent trouvés sur la route d'Avignon à Bédarrides, s'assurer par leurs propres yeux si l'aspect du bandit était aussi terrible que l'était sa renommée.

Nous n'hésitons point à dire que les traits qui se fussent alors offerts à leurs regards se fussent trouvés si peu en harmonie avec l'idée que leur imagination prévenue s'en était faite, que leur étonnement eût été extrême.

En effet le masque, enlevé par une main d'une blancheur et d'une délicatesse parfaites, venait de laisser à découvert le visage d'un jeune homme de vingt-quatre à vingt-cinq ans à peine, visage qui, par la régularité des traits et la douceur de la physionomie, eût pu le disputer à un visage de femme.

Un seul détail donnait à cette physionomie ou plutôt devait lui donner, dans certains moments, un caractère de fermeté étrange : c'étaient, sous de beaux cheveux blonds flottant sur le front et sur les tempes, comme on les portait à cette époque, des sourcils, des yeux et des cils d'un noir d'ébène.

Le reste du visage, nous l'avons dit, était presque féminin.

Il se composait de deux petites oreilles dont on n'apercevait que l'extrémité sous cette touffe de cheveux temporale à laquelle les incroyables de l'époque avaient donné le nom d'oreilles de chien; d'un nez droit et d'une proportion parfaite; d'une bouche un peu grande, mais rosée et toujours souriante, et qui en souriant laissait voir une double rangée de dents admirables ; d'un menton fin et délicat, légèrement teinté de bleu et indiquant, par cette nuance, que si sa barbe n'eût point été si soigneusement et si récemment faite, elle eût, protestant contre la couleur dorée de la chevelure, été du même ton que les sourcils, les cils et les yeux.

Quant à la taille de l'inconnu, on avait pu l'apprécier au moment où il était entré dans la salle de la table d'hôte : elle était élevée, bien prise, flexible, et dénotait, sinon une grande force musculaire, du moins une grande souplesse et une grande agilité.

Quant à la façon dont il était à cheval, elle indiquait l'assurance d'un écuyer consommé.

Son manteau rejeté sur son épaule, son masque caché dans ses fontes, son chapeau enfoncé sur les yeux, le cavalier reprit l'allure rapide un instant abandonnée par lui, traversa Bédarrides au galop, et, arrivé aux premières maisons d'Orange, entra sous une grande porte qui se referma immédiatement derrière lui.

Un domestique attendait et sauta au mors du cheval.

Le cavalier mit rapidement pied à terre.

— Ton maître est-il ici ? demanda-t-il au domestique. — Non, monsieur le baron, répondit celui-ci ; cette nuit il a été forcé de partir et il a dit que, si Monsieur venait et le demandait, on répondît à Monsieur qu'il voyageait pour les affaires de la compagnie. — Bien, Baptiste, je lui ramène son cheval en bon état, quoique un peu fatigué ; il faudrait le laver avec du vin, en même temps que tu lui donnerais, pendant deux ou trois jours, de l'orge au lieu d'avoine : il a fait quelque chose comme quarante lieues depuis hier matin. — Monsieur le baron en a été content? — Très-content; la voiture est-elle prête? — Oui, monsieur le baron, tout attelée sous la remise, le postillon boit avec Julien : Monsieur avait recommandé qu'on l'occupât hors de la maison pour qu'il ne le vît pas venir. — Il croit que c'est ton maître qu'il conduit? — Oui, monsieur le baron, voici le passe-port de mon maître avec lequel on a été prendre les chevaux à la poste, et comme mon maître est allé du côté de Bordeaux avec le passe-port de monsieur le baron, et que monsieur le baron va du côté de Genève avec le passe-port de mon maître, il est probable que l'écheveau de fil sera assez embrouillé pour que dame police, si subtils que soient ses doigts, ne le dévide pas facilement. — Détache la valise qui est à la croupe du cheval, Baptiste, et donne-la-moi ?

Baptiste se mit en devoir d'obéir, seulement la valise faillit lui échapper des mains.

— Ah! dit-il en riant, monsieur le baron ne m'avait pas prévenu ! Diable, monsieur le baron n'a pas perdu son temps, à ce qu'il paraît. — C'est ce qui te trompe, Baptiste : si je n'ai pas perdu tout mon temps, j'en ai au moins perdu beaucoup; aussi je voudrais bien repartir le plus tôt possible. — Monsieur le baron ne déjeunera-t-il pas ? — Je mangerai un morceau, mais très-rapidement. — Monsieur ne sera pas retardé; il est deux heures de l'après-midi, et le déjeuner l'attend depuis dix heures du matin ; heureusement que c'est un déjeuner froid.

Et Baptiste se mit en devoir de faire, en l'absence de son maître, les honneurs de la maison à l'étranger en lui montrant la route de la salle à manger.

— Inutile, dit celui-ci, je connais le chemin; occupe-toi de la voiture, qu'elle soit sous l'allée, la portière tout ouverte au moment où je sortirai, afin que le postillon ne puisse me voir. Voilà de quoi lui payer sa première poste.

Et l'étranger, désigné sous le titre de baron, remit à Baptiste une poignée d'assignats.

— Ah! Monsieur, dit celui-ci, mais il y a là de quoi payer le voyage jusqu'à Lyon! — Contente-toi de le payer jusqu'à Valence, sous prétexte que je veux dormir; le reste sera pour la peine que tu vas prendre à faire les comptes. — — Dois-je mettre la valise dans le coffre? — Je l'y mettrai moi-même.

Et prenant la valise des mains du domestique, sans laisser voir qu'elle pesât à sa main, il s'achemina vers la salle à manger, tandis que Baptiste s'acheminait vers le cabaret voisin, en mettant de l'ordre dans ses assignats.

Comme l'avait dit l'étranger, le chemin lui était familier, car il s'enfonça dans un corridor, ouvrit sans hésiter une première porte, puis une seconde, et, cette seconde porte ouverte, se trouva en face d'une table élégamment servie.

Une volaille, deux perdreaux, un jambon froids, des fromages de plusieurs espèces, un dessert composé de fruits magnifiques et deux carafes contenant, l'une du vin couleur de rubis, et l'autre du vin couleur de topaze, constituaient un déjeuner qui, quoique évidemment servi pour une seule personne, puisqu'un seul couvert était mis, pouvait, en cas de besoin, suffire à trois ou quatre convives.

Le premier soin du jeune homme en entrant dans la salle à manger fut d'aller droit à une glace, d'ôter son chapeau, de rajuster ses cheveux avec un petit peigne qu'il tira de sa poche; après quoi il s'avança vers un bassin de faïence surmonté de sa fontaine, prit une serviette qui paraissait préparée à cet effet, et se lava le visage et les mains.

Ce ne fut qu'après ces soins, qui indiquaient l'homme élégant par habitude, ce ne fut, disons-nous, qu'après ces soins minutieusement accomplis, que l'étranger se mit à table.

Quelques minutes lui suffirent pour satisfaire un appétit auquel la fatigue et la jeunesse avaient cependant donné de majestueuses proportions, et quand Baptiste reparut pour annoncer au convive solitaire que la voiture était prête, il le vit aussitôt debout que prévenu.

L'étranger enfonça son chapeau sur ses yeux, s'enveloppa de son manteau, mit sa valise sous son bras, et comme Baptiste avait eu le soin de faire approcher le marchepied aussi près que possible de la porte, il s'élança dans la chaise de poste sans avoir été vu du postillon.

Baptiste referma la portière sur lui; puis, s'adressant à l'homme aux grosses bottes :

— Tout est payé jusqu'à Valence, n'est-ce pas, poste et guides? demanda-t-il. — Tout; vous faut-il un reçu? répondit en goguenardant le postillon. — Non, mais M. le marquis de Ribier, mon maître, désire ne pas être dérangé jusqu'à Valence. — C'est bien, répondit le postillon avec le même accent gouailleur, on ne dérangera pas le citoyen marquis. Allons, haup!

Et il enleva ses chevaux en faisant résonner son fouet avec cette bruyante éloquence qui dit à la fois aux voisins et aux passants :

— Gare ici, gare là-bas, ou sinon tant pis pour vous, je mène un homme qui paye bien et qui a le droit d'écraser les autres.

Une fois dans la voiture, le faux marquis de Ribier ouvrit les glaces, baissa les stores, leva la banquette, mit sa valise dans le coffre, s'assit dessus, s'enveloppa dans son manteau, et, sûr de n'être réveillé qu'à Valence, s'endormit comme il avait déjeuné, c'est-à-dire avec tout l'appétit de la jeunesse.

On fit le trajet d'Orange à Valence en huit heures; un peu avant d'entrer dans la ville, notre voyageur se réveilla.

Il souleva un store avec précaution et reconnut qu'il traversait le petit bourg de la Paillasse; il faisait nuit, il fit sonner sa montre, elle sonna onze heures du soir.

Il jugea inutile de se rendormir, fit le compte des postes jusqu'à Lyon et prépara son argent.

Au moment où le postillon de Valence s'approchait de son camarade qu'il allait remplacer, il entendit celui-ci qui disait à l'autre :

— Il paraît que c'est un ci-devant, mais depuis Orange il est recommandé, et vu qu'il paye à vingt sous de guide, il faut le mener comme un patriote. — C'est bon, répondit le Valentinois, on le mènera en conséquence.

Le voyageur crut que c'était le moment d'intervenir, il souleva son store.

— Et tu ne feras que me rendre justice, dit-il; un patriote, corbleu! je me vante d'en être un, et du premier calibre encore, et la preuve, tiens, voilà pour boire à la santé de la République!

Et il donna un assignat de cent francs au postillon qui l'avait recommandé à son camarade.

Et comme l'autre regardait d'un œil avide le chiffon de papier.

— Et voilà le pareil pour toi, dit-il, si tu veux faire aux autres la pareille recommandation que tu viens de recevoir. — Oh! soyez tranquille, citoyen, dit le postillon, il n'y aura qu'un mot d'ici à Lyon : Ventre à terre! — Et voici d'avance le prix des seize postes, y compris la double poste d'entrée; je paye vingt sous de guides, arrangez cela entre vous.

Le postillon enfourcha son cheval et partit au galop.

La voiture relayait à Lyon vers les quatre heures de l'après-midi.

Pendant que la voiture relayait, un homme habillé en commissionnaire, et qui, son crochet sur le dos, se tenait assis sur une borne, se leva, s'approcha de la voiture, et dit tout bas au jeune compagnon de Jéhu quelques paroles qui parurent le jeter dans le plus profond étonnement.

— En es-tu bien sûr? demanda-t-il au commissionnaire. — Quand je te dis que je l'ai vu, de mes yeux vu! répondit celui-ci. — Je puis donc annoncer à nos amis la nouvelle comme certaine? — Tu le peux, seulement hâte-toi. — Est-on prévenu à Servas? — Oui, tu trouveras un cheval prêt entre Servas et Sue.

Le postillon s'approcha; le jeune homme échangea un dernier regard avec le commissionnaire, qui s'éloigna comme s'il était chargé d'une lettre très-pressée.

— Quelle route, citoyen? demanda le postillon. — La route de Bourg; il faut que je sois à Servas à neuf heures du soir; je paye trente sous de guides. — Quatorze lieues en cinq heures, c'est dur, mais enfin cela peut se faire. — Cela se fera-t-il? — On tâchera.

Et le postillon enleva ses chevaux au grand galop.

A neuf heures sonnant on entrait dans Servas.

— Un écu de six livres pour ne pas relayer et me conduire à moitié chemin de Sue, cria par la portière le jeune homme au postillon. — Ça va, répondit celui-ci, et la voiture passa sans s'arrêter devant la poste.

A un demi-quart de lieue de Servas, Morgan fit arrêter la voiture, passa sa tête par la portière, rapprocha ses mains et imita le cri du chat-huant.

L'imitation était si fidèle que des bois voisins un chat-huant lui répondit.

— C'est ici, cria Morgan.

Le postillon arrêta ses chevaux.

— Si c'est ici, dit-il, inutile d'aller plus loin.

Le jeune homme prit la valise, ouvrit la portière, descendit, et, s'approchant du postillon ;

— Voici l'écu de six livres promis.

Le postillon prit l'écu, le mit dans l'orbite de son œil, et l'y maintint comme un élégant de nos jours y maintient son lorgnon.

Morgan devina que cette pantomime avait une signification.

— Eh bien, demanda-t-il, que veut dire cela ? — Cela veut dire, fit le postillon, que j'ai beau faire, j'y vois d'un œil. — Je comprends, reprit le jeune homme en riant ; et si je bouche l'autre œil ? — Dame ! je n'y verrai plus. — En voilà un drôle, qui aime mieux être aveugle que borgne ! Enfin ! il ne faut pas disputer des goûts ; tiens !

Et il lui donna un second écu.

Le postillon le mit sur son autre œil, fit tourner la voiture, et reprit le chemin de Servas.

Le compagnon de Jehu attendit qu'il se fût perdu dans l'obscurité, et, approchant de sa bouche une clef forée, il en tira un son prolongé et tremblotant comme celui d'un sifflet de contre-maître.

Un son pareil lui répondit.

Et en même temps on vit un cavalier sortir du bois et s'approcher au galop.

A la vue de ce cavalier, Morgan se couvrit de nouveau le visage de son masque.

L'homme vint droit à lui.

— Au nom de qui venez-vous ? demanda le cavalier dont on ne pouvait voir la figure, cachée qu'elle était sous les bords d'un énorme chapeau. — Au nom du prophète Élisée, répondit le jeune homme masqué. — Alors c'est vous que j'attends.

Et il descendit de cheval.

— Es-tu prophète ou disciple ? demanda Morgan. — Je suis disciple, répondit le nouveau venu. — Et ton maître, où est-il ? — Vous le trouverez à la Chartreuse de Seillon. — Sais-tu le nombre des compagnons qui y sont réunis ce soir ? — Dix. — C'est bien ; si tu en rencontres quelque autre, envoie-les au rendez-vous.

Celui qui s'était donné le titre de disciple s'inclina en signe d'obéissance, aida Morgan à attacher la valise sur la croupe de son cheval, et le tint respectueusement par le mors, tandis que celui-ci montait.

Sans même attendre que son second pied eût atteint l'étrier, Morgan piqua son cheval, qui arracha le mors des mains du domestique et partit au galop.

On voyait à la droite de la route s'étendre la forêt de Seillon comme une mer de ténèbres, dont le vent de la nuit faisait onduler et gémir les vagues sombres.

A un quart de lieue au delà de Sue, le cavalier poussa son cheval à travers terre et alla au-devant de la forêt, qui, de son côté, semblait venir au-devant de lui.

Le cheval, guidé par une main expérimentée, s'y enfonça sans hésitation.

Au bout de dix minutes, il reparut de l'autre côté.

A cent pas de la forêt s'élevait une masse sombre, isolée au milieu de la plaine.

C'était un bâtiment d'une architecture massive, ombragée par cinq ou six arbres séculaires.

Le cavalier s'arrêta devant une grande porte au-dessus de laquelle étaient placées en triangle trois statues :

Celle de la Vierge, celle de notre Seigneur Jésus, et celle de saint Jean-Baptiste.

La statue de la Vierge marquait le point le plus élevé du triangle.

Le voyageur mystérieux était arrivé au but de son voyage, c'est-à-dire à la Chartreuse de Seillon.

II

LA CHARTREUSE DE SEILLON.

La Chartreuse de Seillon, la vingt-deuxième de l'ordre, avait été fondée en 1178.

En 1672, un bâtiment moderne avait été substitué au vieux monastère; c'est de cette dernière construction que l'on voit encore aujourd'hui les vestiges.

Ces vestiges sont, à l'extérieur : la façade que nous avons dite, façade ornée de trois statues, et devant laquelle nous avons vu s'arrêter le cavalier mystérieux.

Un paysan, sa femme, deux enfants l'habitent à cette heure, et de l'ancien monastère ils ont fait une ferme.

En 1791, les chartreux avaient été expulsés de leur couvent; en 1792, la Chartreuse et ses dépendances avaient été mises en vente comme propriété ecclésiastique.

Les dépendances étaient d'abord le parc, attenant aux bâtiments, et ensuite la belle forêt qui porte encore aujourd'hui le nom de Seillon.

Mais à Bourg, ville royaliste et surtout religieuse, personne ne risqua de compromettre son âme en achetant un bien qui avait appartenu à de dignes moines que chacun vénérait. Il en résultait que le couvent, le parc et la forêt étaient devenus, sous le titre de *biens de l'État*, la propriété de la république : c'est-à-dire n'appartenaient à personne.

Et la chose est facile à comprendre : la république, avec son 21 janvier, son 31 mai, son 30 octobre, son 9 thermidor, son 1ᵉʳ prairial et son 18 fructidor, avait bien autre chose à faire que de faire récrépir des murs, entretenir un verger, et mettre en coupe réglée une forêt.

Il en résultait que depuis sept ans la Chartreuse était complétement abandonnée, et que, quand par hasard un regard curieux pénétrait par le trou de la serrure, on voyait l'herbe pousser dans les cours, comme les ronces dans le verger, comme les broussailles dans la forêt, laquelle, percée à cette époque d'une route et de deux à trois sentiers seulement, était partout ailleurs, en apparence du moins, devenue impraticable.

Une espèce de pavillon nommé la Correrie, dépendant de la Chartreuse et distant du monastère d'un demi-quart de lieue, verdissait de son côté dans la forêt qui, profitant de la liberté qui lui était laissée de pousser à sa fantaisie, l'avait enveloppé de tous côtés d'une ceinture de feuillages, et avait fini par le dérober à la vue.

Au reste, les bruits les plus étranges couraient sur ces deux bâtiments; on les disait hantés par des hôtes invisibles le jour, effrayants la nuit; des bûcherons ou des paysans attardés, qui parfois allaient encore exercer dans la forêt de la république les droits d'usage dont la ville de Bourg jouissait du temps des chartreux, prétendaient, à travers les fentes des volets fermés, avoir vu courir des flammes dans les corridors et dans les escaliers, et avoir distinctement entendu des bruits de chaînes traînant sur les dalles des cloîtres et les pavés des cours. Les esprits forts niaient la chose; mais, en opposition avec les incrédules, deux sortes de gens l'affirmaient et donnaient, selon leurs opinions et leurs croyances, à ces bruits effrayants et à ces lueurs nocturnes deux causes différentes : les patriotes prétendaient que c'étaient les âmes des pauvres moines que la tyrannie des cloîtres avait ensevelis vivants dans les *in pace*, qui revenaient en appelant la vengeance du ciel sur leurs persécuteurs, et qui traînaient après leur mort les fers qui les avaient enchaînés pendant leur vie; les royalistes disaient que c'était le diable en personne qui, trouvant un couvent vide et n'ayant plus à craindre le goupillon des dignes supérieurs, venait tranquillement prendre ses ébats là où autrefois il n'eût point osé hasarder le bout de sa griffe; mais il y avait un fait qui laissait toute chose en suspens : c'est que pas un seul de ceux qui niaient ou qui affirmaient, soit qu'il eût pris parti pour les âmes des moines martyrs ou pour le sabbat tenu par Belzébut, n'avait eu le courage de se hasarder dans les ténèbres et de venir, aux heures solennelles de la nuit, s'assurer de la vérité afin de pouvoir dire le lendemain si la Chartreuse était solitaire ou hantée, et si elle était hantée, quelle espèce d'hôtes y revenaient.

Mais sans doute tous ces bruits, fondés ou non, n'avaient aucune influence sur le cavalier mystérieux; car, ainsi que nous l'avons dit, quoique neuf heures sonnassent à Bourg, et que par conséquent il fît nuit close, il arrêta son cheval à la porte du monastère abandonné, et sans mettre pied à terre, tirant un pistolet de ses fontes, il frappa du pommeau contre la porte trois coups espacés, à la manière des francs-maçons... puis il écouta.

Un instant il avait douté qu'il y eût réunion à la Chartreuse; car, si fixement qu'il eût regardé, si attentivement qu'il eût prêté l'oreille, il n'avait vu aucune lumière, n'avait entendu aucun bruit.

Cependant, il lui sembla qu'un pas circonspect s'approchait intérieurement de la porte.

Il frappa une seconde fois avec la même arme et de la même façon.

— Qui frappe? demanda une voix. — Celui qui vient de la part d'Élisée, répondit le voyageur. — Quel est le roi auquel les fils d'Isaac doivent obéir? — Jéhu. — Quelle est la maison qu'ils doivent exterminer? — Celle d'Achab. — Êtes-vous prophète ou disciple? — Je suis prophète. — Alors, soyez le bienvenu dans la maison du Seigneur, dit la voix.

Aussitôt les barres de fer qui assuraient la massive clôture basculèrent sur elles-mêmes, les verrous grincèrent dans les tenons, un des battants de la porte s'ouvrit silencieusement, et le cheval et le cavalier s'enfoncèrent sous la sombre voûte qui se referma derrière eux.

Celui qui avait ouvert cette porte, si lente à s'ouvrir, si prompte à se refermer, était vêtu de la longue robe blanche des chartreux, dont le capuchon, retombant sur son visage, voilait entièrement ses traits.

Sans doute, de même que le premier affilié rencontré par celui qui venait de se donner le titre de prophète, sur la route de Sue, le moine qui avait ouvert la porte n'occupait qu'un rang secondaire dans la confrérie, car, saisissant la bride du cheval, il le maintint tandis que le cavalier mettait pied à terre, rendant ainsi au jeune homme le même service que lui eût rendu un palefrenier.

Morgan descendit, détacha la valise, tira les pistolets de leurs fontes, les passa à sa ceinture près de ceux qui y étaient déjà, et s'adressant au moine du ton du commandement :

— Je croyais, dit-il, trouver les frères réunis en conseil. — Ils sont réunis en effet, répondit le moine. — Où cela? — Dans la Correrie; on a vu depuis quelques jours rôder autour de la Chartreuse des figures suspectes, et des ordres supérieurs ont ordonné les plus grandes précautions.

Le jeune homme haussa les épaules en signe qu'il regardait ces précautions comme inutiles, et toujours du même ton de commandement :

— Faites mener ce cheval à l'écurie et conduisez moi au conseil, dit-il.

Le moine appela un autre frère aux mains duquel il jeta la bride du cheval, prit une torche qu'il alluma à une lampe brûlant dans la petite chapelle que l'on peut aujourd'hui encore voir à droite sous la grande porte, et marcha devant le nouvel arrivé.

Il traversa le cloître, fit quelques pas dans le jardin, ouvrit une porte conduisant à une espèce de citerne, fit entrer Morgan, referma aussi soigneusement la porte de la citerne qu'il avait refermé celle de la rue, poussa du pied une pierre qui semblait se trouver là par accident, démasqua un anneau et souleva une dalle fermant l'entrée d'un souterrain dans lequel on descendait par plusieurs marches. Ces marches conduisaient à un couloir arrondi en voûte, et pouvant donner passage à deux hommes s'avançant de front.

Ils marchèrent ainsi pendant cinq ou six minutes, après lesquelles ils se trouvèrent en face d'une grille. Le moine tira une clef de dessous sa robe et l'ouvrit. Puis, quand tous deux eurent franchi la grille et que la grille se fut refermée :

— Sous quel nom vous annoncerai-je? demanda le moine. — Sous le nom de frère Morgan. — Attendez ici; dans cinq minutes je serai de retour.

Le jeune homme fit de la tête un signe qui annonçait qu'il était familiarisé avec toutes ces défiances et toutes ces précautions.

Puis il s'assit sur une tombe. On était dans les caveaux mortuaires du couvent, et il attendit.

En effet, cinq minutes ne s'étaient point écoulées que le moine reparut.

— Suivez-moi, dit-il; les frères sont heureux de votre présence; ils craignaient qu'il ne vous fût arrivé malheur.

Quelques secondes plus tard, frère Morgan était introduit dans la salle du conseil.

Douze moines l'attendaient, le capuchon rabattu sur les yeux; mais dès que la porte se fut refermée derrière lui et que le frère servant eut disparu, en même temps que Morgan lui-même ôtait son masque, tous les capuchons se rabattirent et chaque moine laissa voir son visage.

Jamais communauté n'avait brillé par une semblable réunion de beaux et joyeux jeunes gens; deux ou trois seulement parmi ces étranges moines avaient atteint l'âge de quarante ans.

Toutes les mains se tendirent vers Morgan; deux ou trois accolades furent données au nouvel arrivant.

— Ah! par ma foi, dit l'un de ceux qui l'avaient embrassé le plus tendrement, tu nous tires une fameuse épine hors du pied; nous te croyions mort ou tout au moins prisonnier. — Mort, je te le passe. Amiet; mais prisonnier, non, citoyen, comme on dit encore quelquefois, mais comme on ne dira bientôt plus, j'espère. Il faut même dire que les choses se sont passées de part et d'autre avec une aménité touchante : dès qu'il nous a aperçus, le conducteur a crié au postillon d'arrêter, je crois même qu'il a ajouté : « Je sais ce que c'est. » — Alors, lui ai-je dit, si vous savez ce que c'est, mon cher ami, les explications ne seront pas longues. — L'argent du gouvernement? a-t-il demandé. — Justement, » ai-je répondu. Puis, comme il se faisait un grand remue-ménage dans la voiture ; « Attendez, mon ami, ai-je ajouté, avant tout, descendez, et dites à ces messieurs et surtout à ces dames que nous sommes des gens comme il faut, qu'on ne les touchera pas, ces dames, bien entendu, et que l'on ne regardera que celles qui passeront la tête par la portière. » Une s'est hasardée, ma foi; il est vrai qu'elle était charmante. Je lui ai envoyé un baiser; elle a poussé un petit cri et s'est réfugiée dans la voiture, comme Galatée; mais comme il n'y avait pas de saules, je ne l'y ai pas poursuivie. Pendant ce temps, le conducteur fouillait dans sa caisse en toute hâte, et il se hâtait si bien, qu'avec l'argent du gouvernement il m'a remis deux cents louis appartenant à un pauvre marchand de vin de Bordeaux. — Ah! diable! fit celui des frères à qui le narrateur avait donné le nom d'Amiet, qui probablement, comme celui de Morgan, n'était qu'un nom de guerre, voilà qui est fâcheux. Tu sais que le Directoire, qui est plein d'imagination, organise des compagnies de chauffeurs qui opèrent en notre nom, et qui ont pour but de faire croire que nous en voulons aux pieds et aux bourses des particuliers, c'est-à-dire que nous sommes de simples voleurs. — Attendez donc, reprit Morgan, voilà justement ce qui m'a retardé; j'avais entendu dire quelque chose de pareil à Lyon, de sorte que j'étais déjà à moitié chemin de Valence quand je me suis aperçu de l'erreur par l'étiquette. Ce n'était pas bien difficile. il y avait sur le sac, comme si le bonhomme eût prévu le cas, *Jean Picot, marchand de vin à Fronsac, près Bordeaux.* — Et tu lui as renvoyé son argent? — J'ai mieux fait, je le lui ai reporté. — A Fronsac? — Oh! non, mais à Avignon. Je me suis douté qu'un homme si soigneux devait s'être arrêté à la première ville un peu importante pour prendre des informations sur ses deux cents louis. Je ne me trompais pas; je m'informe à l'hôtel si l'on connaît le citoyen Jean Picot; on me répond que non-seulement on le connaît, mais qu'il dîne à table d'hôte. J'entre. Vous devinez de quoi l'on parlait, de l'arrestation de la diligence. Jugez de l'effet de l'apparition! le dieu antique descendant dans la machine ne faisait pas un dénoûment plus inattendu. Je demande lequel de tous les convives s'appelle Jean Picot; celui qui porte ce nom distingué et harmonieux se nomme. Je dépose devant lui les deux cents louis en lui faisant mes excuses, au nom de la société, de l'inquiétude que lui ont causée les Compagnons de Jehu. J'échange un signe d'amitié avec de Barjols, un salut de politesse avec l'abbé de Rians, qui étaient là; je tire ma révérence à la compagnie et je sors. C'est peu de chose, mais cela m'a pris une quinzaine d'heures; de là le retard; mais j'ai pensé que mieux valait être en retard et ne pas laisser sur nos traces une fausse opinion de nous. Ai-je bien fait, mes maîtres?

La société éclata en bravos.

— Seulement, dit un des assistants, je trouve assez imprudent, à vous, d'avoir tenu à remettre l'argent vous-même au citoyen Jean Picot. — Mon cher colonel, répondit le jeune homme, il y a un proverbe d'origine italienne qui dit : « Qui veut va, qui ne veut pas envoie. » Je voulais, j'ai été. — Et voilà un gaillard qui pour vous remercier, si vous avez un jour la mauvaise chance de tomber entre les mains du Directoire, se hâterait de vous reconnaître; reconnaissance qui aurait pour résultat de vous faire couper le cou. — Oh! je l'en défie bien, de me reconnaître. — Qui l'en empêcherait? — Ah çà, mais vous croyez donc que je fais mes équipées à visage découvert; en vérité, mon cher colonel, vous me prenez pour un autre. Quitter mon masque, c'est bon entre amis; mais avec les étrangers, allons donc! Ne sommes-nous pas en plein carnaval? Je ne vois pas pourquoi je ne me déguiserais pas en Abellino ou en Karl Moor, quand MM. Gohier, Sieyès, Roger Ducos, Moulin et Barras se déguisent en rois de France. — Et vous êtes entré masqué dans la ville? — Dans la ville, dans l'hôtel, dans la salle de la table d'hôte. Il est vrai que si le visage était couvert, la ceinture était découverte, et, comme vous voyez, elle était bien garnie.

Le jeune homme fit un mouvement qui écarta son manteau, et montra la ceinture à laquelle étaient passés quatre pistolets et suspendu un court couteau de chasse. Puis avec cette gaieté qui semblait un des caractères dominants de cette insoucieuse organisation :

— Je devais avoir l'air féroce, n'est-ce pas? Ils m'auront pris pour feu Mandrin descendant des montagnes de la Savoie... A propos, voilà les soixante mille francs de Son Altesse le Directoire.

Et le jeune homme poussa dédaigneusement du pied la valise qu'il avait déposée à terre et dont les entrailles froissées rendirent ce son métallique qui indique la présence de l'or.

Puis il alla se confondre dans le groupe de ses amis, dont il avait été séparé par cette distance qui se fait naturellement entre le narrateur et les auditeurs.

Un des moines se baissa et ramassa la valise.

— Méprisez l'or tant que vous voudrez, mon cher Morgan, puisque cela ne vous empêche pas de le recueillir; mais je sais de braves gens qui attendent les soixante mille francs que vous eussiez dédaigneusement du pied avec autant d'impatience et d'anxiété que la caravane égarée au désert attend la goutte d'eau qui l'empêchera de mourir de soif. — Nos amis de la Vendée, n'est-ce pas? répondit Morgan; grand bien leur fasse, les égoïstes; ils se battent eux. Ces messieurs ont choisi les roses et nous laissent les épines. Ah çà! mais, ils ne reçoivent donc rien de l'Angleterre? — Si fait, dit gaiement un des moines, à Quiberon, ils ont reçu des boulets et de la mitraille. — Je ne dis pas des Anglais, reprit Morgan, je dis de l'Angleterre. — Pas un sou. — Il me semble cependant, dit un des assistants qui paraissait posséder une tête un peu plus réfléchie que celle de ses compagnons, il me semble que nos princes pourraient bien envoyer un peu d'or à ceux qui versent leur sang pour la cause de la monarchie. Ne craignent-ils pas que la Vendée finisse par se lasser, un jour ou l'autre, d'un dévouement qui, jusqu'aujourd'hui, ne lui a pas encore valu, que je sache, même un remerciement? — La Vendée, cher ami, reprit Morgan, est une terre généreuse et qui ne se lassera pas, soyez tranquille; d'ailleurs quel serait le mérite de la fidélité, si elle n'avait point affaire à l'ingratitude? Du moment où le dévouement rencontre la reconnaissance, ce n'est plus du dévouement, c'est un échange puisqu'il est récompensé; soyons fidèles toujours, soyons dévoués tant que nous pourrons, Messieurs, et prions le ciel qu'il fasse ingrats ceux auxquels nous nous dévouons, et nous aurons, croyez-moi, la belle part dans l'histoire de nos guerres civiles.

À peine Morgan achevait-il de formuler cet axiome chevaleresque et exprimait-il un souhait qui avait toute chance d'être accompli, que trois coups maçonniques retentirent à la même porte par laquelle il avait été introduit lui-même.

— Messieurs, dit celui des moines qui paraissait remplir le rôle de président, vite les capuchons et les masques; nous ne savons pas qui nous arrive.

III

A QUOI SERVAIT L'ARGENT DU DIRECTOIRE.

Chacun s'empressa d'obéir, les moines rabattant les capuchons de leurs longues robes sur leurs visages, Morgan remettant son masque.

— Entrez! dit le supérieur.

La porte s'ouvrit et l'on vit reparaître le frère servant.

— Un émissaire du général Georges Cadoudal demande à être introduit, dit-il. — A-t-il répondu aux trois mots d'ordre? — Parfaitement. — Qu'il entre.

Le frère servant rentra dans le souterrain, et deux secondes après reparut conduisant un homme qu'à son costume il était facile de reconnaître pour un paysan, et à sa tête carrée, coiffée de grands cheveux roux, pour un Breton.

Il s'avança jusqu'au milieu du cercle sans paraître intimidé le moins du monde, fixant tour à tour ses yeux sur chacun des moines et attendant que l'une de ces douze statues de granit rompît le silence.

Ce fut le président qui lui adressa la parole.

— De la part de qui viens-tu? lui demanda-t-il. — Celui qui m'a envoyé, répondit le paysan, m'a commandé, si l'on me faisait une question, de dire que je venais de la part de Jehu. — Es-tu porteur d'un message verbal ou écrit? — Je dois répondre aux questions qui me seront faites par vous et échanger un chiffon de papier contre de l'argent. — C'est bien; commençons par les questions : où en sont nos frères de Vendée? — Ils avaient déposé les armes, et n'attendaient qu'un mot de vous pour les reprendre. — Et pourquoi avaient-ils déposé les armes? — Ils en avaient reçu l'ordre de Sa Majesté Louis XVIII. — On a parlé d'une proclamation écrite de la main même du roi. — En voici la copie.

Le paysan présenta le papier à celui qui l'interrogeait.

Il l'ouvrit et lut :

« La guerre n'est absolument propre qu'à rendre la royauté odieuse et menaçante. Les monarques qui rentrent par son concours sanglant ne peuvent jamais être aimés : il faut donc abandonner les moyens sanglants et se confier à l'empire de l'opinion qui revient d'elle-même aux principes sauveurs. Dieu et le roi seront bientôt le cri de ralliement des Français; il faut réunir, en un formidable faisceau, les éléments épars du royalisme, abandonner la Vendée militante à son malheureux sort, et marcher dans une voie plus pacifique et moins incohérente. Les royalistes de l'Ouest ont fait leur temps et l'on doit s'appuyer enfin sur ceux de Paris qui ont tout préparé pour une restauration prochaine. »

Le président releva la tête, et cherchant Morgan d'un œil dont son capuchon ne pouvait voiler entièrement l'éclair :

— Eh bien, frère, lui dit-il, j'espère que voilà ton souhait de tout à l'heure accompli, et les royalistes de la Vendée et du Midi auront tout le mérite du dévouement.

Puis abaissant son regard sur la proclamation dont restaient deux lignes à lire, il continua :

« Les Juifs avaient crucifié leur roi : depuis ce temps, ils errent par tout le monde; les Français ont guillotiné le leur : ils seront dispersés par toute la terre.

« Daté de Blankenbourg, le 25 août 1790, jour de notre fête, de notre règne le sixième.   « *Signé :* LOUIS. »

Les jeunes gens se regardèrent.

— *Quos vult perdere Jupiter dementat*, dit Morgan. — Oui, dit le président; mais quand ceux que Jupiter veut perdre représentent un principe, il faut les soutenir, non-seulement contre Jupiter, mais contre eux-mêmes. Ajax, au milieu de la foudre et des éclairs, se cramponnait à un rocher, et, dressant au ciel son poing fermé, disait : « J'échapperai malgré les dieux. » Et il échappait.

Puis se retournant du côté de l'envoyé de Cadoudal :

— Et à cette proclamation qu'a répondu celui qui l'envoie. — À peu près ce que vous venez de répondre vous-même. Il m'a dit de venir vous voir et de m'informer de vous si vous étiez décidés à tenir malgré tout, malgré le roi lui-même. — Pardieu ! dit Morgan. — Nous sommes décidés, dit le président. — En ce cas, dit le paysan, tout va bien. Voici les noms réels des nouveaux chefs et leurs noms de guerre ; le général vous recommande de ne vous servir le plus possible dans vos correspondances que des noms de guerre : c'est le soin qu'il prend lorsque de son côté il parle de vous. — Vous avez la liste? demanda le président. — Non, je pouvais être arrêté et la liste prise; écrivez, je vais vous les dicter.

Le président s'assit à la table, prit une plume et écrivit sous la dictée du paysan vendéen les noms suivants :

« Georges Cadoudal, Jehu ou la Tête-Ronde ; Joseph Cadoudal, Judas Machabée ; Lahaye Saint-Hilaire, David ; Burban-Malabry, Brave la Mort ; Poulpiquez, Royal-Carnage ; Bonfils, Brise-Barrière ; Damphérné, Piquevers ; Duchâyla, la Couronne ; Duparc, le Terrible ; La Roche, Mithridate ; Puysage, Jean le Blond. »

— Voilà les successeurs des Charette, des Stofflet, des Cathelineau, des Bonchamps, des d'Elbée, des La Rochejaquelein et des Lescure, dit une voix.

Le Breton se retourna vers celui qui venait de parler.

— S'ils se font tuer comme leurs prédécesseurs, dit-il, que leur demandera-t-on ? — Allons, bien répondu, dit Morgan, de sorte.... — De sorte que dès que notre général aura votre réponse, reprit le paysan, il reprendra les armes. — Et si notre réponse eût été négative? demanda une voix. — Tant pis pour vous, répondit le paysan ; dans tous les cas l'insurrection était fixée au 20 octobre. — Eh bien, dit le président, le général aura, grâce à nous, de quoi payer son premier mois de solde. Où est votre reçu ? — Le voici, dit le paysan, tirant de sa poche un papier sur lequel étaient écrits ces mots :

« Reçu de nos frères du Midi et de l'Est, pour être employée au bien de la cause, la somme de.........

« Georges Cadoudal,

« Général en chef de l'armée royaliste de Bretagne. »

La somme, comme on voit, était restée en blanc.

— Savez-vous écrire? demanda le président. — Assez pour remplir les trois ou quatre mots qui manquent. — Eh bien, écrivez : Cent mille francs.

Le Breton écrivit, puis tendant le papier au président :

— Voici le reçu, dit-il, où est l'argent? — Baissez-vous, et ramassez le sac qui est à vos pieds, il contient soixante mille francs.

Puis s'adressant à un des moines :

— Montbard, où sont les quarante autres mille? demanda-t-il.

Le moine interpellé alla ouvrir une armoire, et en tira un sac un peu moins volumineux que celui qu'avait rapporté Morgan, mais qui cependant contenait la somme assez ronde de quarante mille francs.

— Voici qui complète la somme, dit le moine. — Maintenant, mon ami, dit le président, mangez et reposez-vous, demain vous partirez. — On m'attend là-bas, dit le Vendéen, je mangerai et je dormirai sur mon cheval. Adieu, Messieurs, le ciel vous garde !

Et il s'avança pour sortir vers la porte par laquelle il était entré.

— Attendez, dit Morgan.

Le messager de Georges s'arrêta.

— Nouvelle pour nouvelle, fit Morgan, dites au général Cadoudal que le général Bonaparte a quitté l'armée d'Égypte, est débarqué avant-hier à Fréjus et sera dans trois jours à Paris. Ma nouvelle vaut bien les vôtres, qu'en dites-vous? — Impossible! s'écrièrent tous les moines d'une seule voix. — Rien n'est pourtant plus vrai, Messieurs; je tiens la chose de notre ami Le Prêtre, qui l'a vu relayer une heure avant moi à Lyon et qui l'a reconnu. — Que vient-il faire en France? demandèrent deux ou trois voix. — Ma foi, dit Morgan, nous le saurons bien un jour ou l'autre; il est probable qu'il ne revient pas à Paris pour y garder l'incognito. — Ne perdez pas un instant pour annoncer cette nouvelle à nos frères de l'Ouest, dit le président au paysan vendéen; tout à l'heure je vous retenais, maintenant c'est moi qui vous dis : Allez.

Le paysan salua et sortit; le président attendit que la porte fut refermée.

— Messieurs, dit-il, la nouvelle que vient de nous annoncer frère Morgan est tellement grave, que je proposerai une mesure spéciale. — Laquelle? demandèrent les Compagnons de Jehu d'une seule voix. — C'est que l'un de nous, désigné par le sort, parte pour Paris, et, avec le chiffre convenu, nous tienne au courant de tout ce qui s'y passera. — Adopté, répondirent-ils. — En ce cas, reprit le président, écrivons nos treize noms, chacun le sien sur un morceau de papier, mettons-les dans un chapeau, et celui dont le nom sortira partira à l'instant même.

Les jeunes gens, d'un mouvement unanime, s'approchèrent de la table, écrivirent leurs noms sur des carrés de papier qu'ils roulèrent et les mirent dans un chapeau.

Le plus jeune fut appelé pour être le prête-nom du hasard.

Il tira un des petits rouleaux de papier et le présenta au président, qui le déplia.

— Morgan, dit le président. — Mes instructions? demanda le jeune homme. — Rappelez-vous, répondit le président avec une solennité à laquelle les voûtes de ce cloître prêtaient une suprême grandeur, que vous vous appelez le baron de Saint-Hermine, que votre père a été guillotiné sur la place de la Révolution et votre frère tué à l'armée de Condé. Noblesse oblige, voilà vos instructions. — Et pour le reste? demanda le jeune homme. — Pour le reste, dit le président, nous nous en rapportons à votre royalisme et à votre loyauté. — Alors, mes amis, permettez-moi de prendre congé de vous à l'instant même; je voudrais être sur la route de Paris avant le jour, et j'ai une visite indispensable à faire avant mon départ. — Va, dit le président en ouvrant ses bras à Morgan, je t'embrasse au nom de tous les frères. A un autre je dirais : « Sois brave, persévérant, actif; » A toi je dirai : « Sois prudent. »

Le jeune homme reçut l'accolade fraternelle, salua du sourire ses autres amis, échangea une poignée de main avec deux ou trois d'entre eux, s'enveloppa de son manteau, enfonça son chapeau sur sa tête et sortit.

IV

ROMÉO ET JULIETTE.

Dans la prévoyance d'un prochain départ, le cheval de Morgan, après avoir été lavé, bouchonné, séché, avait reçu double ration d'avoine et avait été de nouveau sellé et bridé.

Le jeune homme n'eut donc qu'à le demander et à sauter dessus.

A peine fut-il en selle que la porte s'ouvrit comme par enchantement; le cheval s'élança dehors hennissant et rapide, ayant oublié sa première course, et prêt à en dévorer une seconde.

A la porte de la Chartreuse, Morgan demeura un instant indécis, pour savoir s'il tournerait à droite ou à gauche; enfin il tourna à droite, suivit un instant le sentier qui conduit de Bourg à Seillon, se jeta une seconde fois à droite, mais à travers plaine, s'enfonça dans un angle de forêt qu'il rencontra sur son chemin, reparut bientôt de l'autre côté du bois, gagna la grande route de Pont-d'Ain, la suivit pendant l'espace d'une demi-lieue à peu près, et ne s'arrêta qu'à un groupe de maisons que l'on appelle aujourd'hui la Maison-des-Gardes.

Une de ces maisons portait pour enseigne un bouquet de houx, ce qui indiquait une de ces haltes campagnardes où les piétons se désaltèrent et reprennent des forces en se reposant un instant, avant de continuer le long et fatigant voyage de la vie.

Ainsi qu'il avait fait à la porte de la Chartreuse, Morgan s'arrêta, tira un pistolet de sa fonte et se servit de sa crosse comme d'un marteau; seulement, comme selon toute probabilité les braves gens qui habitaient l'humble auberge ne conspiraient pas, la réponse à l'appel du voyageur se fit plus longtemps attendre qu'à la Chartreuse.

Enfin on entendit le pas du garçon d'écurie, alourdi par ses sabots, la porte cria, et le bonhomme qui venait de l'ouvrir, voyant un cavalier tenant un pistolet à la main, s'apprêta instinctivement à la refermer.

— C'est moi, Pataut, dit le jeune homme; n'aie pas peur. — Ah! de fait, dit le paysan, c'est vous, monsieur Charles. Ah! je n'ai pas peur non plus; mais vous savez, comme disait M. le curé, du temps qu'il y avait un bon Dieu, les précautions, c'est la mère de la sûreté. — Oui, Pataut, oui, dit le jeune homme en mettant pied à terre et en glissant une pièce d'argent dans la main du garçon d'écurie; mais, sois tranquille, le bon Dieu reviendra, et par contre-coup M. le curé aussi. — Oh! quant à ça, fit le bonhomme, on voit bien qu'il n'y a plus personne là-haut, à la façon dont tout marche; est-ce que ça durera longtemps encore comme ça, monsieur Charles? — Pataut, je te promets de faire de mon mieux pour que tu ne t'impatientes pas trop, parole d'honneur! Je suis aussi pressé que toi; aussi te prierai-je de ne pas te coucher, mon bon Pataut. — Ah! vous savez bien, Monsieur, que quand vous venez, c'est assez mon habitude de ne pas me coucher; et quant au cheval... Ah çà! vous en changez donc tous les jours de cheval? l'avant-dernière fois c'était un alezan; la dernière fois c'était un pommelé, et aujourd'hui c'est un noir. — Oui, je suis capricieux de ma nature; quant au cheval, comme tu disais, mon cher Pataut, il n'a besoin de rien, et tu ne t'en occuperas que pour le débrider. Laisse-lui la selle sur le dos; attends, remets-donc ce pistolet dans les fontes, et puis garde-moi encore ces deux-là.

Et Morgan détacha ceux qui étaient passés à sa ceinture et les donna au garçon d'écurie.

— Bon! plus que ça d'aboyeurs! — Tu sais, Pataut, on dit que les routes ne sont pas sûres. — Ah! je crois bien qu'elles ne sont pas sûres! nous nageons en plein brigandage, monsieur Charles; est-ce qu'on n'a pas arrêté et dépouillé, pas plus tard que la semaine dernière, la diligence de Genève à Bourg! — Bah! fit Morgan; et qui accuse-t-on de ce vol? — Oh! c'est une farce; imaginez-vous qu'ils disent que c'est les compagnons *de Jésus*. Je n'en ai pas cru un mot, vous pensez bien; qu'est-ce que c'est que les compagnons *de Jésus*, sinon les douze apôtres? — En effet, dit Morgan avec son éternel et joyeux sourire, je n'en vois pas d'autres. — Bon! continua Pataut, accuser les douze apôtres de dévaliser les diligences, il ne manquerait plus que cela! Oh! je vous le dis, monsieur Charles, nous vivons dans un temps où l'on ne respecte plus rien.

Et, tout en secouant la tête en misanthrope dégoûté sinon de la vie, du moins des hommes, Pataut conduisit le cheval à l'écurie.

Quant à Morgan, il regarda pendant quelques secondes Pataut s'enfoncer dans les profondeurs de la cour et dans les ténèbres des écuries, puis tournant la haie qui ceignait le jardin, il descendit vers un grand massif d'arbres dont les hautes cimes se dressaient et se découpaient dans la nuit avec la majesté des choses immobiles, tout en ombrageant une charmante petite campagne qui portait dans les environs le titre pompeux de château des Noires-Fontaines.

Arrivé au mur du château, l'heure sonna au clocher du village de Montagnat. Morgan prêta l'oreille au timbre qui passait en vibrant dans l'atmosphère calme et silencieuse d'une nuit d'automne, et compta jusqu'à onze coups.

Bien des choses, comme on le voit, s'étaient passées en deux heures.

Morgan fit encore quelques pas, examina le mur, paraissant chercher un endroit connu; puis, cet endroit trouvé, introduisit la pointe de sa botte dans la jointure de deux pierres, s'élança comme un homme qui monte à cheval, saisit le chaperon du mur de la main gauche, d'un second élan se trouva à califourchon sur le mur, et, rapide comme l'éclair, se laissa retomber de l'autre côté.

Tout cela s'était fait avec tant de rapidité, d'adresse et de légèreté que si quelqu'un eût passé par hasard en ce moment-là, il eût pu croire qu'il était le jouet d'une vision.

Comme il avait fait d'un côté du mur, Morgan s'arrêta et écouta de l'autre, tandis que son œil sondait, autant que la chose était possible, dans les ténèbres obscurcies par le feuillage des trembles et des peupliers, les profondeurs du petit bois.

Tout était solitaire et silencieux.

Morgan se hasarda à continuer son chemin.

Nous disons se hasarda, parce qu'il y avait, depuis qu'il s'était approché du château des Noires-Fontaines, dans toutes les allures du jeune homme, une timidité et une hésitation si peu habituelles à son caractère, qu'il était évident que cette fois, s'il avait des craintes, ces craintes n'étaient pas pour lui seul.

Il gagna la lisière du bois en prenant les mêmes précautions.

Arrivé sur une pelouse, à l'extrémité de laquelle s'élevait le petit château, il s'arrêta et interrogea la façade de la maison.

Une seule fenêtre était éclairée des douze fenêtres qui, sur trois étages, perçaient cette façade.

Elle était au premier étage, à l'angle de la maison.

Un petit balcon, tout couvert de vignes vierges qui, grimpant le long de la muraille, s'enroulaient autour des rinceaux de fer et retombaient en festons, s'avançait au-dessous de cette fenêtre et surplombait le jardin.

Aux deux côtés de la fenêtre, placés sur le balcon même, des arbres à larges feuilles s'élançaient de leurs caisses et formaient au-dessus de la corniche un berceau de verdure.

Une jalousie, montant et descendant à l'aide de cordes, faisait une séparation entre le balcon et la fenêtre, séparation qui disparaissait à volonté.

C'était à travers les interstices de la jalousie que Morgan avait vu la lumière.

Le premier mouvement du jeune homme fut de traverser la pelouse en droite ligne, mais cette fois encore les craintes dont nous avons parlé le retinrent.

Une allée de tilleuls longeait la muraille et conduisait à la maison.

Il fit un détour et s'engagea sous la voûte obscure et feuillue.

Puis, arrivé à l'extrémité de l'allée il traversa, rapide comme un daim effarouché, l'espace libre, et se trouva au pied de la muraille dans l'ombre épaisse projetée par la maison.

Il fit quelques pas à reculons les yeux fixés sur la fenêtre, mais de manière à ne pas sortir de l'ombre.

Puis, arrivé au point calculé par lui, il frappa trois fois dans ses mains.

A cet appel une ombre s'élança du fond de l'appartement et vint, gracieuse, flexible, presque transparente, se coller à la fenêtre.

Morgan renouvela le signal.

Aussitôt la fenêtre s'ouvrit, la jalousie se leva, et une ravissante jeune fille, en peignoir de nuit avec sa chevelure blonde ruisselante sur ses épaules, apparut dans l'encadrement de verdure.

Le jeune homme tendit les bras à celle dont les bras étaient tendus vers lui, et deux noms, ou plutôt deux cris sortis du cœur, se croisèrent allant au-devant l'un de l'autre.

— Charles! — Amélie!

Puis le jeune homme bondit contre la muraille, s'accrocha aux tiges des vignes, aux aspérités de la pierre, aux saillies des corniches, et en une seconde se trouva sur le balcon.

Ce que les deux beaux jeunes gens se dirent alors ne fut plus qu'un murmure d'amour perdu dans un interminable baiser.

Mais, par un doux effort, le jeune homme entraîna d'un bras la jeune fille dans la chambre, tandis que l'autre lâchait les cordons de la jalousie qui retombait bruyante derrière eux.

Derrière la jalousie la fenêtre se referma.

Puis la lumière s'éteignit, et toute la façade du château des Noires-Fontaines se trouva dans l'obscurité.

Cette obscurité durait depuis un quart d'heure à peu près, lorsqu'on entendit le roulement d'une voiture sur le chemin qui conduisait de la grande route de Pont-d'Ain à l'entrée du château.

Puis le bruit cessa ; il était évident que la voiture venait de s'arrêter devant la grille.

V

LA FAMILLE DE ROLAND.

Cette voiture qui s'arrêtait à la porte était celle qui ramenait à sa famille Roland accompagné de sir John.

On était si loin de l'attendre que, nous l'avons dit, toutes les lumières de la maison étaient éteintes, toutes les fenêtres dans l'obscurité, même celle d'Amélie.

Le postillon, depuis cinq cents pas, faisait bien claquer son fouet à outrance, mais le bruit était insuffisant pour réveiller des provinciaux dans leur premier sommeil.

La voiture une fois arrêtée, Roland ouvrit la portière, sauta à terre sans toucher le marchepied, et se pendit à la sonnette.

Cela dura cinq minutes, pendant lesquelles, après chaque sonnerie, Roland se retournait vers la voiture en disant :

— Ne vous impatientez pas, sir John.

Enfin, une fenêtre s'ouvrit et une voix enfantine, mais ferme, cria :

— Qui sonne donc ainsi ? — Ah ! c'est toi, petit Édouard, dit Roland, ouvre vite.

L'enfant se rejeta en arrière avec un cri joyeux et disparut. Mais en même temps on entendit sa voix qui criait dans les corridors :

— Mère ! réveille-toi, c'est Roland ; sœur ! réveille-toi, c'est le grand frère.

Puis, avec sa chemise seulement et ses petites pantoufles, il se précipita par les degrés en criant :

— Ne t'impatiente pas, Roland, me voilà ! me voilà !

Un instant après on entendit la clef qui grinçait dans la serrure, les verrous qui glissaient dans les tenons, puis une forme blanche apparut sur le perron et vola plutôt qu'elle ne courut vers la grille, qui, au bout d'un instant, grinça à son tour sur ses gonds et s'ouvrit.

L'enfant sauta au cou de Roland et y resta pendu.

— Ah ! frère ! ah ! frère ! criait-il en embrassant le jeune homme et en riant et pleurant tout à la fois ; ah ! grand frère Roland, que mère va être contente, et Amélie donc! Tout le monde se porte bien, c'est moi le plus malade; ah! excepté Michel, tu sais, le jardinier, qui s'est donné une entorse. Pourquoi donc n'es-tu pas en militaire? ah! que tu es laid en bourgeois; tu viens d'Égypte, m'as-tu rapporté des pistolets montés en argent, et un beau sabre recourbé? Non! ah bien! tu n'es pas gentil et je ne veux plus t'embrasser; mais non, non, va, n'aie pas peur, je t'aime toujours.

Et l'enfant couvrait le grand frère de baisers, comme il l'écrasait de questions.

L'Anglais, resté dans la voiture, regardait, la tête inclinée, à la portière et souriait.

Au milieu de ces tendresses fraternelles une voix de femme éclata.

Une voix de mère.

— Où est-il, mon Roland, mon fils bien-aimé? demandait madame de Montrevel d'une voix empreinte d'une émotion joyeuse si violente, qu'elle allait presque jusqu'à la douleur; où est-il? Est-ce bien vrai qu'il soit revenu? est-ce bien vrai qu'il ne soit pas prisonnier? qu'il ne soit pas mort? est-ce bien vrai qu'il vive?

L'enfant, à cette voix, glissa comme un serpent dans les bras de son frère, tomba debout sur le gazon, et, comme enlevé par ressorts, bondit vers sa mère.

— Par ici, mère, par ici! dit-il en entraînant sa mère à moitié vêtue vers Roland.

A la vue de sa mère, Roland n'y put tenir; il sentit se fondre cette espèce de glaçon qui semblait pétrifié dans sa poitrine, son cœur battit comme celui d'un autre.

— Ah! s'écria-t-il, j'étais véritablement ingrat envers Dieu quand la vie me garde encore de semblables joies.

Et il se jeta tout sanglotant au cou de madame de Montrevel sans se souvenir de sir John qui, lui aussi, sentait se fondre son flegme anglican, essuyant silencieusement les larmes qui coulaient sur ses joues, et qui venaient mouiller son sourire.

L'enfant, la mère et Roland formaient un groupe adorable de tendresse et d'émotion.

Tout à coup le petit Édouard, comme une feuille que le vent emporte, se détacha du groupe en criant:

— Et sœur Amélie, où est-elle donc?

Puis il s'élança vers la maison, en répétant:

— Sœur Amélie! réveille-toi, lève-toi, accours!

Et l'on entendit les coups de pied et les coups de poing de l'enfant qui retentissaient contre une porte. Il se fit un grand silence.

Puis presque aussitôt on entendit le petit Édouard qui criait:

— Au secours, mère! au secours, frère Roland! sœur Amélie se trouve mal.

Madame de Montrevel et son fils s'élancèrent dans la maison; sir John qui, en touriste consommé qu'il était, avait dans une trousse des lancettes et dans sa poche un flacon de sels, descendit de voiture, et, obéissant à un premier mouvement, s'avança jusqu'au perron.

Là, il s'arrêta, réfléchissant qu'il n'était point présenté, formalité toute-puissante pour un Anglais.

Mais d'ailleurs, en ce moment, celle au-devant de laquelle il allait venait au-devant de lui.

Au bruit que son frère faisait à sa porte, Amélie avait enfin paru sur le palier, mais sans doute la commotion qui l'avait frappée en apprenant le retour de Roland était trop forte, et, après avoir descendu quelques degrés d'un pas presque automatique et en faisant un violent effort sur elle-même, elle avait poussé un soupir ; et, comme une fleur qui plie, comme une branche qui s'affaisse, comme une écharpe qui flotte, elle était tombée ou plutôt s'était couchée sur l'escalier.

C'était alors que l'enfant avait crié.

Mais au cri de l'enfant Amélie avait retrouvé, sinon la force, du moins la volonté ; elle s'était redressée, et en balbutiant :

— Tais-toi, Édouard, tais-toi, au nom du ciel ! me voilà. Elle s'était cramponnée d'une main à la rampe, et, appuyée de l'autre sur l'enfant, elle avait continué de descendre les degrés.

A la dernière marche elle avait rencontré sa mère et son frère ; alors d'un mouvement violent, presque désespéré, elle avait jeté ses deux bras au cou de Roland en criant :

— Mon frère ! mon frère !

Puis Roland avait senti que la jeune fille pesait plus lourdement à son épaule, et en disant :

— Elle se trouve mal, de l'air ! de l'air ! il l'avait entraînée vers le perron.

C'était ce nouveau groupe, si différent du premier, que sir John avait sous les yeux.

Au contact de l'air, Amélie respira et redressa la tête.

En ce moment la lune, dans toute sa splendeur, se débarrassait d'un nuage qui la voilait, et éclairait le visage d'Amélie aussi pâle qu'elle.

Sir John poussa un cri d'admiration ; il n'avait jamais vu statue de marbre si parfaite que ce marbre vivant qu'il avait sous les yeux.

Il faut dire qu'Amélie était merveilleusement belle, vue ainsi.

Vêtue d'un long peignoir de batiste qui dessinait les formes d'un corps moulé sur celui de la Polymnie antique, sa tête pâle, légèrement inclinée sur l'épaule de son frère, ses longs cheveux d'un blond d'or tombant sur des épaules de neige, son bras jeté au cou de sa mère, et qui laissait pendre sur le châle rouge dont madame de Montrevel était enveloppée une main d'albâtre rosé : telle était la sœur de Roland apparaissant aux regards de sir John.

Il ne put retenir un cri d'admiration.

A ce cri, Roland se souvint qu'il était là, et madame de Montrevel s'aperçut de sa présence.

Quant à l'enfant, étonné de voir cet étranger chez sa mère, il descendit rapidement le perron, et, restant seul sur la troisième marche, non pas qu'il craignait d'aller plus loin, mais pour rester à la hauteur de celui qu'il interpellait :

— Qui êtes-vous, Monsieur ? demanda-t-il à sir John, et que faites-vous ici ? — Mon petit Édouard, dit sir John, je suis un ami de votre frère, et je viens vous apporter les pistolets montés en argent et le damas qu'il vous a promis. — Où sont-ils ? demanda l'enfant. — Ah ! dit sir John, ils sont en Angleterre et il faut le temps de les faire venir ; mais voilà votre grand frère qui répondra de moi, et qui vous dira que je suis un homme de parole. — Oui, Édouard, oui, dit Roland; si milord te les promet, tu les auras.

Puis s'adressant à madame de Montrevel et à sa sœur :

— Excusez-moi, ma mère; excusez-moi, Amélie, dit-il, ou plutôt excusez-vous vous-mêmes comme vous pourrez près de milord, vous venez de faire de moi un abominable ingrat.

Puis allant à sir John et lui présentant la main :

— Ma mère, continua Roland, milord a trouvé moyen, le premier jour qu'il m'a vu, la première fois qu'il m'a rencontré, de me rendre un éminent service; je sais que vous n'oubliez pas ces choses-là, j'espère donc que vous voudrez bien vous souvenir que sir John est un de vos meilleurs amis, et il va vous en donner une preuve en répétant avec moi qu'il consent à s'ennuyer quinze jours ou trois semaines avec nous. — Madame, dit sir John, permettez-moi, au contraire, de ne point répéter les paroles de mon ami Roland : ce ne serait point quinze jours, ce ne serait point trois semaines que je voudrais passer au milieu de votre famille, ce serait une vie tout entière.

Madame de Montrevel descendit le perron, et tendit à sir John une main que celui-ci baisa avec une galanterie toute française.

— Milord, dit-elle, cette maison est la vôtre; le jour où vous y êtes entré a été un jour de joie, le jour où vous la quitterez sera un jour de regret et de tristesse.

Sir John se tourna vers Amélie qui, confuse de paraître ainsi défaite devant un étranger, ramenait autour de son cou les plis de son peignoir.

— Je vous parle en mon nom et au nom de ma fille, trop émue encore du retour inattendu de son frère pour vous accueillir elle-même comme elle le fera dans un instant, continua madame de Montrevel en venant au secours d'Amélie. — Ma sœur, dit Roland, permettra à mon ami sir John de lui baiser la main, et il acceptera, j'en suis sûr, cette façon de lui souhaiter la bienvenue.

Amélie balbutia quelques mots, souleva lentement le bras, et tendit sa main à sir John avec un sourire presque douloureux.

L'Anglais prit la main d'Amélie; mais, sentant que cette main était glacée et frissonnante, au lieu de la porter à ses lèvres :

— Roland, dit-il, votre sœur est sérieusement indisposée, ne nous occupons ce soir que de sa santé; je suis un peu médecin, et si elle veut bien convertir la faveur qu'elle daignait m'accorder en celle de permettre que je lui tâte le pouls, je lui en aurai une égale reconnaissance.

Mais, comme si elle craignait que l'on ne devinât la cause de son mal, Amélie retira vivement sa main, en disant :

— Mais non, milord se trompe, la joie ne rend pas malade, et la joie seule de revoir mon frère a causé cette indisposition d'un instant qui a déjà disparu.

Puis, se tournant vers madame de Montrevel :

— Ma mère, dit-elle avec un accent rapide, presque fiévreux, nous oublions que ces Messieurs arrivent d'un long voyage; que depuis Lyon ils n'ont probablement rien pris, et que, si Roland a toujours ce bon appétit que nous lui connaissons, il ne m'en voudra pas de vous laisser faire à lui et à milord les honneurs de la maison, en songeant que je m'occupe des détails peu poétiques mais très-appréciés par lui, du ménage.

Et laissant en effet sa mère faire les honneurs de la maison, Amélie rentra pour réveiller les femmes de chambre et le domestique, laissant dans l'esprit de sir John cette espèce de souvenir féerique que laisserait, dans celui d'un touriste descendant les bords du Rhin, l'apparition de la Lorelay debout sur son rocher sa lyre à la main, et laissant flotter au vent de la nuit l'or fluide de ses cheveux!

Pendant ce temps Morgan remontait à cheval, reprenant au grand galop le chemin de la Chartreuse, s'arrêtant devant la porte, tirant un carnet de sa poche et écrivant sur une feuille de ce carnet quelques lignes au crayon qu'il roulait et faisait passer d'un côté à l'autre de la serrure, sans prendre le temps de descendre de son cheval.

Puis, piquant des deux et se courbant sur la crinière du noble animal, il disparaissait dans la forêt rapide et mystérieux comme Faust se rendant à la montagne du Sabbat.

Les trois lignes qu'il avait écrites étaient celles-ci :

Louis de Montrevel, aide de camp du général Bonaparte, est arrivé cette nuit au château des Noires-Fontaines.

Garde à vous, compagnons de Jehu!

Mais, tout en prévenant ses amis de se garder de Louis de Montrevel, Morgan avait tracé une croix au-dessus de son nom, ce qui voulait dire que quelque chose qui arrivât le jeune officier devait leur être sacré.

Chaque compagnon de Jehu pouvait sauvegarder un ami sans avoir besoin de rendre compte des motifs qui le faisaient agir ainsi.

Morgan usait de son privilége : il sauvegardait le frère d'amitié.

VI

LE CHATEAU DES NOIRES-FONTAINES.

Le château des Noires-Fontaines, où nous venons de conduire deux des principaux personnages de cette histoire, était situé dans une des plus charmantes situations de la vallée où s'élève la ville de Bourg.

Son parc, de cinq ou six arpents, planté d'arbres centenaires, était fermé de trois côtés par des murailles de grès, ouvertes sur le devant de toute la largeur d'une belle grille de fer travaillée au marteau, et façonnée du temps et à la manière de Louis XV, et du quatrième côté par la petite rivière de la Reyssousse, charmant ruisseau qui prend sa source à Journaud, c'est-à-dire au bas des premières rampes jurassiques, et qui, coulant du midi au nord d'un cours presque insensible, va se jeter dans la Saône au pont de Fleurville, en face de Pont-de-Vaux, patrie de Joubert, lequel, un mois avant l'époque où nous sommes arrivés, venait d'être tué à la fatale bataille de Novi.

Au delà de la Reyssousse et sur ses rives s'étendaient à droite et à gauche du château des Noires-Fontaines les villages de Montagnat et de Saint-Just, dominés par celui de Ceyseriat.

Derrière ce dernier bourg se dessinent les gracieuses silhouettes des collines du Jura, au-dessus de la crête desquelles on distingue la cime bleuâtre des montagnes du Bugey, qui semblent se hausser pour regarder curieusement par-dessus l'épaule de leurs sœurs cadettes ce qui se passe dans la vallée de l'Ain.

Ce fut en face de ce ravissant paysage que se réveilla sir John.

Pour la première fois de sa vie peut-être, le morose et taciturne Anglais souriait à la nature : il lui semblait être dans une de ces belles vallées de la Thessalie célébrées par Virgile, ou près de ces douces rives du Lignon chantées par d'Urfé, dont la maison natale, quoiqu'en disent les biographes, tombait en ruines à trois quarts de lieues du château des Noires-Fontaines.

Il fut tiré de sa contemplation par trois coups légèrement frappés à sa porte; c'était son hôte Roland qui venait s'informer de quelle façon il avait passé la nuit.

Il le trouva radieux comme le soleil qui se jouait sur les feuilles déjà jaunies des marronniers et des tilleuls.

— Oh! oh! sir John, dit-il, permettez-moi de vous féliciter : je m'attendais à voir un homme triste comme ces pauvres chartreux aux longues robes blanches qui m'effrayaient tant dans ma jeunesse, quoiqu'à vrai dire je n'aie jamais été facile à la peur; et pas du tout, je vous trouve, au milieu de notre triste mois d'octobre, souriant comme une matinée de mai. — Mon cher Roland, répondit sir John, je suis presque orphelin : j'ai perdu ma mère le jour de ma naissance, mon père à douze ans; à l'âge où l'on met les enfants au collége, j'étais maître d'une fortune de plus d'un million de rente; mais j'étais seul en ce monde, sans personne que j'aimasse, sans personne qui m'aimât; les douces joies de la famille me sont donc complétement inconnues. De douze à dix-huit ans, j'ai étudié à l'université de Cambridge; mon caractère taciturne, un peu hautain peut-être, m'isolait au milieu de mes jeunes compagnons. A dix-huit ans, je voyageai. Voyageur armé qui parcourez le monde à l'ombre de votre drapeau, c'est-à-dire à l'ombre de la patrie; qui avez tous les jours les émotions de la lutte et les orgueils de la gloire, vous ne vous doutez point quelle chose lamentable c'est que de traverser les villes, les provinces, les États, les royaumes, pour visiter tout simplement une église ici, un château là; de quitter le lit à quatre heures du matin à la voix du guide impitoyable, pour voir le soleil se lever du haut du Righi ou de l'Etna; de passer, comme un fantôme déjà mort, au milieu de ces ombres vivantes que l'on appelle les hommes; de ne savoir où s'arrêter; de n'avoir pas une terre où prendre racine, pas un bras où s'appuyer, pas un cœur où verser son cœur! Eh bien, hier soir, mon cher Roland, tout à coup, en un instant, en une seconde, ce vide de ma vie a été comblé; j'ai vécu en vous; les joies que je cherche, je vous les ai vu éprouver; cette famille que j'ignore, je l'ai vue s'épanouir florissante autour de vous; en regardant votre mère, je me suis dit : Ma mère était ainsi, j'en suis certain. En regardant votre sœur, je me suis dit : Si j'avais eu une sœur, je ne l'aurais pas voulue autrement. En embrassant votre frère, je me suis dit que je pourrais, à la rigueur, avoir un enfant de cet âge-là, et laisser ainsi quelque chose après moi dans ce monde; tandis qu'avec le caractère dont je me connais, je mourrai comme j'aurai vécu, triste, maussade aux autres et importun à moi-même. Ah! vous êtes heureux, Roland! vous avez la famille, vous avez la gloire, vous avez la jeunesse, vous avez, ce qui ne gâte rien même chez un homme, vous avez la beauté. Aucune joie ne vous manque, aucun bonheur ne vous fait défaut; je vous le répète, Roland, vous êtes un homme heureux, bien heureux! — Bon! dit Roland, et vous oubliez mon anévrisme, milord!

Sir John regarda le jeune homme d'un air d'incrédulité. En effet, Roland paraissait jouir d'une santé formidable.

— Votre anévrisme contre mon million de rente, Roland, dit avec un sentiment de profonde tristesse lord Tanlay, pourvu qu'avec votre anévrisme vous me donniez cette mère qui pleure de joie en vous revoyant, cette sœur qui se trouve mal de bonheur à votre retour, cet enfant qui se pend à votre cou comme un jeune et beau fruit à un arbre jeune et beau; pourvu qu'avec tout cela encore vous me donniez ce château aux frais ombrages, cette rivière aux rives gazonneuses et fleuries, ces lointains bleuâtres, où blanchissent, comme des troupes de cygnes, de jolis villages avec leurs clochers bourdonnants; votre anévrisme, Roland, la mort dans trois ans, dans deux ans, dans un an, dans six mois; mais six mois de votre vie si pleine, si agitée, si douce, si accidentée, si glorieuse! et je me regarderai comme un homme heureux.

Roland éclata de rire, de ce rire nerveux qui lui était particulier.

— Ah! dit-il, que voilà bien le touriste, le voyageur superficiel, le Juif errant de la civilisation, qui, ne s'arrêtant nulle part, ne peut rien apprécier, rien approfondir, juge chaque chose par la sensation qu'elle lui apporte, et dit, sans ouvrir la porte de ces cabanes où sont renfermés ces fous qu'on appelle des hommes : Derrière cette muraille on est heureux! Eh bien, mon cher, vous voyez bien cette charmante rivière, n'est-ce pas? ces beaux gazons fleuris, ces jolis villages? c'est l'image de la paix, de l'innocence, de la fraternité; c'est le siècle de Saturne; c'est l'âge d'or; c'est l'Éden; c'est le paradis. Eh bien, tout cela est peuplé de gens qui s'égorgent les uns les autres; les jungles de Calcutta, les roseaux du Bengale ne sont pas peuplés de tigres plus féroces et de panthères plus cruelles que ces jolis villages, que ces frais gazons, que les bords de cette charmante rivière. Après avoir fait des fêtes funéraires au bon, au grand, à l'immortel Marat, qu'on a fini, Dieu merci! par jeter à la voierie comme une charogne qu'il était, et même qu'il avait toujours été; après avoir fait des fêtes funéraires dans lesquelles chacun apportait une urne et y versait toutes les larmes de son corps, voilà que nos bons Bressans, nos doux Bressans, nos engraisseurs de poulardes, se sont avisés que les républicains étaient tous des assassins, et qu'ils les ont assassinés par charretées, pour les corriger de ce vilain défaut qu'a l'homme sauvage ou civilisé de tuer son semblable. Vous doutez? Oh! mon cher, sur la route de Lons-le-Saunier, si vous êtes curieux, on vous montrera la place où, ne voilà pas plus de six mois, il s'est organisé une tuerie qui ferait lever le cœur aux plus féroces sabreurs de nos champs de bataille. Imaginez-vous une charrette chargée de prisonniers que l'on conduisait à Lons-le-Saunier, une charrette à ridelles, une de ces immenses charrettes sur lesquelles on conduit les veaux à la boucherie; dans cette charrette, une trentaine d'hommes, dont tout le crime était une folle exaltation de pensées et de paroles menaçantes; tout cela lié, garrotté, la tête pendante et bosselée par les cahots, la poitrine haletante de soif, de désespoir et de terreur; des malheureux qui n'ont pas même, comme aux temps de Néron et de Commode, la lutte du cirque, la discussion à main armée de la mort; que le massacre surprend impuissants et immobiles; qu'on égorge dans leurs liens et qu'on frappe non-seulement pendant leur vie, mais jusqu'au fond de la mort, sur le corps desquels, quand dans ces corps le cœur a cessé de battre, sur le corps desquels l'assommoir retentit sourd et mat, pilant les chairs, broyant les os, et des femmes regardant ce massacre paisibles et joyeuses, soulevant au-dessus de leurs têtes leurs enfants battant des mains; des vieillards, qui n'auraient plus dû penser qu'à faire une mort chrétienne, et qui contribuaient, par leurs cris et leurs excitations, à faire à ces malheureux une mort désespérée; et au milieu de ces vieillards un petit septuagénaire, bien coquet, bien poudré, chiquenaudant son jabot de dentelle pour le moindre grain de poussière, prenant son tabac d'Espagne dans une tabatière d'or avec un chiffre en diamants, mangeant ses pastilles à l'ambre dans une bonbonnière de Sèvres qui lui a été donnée par madame Dubarry, bonbonnière ornée du portrait de la donatrice; ce septuagénaire, voyez le tableau, mon cher, piétinant avec ses escarpins sur ces corps qui ne faisaient plus qu'un matelas de chair humaine, et fatiguant son bras, appauvri par l'âge, à frapper avec un jonc à pomme de vermeil ceux de ces cadavres qui ne lui paraissaient pas suffisamment morts, convenablement passés au pilon. Pouah! mon cher. J'ai vu Montébello, j'ai vu Arcole, j'ai vu Rivoli, j'ai vu les Pyramides; je croyais ne pouvoir rien voir de plus terrible. Eh bien, le simple récit de ma mère, hier, quand vous avez été rentré dans votre chambre, m'a fait dresser les cheveux! Ma foi! voilà qui explique les spasmes de ma pauvre sœur aussi clairement que mon anévrisme explique les miens.

Sir John regardait et écoutait Roland avec cet étonnement curieux que lui causaient toujours les sorties misanthropiques de son jeune ami; en effet, Roland semblait embusqué au coin de la conversation pour tomber sur le genre humain à la moindre occasion qui s'en présenterait. Il s'aperçut du sentiment qu'il venait de faire pénétrer dans l'esprit de sir John et changea complètement de ton, substituant la raillerie amère à l'emportement philanthropique.

— Il est vrai, dit-il, qu'à part cet excellent aristocrate qui achevait ce que les massacreurs avaient commencé, et qui retrempait dans le sang ses talons rouges déteints, les gens qui font de ces sortes d'exécutions sont des gens de bas étage, des bourgeois et des manants, comme disaient nos aïeux en parlant de ceux qui les nourrissaient; les nobles s'y prennent plus élégamment. Vous avez vu, au reste, ce qui s'est passé à Avignon: on vous le raconterait, n'est-ce pas? que vous ne le croiriez pas. Ces messieurs les détrousseurs de diligences se piquent de délicatesse infinie; ils ont deux faces sans compter leur masque : ce sont tantôt des Cartouches et des Mandrins; tantôt des Amadis et des Galaors. On raconte des histoires fabuleuses de ces héros de grands chemins. Ma mère me disait hier qu'il y avait un nommé Laurent, vous comprenez bien, mon cher, que Laurent est un nom de guerre qui sert à cacher le nom véritable, comme le masque cache le visage, il y avait un nommé Laurent qui réunissait toutes les qualités d'un héros de roman, tous les accomplissements, comme vous dites, vous autres Anglais qui, sous le prétexte que vous avez été Normands autrefois, vous permettez de temps en temps d'enrichir notre langue d'une expression pittoresque, d'un mot dont la gueuse demandait l'aumône à nos savants, qui se gardaient bien de la lui faire. Le susdit Laurent était donc beau jusqu'à l'idéalité; il faisait partie d'une bande de soixante-douze compagnons de Jehu, que l'on vient de juger à Yssengeaux; soixante-dix furent acquittés, lui et un de ses compagnons furent seuls condamnés à mort; on renvoya les *innocents*, séance tenante, de l'accusation, et l'on garda Laurent et son compagnon pour la guillotine. Mais bah! maître Laurent avait une trop jolie tête pour que cette tête tombât sous l'ignoble fer d'un exécuteur : les juges qui l'avaient jugé, les curieux qui s'attendaient à le voir exécuter, avaient oublié cette *recommandation corporelle de la beauté*, comme dit Montaigne ; il y avait une femme chez le geôlier d'Yssengeaux, sa fille, sa sœur, sa nièce ; l'histoire, car c'est une histoire que je vous raconte et non un roman, l'histoire n'est pas fixée là-dessus ; tant il y a que la femme, quelle qu'elle fût, devint amoureuse du beau condamné ; si bien que deux heures avant l'exécution, au moment où maître Laurent croyait voir entrer l'exécuteur, et dormait ou faisait semblant de dormir, comme il se pratique toujours en pareil cas, il vit entrer l'ange sauveur. Vous dire comment les mesures étaient prises, je n'en sais rien : les deux amants ne sont point entrés dans les détails, et pour cause ; mais la vérité est, et je vous rappelle toujours, sir John, que c'est la vérité et non une fable, la vérité est que Laurent se trouva libre avec le regret de ne pouvoir sauver son camarade qui était dans un autre cachot. Gensonné, en pareille circonstance, refusa de fuir et voulut mourir avec ses compagnons les Girondins ; mais Gensonné n'avait pas la tête d'Antinoüs sur le corps d'Apollon : plus la tête est belle, vous comprenez, plus on y tient ; il accepta l'offre qui lui était faite et s'enfuit ; un cheval l'attendait au prochain village ; la jeune fille, qui eût pu retarder ou embarrasser sa fuite, devait l'y rejoindre au point du jour. Le jour parut, mais n'amena point l'ange sauveur. Il paraît que notre chevalier tenait plus à sa maîtresse qu'à son compagnon : il avait fui sans son compagnon, il ne voulut pas fuir sans sa maîtresse. Il était six heures du matin, l'heure juste de l'exécution, l'impatience le gagnait. Il avait, depuis quatre heures, tourné trois fois la tête de son cheval vers la ville et chaque fois s'en était approché davantage ; une idée, à cette troisième fois, lui passe par l'esprit : c'est que sa maîtresse est prise et va payer pour lui ; il était venu jusqu'aux premières maisons, il pique son cheval, rentre dans la ville, traverse, à visage découvert et au milieu de gens qui le nomment par son nom, tout étonnés de le voir libre et à cheval, quand ils s'attendaient à le voir garrotté et en charrette, traverse la place de l'exécution où le bourreau vient d'apprendre qu'un de ses patients à disparu, aperçoit sa libératrice qui fendait à grand'peine la foule, non pas pour voir l'exécution, elle, mais pour aller le rejoindre ; à sa vue, il enlève son cheval, bondit vers elle, renverse trois ou quatre badauds en les heurtant du poitrail de son Bayard, parvient jusqu'à elle, la jete sur l'arçon de sa selle, pousse un cri de joie et disparaît en brandissant son chapeau, comme M. de Condé à la bataille de Lens ; et le peuple d'applaudir, et les femmes de trouver l'action héroïque et de devenir amoureuses du héros.

Roland s'arrêta, et voyant que sir John gardait le silence, il l'interrogea du regard.

— Allez toujours, répondit l'Anglais, je vous écoute, et comme je suis sûr que vous ne me dites tout cela que pour arriver à un point qui vous reste à dire, j'attends. — Eh bien, reprit en riant Roland, vous avez raison, très-cher, et vous me connaissez, ma parole, comme si nous étions amis de collége.

Eh bien, savez-vous l'idée qui m'a toute la nuit trotté dans l'esprit? c'est de voir de près ce que c'est que ces messieurs de Jehu. — Ah! oui, je comprends, vous n'avez pas pu vous faire tuer par M. de Barjols, vous allez essayer de vous faire tuer par M. Morgan. — Ou un autre, mon cher sir John, répondit tranquillement le jeune officier, car je vous déclare que je n'ai rien particulièrement contre M. Morgan, au contraire, quoique ma première pensée, quand il est entré dans la salle et a fait son petit *speech*, n'est-ce pas un *speech* que vous appelez cela?

Sir John fit de la tête un signe affirmatif.

— Bien que ma première pensée, dit-il, ait été de lui sauter au cou et de l'étrangler d'une main, tandis que je lui eusse arraché son masque de l'autre. — Maintenant que je vous connais, mon cher Roland, je me demande en effet comment vous n'avez pas mis un si beau projet à exécution. — Ce n'est pas ma faute, je vous le jure, j'étais parti, mon compagnon m'a retenu. — Il y a donc des gens qui vous retiennent? — Pas beaucoup, mais celui-là. — De sorte que vous en êtes aux regrets? — Non pas en vérité; ce brave détrousseur de diligences a fait sa petite affaire avec une crânerie qui m'a plu : j'aime instinctivement les gens braves; si je n'avais pas tué M. de Barjols, j'aurais voulu être son ami. Il est vrai que je ne pouvais savoir combien il était brave qu'en le tuant. Mais parlons d'autre chose. C'est un de mes mauvais souvenirs que ce duel. Pourquoi étais-je donc monté? A coup sûr, ce n'était point pour vous parler des compagnons de Jehu, ni des exploits de M. Laurent.... Ah! c'était pour m'entendre avec vous sur ce que vous comptez faire ici. Je me mettrai en quatre pour vous amuser, mon cher hôte; mais j'ai deux chances contre moi, mon pays qui n'est guère amusant, votre nation qui n'est guère amusable. — Je vous ai déjà dit, Roland, répliqua lord Tanlay en tendant la main au jeune homme, que je tenais le château des Noires-Fontaines pour un paradis. — D'accord. Mais cependant, dans la crainte que vous ne trouviez bientôt votre paradis monotone, je ferai de mon mieux pour vous distraire. Aimez-vous l'archéologie, Westminster, Cantorbéry? Nous avons l'église de Bourg, une merveille, de la dentelle sculptée par maître Colomban; il y a une légende là-dessus, je vous la dirai un soir que vous aurez le sommeil difficile. Vous verrez les tombeaux de Marguerite de Bourbon, de Philippe le Bel et de Marguerite d'Autriche; nous vous poserons le grand problème de sa devise : « Fortune, infortune, fort' une, » que j'ai la prétention d'avoir résolu par cette version latinisée : *Fortuna, infortuna forti una.* Aimez-vous la pêche, mon cher hôte? vous avez la Reyssousse au bout de votre pied; à l'extrémité de votre main une collection de lignes et d'hameçons appartenant à Édouard, une collection de filets appartenant à Michel. Quant aux poissons, vous savez que c'est la dernière chose dont on s'occupe. Aimez-vous la chasse? nous avons la forêt de Seillon à cent pas de nous; pas la chasse à courre, par exemple, il faut y renoncer, mais la chasse à tir. Il paraît que les bois de mes anciens croquemitaines les chartreux foisonnent de sangliers, de chevreuils, de lièvres et de renards. Personne n'y chasse, par la raison que c'est au gouvernement, et que le gouvernement dans ce moment-ci, c'est personne. En ma qualité d'aide de camp du général Bonaparte, je remplirai la lacune, et nous verrons si quelqu'un ose trouver mauvais qu'après avoir chassé les Autrichiens sur l'Adige et les Mamelouks sur le Nil, je chasse les sangliers, les daims, les chevreuils, les renards et les lièvres sur la Reyssousse. Un jour d'archéologie, un jour de pêche et un jour de chasse. Voilà déjà trois jours; vous voyez, mon cher hôte, nous n'avons plus à avoir d'inquiétude que pour quinze ou seize. — Mon cher Roland, dit sir John avec une profonde tristesse et sans répondre à la verbeuse improvisation du jeune officier, ne me direz-vous jamais quelle fièvre vous brûle, quel chagrin vous mine? — Ah! par exemple, fit Roland avec un éclat de rire strident et douloureux, je n'ai jamais été si gai que ce matin, c'est vous qui avez le spleen, milord, et qui voyez tout en noir. — Un jour je serai réellement votre ami, répondit sérieusement sir John; ce jour-là je porterai une part de vos peines. — Et la moitié de mon anévrisme.... Avez-vous faim, milord? — Pourquoi me faites-vous cette question? — C'est que j'entends dans l'escalier le pas d'Édouard, qui vient nous dire que le déjeuner est servi.

En effet, Roland n'avait pas prononcé le dernier mot, que la porte s'ouvrait et que l'enfant disait:

— Grand frère Roland, mère et sœur Amélie attendent pour déjeuner milord et toi.

Puis s'attachant à la main droite de l'Anglais, il lui regarda attentivement la première phalange du pouce, de l'index et de l'annulaire.

— Que regardez-vous, mon jeune ami? demanda sir John. — Je regarde si vous avez de l'encre aux doigts. — Et si j'avais de l'encre aux doigts, que voudrait dire cette encre? — Que vous auriez écrit en Angleterre. Vous auriez demandé mes pistolets et mon sabre. — Non, je n'ai pas écrit, dit sir John, mais j'écrirai aujourd'hui. — Tu entends, grand frère Roland, j'aurai dans quinze jours mes pistolets et mon sabre!

Et l'enfant, tout joyeux, présenta ses joues roses et fermes au baiser de sir John, qui l'embrassa aussi tendrement que l'eût fait un père.

Puis tous trois descendirent dans la salle à manger, où les attendaient Amélie et madame de Montrevel.

VII

LES PLAISIRS DE LA PROVINCE.

Le même jour, Roland mit une partie du projet arrêté à exécution: il emmena sir John voir l'église de Bourg.

Ceux qui ont vu la charmante petite chapelle de Bourg savent que c'est une des cent merveilles de la Renaissance.

Ceux qui ne l'ont pas vue l'ont entendu dire.

Roland, qui comptait faire à sir John les honneurs de son bijou historique et qui ne l'avait pas vu depuis sept ou huit ans, fut fort désappointé quand, en arrivant devant la façade, il trouva les niches des saints vides et les figurines du portail décapitées.

Il demanda le sacristain; on lui rit au nez.

Il n'y avait plus de sacristain.

Il s'informa à qui il devait s'adresser pour avoir les clefs.

On lui répondit que c'était au capitaine de la gendarmerie.

Le capitaine de la gendarmerie n'était pas loin; le cloître attenant à l'église avait été converti en caserne.

Roland monta à la chambre du capitaine, se fit reconnaître pour aide de camp de Bonaparte. Le capitaine, avec l'obéissance passive d'un inférieur pour son supérieur, lui remit les clefs et le suivit par derrière.

Sir John attendait devant le porche, admirant, malgré les mutilations qu'ils avaient subies, les admirables détails de la façade.

Roland ouvrit la porte et recula d'étonnement : l'église était littéralement bourrée de foin, comme un canon chargé jusqu'à la gueule.

— Qu'est-ce que cela? demanda-t-il au capitaine de gendarmerie. — Mon officier, c'est une précaution de la municipalité. — Comment, une précaution de la municipalité? — Oui. — Dans quel but? — Celui de sauvegarder l'église. On allait la démolir; mais le maire a décrété qu'en expiation du culte d'erreur auquel elle avait servi, elle serait convertie en magasin à fourrages.

Roland éclata de rire, et se retournant vers sir John :

— Mon cher lord, dit-il, l'église était curieuse à voir, mais je crois que ce que Monsieur vous raconte là est non moins curieux. Vous trouverez toujours, soit à Strasbourg, soit à Cologne, soit à Milan, une église ou un dôme qui vaudront la chapelle de Bourg, mais vous ne trouverez pas toujours des administrateurs assez bêtes pour vouloir démolir un chef-d'œuvre, et un maire assez spirituel pour en faire une église à fourrages. Mille remerciements, capitaine, voilà vos clefs. — Comme je le disais à Avignon, la première fois que j'eus l'honneur de vous voir, mon cher Roland, répliqua sir John, c'est un peuple bien amusant que le peuple français. — Cette fois, milord, vous êtes trop poli, répondit Roland, c'est bien idiot qu'il faut dire; écoutez : je comprends les cataclymes politiques qui ont bouleversé notre société depuis mille ans; je comprends les Communes, les Pastoureaux, la Jacquerie, les Maillotins, la Saint-Barthélemy, la Ligue, la Fronde, les Dragonnades, la Révolution; je comprends le 14 juillet, les 5 et 6 octobre, le 20 juin, le 10 août, les 2 et 3 septembre, le 21 janvier, le 31 mai, les 30 octobre et 9 thermidor; je comprends la torche des guerres civiles avec son feu grégeois qui se rallume dans le sang au lieu de s'y éteindre; je comprends la marée des révolutions qui monte toujours avec son flux que rien n'arrête, et son reflux qui roule les débris des institutions que son flux a renversées; je comprends tout cela, mais lance contre lance, épée contre épée, hommes contre hommes, peuple contre peuple; je comprends la colère mortelle des vainqueurs, je comprends les réactions sanglantes des vaincus, je comprends les volcans politiques qui grondent dans les entrailles du globe, qui secouent la terre, qui renversent les trônes, qui culbutent les monarchies, qui font rouler têtes et couronnes sur les échafauds; mais ce que je ne comprends pas, c'est la mutilation du granit, la mise hors la loi des monuments, la destruction des choses inanimées qui n'appartiennent ni à ceux qui les détruisent ni à l'époque qui les détruit; c'est la mise au pilon de cette bibliothèque gigantesque où l'antiquaire peut lire l'histoire archéologique d'un pays. Oh! les vandales et les barbares! mieux que tout cela, les idiots, qui se vengent sur des pierres des crimes de Borgia et des débauches de Louis XV! Qu'ils connaissaient bien l'homme pour l'animal le plus pervers, le plus destructif, le plus malfaisant de tous, ces Pharaons, ces Ménès, ces Chéops, ces Osymandyas qui faisaient bâtir des pyramides, non pas avec des rinceaux de guipure et des jubés de dentelle, mais avec des blocs de granit de cinquante pieds de long ; ils ont bien dû rire du fond de leurs sépulcres quand ils ont vu le temps y user sa faux et les pachas y retourner leurs ongles. Bâtissons des pyramides, mon cher lord, ce n'est pas difficile comme architecture, ce n'est pas beau comme art, mais c'est solide, et cela permet à un général de dire au bout de quatre mille ans : « Soldats, du haut de ces monuments quarante siècles vous contemplent! » Tenez, ma parole d'honneur, mon cher lord, je voudrais rencontrer dans ce moment-ci un moulin à vent pour lui chercher querelle.

Et Roland, éclatant de son rire habituel, entraîna sir John dans la direction du château.

Sir John l'arrêta.

— Oh ! dit-il, n'y avait-il donc à voir dans toute la ville que l'église de Bourg ? — Autrefois, mon cher lord, répondit Roland, avant qu'elle ne fût convertie en magasin à fourrages, je vous eusse offert de descendre avec vous dans les caveaux des ducs de Savoie, nous eussions cherché ensemble un passage souterrain qu'on dit exister, qui a près d'une lieue de long, et qui communique, à ce que l'on assure, avec la grotte de Ceyzeriah ; remarquez bien que je n'aurais pas proposé une pareille partie de plaisir à un autre qu'à un Anglais, c'était rentrer dans les *Mystères d'Udolphe*, de la célèbre Anne Radcliffe ; mais vous voyez que c'est impossible ; allons, il faut en faire notre deuil, venez. — Eh ! où allons-nous ? — Ma foi, je n'en sais rien ; il y a dix ans, je vous eusse mené vers les établissements où l'on engraissait les poulardes. Les poulardes de Bresse, vous le savez, avaient une réputation européenne ; Bourg était une succursale de la grande mue de Strasbourg. Mais pendant la Terreur, vous comprenez bien que les engraisseurs ont fermé boutique ; on était réputé aristocrate pour avoir mangé une poularde, et vous connaissez le refrain fraternel : *Ah ! ça ira, ça ira, ça ira, les aristocrat' à la lanterne!* Après la chute de Robespierre, ils ont rouvert ; mais depuis le 18 fructidor, il y a eu en France ordre de maigrir, même pour la volaille. N'importe, venez toujours, à défaut de poulardes, je vous ferai voir autre chose, la place où l'on exécutait ceux qui en mangeaient, par exemple. En outre, depuis que je ne suis venu en ville, nos rues ont changé de nom ; je connais toujours les sacs, mais je ne connais plus les étiquettes. — Ah ça ! demanda sir John, vous n'êtes donc pas républicain ? — Moi, pas républicain ? allons donc ! je me crois un excellent républicain, au contraire, et je suis capable de me laisser brûler le poignet, comme *Mucius Scévola*, ou de me jeter dans un gouffre, comme *Curtius*, pour sauver la république ; mais j'ai le malheur d'avoir l'esprit trop bien fait : le ridicule me prend malgré moi aux côtes et me chatouille à me faire crever de rire. J'accepte volontiers la constitution de 1791 ; mais quand le pauvre Hérault de Séchelles écrivait au directeur de la Bibliothèque nationale de lui envoyer les lois de Minos afin qu'il pût faire une constitution sur le modèle de celle de l'île de Crète, je trouvais que c'était aller chercher un modèle un peu loin, et que nous pouvions nous contenter de celle de Lycurgue. Je trouve que janvier, février et mars, tout mythologiques qu'ils étaient, valaient bien nivôse, pluviôse et ventôse. Je ne comprends pas pourquoi, lorsqu'on s'appelait Antoine ou Chrysostome en 1789, on s'appelle Brutus ou Cassius en 1793. Ainsi, tenez, milord, voilà une honnête rue qui s'appelait la rue des Halles ; cela n'avait rien d'indécent ni d'aristocrate, n'est-ce pas ? Eh bien, elle s'appelle aujourd'hui, attendez (Roland regarda l'inscription), elle s'appelle aujourd'hui *la rue de la Révolution*. En voilà une autre qui s'appelait la rue Notre-Dame, et qui s'appelle *la rue du Temple*. Pourquoi la rue du Temple ? pour éterniser probablement l'endroit où l'infâme Simon a essayé d'apprendre l'état de savetier à l'héritier de soixante-trois rois ; je me trompe d'un ou deux, ne me faites pas une querelle pour cela. Enfin, voyez cette troisième, elle s'appelait la rue Crèvecœur, un nom illustre en Bresse, en Bourgogne et dans les Flandres ; elle s'appelle *la rue de la Fédération*. La fédération est une belle chose, mais Crèvecœur était un beau nom. Et puis, voyez-vous, elle conduit tout droit aujourd'hui à la place de la Guillotine, ce qui est un tort, à mon avis. Je voudrais qu'il n'y eut point de rues pour conduire à ces places-là. Celle-ci a un avantage, elle est à cent pas de la prison ; ce qui économisait et ce qui économise même encore une charrette et un cheval à M. *de Bourg*. Remarquez que le bourreau est resté noble, lui. Au reste, la place est admirablement bien disposée pour les spectateurs, et mon aïeul Montrevel, dont elle porte le nom, a, dans la prévoyance sans doute de sa destination, résolu ce grand problème encore à résoudre dans les théâtres, c'est qu'on voit bien de partout. Si jamais on m'y coupe la tête, ce qui n'aurait rien d'extraordinaire par les temps où nous vivons, je n'aurais qu'un regret : c'est d'être moins bien placé et de voir plus mal que les autres. Là, maintenant montons cette petite rampe ; nous voilà sur la place *des Lices*. Nos révolutionnaires lui ont laissé son nom parce que, selon toute probabilité, ils ne savent pas ce que cela veut dire ; je ne le sais guère mieux qu'eux, mais je crois me rappeler qu'un sire d'Estavayer a défié je ne sais quel comte flamand, et que le combat a eu lieu sur cette place. Maintenant, mon cher lord, quant à la prison, c'est un bâtiment qui vous donnera une idée des vicissitudes humaines ; Gil Blas n'a pas plus souvent changé d'état que ce monument de destination. Avant l'arrivée de César, c'était un temple gaulois ; César en fit une forteresse romaine ; un architecte inconnu le transforma en un ouvrage militaire du moyen âge ; les sires de Baye, à l'exemple de César, le refirent forteresse. Les princes de Savoie y ont eu une résidence ; c'était là que demeurait la tante de Charles-Quint quand elle visitait son église de Bourg, qu'elle ne devait pas avoir la satisfaction de voir terminée. Enfin, après le traité de Lyon, quand la Bresse fit retour à la France, on en tira à la fois une prison et un palais de justice. Attendez-moi là, milord, si vous n'aimez pas le cri des grilles et le grincement des verrous. J'ai une visite à rendre à certain cachot. — Le grincement des verrous et le cri des grilles ne sont pas un bruit fort récréatif, mais n'importe ! puisque vous voulez bien vous charger de mon éducation, conduisez-moi à votre cachot. — Eh bien, alors, entrons vite ; il me semble que je vois une foule de gens qui ont l'air d'avoir envie de me parler.

Et en effet, peu à peu une espèce de rumeur semblait se répandre dans la ville ; on sortait des maisons, on formait des groupes dans la rue, et ces groupes se montraient Roland avec curiosité.

Roland sonna à la grille, située à cette époque à l'endroit où elle est encore aujourd'hui, mais s'ouvrant sur le préau de la prison.

Un guichetier vint ouvrir.

— Ah! ah! c'est toujours vous, père Courtois? demanda le jeune homme.

Puis se retournant vers sir John :

— Un beau nom de geôlier, n'est-ce pas, milord?

Le geôlier regarda le jeune homme avec étonnement.

— Comment se fait-il, demanda-t-il à travers la grille, que vous sachiez mon nom et que je ne sache pas le vôtre? — Bon! non-seulement je sais votre nom, mais encore votre opinion ; vous êtes un vieux royaliste, père Courtois! — Monsieur, dit le geôlier tout effrayé, pas de mauvaises plaisanteries, s'il vous plaît, et dites ce que vous désirez. — Eh bien, mon brave père Courtois, je désirerais visiter le cachot où l'on a mis ma mère et ma sœur, madame et mademoiselle de Montrevel. — Ah! s'écria le concierge, comment! c'est vous, monsieur Louis? Ah! bien, vous aviez raison de dire que je ne connaissais que vous. Savez-vous que vous voilà devenu fièrement beau garçon? — Vous trouvez, père Courtois? Eh bien, je vous rends la pareille, votre fille Charlotte est par ma foi une belle fille ; Charlotte est la femme de chambre de ma sœur, milord. — Et elle en est bien heureuse, elle se trouve mieux qu'ici, monsieur Roland ; est-ce vrai que vous êtes aide de camp du général Bonaparte? — Hélas! Courtois, j'ai cet honneur. Tu aimerais mieux que je fusse aide de camp de M. le comte d'Artois ou de M. le duc d'Angoulême? — Mais taisez-vous donc, monsieur Louis!

Puis s'approchant de l'oreille du jeune homme :

— Dites donc, fit-il, est-ce que c'est positif? — Quoi? père Courtois. — Que le général Bonaparte soit passé hier à Lyon? — Il paraît qu'il y a quelque chose de vrai dans cette nouvelle, car voilà deux fois que je l'entends répéter. Ah! je comprends maintenant ces braves gens qui me regardaient avec curiosité et qui avaient l'air de vouloir me faire des questions. Ils sont comme vous, père Courtois, ils désirent savoir à quoi s'en tenir sur cette arrivée du général Bonaparte. — Vous ne savez pas ce qu'on dit encore, monsieur Louis? — On dit donc encore autre chose, père Courtois? — Je crois bien qu'on dit encore autre chose, mais tout bas. — Quoi donc? — On dit qu'il vient pour réclamer au Directoire le trône de Sa Majesté Louis XVIII pour le faire monter dessus, et que si le citoyen Gohier ne veut pas, en sa qualité de président, le lui rendre de bonne volonté, il le lui rendra de force. — Ah bah! fit le jeune officier avec un air de doute qui allait jusqu'à la raillerie.

Mais le père Courtois insista par un signe de tête affirmatif.

— C'est possible, dit le jeune homme ; mais quant à cela ce n'est pas la seconde nouvelle, c'est la première ; et, maintenant que vous me connaissez, voulez-vous m'ouvrir? — Vous ouvrir! je crois bien ; que diable fais-je donc?

Et le geôlier ouvrit la porte avec autant d'empressement qu'il avait paru d'abord y mettre de répugnance.

Le jeune homme entra; sir John le suivit.

Le geôlier referma la grille avec soin et marcha le premier; Roland le suivit, l'Anglais suivit Roland.

Il commençait à s'habituer au caractère fantasque de son jeune ami.

Le spleen, c'est la misanthropie moins les boutades de Timon et l'esprit d'Alceste.

Le geôlier traversa tout le préau, séparé du palais de justice par une muraille de quinze pieds de hauteur, faisant vers son milieu retour en arrière de quelques pieds, sur la partie antérieure de laquelle on avait scellé, pour donner passage aux prisonniers sans que ceux-ci eussent besoin de tourner par la rue, une porte de chêne massif. Le geôlier, disons-nous, traversa tout le préau et gagna dans l'angle gauche de la cour un escalier tournant qui conduisait à l'intérieur de la prison.

Si nous insistons sur ces détails, c'est que nous aurons à revenir un jour sur ces localités, et que, par conséquent, nous désirons qu'arrivé à ce moment-là de notre récit, elles ne soient point complétement étrangères à nos lecteurs.

L'escalier conduisait d'abord à l'antichambre de la prison, c'est-à-dire à la chambre du concierge du présidial ; puis de cette chambre, par un escalier de dix marches, on descendait dans une première cour séparée de celle des prisonniers par une muraille dans le genre de celle que nous avons décrite, mais percée de trois portes ; à l'extrémité de cette cour un couloir conduisait à la chambre du geôlier, laquelle donnait de plain-pied, à l'aide d'un second couloir, dans des cachots pittoresquement appelés cages.

Le geôlier s'arrêta à la première de ces cages, et, frappant sur la porte :
— C'est ici, dit-il ; j'avais mis là madame votre mère et mademoiselle votre sœur, afin que si les chères dames avaient besoin de moi ou de Charlotte, elles n'eussent qu'à frapper. — Est-ce qu'il y a quelqu'un dans le cachot ? — Personne. — Eh bien, faites-moi la grâce de m'en ouvrir la porte ; voici mon ami, lord Tanlay, un Anglais philanthrope, qui voyage pour savoir si l'on est mieux dans les prisons de France que dans celles d'Angleterre. Entrez, lord, entrez.

Et le père Courtois ayant ouvert la porte, Roland poussa sir John dans un cachot formant un carré parfait de dix à douze pieds sur toutes les faces.

— Oh! oh! fit sir John, l'endroit est lugubre. — Vous trouvez? Eh bien, mon cher lord, voilà l'endroit où ma mère, la plus digne femme qu'il y ait au monde, et ma sœur, vous la connaissez, ont passé six semaines, avec la perspective de n'en sortir que pour aller faire un tour sur la place du Bastion : remarquez bien qu'il y a cinq ans de cela, ma sœur, en avait par conséquent douze à peine. — Mais quel crime avaient-elles donc commis? — Oh! un crime énorme : dans la fête anniversaire que la ville de Bourg a cru devoir consacrer à la mort de l'Ami du peuple, ma mère a refusé de laisser faire à ma sœur une des vierges qui portaient les urnes contenant les larmes de la France. Que voulez-vous? pauvre femme, elle avait cru avoir assez fait pour la patrie en lui offrant le sang de son fils et de son mari qui coulait, pour l'un, en Italie, pour l'autre, en Allemagne : elle se trompait. La patrie, à ce qu'il paraît, réclamait encore les larmes de sa fille; pour le coup, elle a trouvé que c'était trop, du moment surtout où ces larmes coulaient pour le citoyen Marat. Il en résulta que le soir même de la fête, au milieu de l'enthousiasme que cette fête avait excité, ma mère fut décrétée d'accusation : par bonheur Bourg n'était pas à la hauteur de Paris sous le rapport de la célérité. Un ami que nous avions au greffe fit traîner l'affaire, et un beau jour on apprit tout à la fois la chute et la mort de Robespierre. Cela interrompit beaucoup de choses, et entre autres les guillotinades; notre ami du greffe fit comprendre au tribunal que le vent qui venait de Paris était à la clémence; on attendit huit jours, on attendit quinze jours, et le seizième on vint dire à ma mère et à ma sœur qu'elles étaient libres; de sorte que, mon cher, vous comprenez, et cela fait faire les plus hautes réflexions philosophiques; de sorte que, si mademoiselle Teresa Cabarus n'était pas venue d'Espagne en France ; que si elle n'avait pas épousé M. Fontenay, conseiller au parlement; que si elle n'avait pas été arrêtée et conduite devant le proconsul Tallien, fils du maître d'hôtel du marquis de Bercy, ex-clerc de procureur, ex-prote d'imprimerie, ex-commis expéditionnaire, ex-secrétaire de la commune de Paris, pour le moment en mission à Bordeaux ; que si l'ex-proconsul ne fût pas devenu amoureux d'elle; que si elle n'eût pas été emprisonnée ; que si, le 9 thermidor, elle ne lui avait pas fait passer un poignard avec ces mots : « Si le tyran ne meurt pas aujourd'hui, je meurs demain ; que si Saint-Just n'avait pas été arrêté au milieu de son discours; que si Robespierre n'avait pas eu ce jour-là un chat dans la gorge; que si Garnier de l'Aube ne lui avait pas crié : « C'est le sang de Danton qui t'étouffe ; » que si Louchez n'avait pas demandé son arrestation ; que s'il n'avait pas été arrêté, délivré par la commune, repris sur elle, eu la mâchoire cassée d'un coup de pistolet et exécuté le lendemain, ma mère avait, selon toute probabilité, le cou coupé pour n'avoir pas permis que sa fille pleurât le citoyen Marat dans une des douze urnes que la ville de Bourg devait remplir de ses larmes. Adieu, Courtois, tu es un brave homme, tu as donné à ma mère et à ma sœur un peu d'eau pour mettre avec leur vin, un peu de viande pour mettre sur leur pain, un peu d'espérance à mettre sur leur cœur, tu leur as prêté ta fille pour qu'elles ne balayassent pas leur cachot elles-mêmes, cela vaudrait une fortune; malheureusement je ne suis pas riche; j'ai cinquante louis sur moi, les voilà. Venez, milord.

Et le jeune homme entraîna sir John avant que le geôlier fut revenu de sa surprise et eût eu le temps de remercier Roland ou de refuser les cinquante louis ; ce qui, il faut le dire, eût été une bien grande preuve de désintéressement pour un geôlier, surtout quand ce geôlier était d'une opinion contraire au gouvernement qu'il servait.

En sortant de la prison, Roland et sir John trouvèrent la place des Lices encombrée de gens qui avaient appris le retour du général Bonaparte en France, et qui criaient *vive Bonaparte!* à tue-tête, les uns parce qu'ils étaient effectivement les admirateurs du vainqueur d'Arcole, de Rivoli et des Pyramides ; les autres parce qu'on leur avait dit, comme au père Courtois, que ce même vainqueur n'avait vaincu qu'au profit de Sa Majesté Louis XVIII.

Cette fois, comme Roland et sir John avaient visité tout ce que la ville de Bourg offrait de curieux, ils reprirent le chemin du château des Noires-Fontaines, où ils arrivèrent sans que rien les arrêtât davantage.

Madame de Montrevel et Amélie étaient sorties. Roland installa sir John dans un fauteuil, en le priant d'attendre cinq minutes.

Au bout de cinq minutes, il revint tenant à la main une espèce de brochure en papier gris assez mal imprimée.

—Mon cher hôte, dit-il, vous m'avez paru élever quelques doutes sur l'authenticité de la fête dont je vous parlais tout à l'heure, et qui a failli coûter la vie à ma mère et à ma sœur, je vous en apporte le programme : lisez-moi cela, et, pendant ce temps, j'irai voir ce que l'on a fait de mes chiens, car je présume que vous me tenez quitte de la journée de pêche, et que nous passerons de suite à la chasse.

Et il sortit laissant entre les mains de sir John l'arrêté de la municipalité de la ville de Bourg touchant la fête funèbre à célébrer en l'honneur de Marat, le jour anniversaire de sa mort.

Sir John achevait la lecture de cette pièce intéressante, lorsque madame de Montrevel et sa fille rentrèrent.

Amélie, qui ne savait point qu'il eût été si fort question d'elle entre Roland et sir John, fut étonnée de l'expression avec laquelle sir John fixa son regard sur elle.

Amélie lui semblait plus ravissante que jamais.

Il comprenait bien cette mère qui, au péril de sa vie, n'avait point voulu que cette charmante créature profanât sa jeunesse et sa beauté en servant de comparse à une fête dont cette fétide charogne, qui avait eu nom Marat, était le dieu.

Il se rappelait ce cachot froid et humide qu'il avait visité une heure auparavant, et il frissonnait à l'idée que cette blanche et délicate hermine, qu'il avait sous les yeux, y était restée six semaines enfermée sans air et sans soleil.

Il regardait ce cou un peu trop long peut-être, mais, comme celui du cygne, plein de mollesse et de grâce dans son exagération, et il se rappelait ce mot si mélancolique de la pauvre princesse de Lamballe, passant la main sur le sien : « Il ne donnera pas grand mal au bourreau ! »

Les pensées qui se succédaient dans l'esprit de sir John donnaient à sa physionomie une expression si différente de celle qu'elle avait habituellement, que madame de Montrevel ne put s'empêcher de lui demander ce qu'il avait.

Sir John alors raconta à madame de Montrevel sa visite à la prison, et le pieux pèlerinage de Roland au cachot qui avait enfermé sa mère et sa sœur.

Au moment où sir John terminait son récit, une fanfare de chasse sonnant le *bien-aller* se fit entendre, et Roland entra son cor à la bouche.

Mais le détachant presque aussitôt de ses lèvres :

— Mon cher hôte, dit-il, remerciez ma mère : grâce à elle, nous ferons demain une chasse magnifique. — Grâce à moi? demanda madame de Montrevel. — Comment cela? demanda sir John. — Je vous ai quitté pour aller voir ce que l'on avait fait de mes chiens, n'est-ce pas? — Vous me l'avez dit, du moins. — J'en avais deux, Barbichon et Ravaude, deux excellentes bêtes, le mâle et la femelle. — Oh! fit sir John, seraient-elles mortes? — Ah bien! oui; imaginez-vous que cette excellente mère que voilà, et il prit madame de Montrevel par la tête et l'embrassa sur les deux joues, n'a pas voulu qu'on jetât à l'eau un seul des petits qu'ils ont faits, sous le prétexte que c'étaient les chiens de mes chiens; de sorte, mon cher lord, que les enfants, les petits-enfants et les arrière-petits-enfants de Barbichon et Ravaude sont aussi nombreux aujourd'hui que les descendants d'Ismaël, et que ce n'est plus une paire de chiens que j'ai, mais toute une meute, vingt-cinq bêtes chassant du même pied, tout cela noir comme une bande de taupes, avec les pattes blanches, du feu aux yeux et au poitrail, et un régiment de queues en trompette qui vous fera plaisir à voir.

Et là-dessus Roland sonna une nouvelle fanfare qui fit accourir son jeune frère.

— Oh! s'écria-t-il en entrant, tu vas demain à la chasse, frère Roland, j'y vais aussi, j'y vais aussi, j'y vais aussi! — Bon! fit Roland, mais sais-tu à quelle chasse nous allons? — Non, mais je sais que j'y vais. — Nous allons à la chasse au sanglier. — Oh! quel bonheur! fit l'enfant en frappant ses deux petites mains l'une contre l'autre. — Mais tu es fou! dit madame de Montrevel en pâlissant. — Pourquoi cela, madame maman, s'il vous plaît? — Parce que la chasse au sanglier est une chasse fort dangereuse. — Pas si dangereuse que la chasse aux hommes; tu vois bien que mon frère est revenu de celle-là, je reviendrai bien de l'autre. — Roland, fit madame de Montrevel tandis qu'Amélie, plongée dans une rêverie profonde, ne prenait aucune part à la discussion, Roland, fais donc entendre raison à Édouard et dis-lui donc qu'il n'a pas le sens commun.

Mais Roland, qui se revoyait enfant et qui se reconnaissait dans son jeune frère, au lieu de le blâmer, souriait à ce courage enfantin.

— Ce serait bien volontiers que je t'emmènerais, dit-il à l'enfant; mais, pour aller à la chasse, il faut au moins savoir ce que c'est qu'un fusil. — Oh! monsieur Roland, fit Édouard, venez un peu dans le jardin, mettez votre chapeau à cent pas et je vous montrerai ce que c'est qu'un fusil. — Malheureux enfant! s'écria madame de Montrevel toute tremblante, mais où l'as-tu appris? — Tiens! chez l'armurier de Montagnat, où sont les fusils de papa et de frère Roland. Tu me demandes quelquefois ce que je fais de mon argent, n'est-ce pas? Eh bien! j'en achète de la poudre et des balles, et j'apprends à tuer les Autrichiens et les Arabes, comme fait frère Roland.

Madame de Montrevel leva les mains au ciel.

— Que voulez-vous, ma mère? dit Roland, bon chien chasse de race; il ne se peut pas qu'un Montrevel ait peur de la poudre : tu viendras avec nous demain, Édouard.

L'enfant sauta au cou de son frère.

— Et moi, dit sir John, je me charge de vous armer aujourd'hui chasseur, comme on armait autrefois chevalier. J'ai une charmante petite carabine que je vous donnerai et qui vous fera prendre patience pour attendre vos pistolets et votre sabre. — Eh bien! demanda Roland, es-tu content, Édouard? — Oui, mais quand me la donnerez-vous? S'il faut écrire en Angleterre, je vous préviens que je n'y crois pas. — Non, mon jeune ami, il ne faut que monter à ma chambre, et ouvrir ma boîte à fusil; vous voyez que cela sera bientôt fait? — Alors, montons-y tout de suite, à votre chambre. — Venez, fit sir John.

Et il sortit suivi d'Édouard.

Un instant après Amélie, toujours rêveuse, se leva et sortit à son tour.

Ni madame de Montrevel ni Roland ne firent attention à sa sortie, ils étaient engagés dans une grave discussion.

Madame de Montrevel tâchait d'obtenir de Roland qu'il n'emmenât point le lendemain son jeune frère à la chasse, et Roland lui expliquait comme quoi Édouard, destiné à être soldat comme son père et son frère, ne pouvait que gagner à faire le plus tôt possible ses premières armes et à se familiariser avec la poudre et le plomb.

La discussion n'était pas encore finie lorsque Édouard rentra avec sa carabine en bandoulière.

— Tiens, frère, dit-il en se tournant vers Roland, vois donc le beau cadeau que milord m'a fait, et il remerciait du regard sir John qui se tenait sur la porte cherchant des yeux, mais inutilement, Amélie.

C'était en effet un magnifique cadeau : l'arme, exécutée avec cette sobriété d'ornements et cette simplicité de forme particulière aux armes anglaises, était du plus précieux fini ; comme les pistolets dont Roland avait pu apprécier la justesse, elle sortait des ateliers de Menton et portait une balle de calibre 24.

Elle avait dû être faite pour une femme : c'était facile à voir au peu de longueur de la crosse et au coussin de velours dont était garnie la couche ; cette destination primitive en faisait une arme parfaitement appropriée à la taille d'un enfant de douze ans.

Roland enleva la carabine des épaules du petit Édouard, la regarda en amateur, en fit jouer les batteries, la mit en joue, la jeta d'une main dans l'autre, et la rendant à Édouard :

— Remercie encore une fois milord, dit-il, tu as là une carabine qui a été faite pour un fils de roi ; allons l'essayer.

Et tous trois sortirent pour essayer la carabine de sir John, laissant madame de Montrevel triste comme Thétis lorsqu'elle vit Achille, sous sa robe de femme, tirer du fourreau l'épée d'Ulysse.

Un quart d'heure après, Édouard rentrait triomphant ; il rapportait à sa mère un carton de la grandeur d'un rond de chapeau dans lequel, à cinquante pas, il avait mis dix balles sur douze.

Les deux hommes étaient restés à causer et à se promener dans le parc.

Madame de Montrevel écouta sur ses prouesses le récit légèrement gascon d'Édouard ; puis elle le regarda avec cette longue et sainte tristesse des mères pour lesquelles la gloire n'est pas une compensation du sang qu'elle fait répandre.

Oh ! bien ingrat l'enfant qui a vu ce regard se fixer sur lui, et qui ne se rappelle pas éternellement ce regard !

Puis au bout de quelques secondes de cette contemplation douloureuse, serrant son second fils contre son cœur :

— Et toi aussi, murmura-t-elle en éclatant en sanglots, toi aussi, un jour tu abandonneras donc ta mère ? — Oui, ma mère, dit l'enfant, mais pour devenir général comme mon père, ou aide de camp comme mon frère. — Et pour te faire tuer comme s'est fait tuer ton père, et comme se fera tuer ton frère, peut-être.

Car ce changement étrange qui s'était fait dans le caractère de Roland n'avait point échappé à madame de Montrevel, et c'était une inquiétude de plus à ajouter à ses autres inquiétudes.

Au nombre de ces dernières, il fallait ranger cette rêverie et cette pâleur d'Amélie.

Amélie atteignait dix-sept ans ; sa jeunesse avait été celle d'une enfant rieuse, pleine de joie et de santé.

La mort de son père était venue jeter un voile noir sur sa jeunesse et sur sa gaieté ; mais ces orages du printemps passent vite : le sourire, ce beau soleil de l'aube de la vie, était revenu, et, comme celui de la nature, il avait brillé à travers cette rosée du cœur qu'on appelle les larmes.

Puis un jour, il y avait six mois de cela à peu près, le front d'Amélie s'était attristé, ses joues avaient pâli ; et de même que les oiseaux voyageurs s'éloignent à l'approche des temps brumeux, les rires enfantins qui s'échappent des lèvres entr'ouvertes et des dents blanches s'étaient envolés de la bouche d'Amélie, mais pour ne pas revenir.

Madame de Montrevel avait interrogé sa fille, mais Amélie avait prétendu être toujours la même ; elle avait fait un effort pour sourire, puis, comme une pierre jetée dans un lac y crée des cercles mouvants qui s'effacent peu à peu, les cercles créés par les inquiétudes maternelles s'étaient peu à peu effacés du visage d'Amélie.

Avec cet instinct admirable de mère, madame de Montrevel avait songé à l'amour ; mais qui pouvait aimer Amélie ? on ne recevait personne au château des Noires-Fontaines, les troubles politiques avaient détruit la société et Amélie ne sortait jamais seule.

Madame de Montrevel avait donc été forcée d'en rester aux conjectures.

Le retour de Roland lui avait un instant rendu l'espoir, mais cet espoir avait bientôt disparu en voyant l'impression produite sur Amélie par ce retour.

Ce n'était point une sœur, c'était un spectre, on se le rappelle, qui était venu au-devant de lui.

Depuis l'arrivée de son fils, madame de Montrevel n'avait pas perdu de vue Amélie, et avec un étonnement douloureux, elle s'était aperçue de l'effet que causait la présence du jeune officier sur sa sœur ; c'était presque de l'effroi : elle dont les yeux, lorsqu'ils se fixaient autrefois sur Roland, étaient si pleins d'amour, semblait ne le plus regarder qu'avec une certaine terreur.

Il n'y avait qu'un instant encore, Amélie n'avait-elle pas profité du premier moment de liberté qui s'était offert à elle pour remonter dans sa chambre, seul endroit du château où elle parût se trouver à peu près bien, et où elle passait depuis six mois la plus grande partie de son temps.

La cloche du dîner avait eu seule le pouvoir de la faire descendre, et encore n'était-ce qu'au second coup qu'elle était entrée dans la salle à manger.

La journée s'était passée pour Roland et pour sir John à visiter Bourg, comme nous l'avons dit, et à faire les préparatifs de la chasse du lendemain.

Du matin à midi, on devait faire une battue, du midi au soir on devait chasser à courre. Michel, braconnier enragé, retenu sur sa chaise, comme l'avait raconté le petit Édouard à son frère, par une entorse, s'était senti soulagé dès qu'il s'était agi de chasse, et s'était hissé sur un petit cheval qui servait à faire les courses de la maison pour aller retenir des rabatteurs à Saint-Just et à Montagnat.

Lui qui ne pouvait ni rabattre ni courir, se tiendrait avec la meute, les chevaux de sir John et de Roland et le poney d'Édouard, au centre à peu près de la forêt, percée seulement d'une grande route et de deux sentiers praticables.

Les rabatteurs qui ne pouvaient suivre une chasse à courre reviendraient au château avec le gibier tué.

Le lendemain, à six heures du matin, les rabatteurs étaient à la porte.

Michel ne devait partir avec les chiens et les chevaux qu'à onze heures.

Le château des Noires-Fontaines touchait à la forêt même de Seillon ; on pouvait donc se mettre en chasse immédiatement après la sortie de la grille.

Comme la battue promettait surtout des daims, des chevreuils et des lièvres, elle devait se faire à plomb. Roland donna à Édouard un fusil simple qui lui avait servi à lui-même quand il était enfant, et avec lequel il avait fait ses premières armes; il n'avait point encore assez de confiance dans la prudence de l'enfant pour lui confier un fusil à deux coups.

Quant à la carabine que sir John lui avait donnée la veille, c'était un canon rayé qui ne pouvait porter que la balle. Elle avait donc été remise aux mains de Michel, et devait, dans le cas où on lancerait un sanglier, être remise à l'enfant pour la seconde partie de la chasse.

Pour cette seconde partie de la chasse, Roland et sir John changeraient aussi de fusils et seraient armés de carabines à deux coups et de couteaux de chasse pointus comme des poignards, affilés comme des rasoirs, qui faisaient partie de l'arsenal de sir John, et qui pouvaient indifféremment se pendre au côté ou se visser au bout du canon, en guise de baïonnette.

Dès la première battue, il fut facile de voir que la chasse serait bonne : on tua un chevreuil et deux lièvres.

A midi, trois daims, sept chevreuils et deux renards avaient été tués; on avait vu deux sangliers, mais, aux coups de gros plomb qu'ils avaient reçus, ils s'étaient contentés de répondre en secouant la peau et avaient disparu.

Édouard était au comble de la joie : il avait tué un chevreuil.

Comme il était convenu, les rabatteurs, bien récompensés de la fatigue qu'ils avaient prise, avaient été envoyés au château avec le gibier.

On sonna d'une espèce de cornet pour savoir où était Michel; Michel répondit; en moins de dix minutes les trois chasseurs furent réunis au jardinier, à la meute et aux chevaux.

Michel avait eu connaissance d'un ragot, il l'avait fait détourner par l'aîné de ses fils; il était dans une enceinte, à cent pas des chasseurs.

Jacques, c'était l'aîné des fils de Michel, foula l'enceinte avec sa tête de meute, Barbichon et Ravaude; au bout de cinq minutes le sanglier tenait au bouge.

On eût pu le tuer tout de suite, ou du moins le tirer, mais la chasse eût été trop tôt finie; on lâcha toute la meute sur l'animal, qui, voyant ce troupeau de pygmées fondre sur lui, partit au petit trot.

Il traversa la route; Roland sonna la vue, et, comme l'animal prenait son parti du côté de la Chartreuse de Seillon, les trois cavaliers enfilèrent le sentier qui coupait le bois dans toute sa longueur.

L'animal se fit battre jusqu'à cinq heures du soir, revenant sur ses voies et ne pouvant pas se décider à quitter une forêt si bien fourrée.

Enfin, vers cinq heures, on comprit, à la violence et à l'intensité des abois, que l'animal tenait aux chiens.

C'était à une centaine de pas du pavillon dépendant de la Chartreuse, à l'un des endroits les plus difficiles de la forêt. Il était impossible de pénétrer à cheval jusqu'à la bête. On mit pied à terre.

Les abois des chiens guidaient les chasseurs, de manière à ce qu'ils ne déviassent du chemin qu'autant que les difficultés du terrain les empêchaient de suivre la ligne droite.

De temps en temps des cris de douleur indiquaient qu'un des assaillants s'était hasardé à attaquer l'animal de trop près et avait reçu le prix de sa témérité.

A vingt pas de l'endroit où se passait le drame cynégétique, on commençait d'apercevoir les personnages qui en composaient l'action.

Le ragot s'était acculé à un rocher, de façon à ne pouvoir être attaqué par derrière ; arc-bouté sur ses deux pattes de devant, il présentait aux chiens sa tête aux yeux sanglants, armée de deux énormes défenses.

Les chiens flottaient devant lui, autour de lui, sur lui-même, comme un tapis mouvant.

Cinq ou six, blessés plus ou moins grièvement, tachaient de sang le champ de bataille, mais n'en continuaient pas moins à assaillir le sanglier avec un acharnement qui eût pu servir d'exemple de courage aux hommes les plus courageux.

Chacun des chasseurs était arrivé en face de ce spectacle dans les conditions de son âge, de son caractère et de sa nation.

Édouard, le plus imprudent et en même temps le plus petit, éprouvant moins d'obstacle à cause de sa taille, y était arrivé le premier.

Roland, insoucieux du danger quel qu'il fût, le cherchant plutôt qu'il ne le fuyait, l'y avait suivi.

Enfin sir John, plus lent, plus grave, plus réfléchi, y était arrivé le troisième. Au moment où le sanglier avait aperçu les chasseurs, il n'avait plus paru faire aucune attention aux chiens.

Ses yeux s'étaient arrêtés, fixes et sanglants, sur eux, et le seul mouvement qu'il indiquait était un mouvement de ses mâchoires, qui, en se rapprochant violemment l'une contre l'autre, faisaient un bruit menaçant.

Roland regarda un instant ce spectacle, éprouvant évidemment le désir de se jeter, son couteau de chasse à la main, au milieu du groupe et d'égorger le sanglier, comme un boucher fait d'un veau, ou un charcutier d'un cochon ordinaire.

Ce mouvement était si visible que sir John le retint par un bras, tandis que le petit Édouard disait :

— Oh ! mon frère, laisse-moi tirer le sanglier !

Roland se retint.

— Eh bien, oui, dit-il en posant son fusil contre un arbre et en restant armé seulement de son couteau de chasse, qu'il tira du fourreau, tire-le ; attention ! — Oh ! sois tranquille, dit l'enfant les dents serrées, le visage pâle, mais résolu, et levant le canon de sa carabine à la hauteur de l'animal. — S'il le manque ou ne fait que le blesser, dit sir John, vous savez que l'animal sera sur nous avant que nous n'ayons le temps de le voir. — Je le sais, milord ; mais je suis habitué à cette chasse-là, répondit Roland les narines dilatées, l'œil ardent, les lèvres entr'ouvertes. Feu, Édouard !

Le coup partit aussitôt le commandement ; mais aussitôt le coup, en même temps que le coup, avant peut-être, l'animal, rapide comme l'éclair, avait foncé sur l'enfant.

On entendit un second coup de fusil ; puis au milieu de la fumée on vit briller les yeux sanglants de l'animal.

Mais sur son passage il rencontra Roland, un genou en terre et le couteau de chasse à la main.

Un instant un groupe confus et informe roula sur le sol, l'homme lié au sanglier, le sanglier lié à l'homme.

Puis un troisième coup de fusil se fit entendre, suivi d'un éclat de rire de Roland.

— Eh! milord, dit le jeune officier, c'est de la poudre et une balle perdues ; ne voyez-vous pas que l'animal est éventré? seulement débarrassez-moi de son corps ; le drôle pèse quatre cents et m'étouffe.

Mais avant que sir John ne se fût baissé, d'un vigoureux mouvement d'épaule Roland avait fait rouler le cadavre de l'animal de côté, et se relevait couvert de sang, mais sans la moindre égratignure.

Le petit Édouard, soit défaut de temps, soit courage, n'avait pas reculé d'un pas. Il est vrai qu'il était complétement protégé par le corps de son frère, qui s'était jeté devant lui.

Sir John s'était jeté de côté pour voir l'animal en travers, et il regardait Roland se secouant après ce second duel, avec le même étonnement qu'il l'avait regardé après le premier.

Les chiens, ceux qui restaient, et il en restait une vingtaine, avaient suivi le sanglier et s'étaient jetés sur son cadavre, essayant, mais inutilement, d'entamer cette peau aux soies hérissées, presque aussi impénétrable que le fer.

— Vous allez voir, dit Roland en essuyant ses mains et son visage couverts de sang avec un mouchoir de fine batiste, qu'ils vont le manger et votre couteau avec, milord. — En effet, dit sir John, le couteau? — Il est dans sa gaîne, dit Roland. — Ah! fit l'enfant, il n'y a plus que le manche qui sort.

Et, s'élançant sur l'animal, il arracha le poignard, enfoncé en effet, comme l'avait dit l'enfant, au défaut de l'épaule, et jusqu'au manche.

La pointe aiguë, dirigée par un œil calme, maintenue par une main vigoureuse, avait pénétré droit au cœur.

On voyait sur le corps du sanglier trois autres blessures.

La première, qui était causée par la balle de l'enfant, était indiquée par un sillon sanglant tracé au-dessus de l'œil, la balle étant trop faible pour briser l'os frontal.

La seconde venait du premier coup de sir John ; la balle avait pris l'animal en biais et avait glissé sur sa cuirasse.

La troisième, reçue à bout portant, lui traversait le corps, mais lui avait été faite, comme avait dit Roland, lorsqu'il était déjà mort.

VIII

LES AMUSEMENTS DE LA PROVINCE.

La chasse était finie, la nuit tombait ; il s'agissait de regagner le château.

Les chevaux n'étaient qu'à cinquante pas à peu près ; on les entendait hennir d'impatience ; ils semblaient demander si l'on doutait de leur courage en ne les faisant point participer au drame qui venait de s'accomplir.

Édouard voulait absolument traîner le sanglier jusqu'à eux, le charger en croupe et le rapporter au château ; mais Roland lui fit observer qu'il était bien plus simple d'envoyer pour le chercher deux hommes avec un brancard. Ce fut aussi l'avis de sir John, et force fut à Édouard, qui ne sentait de dire, en montrant la blessure de la tête : Voilà mon coup à moi; je visais là, force fut, disons-nous, à Édouard de se rendre à l'avis de la majorité.

Les trois chasseurs regagnèrent la place où étaient attachés les chevaux, se remirent en selle, et, en moins de dix minutes, furent arrivés au château des Noires-Fontaines.

Madame de Montrevel les attendait sur le perron ; il y avait déjà plus d'une heure que la pauvre mère était là, tremblant qu'il ne fût arrivé malheur à l'un ou à l'autre de ses fils.

Du plus loin qu'Édouard la vit, il mit son poney au galop, criant à travers la grille :

— Mère ! mère ! nous avons tué un sanglier gros comme le baudet; moi, je le visais à la tête; tu verras le trou de ma balle; Roland lui a fourré son couteau de chasse dans le ventre jusqu'à la garde; milord lui a tiré deux coups de fusil. Vite ! vite ! des hommes pour l'aller chercher. N'ayez pas peur en voyant Roland couvert de sang, mère, c'est le sang de l'animal; mais Roland n'a pas une égratignure.

Tout cela se disait avec la volubilité habituelle à Édouard, tandis que madame de Montrevel franchissait l'espace qui se trouvait entre le perron et la route, et ouvrait la grille.

Elle voulut recevoir Édouard dans ses bras, mais celui-ci sauta à terre, et de terre se jeta à son cou.

Roland et sir John arrivaient en ce moment; en ce moment aussi Amélie paraissait à son tour sur le perron.

Édouard laissa sa mère s'inquiéter auprès de Roland, qui, tout couvert de sang, était effrayant à voir, et courut à sa sœur lui redire le même récit qu'il avait fait à sa mère.

Amélie l'écouta d'une façon distraite qui sans doute blessa l'amour-propre d'Édouard, car celui-ci se précipita dans les cuisines pour raconter l'événement à Michel par lequel il était bien sûr d'être écouté.

En effet, cela intéressait Michel au plus haut degré ; seulement quand Édouard, lui ayant dit l'endroit où gisait le sanglier, lui intima, de la part de Roland, l'ordre de trouver des hommes pour aller chercher l'animal, il secoua la tête.

— Eh bien, quoi ! demanda Édouard, vas-tu refuser d'obéir à mon frère ? — Dieu m'en garde, monsieur Édouard, et Jacques va partir à l'instant même pour Montagnat. — Tu as peur qu'il ne trouve personne ? — Bon ! il trouvera dix hommes pour un; mais c'est à cause de l'heure qu'il est, et de l'endroit de l'hallali. Vous dites que c'est près du pavillon de la Chartreuse ? — A vingt pas.

— J'aimerais mieux que c'en fût à une lieue, répondit Michel en se grattant la tête; mais n'importe, on va toujours les envoyer chercher sans leur dire ni pourquoi ni comment. Dame ! une fois ici, ce sera à votre frère à les décider.

— C'est bien ! c'est bien ! qu'ils viennent, je les déciderai, moi. — Oh ! fit Michel, si je n'avais pas ma diablesse d'entorse, j'irais moi-même ; mais la journée d'aujourd'hui lui a fait drôlement du bien. Jacques ! Jacques !

Jacques arriva. Édouard resta non-seulement jusqu'à ce que l'ordre fût donné au jeune homme de partir pour Montagnat, mais jusqu'à ce qu'il fût parti.

Puis il remonta pour faire ce que faisaient sir John et Roland, c'est-à-dire pour faire sa toilette.

Il ne fut, comme on le comprend bien, question à table que des prouesses de la journée. Édouard ne demandait pas mieux que d'en parler, et sir John, émerveillé de ce courage, de cette adresse et de ce bonheur de Roland, renchérissait sur le récit de l'enfant.

Madame de Montrevel frémissait à chaque détail, et cependant elle se faisait redire chaque détail vingt fois.

Ce qui lui parut le plus clair à la fin de tout cela, c'est que Roland avait sauvé la vie d'Édouard.

— L'as-tu bien remercié, au moins? demanda-t-elle à l'enfant. — Qui cela? — Le grand frère. — Pourquoi donc le remercier? dit Édouard. Est-ce que je n'aurais pas fait comme lui? — Que voulez-vous, Madame, dit sir John, vous êtes une gazelle qui, sans vous en douter, avez mis au jour une race de lions.

Amélie avait de son côté accordé une grande attention au récit, mais surtout quand elle avait vu les chasseurs se rapprocher de la Chartreuse.

A partir de ce moment, elle avait écouté, l'œil inquiet, et n'avait paru respirer que lorsque les trois chasseurs, n'ayant après l'hallali aucun motif de poursuivre leur course dans le bois, étaient remontés à cheval.

A la fin du dîner, on vint annoncer que Jacques était de retour avec deux paysans de Montagnat.

Les paysans demandaient des renseignements précis sur l'endroit où les chasseurs avaient laissé l'animal.

Roland se leva pour aller les donner, mais madame de Montrevel, qui ne voyait jamais assez son fils, se tournant vers le messager :

— Faites entrer ces braves gens, dit-elle; il est inutile que Roland se dérange pour cela.

Cinq minutes après, les deux paysans entrèrent roulant leurs chapeaux entre leurs doigts.

— Ça, mes enfants, dit Roland, il s'agit d'aller chercher dans la forêt de Seillon un sanglier que nous y avons tué. — Ça peut se faire, répondit un des paysans. Et il consulta ensuite son compagnon du regard. — Ça peut se faire tout de même, dit l'autre. — Soyez tranquilles, continua Roland, vous ne perdrez pas votre peine. — Oh! nous sommes tranquilles, fit un des paysans; on vous connaît, monsieur Montrevel. — Oui, répondit l'autre, on sait que vous n'avez pas plus que votre père, le général, l'habitude de faire travailler les gens pour rien. Oh! si tous les aristocrates avaient été comme vous, il n'y aurait pas eu de révolution, monsieur Louis. — Mais, non, qu'il n'y en aurait pas eu, dit l'autre, qui semblait venu là pour être l'écho affirmatif de ce que disait son compagnon. — Reste seulement à savoir où est l'animal, demanda le premier paysan. — Oui, répéta le second, reste à savoir où il est. — Oh! il ne sera pas difficile à trouver. — Tant mieux, fit le paysan. — Vous connaissez bien le pavillon de la forêt? — Lequel? — Oui, lequel? — Le pavillon qui dépend de la Chartreuse de Seillon.

Les deux paysans se regardèrent.

— Eh bien, vous le trouverez à vingt pas de la façade qui regarde le bois de Genoud.

Les deux paysans se regardèrent encore.

— Hum! fit l'un. — Hum! répéta l'autre, fidèle écho de son compagnon. —

Eh bien quoi, hum? demanda Roland. — Dame! — Voyons, expliquez-vous, qu'y a-t-il? — Il y a que nous aimerions mieux que ce fût à l'autre extrémité de la forêt. — Comment! à l'autre extrémité de la forêt? — Ça est un fait, dit le second paysan. — Mais pourquoi à l'autre extrémité de la forêt? reprit Roland qui commençait à s'impatienter; il y a trois lieues d'ici à l'autre extrémité de la forêt; tandis que vous avez une lieue à peine d'ici à l'endroit où est le sanglier. — Oui, dit le premier paysan, c'est que l'endroit où est le sanglier.....

Et il s'arrêta en se grattant la tête.

— Justement, voilà! dit le second. — Voilà quoi? — C'est un peu trop près de la Chartreuse. — Pas de la Chartreuse, du pavillon. — C'est tout un; vous savez bien, monsieur Louis, qu'on dit qu'il y a un passage souterrain qui va du pavillon à la Chartreuse. — Oh! il y en a un, c'est sûr, dit le second paysan. — Eh bien, fit Roland, qu'a de commun la Chartreuse, le pavillon, le souterrain avec notre sanglier? — Cela a de commun que l'animal est dans un mauvais endroit; voilà. — Oh! oui, un mauvais endroit, répéta le second paysan. — Ah çà, vous expliquerez-vous, drôles? s'écria Roland qui commençait à se fâcher, tandis que sa mère s'inquiétait et qu'Amélie pâlissait visiblement. — Pardon, monsieur Louis, dit le paysan, nous ne sommes pas des drôles; nous sommes des gens craignant Dieu; voilà tout. — Eh! mille tonnerres! dit Roland, moi aussi je crains Dieu! Après? — Ce qui fait que nous ne nous soucions pas d'avoir des démêlés avec le diable. — Non, non, non, dit le second paysan. — Avec son semblable, continua le premier paysan, un homme vaut un homme. — Quelquefois même il en vaut deux dit le second bâti en Hercule. — Mais avec des êtres surnaturels, des fantômes, des spectres, non, merci! continua le premier paysan. — Merci, répéta le second. — Ah çà, ma mère; ah çà! ma sœur, demanda Roland s'adressant aux deux femmes, comprenez-vous, au nom du ciel! quelque chose à ce que disent ces deux imbéciles? — Imbéciles! fit le premier paysan, c'est possible; mais il n'en est pas moins vrai que Pierre Marey, pour avoir voulu regarder par-dessus le mur de la Chartreuse, a eu le cou tordu; il est vrai que c'était un samedi, jour de sabbat. — Et qu'on n'a jamais pu le lui redresser, affirma le second paysan, de sorte qu'on a été obligé de l'enterrer le visage à l'envers et regardant ce qui se passe derrière lui. — Oh! oh! fit sir John, voilà qui devient intéressant; j'aime fort les histoires de fantômes. — Bon! dit Édouard, ce n'est point comme ma sœur Amélie, milord, à ce qu'il paraît. — Pourquoi cela? — Regarde donc, frère Roland, comme elle est pâle. — En effet, dit sir John, mademoiselle semble prête à se trouver mal. — Moi, pas du tout, fit Amélie; seulement ne trouvez-vous pas qu'il fait un peu chaud ici, ma mère?

Et Amélie essuya son front couvert de sueur.

— Non, dit madame de Montrevel. — Cependant, insista Amélie, si je ne craignais pas de vous incommoder, Madame, je vous demanderais la permission d'ouvrir une fenêtre. — Fais, mon enfant.

Amélie se leva vivement pour mettre à profit la permission reçue, et, tout en chancelant, alla ouvrir une fenêtre donnant sur le jardin.

La fenêtre ouverte, elle resta debout adossée à la barre d'appui; et à moitié cachée par les rideaux;

— Ah! dit-elle, ici, au moins, on respire.

Sir John se leva pour lui offrir son flacon de sels; mais vivement :
— Non, non, milord, dit Amélie, je vous remercie, cela va tout à fait mieux.
— Voyons, voyons, dit Roland impatienté; il ne s'agit pas de cela, mais de notre sanglier. — Eh bien, votre sanglier, monsieur Louis, on l'ira chercher demain. — C'est ça, dit le second paysan, demain matin il fera jour. — De sorte que pour y aller ce soir... ? — Oh! pour y aller ce soir...

Le paysan regarda son camarade, et tous deux en même temps secouant la tête :

— Pour y aller ce soir, ça ne se peut pas. — Poltrons! — Monsieur Louis, on n'est pas poltron pour avoir peur, dit le premier paysan. — Que non, on n'est pas poltron pour ça, répondit le second. — Ah! fit Roland, je voudrais bien qu'un plus fort que vous me soutînt cette thèse, que l'on n'est pas poltron pour avoir peur. — Dame! c'est selon la chose dont on a peur, monsieur Louis; qu'on me donne une bonne serpe ou un bon gourdin, je n'ai pas peur d'un loup; qu'on me donne un bon fusil, je n'ai pas peur d'un homme, quand bien même je saurais que cet homme m'attend pour m'assassiner. — Oui, dit Édouard, mais d'un fantôme, fût-ce d'un fantôme de moine, tu as peur? — Mon petit monsieur Édouard, dit le paysan, laissez parler votre frère, M. Louis; vous n'êtes pas encore assez grand pour plaisanter avec ces choses-là, non. — Non, ajouta l'autre paysan; attendez que vous ayez de la barbe au menton, mon petit Monsieur. — Je n'ai pas de barbe au menton, répondit Édouard en se redressant, mais cela n'empêche point que si j'étais assez fort pour porter le sanglier, je l'irais bien chercher tout seul, que ce fût le jour où la nuit. — Grand bien vous fasse, mon jeune Monsieur; mais voilà mon camarade et moi qui vous disons que pour un louis nous n'irions pas. — Mais pour deux, dit Roland qui voulait les pousser à bout. — Ni pour deux, ni pour quatre, ni pour dix, monsieur de Montrevel; c'est bon, dix louis, mais qu'est-ce que je ferais de vos dix louis quand j'aurais le cou tordu? — Oui, le cou tordu comme Pierre Marey, dit le second paysan. — Ce n'est pas vos dix louis qui donneront du pain à ma femme et à mes enfants pour le restant de leurs jours, n'est-ce pas? — Et encore, quand tu dis dix louis, reprit le second paysan, cela ne serait que cinq, puisqu'il y en aurait cinq pour moi. — Alors, il revient des fantômes dans le pavillon? demanda Roland. — Je ne dis pas dans le pavillon; dans le pavillon je n'en suis pas sûr; mais dans la Chartreuse... — Dans la Chartreuse, tu en es sûr? — Oh! oui; là, bien certainement. — Tu les as vus? — Pas moi; mais il y a des gens qui les ont vus. — Ton camarade? demanda le jeune officier en se tournant vers le second paysan. — Je ne les ai pas vus; mais j'ai vu des flammes et Claude Philippon a entendu des chaînes. — Ah! il y a des flammes et des chaînes? demanda Roland. — Oui! et quant aux flammes, dit le premier paysan, je les ai vues, moi. — Et Claude Philippon a entendu les chaînes, répéta le premier. — Très-bien, mes amis, très-bien, reprit Roland d'un ton goguenard; donc, à aucun prix, vous n'irez ce soir? — A aucun prix. — Pas pour tout l'or du monde. — Et vous irez demain au jour? — Oh! monsieur Louis, avant que vous ne soyez levé le sanglier sera ici. — Il y sera que vous ne serez pas levé, répondit l'écho. — Eh bien! fit Roland, venez me revoir après-demain. — Volontiers, monsieur Louis; pourquoi faire? — Venez toujours. — Oh! nous viendrons. — C'est-à-dire que, du moment où vous nous dites *venez*, vous pouvez être sûr que nous n'y manquerons pas.

monsieur Louis. — Eh bien! moi, je vous en donnerai des nouvelles, et des nouvelles sûres? — De qui? — Des fantômes.

Amélie jeta un cri étouffé; madame de Montrevel seule entendit ce cri; Louis prenait de la main congé des deux paysans, qui se cognaient à la porte où ils voulaient passer tous les deux en même temps.

Il ne fut plus question, pendant tout le reste de la soirée, ni de la Chartreuse, ni du pavillon, ni des hôtes surnaturels, spectres ou fantômes, qui les hantaient.

IX

LES PLAISIRS DE LA PROVINCE.

A dix heures sonnantes tout le monde était couché au château des Noires-Fontaines, ou tout au moins chacun était retiré dans sa chambre.

Deux ou trois fois, pendant la soirée, Amélie s'était approchée de Roland comme si elle eût eu quelque chose à lui dire, mais toujours la parole avait expiré sur ses lèvres.

Quand on avait quitté le salon elle s'était appuyée à son bras, et, quoique la chambre de Roland fût située un étage au-dessus de la sienne, elle avait accompagné Roland jusqu'à la porte de sa chambre.

Roland l'avait embrassée, avait fermé sa porte en lui souhaitant une bonne nuit, et en se déclarant très-fatigué.

Cependant, malgré cette déclaration, Roland, rentré chez lui, n'avait point procédé à sa toilette de nuit; il était allé à son trophée d'armes, en avait tiré une magnifique paire de pistolets d'honneur, de la manufacture de Versailles, donnée à son père par la Convention, en avait fait jouer les chiens, et avait soufflé dans les canons pour voir s'ils n'étaient pas vieux chargés.

Les pistolets étaient en excellent état.

Après quoi il les avait posés côte à côte sur la table, était allé ouvrir doucement la porte de la chambre, regardant du côté de l'escalier pour voir si personne ne l'épiait, et, voyant que corridor et escalier étaient solitaires, il était allé frapper à la porte de sir John.

— Entrez, dit l'Anglais.

Sir John, lui non plus, n'avait pas encore commencé sa toilette de nuit.

— J'ai compris, à un signe que vous m'avez fait, que vous aviez quelque chose à me dire, fit sir John, et, vous le voyez, je vous attendais. — Certainement que j'ai quelque chose à vous dire, dit Roland en s'étendant joyeusement dans un fauteuil. — Mon cher hôte, répliqua l'Anglais, je commence à vous connaître, de sorte que, quand je vous vois si gai que cela, je suis comme vos paysans, j'ai peur. — Vous avez entendu ce qu'ils ont dit? — C'est-à-dire qu'ils ont raconté une magnifique histoire de fantômes. J'ai un château en Angleterre, où il revient des fantômes. — Vous les avez vus, milord? — Oui, quand j'étais petit; par malheur, depuis que je suis grand, ils ont disparu. — C'est comme cela les fantômes, dit gaiement Roland, ça va, ça vient; quelle chance! hein? que je sois revenu justement à l'heure où il y a des fantômes à la Chartreuse de Seillon! — Oui, fit sir John, c'est bien heureux, seulement êtes-vous sûr qu'il y en ait? — Non, mais après-demain j'en serai sûr. — Comment cela? — Je compte y passer la nuit de demain. — Oh! dit l'Anglais, voulez-vous, moi, que j'aille avec vous? — Ce serait avec plaisir, milord, mais par malheur la chose est impossible. — Impossible, oh! — C'est comme j'ai l'honneur de vous le dire, mon cher hôte. — Impossible! pourquoi? — Connaissez-vous les mœurs des fantômes, milord? demanda gravement Roland. — Non. — Eh bien, je les connais, moi : les fantômes ne se montrent que dans certaines conditions. — Expliquez-moi cela. — Ainsi, par exemple, tenez, milord, en Italie, en Espagne, pays des plus superstitieux, eh bien! il n'y a pas de fantômes, ou, s'il y en a, dame! dame! c'est tous les dix ans, c'est tous les vingt ans, c'est tous les siècles. — Et à quoi attribuez-vous cette absence de fantômes? — Au défaut de brouillards, milord. — Ah! ah! — Sans doute ; vous comprenez bien, l'atmosphère des fantômes, c'est le brouillard : en Écosse, en Danemark, en Angleterre, pays de brouillards, on regorge de fantômes, on a le spectre du père d'Hamlet, le spectre de Banquo, les ombres des victimes de Richard III; en Italie, vous n'avez qu'un spectre, celui de César; et encore où apparaît-il à Brutus? à Philippes en Macédoine, en Thrace, c'est-à-dire dans le Danemark de la Grèce, dans l'Écosse de l'Orient, où le brouillard a trouvé moyen de rendre Ovide mélancolique à ce point, qu'il a intitulé *Tristes* les vers qu'il y a faits. Pourquoi Virgile fait-il apparaître l'ombre d'Anchise à Énée? parce que Virgile est de Mantoue. Connaissez-vous Mantoue? un pays de marais, une vraie grenouillère, une fabrique de rhumatismes, une atmosphère de vapeurs, par conséquent un nid de fantômes. — Allez toujours, je vous écoute. — Vous avez vu les bords du Rhin? — Oui. — L'Allemagne, n'est-ce pas? — Oui. — Encore un pays de fées, d'ondines, de sylphes, et par conséquent de fantômes (qui peut le plus, peut le moins), tout cela à cause du brouillard toujours; mais en Italie, en Espagne, où diable voulez-vous que les fantômes se réfugient? pas la plus petite vapeur; aussi, si j'étais en Espagne ou en Italie, je ne tenterais même pas l'aventure de demain. — Tout cela ne me dit point pourquoi vous refusez ma compagnie, insista sir John. — Attendez donc ; je vous ai déjà expliqué comment les fantômes ne se hasardent pas dans certains pays, parce qu'ils n'y trouvent pas certaines conditions atmosphériques, laissez-moi vous expliquer les chances qu'il faut se ménager quand on désire en voir. — Expliquez! expliquez! dit sir John; en vérité, vous êtes l'homme que j'aime le mieux entendre parler, Roland.

Et sir John s'étendit à son tour dans un fauteuil, s'apprêtant à écouter avec délices les improvisations de cet esprit fantasque qu'il avait déjà vu sous tant de faces depuis cinq ou six jours à peine qu'il le connaissait.

Roland s'inclina en signe de remerciement.

— Eh bien! voilà donc l'affaire, et vous allez comprendre cela, milord ; j'ai tant entendu parler fantômes dans ma vie, que je connais ces gaillards-là, comme si je les avais faits. Pourquoi les fantômes se montrent-ils? — Vous me demandez cela? fit sir John. — Oui, je vous le demande. — Je vous avoue que, n'ayant pas étudié les fantômes comme vous, je ne saurais vous faire une réponse positive. — Vous voyez bien! Les fantômes se montrent, mon cher lord, pour faire peur à celui auquel ils apparaissent. — C'est incontestable.

— Parbleu! s'ils ne font pas peur à celui à qui ils apparaissent, c'est celui à qui ils apparaissent qui leur fait peur : témoin M. de Turenne, dont les fantômes se sont trouvés être des faux-monnayeurs. Connaissez-vous cette histoire-là? — Non. — Je vous la raconterai un autre jour, ne nous embrouillons pas. Voilà pourquoi, lorsqu'ils se décident à apparaître, ce qui est rare, voilà pourquoi les fantômes choisissent les nuits orageuses, où il fait des éclairs, du tonnerre, du vent : c'est leur mise en scène. — Je suis forcé d'avouer que tout cela est on ne peut plus juste. — Attendez! il y a certaines secondes où l'homme le plus brave sent un frisson courir dans ses veines; du temps où je n'avais pas un anévrisme, cela m'est arrivé dix fois, quand je voyais briller sur ma tête l'éclair des sabres et gronder à mes oreilles le tonnerre des canons. Il est vrai que, depuis que j'ai un anévrisme, je cours où l'éclair brille, où le tonnerre gronde; mais j'ai une chance, c'est que les fantômes ne sachent pas cela, c'est que les fantômes croient que je puis avoir peur. — Tandis que c'est impossible, n'est-ce pas? demanda sir John. — Que voulez-vous, quand au lieu d'avoir peur de la mort, on croit, à tort ou à raison, avoir un motif de chercher la mort, je ne sais pas de quoi l'on aurait peur; mais, je vous le répète, il est possible que les fantômes, qui savent beaucoup de choses cependant, ne sachent point cela. Seulement ils savent ceci, c'est que le sentiment de la peur s'augmente ou diminue par la vue et par l'audition des objets extérieurs. Ainsi, par exemple, où les fantômes apparaissent-ils de préférence? dans les lieux obscurs, dans les cimetières, dans les vieux cloîtres, dans les ruines, dans les souterrains, parce que déjà l'aspect des localités a disposé l'âme à la peur. Après quoi apparaissent-ils? après des bruits de chaînes, des gémissements, des soupirs, parce que tout cela n'a rien de bien récréatif; ils n'ont garde de venir au milieu d'une grande lumière ou après un air de contredanse; non, la peur est un abîme où l'on descend marche à marche, jusqu'à ce que le vertige vous prenne, jusqu'à ce que le pied vous glisse, jusqu'à ce que vous tombiez les yeux fermés jusqu'au fond du précipice. Ainsi, lisez le récit de toutes les apparitions, voici comment les fantômes procèdent : d'abord le ciel s'obscurcit, le tonnerre gronde, le vent siffle, les fenêtres et les portes crient, la lampe, s'il y a une lampe dans la chambre de celui à qui ils tiennent à faire peur, la lampe pétille, pâlit et s'éteint, obscurité complète; alors, dans l'obscurité, on entend des plaintes, des gémissements, des bruits de chaînes, enfin la porte s'ouvre et le fantôme apparaît. Je dois dire que toutes les apparitions que j'ai, non pas vues, mais lues, se sont produites dans des circonstances pareilles. Voyons, est-ce bien cela, sir John? — Parfaitement. — Et avez-vous jamais vu qu'un fantôme ait apparu à deux personnes à la fois? — En effet, je ne l'ai jamais ni lu, ni entendu dire. — C'est tout simple, mon cher lord : à deux, vous comprenez, on n'a pas peur; la peur, c'est une chose mystérieuse, étrange, indépendante de la volonté, pour laquelle il faut l'isolement, les ténèbres, la solitude. Un fantôme n'est pas plus dangereux qu'un boulet de canon. Eh bien! est-ce qu'un soldat a peur d'un boulet de canon, le jour, quand il est en compagnie de ses camarades, quand il sent les coudes à gauche? Non, il va droit à la pièce, il est tué ou tue, c'est ce que ne veulent pas les fantômes, c'est ce qui fait qu'ils n'apparaissent pas à deux personnes à la fois; c'est ce qui fait que je veux aller seul à la Chartreuse, milord; votre présence empêcherait le fantôme le plus résolu de paraître. Si je n'ai rien vu ou si j'ai vu quelque chose qui en vaille la peine, eh bien, ce sera votre tour après-demain; le marché vous convient-il? — A merveille! mais pourquoi n'irai-je pas le premier? — Ah! d'abord, parce que l'idée ne vous en est pas venue et que c'est bien le moins que j'aie le bénéfice de mon idée ; ensuite parce que je suis du pays, que j'étais lié avec tous ces bons moines de leur vivant, et qu'il y a, dans cette liaison, une chance de plus qu'ils m'apparaissent après leur mort; enfin parce que, connaissant les localités, s'il faut fuir ou poursuivre, je me tirerai mieux que vous de l'agression ou de la retraite. Tout cela vous paraît-il juste, mon cher lord? — On ne peut plus juste, oui, mais moi j'irai le lendemain. — Le lendemain, le surlendemain, tous les jours, toutes les nuits si vous voulez; ce à quoi je tiens, c'est à la primeur. Maintenant, continua Roland en se levant, c'est entre vous et moi, n'est-ce pas? Pas un mot à qui que ce soit au monde, les fantômes pourraient être prévenus et agir en conséquence. Il ne faut pas nous faire rouler par ces gaillards-là, ce serait trop grotesque. — Soyez tranquille. Vous prendrez des armes, n'est-ce pas? — Si je croyais n'avoir affaire qu'à des fantômes, j'irais les deux mains dans les poches, et rien dans les goussets ; mais, comme je vous le disais tout à l'heure, je me rappelle les faux-monnayeurs de M. de Turenne, et je prendrai des pistolets. — Voulez-vous les miens? — Non, merci; ceux-là, quoiqu'ils soient bons, j'ai à peu près résolu de ne m'en servir jamais.

Puis, avec un sourire dont il serait impossible de rendre l'amertume.

— Ils me portent malheur, ajouta Roland. Bonne nuit, milord! Il faut que je dorme les poings fermés cette nuit, pour ne pas avoir envie de dormir demain.

Et, après avoir secoué énergiquement la main de l'Anglais, il sortit de sa chambre et rentra dans la sienne.

Seulement, en rentrant dans la sienne, une chose le frappa : c'est qu'il retrouvait ouverte sa porte qu'il était sûr d'avoir laissée fermée.

Mais il fut à peine entré que la vue de sa sœur lui expliqua ce changement.

— Tiens! fit-il moitié étonné, moitié inquiet, c'est toi, Amélie? — Oui, c'est moi, dit la jeune fille.

Puis s'approchant de son frère et lui donnant son front à baiser :

— Tu n'iras pas, dit-elle d'un ton suppliant, n'est-ce pas, mon ami? — Où cela? demanda Roland. — A la Chartreuse. — Bon! Et qui t'a dit que j'y allais? — Oh! lorsque l'on te connaît, comme c'est difficile à deviner! — Et pourquoi veux-tu que je n'aille pas à la Chartreuse? — Je crains qu'il ne t'arrive un malheur. — Ah çà! tu crois donc aux fantômes, toi? dit Roland en fixant son regard sur celui d'Amélie.

Amélie baissa les yeux, et Roland sentit la main de sa sœur, qu'il avait fixée sur son bras, tremblante dans la sienne.

— Voyons, dit Roland, Amélie, celle qu'autrefois j'ai connue du moins, la fille du général de Montrevel, la sœur de Roland, est trop intelligente pour subir les terreurs vulgaires : il est impossible que tu croies à ces contes d'apparitions de chaînes, de flammes, de spectres, de fantômes. — Si j'y croyais, mon ami, mes craintes seraient moins grandes; si les fantômes existent, ce sont des âmes dépouillées de leur corps, et par conséquent qui ne peuvent sortir du tombeau avec les haines de la matière; or, pourquoi un fantôme te haïrait-il, toi, Roland, qui n'as jamais fait de mal à personne? — Bon! tu oublies ceux que j'ai tués à l'armée ou en duel.

Amélie secoua la tête.

— Je ne crains pas ceux-là. — Que crains-tu donc, alors?

La jeune fille leva sur Roland ses beaux yeux tout mouillés de larmes, et, se jetant dans les bras de son frère :

— Je ne sais, dit-elle, Roland ; mais, que veux-tu? je crains.

Le jeune homme, par une légère violence, releva la tête qu'Amélie cachait dans sa poitrine, et, baissant doucement et tendrement ses longues paupières:

— Tu ne crois pas que ce soient des fantômes que j'aurai demain à combattre, n'est-ce pas? demanda-t-il. — Mon frère, ne va pas à la Chartreuse, insista Amélie d'un ton suppliant, en éludant la question. — C'est notre mère qui t'a chargée de me demander cela : avoue-le, Amélie? — Oh! mon frère, non, ma mère ne m'en a pas dit un mot; c'est moi qui ai deviné que tu voulais y aller. — Eh bien! si je voulais y aller, Amélie, dit Roland d'un ton ferme, tu dois savoir une chose, c'est que j'irais. — Même si je t'en prie à mains jointes, mon frère? dit Amélie avec un accent presque douloureux ; même si je t'en prie à genoux?

Et elle se laissa glisser aux pieds de son frère.

— Oh! femmes! femmes! murmura Roland, inexplicables créatures dont les paroles sont un mystère, dont la bouche ne dit jamais les secrets du cœur, qui pleurent, qui prient, qui tremblent, pourquoi? Dieu le sait! mais nous autres hommes, jamais! J'irai, Amélie, parce que j'ai résolu d'y aller, et que, quand j'ai pris une fois une résolution, nulle puissance au monde n'a le pouvoir de m'en faire changer. Maintenant embrasse-moi, ne crains rien, et je te dirai tout bas un grand secret.

Amélie releva la tête, fixa sur Roland un regard à la fois interrogateur et désespéré.

— J'ai reconnu depuis plus d'un an, répondit le jeune homme, que j'ai le malheur de ne pouvoir mourir; rassure-toi donc et sois tranquille.

Roland prononça ces paroles d'un ton si douloureux qu'Amélie, qui jusque-là était parvenue à retenir ses larmes, rentra chez elle en éclatant en sanglots.

Le jeune officier, après s'être assuré que sa sœur avait refermé sa porte, referma la sienne en murmurant :

— Nous verrons bien qui se lassera enfin de moi ou de la destinée.

TROISIÈME PARTIE.

I.

LE FANTÔME.

Le lendemain, à l'heure à peu près à laquelle nous venons de quitter Roland, le jeune officier, après s'être assuré que tout le monde était couché au château des Noires-Fontaines, entr'ouvrit doucement sa porte, descendit l'escalier en retenant sa respiration, gagna le vestibule, tira sans bruit les verrous de la porte d'entrée, descendit le perron, se retourna pour s'assurer que tout était bien tranquille, et, rassuré par l'obscurité des fenêtres, il attaqua bravement la grille.

La grille, dont les gonds avaient selon toute probabilité été huilés dans la journée, tourna sans faire entendre le moindre grincement, et se referma comme elle s'était ouverte après avoir donné passage à Roland, qui s'avança rapidement alors dans la direction du chemin de Pont-d'Ain à Bourg.

A peine eut-il fait cent pas que la cloche de Saint-Just tinta un coup : celle de Montagnat lui répondit comme un écho de bronze; dix heures et demie sonnaient.

Au pas dont marchait le jeune homme il lui fallait à peine vingt minutes pour atteindre la Chartreuse de Seillon, surtout si, au lieu de contourner le bois, il prenait le sentier qui conduisait droit au monastère.

Roland était trop familiarisé depuis sa jeunesse avec les moindres laies de la forêt de Seillon pour allonger inutilement son chemin de dix minutes. Il prit donc sans hésiter à travers bois, et, au bout de cinq minutes, il reparut de l'autre côté de la forêt.

Arrivé là il n'avait plus à traverser qu'un bout de plaine pour être arrivé au mur du verger du cloître.

Ce fut l'affaire de cinq autres minutes à peine.

Au pied du mur il s'arrêta, mais ce fut pour quelques secondes.

Il dégrafa son manteau, le roula en tampon, et le jeta par-dessus le mur.

Son manteau ôté, il resta avec une redingote de velours, une culotte de peau blanche et des bottes à retroussis.

La redingote était serrée autour du corps par une ceinture dans laquelle étaient passés deux pistolets.

Un chapeau à larges bords couvrait son visage et le voilait d'ombre.

Avec la même rapidité qu'il s'était débarrassé du vêtement qui pouvait le gêner pour franchir le mur, il se mit à l'escalader.

Son pied chercha une jointure qu'il n'eut pas de peine à trouver; il s'élança, saisit la crête du chaperon, et retomba de l'autre côté sans avoir même touché le faîte de ce mur par-dessus lequel il avait bondi.

Il ramassa son manteau, le rejeta sur ses épaules, l'agrafa de nouveau, et, à travers le verger, gagna à grands pas une petite porte qui servait de communication entre le verger et le cloître.

Comme il franchissait le seuil de cette petite porte, onze heures sonnaient.

Roland s'arrêta, compta les coups, fit lentement le tour du cloître, regardant et écoutant; il ne vit rien et n'entendit pas le moindre bruit.

Le monastère offrait l'image de la désolation et de la solitude; toutes les portes étaient ouvertes : celles des cellules, celle de la chapelle, celle du réfectoire.

Dans le réfectoire, immense pièce où les tables étaient encore dressées, Roland vit voleter cinq ou six chauves-souris; une chouette effrayée s'échappa par une fenêtre brisée, se percha sur un arbre à quelques pas de là et fit entendre son cri funèbre.

— Bon! dit tout haut Roland, je crois que c'est ici que je dois établir mon quartier général; chauves-souris et chouettes sont l'avant-garde des fantômes.

Le son de cette voix humaine, s'élevant du milieu de cette solitude, de ces ténèbres et de cette désolation, avait quelque chose d'insolite et de lugubre qui eût fait frissonner celui-là même qui venait de parler, si Roland, comme il l'avait dit lui-même, n'avait pas eu une âme inaccessible à la peur.

Il chercha un point d'où il pût du regard embrasser toute la salle : une table isolée, placée sur une espèce d'estrade, à l'une des extrémités du réfectoire, et qui avait sans doute servi au supérieur du couvent soit pour faire une lecture pieuse pendant le repas, soit pour prendre son repas séparé des autres frères, lui parut un lieu d'observation réunissant tous les avantages qu'il pouvait désirer.

Appuyé au mur, il ne pouvait être surpris par derrière, et de là son regard, lorsqu'il serait habitué aux ténèbres, dominerait tous les points de la salle.

Il chercha un siège quelconque et trouva renversé, à trois pas de la table, l'escabeau qui avait dû être celui du convive ou du lecteur isolé.

Il s'assit devant la table, détacha son manteau pour avoir toute liberté dans ses mouvements, prit ses pistolets à sa ceinture, en disposa un devant lui, et, frappant trois coups sur la table avec la crosse de l'autre :

— La séance est ouverte, dit-il à haute voix; les fantômes peuvent venir.

Ceux qui, la nuit, traversant à deux des cimetières ou des églises, ont quelquefois éprouvé, sans s'en rendre compte, ce suprême besoin de parler bas et religieusement qui s'attache à certaines localités, ceux-là seuls comprendront quelle étrange impression eût produite, sur celui qui l'eût entendue, cette voix railleuse et saccadée troublant la solitude et les ténèbres.

Elle vibra un instant dans l'obscurité, qu'elle fit en quelque sorte tressaillir; puis elle s'éteignit et mourut sans écho, s'échappant à la fois par toutes ces ouvertures que les ailes du temps avaient faites sur son passage.

Comme il s'y était attendu, les yeux de Roland s'étaient habitués aux ténèbres, et maintenant, grâce à la pâle lumière de la lune qui venait de se lever, et qui pénétrait dans le réfectoire en longs rayons blanchâtres par les fenêtres brisées, il pouvait voir distinctement d'un bout à l'autre de l'immense chambre.

Quoique évidemment, à l'intérieur comme à l'extérieur, Roland fût sans crainte, il n'était pas sans défiance, et son oreille percevait les moindres bruits.

Il entendit sonner la demie.

Malgré lui le timbre le fit tressaillir; il venait de l'église même du couvent.

Comment, dans cette ruine où tout était mort, l'horloge, cette pulsation du temps, était-elle demeurée vivante?

— Oh! oh! dit Roland, voilà qui m'indique que je verrai quelque chose.

Ces paroles furent presque un aparté; la majesté des lieux et du silence agissait sur ce cœur pétri d'un bronze aussi dur que celui qui venait de lui envoyer cet appel du temps contre l'éternité.

Les minutes s'écoulèrent les unes après les autres; sans doute un nuage passait entre la lune et la terre, car il semblait à Roland que les ténèbres s'épaississaient.

Puis il lui semblait, à mesure que minuit s'approchait, entendre mille bruits à peine perceptibles, confus et différents qui, sans doute, venaient de ce monde nocturne qui s'éveille quand l'autre s'endort.

La nature n'a pas voulu qu'il y eût suspension dans la vie, même pour le

LES COMPAGNONS DE JEHU.   LE FANTÔME.   TYP. J. CLAYE.

repos; elle a fait son univers nocturne comme elle a fait son monde du jour, depuis le moustique bourdonnant au chevet du dormeur, jusqu'au lion rôdant autour du douar de l'Arabe.

Mais Roland, veilleur des camps, sentinelle perdue dans le désert, Roland chasseur, Roland soldat, connaissait tous ces bruits; ces bruits ne le troublaient donc pas, lorsque tout à coup à ces bruits vint se mêler de nouveau le timbre de l'horloge vibrant pour la seconde fois au-dessus de sa tête.

Cette fois c'était minuit; il compta les douze coups les uns après les autres.

Le dernier se fit entendre, frissonna dans l'air comme un oiseau aux ailes de bronze, puis s'éteignit lentement, tristement, douloureusement.

En même temps il sembla au jeune homme qu'il entendait une plainte.

Roland tendit l'oreille du côté où venait le bruit.

La plainte se fit entendre plus rapprochée.

Il se leva, mais les mains appuyées sur la table et ayant sous la paume de chacune de ses mains la crosse d'un pistolet. Un frôlement, pareil à celui d'un drap ou d'une robe qui traînerait sur l'herbe, se fit entendre à sa gauche, à dix pas de lui.

Il se redressa comme mû par un ressort.

Au même moment une ombre apparut au seuil de la salle immense. Cette ombre ressemblait à une de ces vieilles statues couchées sur les sépulcres; elle était enveloppée d'un immense linceul qui traînait derrière elle.

Roland douta un instant de lui-même. La préoccupation de son esprit lui faisait-elle voir ce qui n'était pas? Était-il la dupe de ses sens, le jouet d'une de ces hallucinations que la médecine constate, mais ne peut expliquer?

Une plainte poussée par le fantôme fit évanouir ses doutes.

— Ah! par ma foi! dit-il en éclatant de rire, à nous deux, ami spectre.

Le spectre s'arrêta et étendit la main vers le jeune officier.

— Roland! Roland! dit le spectre d'une voix sourde, ce serait une piété que de ne pas poursuivre les morts dans le tombeau où tu les as fait descendre.

Et le spectre continua son chemin sans hâter le pas.

Roland, un instant étonné, descendit de son estrade et se mit à la poursuite du fantôme.

Le chemin était difficile, encombré qu'il se présentait de pierres, de bancs mis en travers, de tables renversées.

Et cependant on eût dit qu'à travers tous ces obstacles un sentier invisible était tracé pour le spectre, qui marchait du même pas sans que rien l'arrêtât.

Chaque fois qu'il passait devant une fenêtre, la lumière extérieure, si faible qu'elle fût, se réfléchissait sur le linceul, et le fantôme dessinait ses contours, qui, la fenêtre franchie, se perdaient dans l'obscurité pour reparaître bientôt et se perdre encore.

Roland, l'œil fixé sur celui qu'il poursuivait, craignant de le perdre de vue s'il en détachait un instant son regard, ne pouvait interroger du regard ce chemin qui semblait si facile au spectre et si hérissé d'obstacles pour lui.

A chaque pas il trébuchait; le fantôme gagnait sur lui.

Le fantôme arriva près de la porte opposée à celle par laquelle il était entré. Roland vit s'ouvrir l'entrée d'un corridor obscur, il comprit que l'ombre allait lui échapper.

— Homme ou spectre, voleur ou moine, dit-il, arrête, ou je fais feu! — On ne tue pas deux fois le même corps, et la mort, tu le sais bien, continua le fantôme d'une voix sourde, n'a pas de prise sur les âmes. — Qui es-tu donc? demanda Roland. — Je suis le spectre de celui que tu as violemment arraché de ce monde.

Le jeune officier éclata de rire, de son rire strident et nerveux rendu plus effrayant encore dans les ténèbres.

— Par ma foi, dit-il, si tu n'as pas d'autre indication à me donner, je ne prendrai pas même la peine de chercher, je t'en préviens. — Rappelle-toi la fontaine de Vaucluse, dit le fantôme avec un accent si faible, que cette phrase sembla sortir de sa bouche plutôt comme un soupir que comme des paroles articulées.

Un instant Roland sentit, non pas son cœur faiblir, mais la sueur perler à son front ; par une réaction sur lui-même il reprit sa force, et d'une voix menaçante :

— Une dernière fois, apparition ou réalité, cria-t-il, je te préviens que, si tu ne m'attends pas, je fais feu!

Le spectre fut sourd et continua son chemin.

Roland s'arrêta une seconde pour viser : le spectre était à dix pas de lui, Roland avait la main sûre, c'était lui-même qui avait glissé la balle dans le pistolet, un instant auparavant il venait de passer la baguette dans les canons pour s'assurer qu'ils étaient chargés. Au moment où le spectre se dessinait de toute sa hauteur, blanc, sur la voûte sombre du corridor, Roland fit feu.

La flamme illumina comme un éclair le corridor dans lequel continua de s'enfoncer le spectre, sans hâter ni ralentir le pas.

Puis, tout rentra dans une obscurité d'autant plus profonde que la lumière avait été plus vive.

Le spectre avait disparu sous l'arcade sombre.

Roland s'y élança à sa poursuite tout en faisant passer son second pistolet de sa main gauche à sa main droite.

Mais, si court qu'eût été le temps d'arrêt, le fantôme avait gagné du chemin; Roland le vit au bout du corridor se dessinant cette fois en vigueur sur l'atmosphère grise de la nuit.

Il doubla le pas et arriva à l'extrémité du corridor au moment où le spectre disparaissait derrière la porte de la citerne.

Roland redoubla de vitesse; il lui sembla, arrivé sur le seuil de la porte, que le spectre s'enfonçait dans les entrailles de la terre.

Cependant tout le torse était encore visible.

— Fusses-tu le démon, dit Roland, je te rejoindrai.

Et il lâcha son second coup de pistolet, qui emplit de flamme et de fumée le caveau dans lequel s'était englouti le spectre.

Quand la fumée fut dissipée, Roland chercha vainement; il était seul.

Roland se précipita dans le caveau en hurlant de rage ; il sonda les murs de la crosse de ses pistolets, il frappa le sol du pied : partout le sol et la pierre rendirent ce son mat des objets solides.

Il essaya de percer l'obscurité du regard, mais c'était chose impossible : le peu de lumière que laissait filtrer la lune s'arrêtait aux premières marches de la citerne.

— Oh! s'écria Roland, une torche! une torche!

Personne ne lui répondit; le seul bruit qui se faisait entendre était le murmure de la source coulant à trois pas de lui.

Il vit qu'une plus longue recherche serait inutile; il sortit du caveau, tira de sa poche une poire à poudre, deux balles tout enveloppées dans du papier, et rechargea vivement ses pistolets.

Puis il reprit le chemin qu'il venait de suivre, retrouva le couloir sombre, au bout du couloir le réfectoire immense, et alla reprendre, à l'extrémité de la salle muette, la place qu'il avait quittée pour suivre le fantôme.

Là, il attendit.

Mais les heures de la nuit sonnèrent successivement jusqu'à ce qu'elles devinssent les heures matinales, et que les premiers rayons du jour teignissent de leurs tons blafards les murailles du cloître.

— Allons, murmura Roland, c'est fini pour cette nuit, peut-être une autre fois serai-je plus heureux.

Vingt minutes après il rentra au château des Noires-Fontaines.

II

LES AMUSEMENTS DE LA PROVINCE.

Deux personnes attendaient le retour de Roland, l'une avec angoisse, l'autre avec impatience.

Ces deux personnes étaient Amélie et sir John.

Ni l'une ni l'autre n'avaient dormi une seconde.

Amélie ne manifesta son angoisse que par le bruit de sa porte, qui se refermait au fur et à mesure que Roland montait l'escalier. Roland avait entendu ce bruit. Il n'eut point le courage de passer à deux pas de sa sœur sans la rassurer.

— Sois tranquille, Amélie, c'est moi! dit-il.

Il ne pouvait point se figurer que sa sœur craignit pour un autre que pour lui. Amélie s'élança hors de sa chambre avec son peignoir de nuit.

Il était facile de voir, à la pâleur de son teint, au cercle de bistre s'étendant jusqu'à la moitié de ses joues, qu'elle n'avait pas fermé l'œil de la nuit.

— Il ne t'est rien arrivé, Roland? s'écria-t-elle en serrant son frère dans ses bras et en le tâtant avec inquiétude. — Rien. — Ni à toi ni à personne? — Ni à moi ni à personne. — Et tu n'as rien vu? — Je ne dis pas cela, fit Roland. — Qu'as-tu vu, mon Dieu? — Je te raconterai cela plus tard; en attendant, tant tués que blessés, il n'y a personne de mort. — Ah! je respire. — Maintenant, si j'ai un conseil à te donner, petite sœur, c'est d'aller te mettre gentiment dans ton lit et de dormir, si tu peux, jusqu'à l'heure du déjeuner. J'en vais faire autant, et je te promets que l'on n'aura pas besoin de me bercer pour m'endormir; bonne nuit ou plutôt bon matin!

Roland embrassa tendrement sa sœur; et, en affectant de siffloter insoucieusement un air de chasse, il monta l'escalier du second étage.

Sir John l'attendait franchement dans le corridor.

Il alla droit au jeune homme.

— Eh bien? lui demanda-t-il. — Eh bien, je n'ai point fait complétement buisson creux. — Vous avez vu un fantôme? — J'ai vu quelque chose du moins qui y ressemblait beaucoup. — Vous allez me raconter cela. — Oui, je comprends, vous ne dormiriez pas ou vous dormiriez mal; voici en deux mots la chose telle qu'elle s'est passée.

Et Roland fit un récit exact et circonstancié de l'aventure de la nuit.

— Bon! dit sir John quand Roland eut achevé; j'espère que vous en avez laissé pour moi? — J'ai même peur, dit Roland, de vous avoir laissé le plus dur.

Puis, comme sir John insistait, revenant sur chaque détail, se faisant indiquer les localités:

— Écoutez, dit Roland, aujourd'hui, après déjeuner, nous irons faire à la Chartreuse une visite de jour, ce qui ne vous empêchera point d'y faire votre station de nuit; au contraire, la visite de jour vous servira à étudier les localités. Seulement ne dites rien à personne. — Oh! fit sir John, ai-je donc l'air d'un bavard? — Non, c'est vrai, dit Roland en riant; ce n'est pas vous, milord, qui êtes un bavard, c'est moi qui suis un niais.

Et il rentra dans sa chambre.

Après le déjeuner les deux hommes descendirent les pentes du jardin comme pour aller faire une promenade aux bords de la Ressousse; puis, ils appuyèrent à gauche, remontèrent au bout de quatre cents pas, gagnèrent la grande route, traversèrent le bois et se trouvèrent au pied du mur de la Chartreuse, à l'endroit même où la veille Roland l'avait escaladé.

— Milord, dit Roland, voici le chemin. — Eh bien, fit sir John, prenons-le.

Et lentement, mais avec une admirable force de poignet qui indiquait un homme possédant à fond sa gymnastique, l'Anglais saisit le chaperon du mur, s'assit sur le faîte et se laissa retomber de l'autre côté.

Roland le suivit avec la prestesse d'un homme qui n'en était point à son coup d'essai.

Tous deux se trouvèrent de l'autre côté.

L'abandon était encore plus visible le jour que la nuit.

L'herbe avait poussé jusque dans les allées et montait jusqu'aux genoux, les espaliers étaient envahis par des vignes devenues si épaisses que le raisin n'y pouvait mûrir sous l'ombre des feuilles; en plusieurs endroits le mur était dégradé, et le lierre, ce parasite bien plus que cet ami des ruines, commençait à s'étendre de tous côtés.

Quant aux arbres en plein vent, pruniers, pêchers, abricotiers, ils avaient poussé avec la liberté des hêtres et des chênes de la forêt, dont ils semblaient envier la hauteur et l'épaisseur, et la sève, tout entière absorbée par les branches aux jets multiples et vigoureux, ne donnait que des fruits rares et mal venus.

Deux ou trois fois, au mouvement de l'herbe agitée devant eux, ils devinèrent que la couleuvre, cette hôtesse rampante de la solitude, avait établi là son domicile et fuyait tout étonnée qu'on la dérangeât.

Roland conduisit son ami droit à la porte donnant du verger dans le cloître; mais, avant d'entrer dans le cloître, il jeta les yeux sur le cadran de l'horloge; l'horloge qui marchait la nuit était arrêtée le jour.

Du cloître, il passa dans le réfectoire; là, le jour lui révéla sous leur véritable aspect les objets que l'obscurité avait revêtus des formes fantastiques de la nuit.

Roland montra à sir John l'escabeau renversé, la table rayée sous les batteries des pistolets, la porte par laquelle était entré le fantôme.

Il suivit, avec l'Anglais, le chemin qu'il avait suivi à la piste du fantôme; il reconnut les obstacles qui l'avaient arrêté, mais qui étaient faciles à franchir pour quelqu'un qui d'avance aurait pris connaissance de la localité.

Arrivé à l'endroit où il avait fait feu, il retrouva les bourres, mais il chercha inutilement la balle.

Par la disposition du corridor, fuyant en biais, il était cependant impossible, si la balle n'avait pas laissé de traces sur la muraille, qu'elle n'eût point atteint le fantôme.

Et cependant si le fantôme avait été atteint et présentait un corps solide, comment se fait-il que ce corps était resté debout? comment, au moins, n'avait-il point été blessé? et comment, ayant été blessé, ne trouvait-on sur le sol aucune trace de sang?

Or, il n'y avait ni trace de sang ni trace de balle.

Lord Tanlay n'était pas loin d'admettre que son ami avait eu affaire à un spectre véritable.

— On est venu depuis moi, dit Roland, et l'on a ramassé la balle. — Mais, si vous avez tiré sur un homme, comment la balle n'est-elle pas entrée? — Oh! c'est bien simple, l'homme avait une cotte de mailles sous son linceul.

C'était possible; cependant sir John secoua la tête en signe de doute; il aimait mieux croire à un événement surnaturel, cela le fatiguait moins.

L'officier et lui continuèrent leur investigation.

On arriva au bout du corridor et l'on se trouva à l'autre extrémité du verger.

C'était là que Roland avait revu son spectre, un instant disparu sous la voûte sombre.

Il alla droit à la citerne, il semblait suivre encore le fantôme, tant il hésitait peu.

Là, il comprit l'obscurité de la nuit devenue plus intense encore par l'absence de tout reflet extérieur; à peine y voyait-on pendant le jour.

Roland tira de dessous son manteau deux torches d'un pied de long, prit un briquet, y alluma de l'amadou et à l'amadou une allumette.

Les deux torches flambèrent.

Il s'agissait de découvrir le passage par où le fantôme avait disparu.

Roland et sir John approchèrent les torches du sol; la citerne était pavée de grandes dalles de liais qui semblaient parfaitement jointes les unes aux autres.

Roland cherchait sa seconde balle avec autant de persistance qu'il avait cherché la première. Une pierre se trouvait sous ses pieds, il repoussa la pierre et aperçut un anneau scellé dans une des dalles.

Sans rien dire, Roland passa sa main dans l'anneau, s'arc-bouta sur ses pieds et tira à lui.

La dalle tourna sur son pivot avec une facilité qui indiquait qu'elle opérait souvent la même manœuvre.

En tournant, elle découvrit l'entrée du souterrain.

— Ah! fit Roland, voici le passage de mon spectre.

Et il descendit dans l'ouverture béante. Sir John le suivit.

Ils firent le même trajet qu'avait fait Morgan lorsqu'il était revenu rendre compte de son expédition ; au bout du souterrain, ils trouvèrent la grille donnant sur les caveaux funéraires.

Roland secoua la grille, la grille n'était point fermée, elle céda.

Ils traversèrent le cimetière souterrain et atteignirent l'autre grille; comme la première, elle était ouverte.

Roland marchant toujours le premier, ils montèrent quelques marches et se trouvèrent dans le chœur de la chapelle où s'était passée la scène que nous avons racontée entre Morgan et les compagnons de Jehu.

Seulement les stalles étaient vides, le chœur était solitaire, et l'autel, dégradé par l'abandon du culte, n'avait plus ni ses cierges flamboyants, ni sa nappe sainte.

Il était évident pour Roland que là avait abouti la course du faux fantôme que sir John s'obstinait à croire véritable.

Mais, que le fantôme fût vrai ou faux, sir John avouait que c'était en effet là que sa course avait dû aboutir.

Il réfléchit un instant; puis après cet instant de réflexion :

— Eh bien! dit l'Anglais, puisque c'est à mon tour à veiller ce soir, puisque j'ai le droit de choisir la place où je veillerai, je veillerai-là, dit-il.

Et il montra une espèce de table formée au milieu du chœur par le pied de chêne qui supportait autrefois l'aigle du lutrin.

— En effet, dit Roland avec la même insouciance que s'il se fût agi de lui-même, vous ne serez pas mal là; seulement, comme ce soir vous pourriez trouver la pierre scellée et les deux grilles fermées, nous allons chercher une issue qui vous conduise directement ici.

Au bout de cinq minutes, l'issue était trouvée.

La porte d'une ancienne sacristie s'ouvrait sur le chœur, et, de cette sacristie, une fenêtre dégradée donnait passage dans la forêt.

Les deux hommes sortirent par la fenêtre et se trouvèrent dans le plus épais du bois, juste à vingt pas de l'endroit où ils avaient tué le sanglier.

— Voilà notre affaire, dit Roland ; seulement, mon cher lord, comme vous ne vous retrouveriez pas de nuit dans cette forêt où l'on a déjà assez de mal à se retrouver de jour, je vous accompagnerai jusqu'ici.—Oui; mais, moi entré, vous vous retirerez aussitôt, dit l'Anglais ; je me souviens de ce que vous m'avez dit touchant la susceptibilité des fantômes : vous sachant à quelques pas de moi, ils pourraient hésiter à apparaître, et, puisque vous en avez vu un, je veux aussi en voir un au moins. — Je me retirerai, répondit Roland, soyez tranquille ; seulement, ajouta-t-il en riant, je n'ai qu'une peur. — Laquelle? — C'est qu'en votre qualité d'Anglais et d'hérétique, ils ne soient mal à l'aise avec vous. — Oh! dit sir John gravement, quel malheur que je n'aie pas le temps d'abjurer d'ici à ce soir!

Les deux amis avaient vu tout ce qu'ils avaient à voir : en conséquence ils revinrent au château.

Personne, pas même Amélie, n'avait paru soupçonner dans leur promenade autre chose qu'une promenade ordinaire.

La journée se passa donc sans questions et même sans inquiétudes apparentes : d'ailleurs, au retour des deux amis, elle était déjà bien avancée.

On se mit à table, et, à la grande joie d'Édouard, on projeta une nouvelle chasse.

Cette chasse fit les frais de la conversation pendant le dîner et pendant une partie de la soirée.

A dix heures, comme d'habitude, chacun était rentré dans sa chambre, seulement Roland était dans celle de sir John.

La différence des caractères éclatait visiblement dans les préparatifs : Roland avait fait les siens joyeusement, comme pour une partie de plaisir ; sir John faisait les siens gravement, comme pour un duel.

Les pistolets furent chargés avec le plus grand soin et passés à la ceinture de l'Anglais, et, au lieu d'un manteau qui pouvait gêner ses mouvements, ce fut une grande redingote à collet qu'il endossa par-dessus son habit.

A dix heures et demie tous deux sortirent avec les mêmes précautions que Roland avait prises pour lui tout seul.

A onze heures moins cinq minutes, ils étaient au pied de la fenêtre dégradée, mais à laquelle des pierres tombées de la voûte pouvaient servir de marchepied.

Là, ils devaient, selon leur convention, se séparer.

Sir John rappela ces conventions à Roland.

— Oui, dit le jeune homme, avec moi, milord, une fois pour toutes, ce qui est convenu est convenu ; seulement, à mon tour, une recommandation. — Laquelle ? — Je n'ai pas retrouvé les balles parce que l'on est venu les enlever ; on est venu les enlever pour que je ne visse pas l'empreinte qu'elles avaient conservée sans doute. — Et dans votre opinion quelle empreinte eussent-elles conservée ? — Celle des chaînons d'une cotte de mailles ; mon fantôme était un homme cuirassé. — Tant pis, dit sir John, j'aimais fort le fantôme, moi.

Puis, après un moment de silence où un soupir de l'Anglais exprimait son regret profond d'être forcé de renoncer au spectre :

— Et votre recommandation ? dit-il. — Tirez au visage.

L'Anglais fit un signe d'assentiment, serra la main du jeune officier, escalada les pierres, entra dans la sacristie et disparut.

— Bonne nuit ! lui cria Roland.

Et avec cette insouciance du danger, qu'en général un soldat a pour lui-même et pour ses compagnons, Roland, comme il l'avait promis à sir John, reprit le chemin du château des Noires-Fontaines.

III

LE JUGEMENT.

Le lendemain, Roland, qui n'était parvenu à s'endormir que vers deux heures du matin, s'éveilla à sept heures.

En s'éveillant il réunit ses souvenirs épars, se rappela ce qui s'était passé la veille, et s'étonna qu'à son retour sir John ne l'eût point éveillé. Il s'habilla vivement et alla, au risque de le réveiller au milieu de son premier sommeil, frapper à la porte de la chambre de sir John.

Mais sir John ne répondit point; Roland frappa plus fort.

Même silence.

Cette fois un peu d'inquiétude se mêlait à la curiosité de Roland.

La clef était en dehors; le jeune officier ouvrit la porte et plongea dans la chambre un regard rapide.

Sir John n'était point dans la chambre, sir John n'était point rentré.

Le lit était intact.

Qu'était-il donc arrivé?

Il n'y avait pas un instant à perdre, et, avec la rapidité de résolution que nous connaissons à Roland, on devine qu'il ne perdit pas un instant.

Il s'élança dans sa chambre, acheva de s'habiller, mit son couteau de chasse à sa ceinture, son fusil en bandoulière, et sortit.

Personne n'était encore éveillé, sinon la femme de chambre.

Roland la rencontra sur l'escalier.

— Vous direz à madame de Montrevel, dit-il, que je suis sorti pour faire un tour dans la forêt de Seillon avec mon fusil; qu'on ne soit pas inquiet si milord et moi nous ne rentrions pas précisément à l'heure du déjeuner.

Et Roland s'élança rapidement hors du château.

Dix minutes après il était près de la fenêtre où la veille, à onze heures du soir, il avait quitté lord Tanlay.

Il écouta : on n'entendait aucun bruit à l'intérieur; à l'extérieur seulement l'oreille d'un chasseur pouvait reconnaître toutes ces rumeurs matinales que fait le gibier dans les bois.

Roland escalada la fenêtre avec son agilité ordinaire, et s'élança de la sacristie dans le chœur.

Un regard lui suffit pour s'assurer que non-seulement le chœur, mais le vaisseau entier de la petite chapelle était vide.

Les fantômes avaient-ils fait suivre à l'Anglais le chemin opposé à celui qu'il avait suivi lui-même?

C'était possible.

Roland passa rapidement derrière l'autel, gagna la grille des caveaux; la grille était ouverte.

Il s'engagea dans le cimetière souterrain.

L'obscurité l'empêchait de voir dans ses profondeurs. Il appela à trois reprises sir John; personne ne lui répondit.

Il gagna l'autre grille donnant dans le souterrain; elle était ouverte comme la première.

Il s'engagea dans le passage voûté.

Seulement, là, comme il lui eût été impossible, au milieu des ténèbres, de se servir de son fusil, il le passa en bandoulière et mit le couteau de chasse à la main.

En tâtonnant il s'enfonça toujours davantage sans rencontrer personne; seulement, au fur et à mesure qu'il allait en avant, l'obscurité redoublait, ce qui indiquait que la dalle de la citerne était fermée.

Il arriva ainsi à la première marche de l'escalier, monta jusqu'à ce qu'il touchât la dalle tournante avec sa tête, fit un effort, la dalle tourna. Roland revit le jour. Il s'élança dans la citerne. La porte qui donnait sur le verger était ouverte ; Roland sortit par cette porte, traversa la partie du verger qui se trouvait entre la citerne et le corridor, à l'autre extrémité duquel il avait fait feu sur son fantôme. Il traversa le corridor et se trouva dans le réfectoire. Le réfectoire était vide.

Comme il avait fait dans le souterrain funèbre, Roland appela trois fois sir John. L'écho, étonné, qui semblait avoir désappris les sons de la parole humaine, lui répondit seul en balbutiant. Il n'était point probable que sir John fût venu de ce côté, il fallait retourner au point de départ. Roland repassa par le même chemin et se retrouva dans le chœur de la chapelle.

C'était là que sir John avait dû passer la nuit, c'était là qu'on devait retrouver sa trace.

Roland s'avança dans le chœur. A peine y fut-il qu'un cri s'échappa de sa poitrine. Une large tache de sang s'étendait à ses pieds et tachait les dalles du chœur.

De l'autre côté du chœur, à quatre pas de celle qui rougissait le marbre à ses pieds, il y avait une seconde tache non moins large, non moins rouge, non moins récente, et qui semblait faire le pendant de la première. Une de ces taches était à droite, l'autre à gauche de cette espèce de piédestal destiné, comme nous avons dit, à soutenir l'aigle du lutrin, piédestal devant lequel milord avait dit qu'il établirait son domicile.

Roland s'approcha du piédestal ; le piédestal était ruisselant de sang. C'était là évidemment que le drame s'était passé. Le drame, s'il fallait en croire les traces qu'il avait laissées, le drame avait été terrible. Roland, en sa double qualité de chasseur et de soldat, devait être un habile chercheur de piste.

Il avait pu calculer ce qu'a répandu de sang un homme mort, ou ce qu'en répand un homme blessé. Cette nuit avait vu trois hommes morts ou blessés. Maintenant, quelles étaient les probabilités ? Les deux taches de sang du chœur, celle de droite et celle de gauche, étaient probablement le sang de deux des antagonistes de sir John.

Le sang du piédestal était probablement le sien. Attaqué des deux côtés, à droite et à gauche, il avait fait feu des deux mains et avait tué ou blessé un homme de chaque coup. De là les deux taches de sang qui rougissaient le pavé. Attaqué à son tour lui-même, il avait été frappé près du piédestal, et sur le piédestal son sang avait rejailli.

Au bout de cinq secondes d'examen, Roland était aussi sûr de ce que nous venons de dire, que s'il avait vu la lutte de ses propres yeux. Maintenant, qu'avait-on fait des deux autres corps et du corps de sir John ? Ce qu'on avait fait des deux autres corps, Roland s'en inquiétait assez peu. Mais il tenait fort à savoir ce qu'était devenu celui de sir John. Une trace de sang partait du piédestal et allait jusqu'à la porte. Le corps de sir John avait été porté dehors. Roland secoua la porte massive ; elle n'était fermée qu'au pêne. Sous son premier effort elle s'ouvrit : de l'autre côté du seuil, il retrouva les traces de sang. Puis, à travers les broussailles, le chemin qu'avaient suivi les gens qui emportaient le corps.

Les branches brisées, les herbes foulées, conduisirent Roland jusqu'à la lisière de la forêt donnant sur le chemin de Pont-d'Ain à Bourg. Là, vivant ou mort, le corps semblait avoir été déposé le long du talus du fossé. Après quoi, plus rien. Un homme passa, venant du côté du château des Noires-Fontaines; Roland alla à lui.

— N'avez-vous rien vu sur le chemin, n'avez-vous rencontré personne? demanda-t-il. — Si fait, répondit l'homme, j'ai vu deux paysans qui portaient un corps sur une civière. — Ah! s'écria Roland, et ce corps était celui d'un homme mort ou vivant? — L'homme était pâle et sans mouvement, et il avait bien l'air d'être mort. — Le sang coulait-il? — J'en ai vu des gouttes sur le chemin. — En ce cas il vit.

Alors, tirant un louis de sa poche :

— Voilà un louis, dit-il, cours chez le docteur Milliet, à Bourg, dis-lui de monter à cheval et de se rendre à franc étrier au château des Noires-Fontaines; ajoute qu'il y a un homme en danger de mort.

Et tandis que le paysan, stimulé par la récompense reçue, pressait sa course vers Bourg, Roland, bondissant sur son jarret de fer, pressait la sienne vers le château. Et maintenant, comme notre lecteur est, selon toute probabilité, aussi curieux que Roland de savoir ce qui est arrivé à sir John, nous allons le mettre au courant des événements de la nuit.

Sir John, comme on l'a vu, était entré à onze heures moins quelques minutes dans ce que l'on avait coutume d'appeler la Correrie ou le pavillon de la Chartreuse, et qui n'était rien autre chose qu'une chapelle élevée au milieu du bois. De la sacristie, il avait passé dans le chœur.

Le chœur était vide et paraissait solitaire. Une lune assez brillante, mais qui cependant disparaissait de temps en temps voilée par des nuages, infiltrait son rayon bleuâtre à travers les fenêtres en ogive et les vitraux de couleur à moitié brisés de la chapelle.

Sir John pénétra jusqu'au milieu du chœur, s'arrêta devant le piédestal et s'y tint debout.

Les minutes s'écoulèrent; mais cette fois ce ne fut point l'horloge de la Chartreuse qui donna la mesure du temps, ce fut l'église de Péronas, c'est-à-dire du village le plus proche de la chapelle où sir John attendait.

Tout se passa, jusqu'à minuit, comme tout s'était passé pour Roland, c'est-à-dire que sir John ne fut distrait que par de vagues rumeurs et par des bruits passagers.

Minuit sonna. C'était le moment qu'attendait avec impatience sir John, car c'était celui où l'événement devait se produire, si un événement quelconque se produisait. Au dernier coup, il lui sembla entendre des pas souterrains et voir une lumière apparaître du côté de la grille qui communiquait aux tombeaux. Toute son attention se porta donc de ce côté.

Un moine sortit du passage, son capuchon rabattu sur les yeux et tenant une torche à la main. Un second le suivit, puis un troisième. Sir John en compta douze. Il se séparèrent devant l'autel. Il y avait douze stalles dans le chœur; six à la droite de sir John, six à sa gauche.

Les douze moines prirent silencieusement place dans les douze stalles.

Chacun planta sa torche dans un trou pratiqué à cet effet dans les appuis du chêne et attendit. Un treizième parut et se plaça devant l'autel. Aucun de ces moines n'affectait l'allure fantastique des fantômes ou des ombres; tous appartenaient évidemment encore à la terre, tous étaient des hommes vivants.

Sir John debout, un pistolet de chaque main, appuyé à son piédestal placé juste au milieu du chœur, regardait avec le plus grand flegme cette manœuvre qui tendait à l'envelopper. Comme lui, les moines étaient debout et muets.

Le moine de l'autel rompit le silence :

— Frères, demanda-t-il, pourquoi les vengeurs sont-ils réunis ? — Pour juger un profane, répondirent les moines. — Ce profane, reprit l'interrogateur, quel crime a-t-il commis ? — Il a tenté de pénétrer les secrets des compagnons de Jehu. — Quelle peine a-t-il méritée ? — La peine de mort.

Le moine de l'autel laissa, pour ainsi dire, à l'arrêt qui venait d'être rendu le temps de pénétrer jusqu'au cœur de celui qu'il atteignait.

Puis se retournant vers l'Anglais, toujours aussi calme que s'il eût assisté à une comédie :

— Sir John Tanlay, lui dit-il, vous étiez étranger, vous étiez Anglais, c'était une double raison pour laisser tranquillement les compagnons de Jehu débattre leurs affaires avec le gouvernement dont ils ont juré la perte. Vous n'avez point eu cette sagesse ; vous avez cédé à une vaine curiosité ; au lieu de vous en écarter, vous avez pénétré dans l'antre du lion, le lion vous déchirera.

Puis, après un instant de silence pendant lequel il sembla attendre la réponse de l'Anglais, voyant que celui-ci demeurait muet :

— Sir John Tanlay, ajouta-t-il, tu es condamné à mort, prépare-toi à mourir. — Ah ! ah ! fit sir John, je vois que je suis tombé au milieu d'une bande de voleurs. S'il en est ainsi, on peut se racheter par une rançon.

Puis se tournant vers le moine de l'autel :

— A combien la fixez-vous, capitaine ?

Un murmure de menaces accueillit ces insolentes paroles. Le moine de l'autel étendit la main :

— Tu te trompes, sir John, nous ne sommes pas une bande de voleurs, dit-il d'un ton qui pouvait lutter de calme et de sang-froid avec celui de l'Anglais, et la preuve, c'est que, si tu as quelques sommes considérables ou quelques bijoux précieux sur toi, tu n'as qu'à donner tes instructions, et argent et bijoux seront remis soit à ta famille, soit à la personne que tu désigneras. — Et quel garant aurais-je que ma dernière volonté sera accomplie ? — Ma parole. — La parole d'un chef d'assassins ; je n'y crois pas. — Cette fois comme l'autre, tu te trompes, sir John ; je ne suis pas plus un chef d'assassins que je n'étais un capitaine de voleurs. — Et qu'es-tu donc alors ? — Je suis l'élu de la vengeance céleste ; je suis l'envoyé de Jehu, roi d'Israël, qui a été sacré par Élisée pour exterminer la maison d'Achab. — Si vous êtes ce que vous dites, pourquoi vous voilez-vous le visage, pourquoi vous cuirassez-vous sous vos robes ? Des élus frappent à découvert et risquent la mort en donnant la mort. Rabattez vos capuchons, montrez-moi vos poitrines nues, et je vous reconnaîtrai pour ce que vous prétendez être. — Frères, vous avez entendu ? dit le moine de l'autel.

Et, dépouillant sa robe, il ouvrit d'un seul coup son habit, son gilet et jusqu'à sa chemise.

Chaque moine en fit autant, et se trouva visage découvert et poitrine nue.

C'étaient tous de beaux jeunes gens dont le plus âgé ne paraissait pas avoir trente-cinq ans. Leur mise indiquait l'élégance la plus parfaite ; seulement, chose étrange, pas un seul n'était armé.

C'étaient bien des juges et pas autre chose

— Sois content, sir John Tanlay, dit le moine de l'autel, tu vas mourir; mais en mourant, comme tu en as exprimé le désir tout à l'heure, tu pourras reconnaître et tuer. Sir John, tu as cinq minutes pour recommander ton âme à Dieu.

Sir John, au lieu de profiter de la permission accordée et de songer à son salut spirituel, souleva tranquillement la batterie de ses pistolets pour voir si l'amorce était en bon état, fit jouer les chiens pour s'assurer de la bonté des ressorts, et passa la baguette dans les canons pour être bien certain de l'immobilité des balles.

Puis, sans attendre les cinq minutes qui lui étaient accordées :

— Messieurs, dit-il, je suis prêt; l'êtes-vous?

Les jeunes gens se regardèrent, puis, sur un signe de leur chef, marchèrent droit à sir John, l'enveloppant de tous les côtés.

Le moine de l'autel resta seul immobile à sa place, dominant du regard la scène qui allait se passer.

Sir John n'avait que deux pistolets, par conséquent que deux hommes à tuer. Il choisit ses victimes et fit feu.

Deux compagnons de Jehu roulèrent sur les dalles qu'ils rougirent de leur sang. Les autres, comme si rien ne s'était passé, s'avancèrent du même pas, étendant la main sur sir John.

Sir John avait pris ses pistolets par le canon et s'en servait comme de deux marteaux.

Il était vigoureux, la lutte fut longue.

Pendant près de dix minutes, un groupe confus s'agita au milieu du chœur; puis enfin ce mouvement désordonné cessa, et les compagnons de Jehu s'écartèrent à droite et à gauche regagnant leurs stalles, laissant sir John garrotté avec les cordes de leurs robes et couché sur le piédestal au milieu du chœur.

— As-tu recommandé ton âme à Dieu? demanda le moine de l'autel. — Oui, assassin, répondit sir John, tu peux frapper.

Le moine prit sur l'autel un poignard, s'avança le bras haut vers sir John, et, suspendant le poignard au-dessus de sa poitrine :

— Sir John Tanlay, lui dit-il, tu es brave, tu dois être loyal; fais serment que pas un mot de ce que tu viens de voir ne sortira de ta bouche; jure que, dans quelques circonstances que ce soit, tu ne reconnaîtras aucun de nous, et nous te faisons grâce de la vie. — Aussitôt sorti d'ici, répondit sir John, ce sera pour vous dénoncer; aussitôt libre, ce sera pour vous poursuivre. — Jure! répéta une seconde fois le moine. — Non, dit sir John. — Jure! répéta une troisième fois le moine. — Jamais! répéta à son tour sir John. — Eh bien, meurs donc, puisque tu le veux!

Et il enfonça son poignard jusqu'à la garde dans la poitrine de sir John, qui, soit force de volonté, soit qu'il eût été tué sur le coup, ne poussa pas même un soupir.

Puis d'une voix pleine, sonore, de la voix d'un homme qui a la conscience d'avoir accompli un devoir :

— Justice est faite! dit-il.

Alors remontant à l'autel en laissant le poignard dans la blessure :

LES COMPAGNONS DE JHU.   LE JUGEMENT.

— Frères, dit-il, vous savez que vous êtes invités rue du Bac, n° 35, au bal des victimes, qui aura lieu le 21 janvier prochain, en mémoire de la mort du roi Louis XVI.

Puis, le premier, il rentra dans le souterrain, où le suivirent les dix moines restés debout, emportant chacun sa torche.

Deux torches restaient pour éclairer les trois cadavres.

Un instant après, à la lueur de ces deux torches, quatre frères servants entrèrent; ils commencèrent par prendre les deux cadavres gisant sur les dalles et les emportèrent dans le caveau.

Puis ils rentrèrent, soulevèrent le corps de sir John, le posèrent sur un brancard et l'emportèrent hors de la chapelle, par la grande porte d'entrée qu'ils refermèrent derrière eux.

Les deux moines qui marchaient devant le brancard avaient pris les deux dernières torches. Et maintenant, si nos lecteurs nous demandent pourquoi cette différence entre les événements arrivés à Roland et ceux arrivés à sir John; pourquoi cette mansuétude envers l'un, et pourquoi cette rigueur envers l'autre, nous leur répondrons : Souvenez-vous que Morgan avait sauvegardé le frère d'Amélie, et que, sauvegardé ainsi, Roland, dans aucun cas, ne pouvait mourir de la main d'un compagnon de Jehu.

IV

LA PETITE MAISON DE LA RUE DE LA VICTOIRE.

Tandis que l'on transporte au château des Noires-Fontaines le corps de sir John Tanlay; tandis que Roland s'élance dans la direction qui lui a été indiquée; tandis que le paysan dépêché par lui court à Bourg pour prévenir le docteur Milliet de la catastrophe qui rend sa présence nécessaire chez madame de Montrevel, franchissons l'espace qui sépare Bourg de Paris et le temps qui s'est écoulé entre le 16 octobre et le 7 novembre, c'est-à-dire entre le 24 vendémiaire et le 16 brumaire, et pénétrons vers les quatre heures de l'après-midi dans cette petite maison de la rue de la Victoire dont il a déjà été deux fois question. C'est la même qui semble étonnée de présenter encore aujourd'hui, après tant de changements successifs de gouvernements, les faisceaux consulaires sur chaque battant de sa double porte, et qui s'offre, située au côté droit de la rue sous le n° 60, à la curiosité des passants.

Suivons la longue et étroite allée de tilleuls qui conduit de la porte de la rue à la porte de la maison; entrons dans l'antichambre, prenons le couloir à droite et montons les vingt marches qui conduisent à un cabinet de travail tendu de papier vert et meublé de rideaux, de chaises, de fauteuils et de canapés de même couleur. Ses murailles sont couvertes de cartes géographiques et de plans de villes; une double bibliothèque en bois d'érable s'étend aux deux côtés de la cheminée qu'elle emboîte; les chaises, les fauteuils, les canapés, les tables et les bureaux sont surchargés de livres, à peine y a-t-il place sur les sièges pour s'asseoir, et sur les tables et les bureaux pour écrire.

Au milieu d'un encombrement de rapports, de lettres, de brochures et de livres, où il s'est ménagé une place, un homme est assis, et essaye, en s'arrachant de temps en temps les cheveux d'impatience, de déchiffrer une page de notes près desquelles les hiéroglyphes de l'obélisque de Louqsor sont intelligibles jusqu'à la transparence. Au moment où l'impatience du secrétaire approchait du désespoir, la porte s'ouvrit, et un jeune officier entra en costume d'aide de camp. Le secrétaire leva la tête et une vive expression de joie se réfléchit sur son visage.

— Oh! mon cher Roland, dit-il, c'est vous, enfin, je suis enchanté de vous voir pour deux raisons : la première parce que je m'ennuyais de vous à en mourir ; la seconde parce que le général vous attend avec impatience et vous demande à cor et à cri. Mais d'abord et avant tout, embrassez-moi.

Le secrétaire et l'aide de camp s'embrassèrent.

— Eh bien, voyons, mon cher Bourrienne, dit ce dernier, mettez-moi au courant de l'air du pays, que je n'aie point l'air d'arriver du Monomotapa. — D'abord, revenez-vous de vous-même, ou êtes-vous rappelé? — Rappelé, tout ce qu'il y a de plus rappelé. — Par qui? — Par le général lui-même. — Dépêche particulière? — De sa main, voyez!

Le jeune homme tira de sa poche un papier contenant deux lignes non signées, de cette même écriture dont Bourrienne avait tout un cahier sous les yeux. Ces lignes disaient :

« Pars, et sois à Paris le seize brumaire; j'ai besoin de toi. »

— Oui, fit Bourrienne, je crois que ce sera pour le 18. — Pour le 18, quoi? —Ah! par ma foi, vous m'en demandez plus que je n'en sais, Roland. L'homme, vous ne l'ignorez pas, n'est point communicatif. Qu'y aura-t-il le 18 brumaire? je n'en sais rien encore; cependant je répondrais qu'il y aura quelque chose. — Oh! vous avez bien quelque doute? — Je crois qu'il veut se faire directeur à la place de Sieyès, peut-être président à la place de Gohier... En tout cas, jusqu'à présent il n'a laissé apercevoir que cela; mais vous savez, cher ami, avec notre général, quand on veut savoir, il faut deviner... — Ah! ma foi, je suis trop paresseux pour prendre cette peine, Bourrienne; moi je suis un véritable janissaire, ce qu'il fera sera bien fait. Pourquoi diable me donnerais-je la peine d'avoir une opinion, de la débattre, de la défendre? c'est déjà bien assez ennuyeux de vivre.

Et le jeune homme appuya cet aphorisme d'un long bâillement; puis il ajouta, avec l'accent d'une profonde insouciance :

— Croyez-vous que l'on se donnera des coups de sabre, Bourrienne? — C'est probable. — Eh bien! il y aura une chance de se faire tuer, c'est tout ce qu'il me faut. Où est le général? — Chez madame Bonaparte; il est descendu il y a un quart d'heure. Lui avez-vous fait dire que vous étiez arrivé? — Non, je n'étais point fâché de vous voir d'abord. Mais, tenez, j'entends son pas, le voici.

Au même moment la porte s'ouvrit brusquement, et le même personnage historique que nous avons vu remplir incognito à Avignon un rôle silencieux, apparut sur le seuil de la porte dans son costume pittoresque de général en chef de l'armée d'Égypte. Seulement, comme il était chez lui, la tête était nue. Roland lui trouva les yeux plus caves et le teint plus plombé encore que d'habitude. Cependant, en apercevant le jeune homme, son œil sombre, ou plutôt méditatif, lança un éclair de joie.

— Ah! c'est toi, Roland, dit-il; fidèle comme l'acier, on t'appelle, tu viens. Sois le bienvenu.

Et il tendit la main au jeune homme ; puis, avec un imperceptible sourire :
— Que fais-tu chez Bourrienne? — Je vous attends, général. — Et, en attendant, vous bavardez comme deux vieilles femmes. — Je vous l'avoue, général, je lui montrais mon ordre d'être ici le 16 brumaire.

Le général jeta sur Bourrienne un regard mécontent; puis, se tournant brusquement vers Roland :

— A propos, lui dit-il, et l'Anglais? — Justement, l'Anglais, mon général, j'allais vous en parler. — Il est toujours en France? — Oui, et j'ai même cru qu'il y resterait jusqu'au jour où la trompette du jugement dernier sonnera la diane dans la vallée de Josaphat. — As-tu manqué de tuer celui-là aussi?— Oh! non, pas moi; nous sommes les meilleurs amis du monde; et, mon général, c'est un si excellent homme et si original en même temps, que je vous demanderai un tout petit brin de bienveillance pour lui. — Eh bien, que lui est-il arrivé, à ton ami? — Il a été jugé, condamné et exécuté. — Que diable me contes-tu là ? — La vérité du bon Dieu, mon général. — Comment! il a été jugé, condamné et guillotiné? — Oh! pas tout à fait : jugé, condamné, oui ; guillotiné, non; s'il avait été guillotiné, il serait encore plus malade qu'il n'est. — Voyons, que me rabâches-tu? par quel tribunal a-t-il été jugé et condamné? — Par le tribunal des compagnons de Jehu. — Qu'est-ce que c'est que cela les compagnons de Jehu ? — Bon ! voilà que vous avez déjà oublié notre ami Morgan, l'homme masqué qui a rapporté au marchand de vin ses deux cents louis. — Non, fit Bonaparte, je ne l'ai pas oublié. Voyons, reviens à ton Anglais, bavard, ce Morgan l'a-t-il assassiné ? — Non pas lui, mais ses compagnons. — Mais tu parles de tribunal, et non de jugement. — Mon général, vous êtes toujours le même, dit Roland avec ce reste de familiarité prise à l'École militaire; vous voulez savoir, et vous ne donnez pas le temps de parler. — Entre aux Cinq-Cents, et tu parleras tant que tu voudras. — Bon ! aux Cinq-Cents, j'aurai quatre cent quatre-vingt-dix-neuf collègues qui auront tout autant envie de parler que moi, et qui me couperont la parole. J'aime encore mieux être interrompu par vous que par un avocat. — Parleras-tu ? — Je ne demande pas mieux. Imaginez-vous, général, qu'il y a près de Bourg une Chartreuse. — La Chartreuse de Seillon ; je connais cela. — Comment! vous connaissez la Chartreuse de Seillon? demanda Roland. — Est-ce que le général ne connaît pas tout? fit Bourrienne. — Voyons ta Chartreuse; est-ce qu'il y a encore des chartreux?— Non; il n'y a plus que des fantômes.— Est-ce que tu aurais une histoire de revenants à me raconter? — Et des plus belles. — Diable! Bourrienne sait que je les adore. Va. — Eh bien, on est venu nous dire chez ma mère qu'il revenait des fantômes à la Chartreuse; vous comprenez que nous avons voulu en avoir le cœur net, sir John et moi, ou plutôt moi et sir John ; nous y avons donc passé chacun une nuit. — Où cela? — A la Chartreuse, donc.

Bonaparte pratiqua avec le pouce un imperceptible signe de croix, habitude corse qu'il ne perdit jamais.

— Ah! ah! fit-il, et as-tu vu des fantômes? — J'en ai vu un. — Et qu'en as-tu fait? — J'ai tiré dessus. — Alors? — Alors il a continué son chemin. — Et tu t'es tenu pour battu? — Ah! bon, voilà comme vous me connaissez? Je l'ai poursuivi, et j'ai retiré dessus; mais comme il connaissait mieux son chemin que moi à travers les ruines, il m'a échappé. — Diable! — Le lendemain, c'était le tour de sir John, de notre Anglais. — Et a-t-il vu ton revenant? — Il a vu mieux que cela; il a vu douze moines qui sont entrés dans l'église, qui l'ont jugé comme ayant voulu pénétrer leurs secrets, qui l'ont condamné à mort, et qui l'ont, ma foi! poignardé. — Et il ne s'est pas défendu? — Comme un lion. il en a tué deux. — Et il est mort? — Il n'en vaut guère mieux; mais j'espère cependant qu'il s'en tirera. Imaginez-vous, général, qu'on l'a retrouvé au bord du chemin et qu'on l'a rapporté chez ma mère avec un poignard planté au milieu de la poitrine, comme un échalas dans une vigne. — Ah çà! mais c'est une scène de la Sainte-Wehme que tu me racontes là! ni plus ni moins. — Et sur la lame du poignard, afin qu'on ne doutât point, il y avait gravé en creux : *Compagnons de Jehu*. — Voyons, il n'est pas possible qu'il se passe de pareilles choses en France, pendant la dernière année du dix-huitième siècle! C'était bon en Allemagne, au moyen âge, du temps des Henri et des Othon. — Pas possible, général? Eh bien, voilà le poignard; que dites-vous de la forme? elle est avenante, n'est-ce pas?

Et le jeune homme tira de sa poitrine un poignard tout en fer, lame et garde. La garde, ou plutôt la poignée, avait la forme d'une croix, et sur la lame étaient en effet gravés ces trois mots : *Compagnons de Jehu*. Bonaparte examina l'arme avec soin.

— Et tu dis qu'ils lui ont planté ce joujou-là dans la poitrine, à ton Anglais? — Jusqu'au manche. — Et il n'est pas mort? — Il n'en vaut guère mieux; mais, enfin, il vit. — Tu as entendu, Bourrienne? — Avec le plus grand intérêt. — Il faudra me reparler de cela, Roland. — Quand, général? — Quand? quand je serai le maître.

QUATRIÈME PARTIE.

I

UNE COMMUNICATION IMPORTANTE.

Quelque temps après des événements qui n'appartiennent pas à notre récit, mais que nous pourrions raconter dans leurs plus grands détails, attendu qu'en notre qualité de romancier nous avons la prétention de les connaître mieux que certains historiens de nos amis, événements qui avaient eu un immense retentissement dans toute l'Europe, dont ils devaient un instant bouleverser la face, comme une tempête bouleverse la face de l'Océan, Bonaparte, en concentrant en lui les fonctions non-seulement de ses deux collègues Lebrun et Cambacérès, mais encore celles des ministres, justifiait le mot de Sieyès :

— C'est un homme qui sent tout, qui veut tout, qui peut tout!

Quelque temps donc après ces événements, dans la matinée du 30 nivôse, autrement et plus clairement dit pour nos lecteurs, du 20 janvier 1800, Roland, en décachetant, comme gouverneur du château du Luxembourg, sa correspondance du matin, trouva au milieu de cinquante autres lettres de demandes d'audiences, une lettre ainsi conçue :

« Monsieur le gouverneur,

« Je connais votre loyauté, et vous allez voir si j'en fais cas.

« J'ai besoin de causer avec vous pendant cinq minutes, pendant ces cinq minutes je resterai masqué.

« J'ai une demande à vous faire.

« Cette demande, vous me l'accorderez ou me la refuserez; dans l'un et l'autre cas, n'essayant de pénétrer dans le palais du Luxembourg que pour l'intérêt de la cause du premier consul Bonaparte et de la cause royaliste, à laquelle j'appartiens, je vous demande votre parole d'honneur de me laisser sortir librement comme vous m'aurez laissé entrer.

« Si demain, à sept heures du soir, je vois une lumière isolée à la fenêtre située au-dessous de l'horloge, c'est que le colonel Roland de Montrevel m'aura engagé sa parole d'honneur, et je me présenterai hardiment à la petite porte de l'aile gauche du palais, donnant sur le jardin.

« Je frapperai trois coups espacés, à la manière des francs-maçons.

« Afin que vous sachiez d'avance à qui vous engagez ou refusez votre parole, je signe d'un nom qui vous est connu, ce nom ayant déjà, dans une circonstance que vous n'avez probablement pas oubliée, été prononcé devant vous.

« MORGAN,
« Chef des compagnons de Jehu. »

Roland relut deux fois la lettre, resta un instant pensif, puis, passant immédiatement dans le cabinet du premier consul, sans lui dire un mot il lui tendit la lettre. Celui-ci la lut sans que son visage témoignât la moindre émotion ni même le moindre étonnement, et avec un laconisme tout lacédémonien :

— Il faut mettre la lumière, dit-il. Et il rendit la lettre à Roland.

Le lendemain, à sept heures du soir, la lumière brillait à la fenêtre, et à sept heures cinq minutes Roland, en personne, attendait à la petite porte du jardin. Il y était à peine depuis quelques instants, que trois coups furent frappés à la porte, à la manière des francs-maçons, c'est-à-dire deux et un. La porte s'ouvrit aussitôt; un homme enveloppé d'un manteau se dessina en vigueur sur l'atmosphère grisâtre de cette nuit d'hiver; quant à Roland, il était absolument caché dans l'ombre. Ne voyant personne, l'homme au manteau demeura une seconde immobile.

— Entrez, dit Roland. — Ah! c'est vous, colonel! — Comment savez-vous que c'est moi? demanda Roland. — Je reconnais votre voix. — Ma voix! mais pendant les quelques secondes où nous nous sommes trouvés dans la même chambre à Avignon, je n'ai point prononcé une seule parole. — En ce cas, j'aurai entendu votre voix ailleurs.

Roland chercha où le chef des compagnons de Jehu avait pu entendre sa voix. Mais celui-ci, gaiement :

— Est-ce une raison, colonel, parce que je connais votre voix, pour que nous restions à cette porte? — Non pas, dit Roland; prenez-moi par le pan de mon habit et suivez-moi; j'ai défendu à dessein que l'on éclairât l'escalier et le corridor qui conduisent à ma chambre. — Je vous sais gré de l'intention, mais, avec votre parole, je traverserais le palais d'un bout à l'autre, fût-il éclairé *à giorno*, comme disent les Italiens. — Vous l'avez, répondit Roland; ainsi, montez hardiment.

Morgan n'avait pas besoin d'être encouragé, il suivit hardiment son guide. Au haut de l'escalier, il prit un corridor aussi sombre que l'escalier lui-même, fit une vingtaine de pas, ouvrit une porte et se trouva dans sa chambre. Morgan l'y suivit. La chambre était éclairée, mais par deux bougies seulement. Une fois entré, Morgan rejeta son manteau et déposa ses pistolets sur une table.

— Que faites-vous? demanda Roland. — Ma foi, avec votre permission, dit gaiement son interlocuteur, je me mets à mon aise. — Mais, ces pistolets dont vous vous dépouillez? — Ah çà! croyez-vous que ce soit pour vous que je les ai pris? — Pour qui donc? — Mais, pour dame Police; croyez-vous que je sois disposé à me laisser prendre par le citoyen Fouché, sans brûler quelque peu la moustache au premier de ses sbires qui mettra la main sur moi? Oh! pour cela non! — Alors, une fois ici, vous avez la conviction de n'avoir plus rien à craindre? — Parbleu! dit le jeune homme, puisque j'ai votre parole. — Alors, pourquoi n'ôtez-vous pas aussi votre masque? — Parce que ma figure n'est que moitié à moi, l'autre moitié est à mes compagnons. Qui sait si un seul de nous reconnu n'entraîne pas les autres à la guillotine? car vous pensez bien, colonel, que je ne me cache pas que c'est là le jeu que nous jouons. — Alors, pourquoi le jouez-vous? — Ah! que voilà une bonne question! pourquoi allez-vous sur le champ de bataille, où une balle peut vous trouer la poitrine ou un boulet vous emporter la tête? — C'est bien différent, permettez-moi de vous le dire : sur un champ de bataille je risque une mort honorable. — Ah çà! est-ce que vous croyez que le jour où j'aurai eu le cou tranché par le triangle révolutionnaire je me croirai déshonoré? pas le moins du monde; j'ai la prétention d'être un soldat comme vous, seulement tous ne peuvent pas servir leur cause de la même façon : chaque religion a ses héros et ses martyrs; bienheureux dans ce monde les héros, mais bienheureux dans l'autre les martyrs!

Le jeune homme avait prononcé ces paroles avec une conviction qui n'avait pas laissé que d'émouvoir, ou plutôt d'étonner Roland.

— Mais, continua Morgan, abandonnant bien vite l'exaltation pour en revenir à la gaieté qui paraissait le trait dominant de son caractère, je ne suis pas venu pour faire de la philosophie politique; je suis venu pour vous prier de me faire parler au premier consul. — Comment! au premier consul? s'écria Roland. — Sans doute, relisez ma lettre : je vous dis que j'ai une demande à vous faire. — Oui. — Eh bien! cette demande, c'est de me faire parler au général Bonaparte. — Permettez; comme je ne m'attendais point à cette demande... — Elle vous étonne; il y a plus, elle vous inquiète. Mon cher colonel, vous pouvez, si vous ne vous en rapportez pas à ma parole, me fouiller des pieds à la tête, et vous verrez que je n'ai d'autres armes que ces pistolets que je n'ai même plus, puisque les voilà sur votre table. Il y a mieux, prenez-en un de chaque main, placez-vous entre le premier consul et moi, et brûlez-moi la cervelle au premier mouvement suspect que je ferai. La condition vous va-t-elle ? — Mais, si je dérange le premier consul pour qu'il écoute la communication que vous avez à lui faire, vous m'assurez que cette communication en vaut la peine ? — Oh! quant à cela, je vous en réponds.

Puis, avec son joyeux accent :

— Je suis pour le moment, ajouta-t-il, l'ambassadeur d'une tête couronnée, ou plutôt découronnée, ce qui ne la rend pas moins respectable pour les nobles cœurs; d'ailleurs, je prendrai peu de temps à votre général, monsieur Roland, et du moment où la conversation traînera en longueur, il pourra me congédier, je ne me le ferai pas redire à deux fois, soyez tranquille.

Roland demeura un instant pensif et silencieux.

— Et c'est au premier consul seul que vous pouvez faire cette communication ? — Au premier consul seul, puisque seul le premier consul peut me répondre. — C'est bien, attendez-moi ici, je vais prendre ses ordres.

Roland fit un pas vers la chambre de son général; mais il s'arrêta, jetant un regard d'inquiétude sur une foule de papiers amoncelés sur sa table. Morgan surprit ce regard au vol.

— Ah! bon, dit-il, vous avez peur qu'en votre absence je lise ces paperasses; ah! si vous saviez comme je déteste lire, c'est au point que ma condamnation à mort serait sur cette table, que je ne me donnerais pas la peine de la lire; je dirais : c'est l'affaire du greffier, à chacun sa besogne. Monsieur Roland, j'ai froid aux pieds, je vais en votre absence me les chauffer, assis dans votre fauteuil; vous m'y retrouverez à votre retour, et je n'en aurai pas bougé. — C'est bien, Monsieur, dit Roland, et il entra chez le premier consul.

Bonaparte causait avec le général Hédouville, commandant en chef des troupes de la Vendée. En entendant la porte s'ouvrir, il se retourna avec impatience :

— J'avais dit à Bourrienne que je n'y étais pour personne. — C'est ce qu'il m'a appris en passant, mon général; mais je lui ai répondu que je n'étais pas quelqu'un. — Tu as raison; que me veux-tu? dis vite. — Il est chez moi. — Qui cela? — L'homme d'Avignon. — Ah! ah! et que demande-t-il? — Il demande à vous voir. — A me voir, moi? — Oui, vous, général; cela vous étonne? — Non, mais que peut-il avoir à me dire? — Il a refusé obstinément de m'en instruire, mais j'oserais affirmer que ce n'est ni un importun, ni un fou. — Non, mais c'est peut-être un assassin.

Roland secoua la tête.

— En effet, du moment où c'est toi qui l'introduis... — D'ailleurs, il ne se refuse pas à ce que j'assiste à la conférence, je serai entre vous et lui.

Bonaparte réfléchit un instant.

— Fais-le entrer, dit-il. — Vous savez, mon général, qu'excepté moi... — Oui, le général Hédouville aura la complaisance d'attendre une seconde; notre conversation n'est point de celles que l'on épuise en une séance. Va, Roland.

Roland sortit, traversa le cabinet de Bourrienne, rentra dans sa chambre, et retrouva Morgan qui se chauffait les pieds comme il l'avait dit.

— Venez, le premier consul vous attend, dit le jeune homme.

Morgan se leva et suivit Roland. Lorsqu'ils entrèrent dans le cabinet de

Bonaparte, il était seul. Il jeta un coup d'œil rapide sur le chef des compagnons de Jéhu, et ne fit point de doute que ce ne fût le même homme qu'il avait vu à Avignon. Morgan s'était arrêté à quelques pas de la porte; de son côté il regardait curieusement Bonaparte, et s'affermissait dans la conviction que c'était bien lui qu'il avait entrevu à table d'hôte le jour où il avait tenté cette périlleuse restitution des deux cents louis volés par mégarde à Jean Picot.

— Approchez, dit-il.

Morgan s'inclina et fit trois pas en avant. Bonaparte répondit à son salut par un léger signe de tête.

— Vous avez dit à mon aide de camp, le colonel Roland, que vous aviez une communication à me faire. — Oui, citoyen premier consul. — Cette communication exige-t-elle le tête-à-tête? — Non, citoyen premier consul; quoiqu'elle soit d'une telle importance... — Que vous aimeriez mieux que je fusse seul? — Sans doute, mais la prudence... — Ce qu'il y a de plus prudent en France, citoyen Morgan, c'est le courage. — Ma présence chez vous, général, est une preuve que je suis parfaitement de votre avis.

Bonaparte se retourna vers le jeune colonel.

— Laisse-nous seuls, Roland, dit-il. — Mais, mon général... insista celui-ci.

Bonaparte s'approcha de lui, puis, tout bas :

— Je vois ce que c'est, dit-il, tu es curieux de savoir ce que ce mystérieux chevalier de grands chemins peut avoir à me dire ; quand il sera parti, je te le dirai. — Ce n'est pas cela; mais, si, comme vous le disiez tout à l'heure, cet homme était un assassin ? — Ne m'as-tu pas répondu que non? Allons, ne fais pas l'enfant, laisse-nous.

Roland sortit.

— Nous voilà seuls, Monsieur, dit le premier consul, parlez !

Morgan, sans répondre, tira une lettre de sa poche et la présenta au général. Le général l'examina, elle était à son adresse et fermée d'un cachet aux trois fleurs de lis de France.

— Oh! oh! dit-il, qu'est-ce cela, Monsieur? — Lisez, citoyen premier consul.

Bonaparte ouvrit la lettre et alla droit à la signature.

— Louis, dit-il. — Louis, répéta Morgan. — Quel Louis? — Mais, Louis de Bourbon, je présume. — M. le comte de Provence, le frère de Louis XVI? — Et par conséquent Louis XVIII, depuis que son neveu le dauphin est mort.

Bonaparte regarda de nouveau l'inconnu, car il était évident que ce nom de Morgan qu'il s'était donné n'était qu'un pseudonyme destiné à cacher son véritable nom. Après quoi, reportant son regard sur la lettre, il lut :

« 3 janvier 1800.

« Quelle que soit leur conduite apparente, Monsieur, des hommes tels que vous n'inspirent jamais d'inquiétude; vous avez accepté une place éminente, je vous en sais gré mieux que personne : vous savez ce qu'il faut de force et de puissance pour faire le bonheur d'une grande nation. Sauvez la France de ses propres fureurs, et vous aurez rempli le vœu de mon cœur; rendez-lui son roi, et les générations futures béniront votre mémoire : si vous doutez que je fusse susceptible de reconnaissance, marquez votre place, fixez le sort de vos amis. Quant à mes principes, je suis Français; clément par caractère, je le serai encore par raison. Non, le vainqueur de Lodi, de Castiglione et d'Arcole, le conquérant de l'Italie et de l'Égypte ne peut préférer à la gloire une vaine célébrité. Ne perdez pas un temps précieux, nous pouvons assurer la gloire de la France; je dis *nous*, parce que j'ai besoin de Bonaparte pour cela, et qu'il ne le pourrait sans moi. Général, l'Europe vous observe, la gloire vous attend, et je suis impatient de rendre la gloire à mon peuple.

« Louis. »

Bonaparte se retourna vers le jeune homme qui attendait debout, immobile et muet comme une statue.

— Connaissez-vous le contenu de cette lettre? demanda-t-il.

Le jeune homme s'inclina.

— Oui, citoyen premier consul. — Elle était cachetée, cependant. — Elle a été envoyée, à celui qui me l'a remise, sous cachet volant, et, avant de me la confier il me l'a fait lire, afin que j'en connusse bien toute l'importance. — Et peut-on savoir le nom de celui qui vous l'a confiée? — Georges Cadoudal!

Bonaparte tressaillit légèrement.

— Vous connaissez Georges Cadoudal? demanda-t-il. — C'est mon ami. — Et pourquoi vous l'a-t-il confiée à vous plutôt qu'à un autre? — Parce qu'il savait qu'en me disant que cette lettre devait vous être remise en mains propres, elle serait remise comme il le désirait. — En effet, Monsieur, vous avez tenu votre promesse. — Pas encore tout à fait, citoyen premier consul. — Comment cela? ne me l'avez-vous pas remise? — Oui! mais j'ai promis de rapporter une réponse. — Et si je vous dis que je ne veux pas en faire? — Vous aurez répondu, pas précisément comme j'eusse désiré que vous le fissiez, mais ce sera toujours une réponse.

Bonaparte demeura quelques instants pensif. Puis, sortant de sa rêverie par un mouvement d'épaule :

— Ils sont fous, dit-il. — Qui cela, citoyen? demanda Morgan. — Ceux qui m'écrivent de pareilles lettres; fous, archifous. Croient-ils donc que je suis de ceux qui prennent leurs exemples dans le passé, qui se modèlent sur d'autres hommes? Recommencer Monck? à quoi bon? pour faire un Charles II? Ce n'est ma foi pas la peine. Quand on a derrière soi Toulon, le 13 vendémiaire, Lodi, Castiglione, Arcole, Rivoli, les Pyramides, on est un autre homme que Monck, et l'on a le droit d'aspirer à autre chose qu'au duché d'Albemarle et au commandement des armées de terre et de mer de Sa Majesté Louis XVIII.

— Aussi, vous dit-on de faire vos conditions, citoyen premier consul.

Bonaparte tressaillit au son de cette voix comme s'il eût oublié que quelqu'un était là.

— Sans compter, continua Bonaparte, que c'est une famille perdue, un rameau mort d'un tronc pourri : les Bourbons se sont tant mariés entre eux que c'est une race abâtardie, qui a usé toute sa sève et toute sa vigueur dans Louis XIV. Vous connaissez l'histoire, Monsieur? dit Bonaparte en se tournant vers le jeune homme. — Oui, général, répondit celui-ci; du moins comme un ci-devant peut la connaître. — Eh bien, vous avez dû remarquer dans l'histoire, dans celle de France surtout, que chaque race a son point de départ, son point culminant et sa décadence. Voyez les Capétiens directs : partis de Hugues, ils arrivent à leur apogée avec Philippe-Auguste et Louis IX, et tombent avec Philippe V et Charles IV. Voyez les Valois : partis de Philippe VI, ils ont leur point culminant dans François Ier et tombent avec Charles IX et Henri III. Enfin, voyez les Bourbons : partis de Henri IV, ils ont leur point culminant dans Louis XIV et tombent avec Louis XV et Louis XVI ; seulement, ils tombent plus bas que les autres : plus bas dans la débauche avec Louis XV, plus bas dans le malheur avec Louis XVI. Vous me parlez des Stuarts, et vous me montrez l'exemple de Monck. Voulez-vous me dire qui succède à Charles II ? Jacques II ; et à Jacques II, Guillaume d'Orange, un usurpateur ; n'aurait-il pas mieux valu, je vous le demande, que Monck mît tout de suite la couronne sur sa tête ? Eh bien, si j'étais assez fou pour rendre le trône à Louis XVIII, comme Charles II, il n'aurait pas d'enfants, comme Jacques II, son frère Charles X lui succéderait, et, comme Jacques II, il se ferait chasser par quelque Guillaume d'Orange. Oh ! non, Dieu n'a pas mis la destinée d'un beau et grand pays qu'on appelle la France entre mes mains, pour que je la rende à ceux qui l'ont jouée et qui l'ont perdue. — Remarquez, général, que je ne vous demandais pas tout cela. — Mais, moi, je vous... — Je crois que vous me faites l'honneur de me prendre pour la postérité.

Bonaparte tressaillit, se retourna, vit à qui il parlait, et se tut.

— Je n'avais besoin, continua Morgan avec une dignité qui étonna celui auquel il s'adressait, que d'un oui ou d'un non. — Et pourquoi aviez-vous besoin de cela ? — Pour savoir si nous continuerions de vous faire la guerre comme à un ennemi, ou si nous tomberions à vos genoux comme devant un sauveur. — La guerre ! dit Bonaparte. La guerre ! insensés ceux qui me la font ; ne voient-ils pas que je suis l'élu de Dieu ? — Attila disait la même chose. — Oui ; mais il était l'élu de la destruction, et moi je suis celui de l'ère nouvelle ; l'herbe séchait où il avait passé, les moissons mûriront partout où j'aurai passé la charrue. La guerre ! dites-moi ce que sont devenus ceux qui me l'ont faite ? Ils sont couchés dans les plaines du Piémont, de la Lombardie ou du Caire ! — Vous ne parlez pas pour la Vendée ! la Vendée est toujours debout. — Debout, soit ; mais ses chefs, mais Cathelineau, mais Lescure, mais d'Elbée, mais Bonchamp, mais Stofflet, mais Charrette ? — Vous ne parlez là que des hommes ; les hommes ont été moissonnés, c'est vrai, mais le principe est debout, et tout autour de lui combattent aujourd'hui d'Autichamp, Suzannet, Grignon, Frotté, Chatillon, Cadoudal ; les cadets ne valent peut-être pas les aînés, mais, pourvu qu'ils meurent à leur tour, c'est tout ce que l'on peut exiger d'eux. — Qu'ils prennent garde ! si je décide une campagne de la Vendée, je n'enverrai ni des Santerre ni des Rossignol ! — La Convention y a envoyé Kléber, et le Directoire, Hoche !... — Je n'enverrai pas, j'irai moi-même. — Il ne peut rien leur arriver de pis que d'être tués comme Lescure, ou fusillés comme Charrette. — Il peut arriver que je leur fasse grâce. — Caton nous a appris comment on échappait au pardon de César. — Ah ! vous citez un républicain, prenez garde ! — Caton est un de ces hommes dont on peut suivre l'exemple, à quelque parti que l'on appartienne. — Et si je vous disais que je tiens la Vendée dans ma main ! — Vous ? — Et que, si je veux, dans trois mois elle sera pacifiée !

Le jeune homme secoua la tête.

— Vous ne me croyez pas ? — J'hésite à vous croire. — Si je vous affirme que ce que je dis est vrai ; si je vous le prouve en vous disant par quel moyen ou plutôt par quels hommes j'y arriverai ? — Si un homme comme le général Bonaparte m'affirme une chose, je la croirai, et si cette chose qu'il m'affirme est la pacification de la Vendée, je lui dirai : Prenez garde ! mieux vaut pour vous la Vendée combattant que la Vendée conspirant : la Vendée combattant, c'est l'épée ; la Vendée conspirant, c'est le poignard. — Oh ! je le connais votre poignard, dit Bonaparte ! le voilà.

Et il alla prendre dans un tiroir le poignard qu'il avait tiré des mains de Roland et le posa sur une table, à la portée de la main de Morgan.

— Mais, ajouta-t-il, il y a loin de la poitrine de Bonaparte au poignard d'un assassin ; essayez, plutôt.

Et il s'avança sur le jeune homme en fixant sur lui son regard de flamme.

— Je ne suis pas venu ici pour vous assassiner, dit froidement le jeune homme ; plus tard, si je croyais votre mort indispensable au triomphe de la cause, je ferai de mon mieux ; et si alors je vous manque, ce n'est point parce que vous serez Marius et moi le Cimbre. Vous n'avez pas autre chose à me dire, citoyen premier consul ? continua le jeune homme en s'inclinant. — Si fait : dites à Cadoudal que, lorsqu'il voudra se battre contre l'ennemi au lieu de se battre contre des Français, j'ai dans mon bureau son brevet de colonel tout signé. — Cadoudal commande, non pas à un régiment, mais à une armée ; vous n'avez pas voulu déchoir en devenant, de Bonaparte, Monck ; pourquoi voulez-vous qu'il devienne, de général, colonel ? Vous n'avez pas autre chose à me dire, citoyen premier consul ? — Si fait : avez-vous un moyen de faire passer ma réponse au comte de Provence ? — Vous voulez dire au roi Louis XVIII ? — Ne chicanons pas sur les mots ; à celui qui m'a écrit. — Son envoyé est au camp des Aubiers. — Eh bien ! je change d'avis, je lui réponds ; ces Bourbons sont si aveugles que celui-là interpréterait mal mon silence.

Et Bonaparte, s'asseyant à son bureau, écrivit la lettre suivante avec une application indiquant qu'il tenait à ce qu'elle fût lisible.

« J'ai reçu, Monsieur, votre lettre ; je vous remercie de la bonne opinion que vous y exprimez sur moi. Vous ne devez pas souhaiter votre retour en France, il vous faudrait marcher sur cent mille cadavres ; sacrifiez votre intérêt au repos et au bonheur de la France, l'histoire vous en tiendra compte. Je ne suis point insensible aux malheurs de votre famille, et j'apprendrai avec plaisir que vous êtes environné de tout ce qui peut contribuer à la tranquillité de votre retraite. « BONAPARTE. »

Et, pliant et cachetant la lettre, il mit l'adresse : *A monsieur le comte de Provence*, la remit à Morgan, et, appelant Roland qui parut sur le seuil du cabinet avec une promptitude qui prouvait sa présence presque immédiate :

— Colonel, dit-il, reconduisez Monsieur jusque dans la rue ; jusque-là vous répondez de lui.

Roland s'inclina en signe d'obéissance, laissa passer le jeune homme, qui se retira sans prononcer une parole, et sortit derrière lui. Mais, avant de sortir, il jeta un dernier regard sur Bonaparte. Il était debout, immobile, muet et les bras croisés, l'œil fixé sur ce poignard, qui préoccupait plus sa pensée qu'il ne voulait se l'avouer à lui-même. En traversant la chambre de Roland, le chef des compagnons de Jehu reprit son manteau et ses pistolets. Tandis qu'il les passait à sa ceinture :

— Il paraît, lui dit Roland, que le citoyen premier consul vous a montré le poignard que je lui ai donné. — Oui, Monsieur, répondit Morgan. — Et vous l'avez reconnu ? — Pas celui-là particulièrement ; tous nos poignards se ressemblent. — Eh bien, fit Roland, je vais vous dire d'où il vient ; il vient de la poitrine d'un de mes amis, où vos compagnons, et peut-être vous-même l'aviez enfoncé. — C'est impossible, répondit insoucieusement le jeune homme ; mais votre ami se sera exposé à ce châtiment. — Mon ami a voulu voir ce qui se passait la nuit dans la Chartreuse de Seillon. — Il a eu tort. — Mais moi, j'avais eu le même tort la veille ; pourquoi ne m'est-il rien arrivé ? — Parce que sans doute quelque talisman vous sauvegardait. — Monsieur, je vous dirai une chose, c'est que je suis un homme de droit chemin et de grand jour ; il en résulte que j'ai horreur du mystérieux. — Heureux ceux qui peuvent marcher au grand jour et suivre le grand chemin, monsieur de Montrevel ! — C'est pour cela que je vais vous dire le serment que j'ai fait, monsieur Morgan, en tirant le poignard que vous avez vu de la poitrine de mon ami le plus délicatement possible, pour ne pas en tirer son âme en même temps : j'ai fait serment que ce serait désormais entre ses assassins et moi une guerre à mort, et c'est en grande partie pour vous dire cela à vous-même que je vous ai donné la parole qui vous sauvegardait. — C'est un serment que j'espère vous voir oublier, monsieur de Montrevel. — C'est un serment que je tiendrai dans toutes les occasions, monsieur Morgan, et vous serez bien aimable de m'en fournir une le plus tôt possible. — De quelle façon, Monsieur ? — Eh bien, mais, par exemple, en acceptant avec moi une rencontre soit au bois de Boulogne, soit au bois de Vincennes ; nous n'avons pas besoin de dire, bien entendu, que nous nous battons parce que vous ou vos amis avez donné un coup de poignard à lord Tanlay ? Non, nous dirons ce que vous voudrez : que c'est à propos, par exemple... Roland chercha... de l'éclipse de lune qui doit avoir lieu le 12 du mois prochain. Le prétexte vous va-t-il ? — Le prétexte m'irait, Monsieur, répondit Morgan avec un accent de mélancolie dont on l'eût cru incapable, si le duel lui-même me pouvait aller. Vous avez fait un serment, et vous le tiendrez, dites-vous ? Eh bien, tout initié en fait un aussi en entrant dans la compagnie de Jehu : c'est de n'exposer dans aucune querelle particulière une vie qui ne lui appartient pas, mais à sa cause. — Oui, si bien que vous assassinez, mais ne vous battez pas. — Vous vous trompez, nous nous battons quelquefois. — Soyez assez bon pour m'indiquer une occasion d'étudier ce phénomène. — C'est bien simple ; tâchez, monsieur de Montrevel, de vous trouver, avec cinq ou six hommes résolus comme vous, dans quelque diligence portant l'argent du gouvernement ; défendez ce que nous attaquerons, et l'occasion que vous cherchez sera venue ; mais, croyez-moi, faites mieux que cela : ne vous trouvez pas sur notre chemin. — C'est une menace, Monsieur ? dit le jeune homme en relevant la tête. — Non, Monsieur, fit Morgan d'une voix douce, presque suppliante ; c'est une prière. — M'est-elle particulièrement adressée, ou la feriez-vous à un autre ? — Je la fais à vous particulièrement.

Et le chef des compagnons appuya sur ce dernier mot.

— Ah! ah! fit le jeune homme, j'ai donc le bonheur de vous intéresser? — Comme un frère, répondit Morgan, toujours de sa même voix douce et caressante. — Allons, dit Roland, décidément c'est une gageure.

En ce moment Bourrienne entra.

— Roland, dit-il, le premier consul vous demande. — Le temps de reconduire Monsieur jusqu'à la porte de la rue, et je suis à lui. — Hâtez-vous, vous savez qu'il n'aime point attendre. — Voulez-vous me suivre, Monsieur? dit Roland à son mystérieux compagnon. — Il y a longtemps que je suis à vos ordres, Monsieur. — Venez alors.

Et Roland, reprenant le même chemin par lequel il avait amené Morgan, le reconduisit, non pas jusqu'à la porte donnant dans le jardin, le jardin était fermé, mais jusqu'à celle de la rue. Arrivé là :

— Monsieur, dit-il à Morgan, je vous ai donné ma parole, je l'ai tenue fidèlement; mais, pour qu'il n'y ait point de malentendu entre nous, dites-moi bien que cette parole était pour une fois et pour aujourd'hui seulement. — C'est comme cela que je l'ai entendu, Monsieur. — Ainsi, cette parole, vous me la rendez? — Je voudrais la garder, Monsieur; mais je reconnais que vous êtes libre de me la reprendre. — C'est tout ce que je désirais. Au revoir, monsieur Morgan. — Permettez-moi de ne pas faire le même souhait, monsieur de Montrevel.

Les deux jeunes gens se saluèrent avec une courtoisie parfaite, Roland rentrant au Luxembourg, et Morgan prenant, en suivant la ligne d'ombre projetée par la muraille, une des petites rues qui conduisent à la place Saint-Sulpice. C'est celui-ci que nous allons suivre.

II

LE BAL DES VICTIMES.

A peine avait-il fait cent pas, que Morgan ôta son masque; au milieu des rues de Paris, il courait bien autrement risque d'être remarqué avec un masque que reconnu sans masque. Arrivé rue Taranne, il frappa à la porte d'un petit hôtel garni qui faisait le coin de la rue Taranne et de la rue du Dragon, entra, prit sur un meuble un chandelier, à un clou la clef du n° 12, et monta sans éveiller d'autre sensation que celle d'un locataire bien connu qui rentre après être sorti.

Dix heures sonnaient à la pendule au moment même où il refermait sur lui la porte de sa chambre. Il écouta attentivement les heures, la lumière de la bougie ne se projetant pas jusqu'à la cheminée, puis, ayant compté jusqu'à dix :

— Bon! dit-il à lui-même, je n'arriverai pas trop tard.

Malgré cette probabilité, Morgan parut décidé à ne point perdre de temps; il passa un papier flamboyant sous un grand foyer préparé dans la cheminée, et qui s'enflamma aussitôt, alluma quatre bougies, c'est-à-dire tout ce qu'il y en avait dans la chambre, en disposa deux sur la cheminée, deux sur la commode en face, ouvrit un tiroir de la commode, et étendit sur le lit un costume complet d'incroyable du dernier goût.

Ce costume se composait d'un habit court et carré par devant, long par derrière, d'une couleur tendre, flottant entre le vert d'eau et le gris perle, d'un gilet de panne chamoise à dix-huit boutons de nacre, d'une immense cravate blanche de la plus fine batiste, d'un pantalon collant de casimir blanc, avec un flot de rubans à l'endroit où il se boutonnait, c'est-à-dire au-dessous du mollet; enfin, de bas de soie gris perle, rayés transversalement du même vert que l'habit, et de fins escarpins à boucles de diamants.

Le lorgnon de rigueur n'était pas oublié. Quant au chapeau, c'était le même que celui dont Carle Vernet a coiffé son élégant du Directoire. Ces objets préparés, Morgan parut attendre avec impatience. Au bout de cinq minutes il sonna, un garçon parut.

— Le perruquier, demanda Morgan, n'est-il point venu?

A cette époque, les perruquiers n'étaient pas encore coiffeurs.

— Si fait, citoyen, répondit le garçon, il est venu ; mais vous n'étiez pas encore rentré, et il a dit qu'il allait revenir ; comme vous sonniez, on frappait à la porte ; c'était probablement... — Voilà! voilà! dit une voix dans l'escalier. — Ah! bravo! fit Morgan ; arrière, maître Cadenette ; il s'agit de faire de moi quelque chose comme Adonis. — Ce ne sera pas difficile, monsieur le baron, fit le perruquier. — Eh bien! eh bien! vous voulez donc absolument me compromettre, citoyen Cadenette? — Monsieur le baron, je vous en supplie, appelez-moi Cadenette tout court, cela m'honorera, car cela sera une preuve de familiarité ; mais ne m'appelez pas citoyen ; fi! c'est une dénomination révolutionnaire : et, au plus fort de la Terreur, j'ai toujours appelé mon épouse madame Cadenette. Maintenant, excusez-moi de ne pas vous avoir attendu ; mais il y a ce soir grand bal rue du Bac, bal des *victimes*, le perruquier appuya sur ce mot, j'aurais cru que monsieur le baron devait en être. — Ah çà! fit Morgan en riant, vous êtes donc toujours royaliste, Cadenette?

Le perruquier mit tragiquement la main sur son cœur.

— Monsieur le baron, dit-il, c'est non-seulement une affaire de conscience, mais d'État. — De conscience! je comprends, maître Cadenette, mais d'État! que diable l'honorable corporation des perruquiers a-t-elle à faire à la politique? — Comment! monsieur le baron, dit Cadenette tout en s'apprêtant à coiffer son client, vous demandez cela? vous, un aristocrate! — Chut! Cadenette. — Monsieur le baron, entre ci-devants, on peut se dire ces choses-là. — Alors, vous êtes un ci-devant? — Tout ce qu'il y a de plus ci-devant. Quelle coiffure monsieur le baron désire-t-il? — Les oreilles de chien, et les cheveux retroussés par derrière. — Avec un œil de poudre? — Deux yeux si vous voulez, Cadenette. — Oh! Monsieur, quand on pense que, pendant cinq ans, on n'a trouvé que chez moi de la poudre à la maréchale, monsieur le baron ; pour une boîte de poudre, on était guillotiné. — J'ai connu des gens qui l'ont été pour moins que cela, Cadenette. Mais expliquez-moi comment vous vous trouvez être un ci-devant, j'aime à me rendre compte de tout. — C'est bien simple, monsieur le baron. Vous admettez, n'est-ce pas, que, parmi les corporations, il y en avait de plus ou moins aristocrates? — Sans doute, selon qu'elles se rapprochaient des hautes classes de la société. — C'est cela, monsieur le baron. Eh bien, les hautes classes de la société, nous les tenions par les cheveux; moi, tel que vous me voyez, j'ai coiffé un soir madame de Polignac, mon père a coiffé madame Dubarry, mon grand-père, madame de Pompadour; nous avions nos privilèges, Monsieur, nous portions l'épée. Il est vrai que, pour éviter les accidents qui pouvaient arriver entre têtes chaudes comme les nôtres, la plupart du temps nos épées étaient en bois, mais tout au moins, si ce n'était pas la chose, c'était le simulacre. Oui, monsieur le baron, continua Cadenette avec un soupir, ce temps-là c'était le beau temps, non-seulement des perruquiers, mais de la France. Nous étions de tous les secrets, de toutes les intrigues, on ne se cachait pas de nous : et il n'y a pas d'exemple, monsieur le baron, qu'un secret ait été trahi par un perruquier. Voyez notre pauvre reine, à qui a-t-elle confié ses diamants? au grand, à l'illustre Léonard, au prince de la coiffure. Eh bien! monsieur le baron, deux hommes ont suffi pour renverser l'échafaudage d'une puissance qui reposait sur les perruques de Louis XIV, sur les poufs de la Régence, sur les crêpes de Louis XV et sur les galeries de Marie-Antoinette. — Et ces deux hommes, ces deux niveleurs, ces deux révolutionnaires, quels sont-ils, Cadenette? que je les voue autant qu'il sera en mon pouvoir à l'exécration publique. — M. Rousseau et le citoyen Talma. M. Rousseau qui a dit cette absurdité : « Revenez à la nature, » et le citoyen Talma qui a inventé les coiffures à la Titus. — C'est vrai, Cadenette, c'est vrai. — Enfin, avec le Directoire, on a eu un instant d'espérance. M. Barras n'a jamais abandonné la poudre, et le citoyen Moulin a conservé la queue; mais, vous comprenez, le 18 brumaire a tout anéanti : le moyen de faire friser les cheveux de M. Bonaparte!... Ah! tenez, continua Cadenette en faisant bouffer les oreilles de chien de sa pratique, à la bonne heure, voilà de véritables cheveux d'aristocrate, doux et fins comme de la soie et qui tiennent le fer que c'est à croire que vous portez perruque. Regardez-vous, monsieur le baron, vous voulez être beau comme Adonis. Ah! si Vénus vous avait vu, ce n'est point d'Adonis que Mars eût été jaloux.

Et Cadenette, arrivé au bout de son travail et satisfait de son œuvre, présenta un miroir à main à Morgan, qui s'y regarda avec complaisance.

— Allons, allons, dit-il au perruquier, décidément, mon cher, vous êtes un artiste; retenez bien cette coiffure-là. Si jamais on me coupe le cou, comme il y aura probablement des femmes à mon exécution, c'est cette coiffure-là que je me choisis. — Monsieur le baron veut qu'on le regrette, dit sérieusement le perruquier. — Oui, et en attendant, mon cher Cadenette, voici un écu pour la peine que vous avez prise. Ayez la bonté de dire en descendant que l'on m'appelle une voiture.

Cadenette poussa un soupir.

— Monsieur le baron, dit-il, il y a une époque où je vous eusse répondu : Montrez-vous à la cour avec cette coiffure, et je serai payé; mais il n'y a plus de cour, monsieur le baron, et il faut vivre; vous aurez votre voiture.

Sur quoi Cadenette poussa un second soupir, mit l'écu de Morgan dans sa poche, fit le salut révérencieux des perruquiers et des maîtres de danse, et laissa le jeune homme parachever sa toilette.

Une fois la coiffure achevée, c'était chose prompte; la cravate seule prit un peu de temps à cause des brouillards qu'elle nécessitait, mais Morgan se tira de cette tâche difficile en homme expérimenté, et à onze heures sonnantes il était prêt à monter en voiture.

Cadenette n'avait point oublié la commission; un fiacre attendait à la porte. Morgan y sauta en criant :

— Rue du Bac, n° 60.

Le fiacre prit la rue de Grenelle, remonta la rue du Bac et s'arrêta au n° 60.

— Voilà votre course payée double, mon ami, dit Morgan, mais à la condition que vous ne stationnerez pas à la porte.

Le fiacre reçut trois francs et disparut au coin de la rue de Varennes.

Morgan jeta les yeux sur la façade de la maison, c'était à croire qu'il s'était trompé de porte tant la façade était sombre et silencieuse. Cependant Morgan n'hésita point, il frappa d'une certaine façon. La porte s'ouvrit. Au fond de la cour s'étendait un grand bâtiment ardemment éclairé.

Le jeune homme se dirigea vers le bâtiment; à mesure qu'il approchait, le son des instruments venait à lui. Il monta un étage, et se trouva dans le vestiaire. Il tendit son manteau au contrôleur chargé de veiller sur les pardessus.

— Voici un numéro, lui dit le contrôleur; quant aux armes, déposez-les dans la galerie, de manière que vous puissiez les reconnaître.

Morgan mit le numéro dans la poche de son pantalon et entra dans une grande galerie transformée en arsenal. Il y avait là une véritable collection d'armes de toutes les espèces, pistolets, tromblons, carabines, épées, poignards. Comme le bal pouvait être tout à coup interrompu par une descente de la police, il fallait qu'à la seconde chaque danseur pût se transformer en combattant. Débarrassé de ses armes, Morgan entra dans la salle de bal.

Nous doutons que la plume puisse donner à nos lecteurs une idée de l'aspect qu'offrait ce bal. En général, comme son nom, bal des victimes, l'indiquait, on n'était admis à ce bal qu'en vertu des droits étranges que vous y avaient donnés vos parents envoyés sur l'échafaud par la Convention ou la commune de Paris, mitraillés par Collot-d'Herbois, ou noyés par Carrier; mais comme, à tout prendre, c'étaient les guillotinés qui, pendant les trois années de terreur que l'on venait de traverser, l'avaient emporté en nombre sur les autres victimes, les costumes qui formaient la majorité étaient les costumes des victimes de l'échafaud.

Ainsi la plus grande partie des jeunes filles dont les mères et les sœurs aînées étaient tombées sous la main du bourreau portaient elles-mêmes le costume que leurs mères et leurs sœurs avaient revêtu pour la suprême et lugubre cérémonie, c'est-à-dire la robe blanche, le châle rouge et les cheveux coupés à fleur de cou. Quelques-unes, pour ajouter à ce costume, déjà si caractéristique, un détail plus significatif encore, quelques-unes avaient noué autour de leur cou un fil de soie rouge, mince comme le tranchant d'un rasoir, lequel, comme chez la Marguerite de Faust au sabbat, indiquait le passage du fer entre les mastoïdes et les clavicules.

Quant aux hommes qui se trouvaient dans le même cas, ils avaient le collet de leur habit rabattu en arrière, celui de leur chemise flottant, le cou nu et les cheveux coupés. Mais beaucoup avaient d'autres droits, pour entrer dans ce bal, que d'avoir eu des victimes dans leurs familles, beaucoup avaient fait eux-mêmes des victimes; ceux-là cumulaient.

Il y avait là des hommes de quarante à quarante-cinq ans, qui avaient été élevés dans les boudoirs des belles courtisanes du dix-huitième siècle, qui avaient connu madame Dubarry dans les mansardes de Versailles, la Sophie

Arnoult chez M. de Lauraguais, la Duthé chez le comte d'Artois, et qui avaient emprunté à la politesse du vice le vernis dont ils recouvraient leur férocité. Ils étaient encore jeunes et beaux; ils entraient dans un salon secouant leurs chevelures odorantes et leurs mouchoirs parfumés, et ce n'était point une précaution inutile, car s'ils n'eussent senti l'ambre ou la verveine, ils eussent senti le sang.

Il y avait là des hommes de vingt-cinq à trente ans, mis avec une élégance infinie, qui faisaient partie de l'association des Vengeurs, qui semblaient saisis de la monomanie de l'assassinat, de la folie de l'égorgement, qui avaient la frénésie du sang, et que le sang ne désaltérait pas; qui, lorsque l'ordre leur était venu de tuer, tuaient celui qui leur était désigné, ami ou ennemi; qui portaient la conscience du commerce dans la comptabilité du meurtre; qui recevaient la traite sanglante qui leur demandait la tête de tel ou tel jacobin, et qui la payaient à vue.

Il y avait là des jeunes hommes de dix-huit à vingt ans, des enfants presque, mais des enfants nourris, comme Achille, de la moelle des bêtes féroces, comme Pyrrhus, de la chair des ours; c'étaient des élèves bandits de Schiller, des apprentis francs-juges de la Sainte-Wehme, c'était cette génération étrange qui arrive après les grandes convulsions politiques, comme vinrent les Titans après le chaos, les hydres après le déluge, comme viennent enfin les vautours et les corbeaux après le carnage.

C'était ce spectre de bronze, impassible, implacable, inflexible qu'on appelle le talion. Et ce spectre se mêlait aux vivants, il entrait dans les salons dorés, il faisait un signe du regard, un geste de la main, un mouvement de la tête, et on le suivait.

On faisait, dit l'auteur auquel nous empruntons ces détails si inconnus et cependant si véridiques, on faisait Charlemagne à la bouillotte pour une partie d'extermination.

La Terreur avait affecté un grand cynisme dans ses vêtements, une austérité lacédémonienne dans ses repas, le plus profond mépris enfin d'un peuple sauvage pour tous les arts et tous les spectacles. La réaction thermidorienne, au contraire, était élégante, parée et opulente; elle épuisait tous les luxes et toutes les voluptés, comme sous la royauté de Louis XV, seulement elle ajouta le luxe de la vengeance, la volupté du sang.

Fréron donna son nom à toute cette jeunesse que l'on appela jeunesse de Fréron ou jeunesse dorée. Pourquoi Fréron plutôt qu'un autre eût-il cet étrange et fatal honneur?

Je ne me chargerai pas de vous le dire : mes recherches, et quand je veux arriver à un but, ceux qui me connaissent me rendront cette justice, que les recherches ne me coûtent pas, mes recherches ne m'ont rien appris là-dessus.

Ce fut un caprice de la mode; la mode est la seule déesse plus capricieuse encore que la fortune. A peine nos lecteurs savent-ils aujourd'hui ce que c'était que Fréron, et celui qui fut le plastron de Voltaire est plus connu que celui qui fut le patron de ces élégants assassins.

L'un était le fils de l'autre : Louis Stanislas était le fils d'Élise-Catherine; le père était mort de colère de voir son journal supprimé par le garde des sceaux Miromesnil.

L'autre, irrité par les injustices dont son père avait été victime, avait d'abord embrassé avec ardeur les principes révolutionnaires, et à la place de *l'Année littéraire*, morte et étranglée en 1775, il avait, en 1789, créé *l'Orateur du peuple*. Envoyé dans le Midi comme agent extraordinaire, Marseille et Toulon gardent encore aujourd'hui le souvenir de ses cruautés. Mais tout fut oublié quand au 9 thermidor il se prononça contre Robespierre, et aida à précipiter de l'autel de l'Être suprême le colosse qui d'apôtre s'était fait dieu. Fréron, répudié par la Montagne, qui l'abandonna aux lourdes mâchoires de Moïse Bayle; Fréron, repoussé avec dédain par la Gironde, qui le livra aux imprécations d'Isnard; Fréron, comme le disait le terrible et pittoresque orateur du Var, Fréron tout nu et tout couvert de la lèpre du crime, fut recueilli, caressé, choyé par les thermidoriens; puis, du camp de ceux-ci, passa dans le camp des royalistes, et, sans aucune raison d'obtenir ce fatal honneur, se trouva tout à coup à la tête d'un parti puissant de jeunesse, d'énergie et de vengeance, placé entre les passions du temps qui menaient à tout et l'impuissance des lois qui souffraient tout.

Ce fut au milieu de cette jeunesse dorée, de cette jeunesse de Fréron, grasseyant, zezayant, donnant sa parole d'honneur à tout propos, que Morgan se fraya un passage. Toute cette jeunesse, il faut le dire, malgré le costume dont elle était revêtue, malgré les souvenirs que ces costumes rappelaient, toute cette jeunesse était d'une gaieté folle. C'est incompréhensible, mais c'était ainsi.

Expliquez si vous pouvez cette danse macabre qui, au commencement du quinzième siècle, avec la furie d'un galop moderne conduit par Musard, déroulant ses anneaux dans le cimetière même des Innocents, laissa choir au milieu des tombes cinquante mille de ses funèbres danseurs.

Morgan cherchait évidemment quelqu'un. Un jeune élégant, qui plongeait dans une bonbonnière de vermeil que lui tendait une charmante victime un doigt rouge de sang, seule partie de sa main délicate qui eût été soustraite à la pâte d'amande, voulait l'arrêter pour lui donner des détails sur l'expédition dont il avait rapporté ce sanglant trophée; mais Morgan lui sourit, pressa celle de ses deux mains qui était gantée, et se contenta de lui répondre :

Je cherche quelqu'un.

— Affaire pressée? — Compagnie de Jehu.

Le jeune homme au doigt sanglant le laissa passer. Une adorable furie, comme eût dit Corneille, qui avait ses cheveux retenus par un poignard à la lame plus pointue que celle d'une aiguille, lui barra le chemin en lui disant :

— Morgan, vous êtes le plus beau, le plus brave et le plus digne d'être aimé de tous ceux qui sont ici. Qu'avez-vous à répondre à la femme qui vous dit cela? — J'ai à lui répondre que j'aime, dit Morgan, et que mon cœur est trop étroit pour une haine et deux amours.

Et il continua sa recherche. Deux jeunes gens qui discutaient, l'un disant: C'est un Anglais, l'autre disant : C'est un Allemand, arrêtèrent Morgan.

— Ah! pardieu, dit l'un, voilà l'homme qui peut nous tirer d'embarras. — Non, répondit Morgan en essayant de rompre la barrière qu'ils lui opposaient, car je suis pressé. — Il n'y a qu'un mot à répondre, dit l'autre. Nous venons de parier, Saint-Amand et moi, que l'homme jugé et exécuté dans la chartreuse de Seillon était, selon lui un Allemand, selon moi un Anglais. — Je ne sais, répondit Morgan; je n'y étais pas. Adressez-vous à Hector, c'est lui qui présidait ce soir-là. — Dis-nous alors où est Hector? — Dis-moi plutôt où est Tiffanges ; je le cherche. — Là-bas, au fond, dit le jeune homme en indiquant un point de la salle où la contredanse bondissait plus joyeuse et plus animée. Tu le reconnaîtras à son gilet; son pantalon, non plus, n'est point à dédaigner, et je m'en ferai faire un pareil avec la peau du premier Matharon à qui j'aurai affaire.

Morgan ne prit point le temps de demander ce que le gilet de Tiffanges avait de remarquable, et par quelle coupe bizarre ou quelle étoffe précieuse son pantalon avait pu obtenir l'approbation d'un homme aussi expert en pareille matière que l'était celui qui lui adressait la parole. Il alla droit au point indiqué par le jeune homme, et vit celui qu'il cherchait dansant un pas d'été qui semblait, par son habileté et son tricotage, qu'on me pardonne ce terme technique, sorti des salons de Vestris lui-même.

Morgan fit un signe au danseur. Tiffanges s'arrêta à l'instant même, salua sa danseuse, la reconduisit à sa place, s'excusa sur l'urgence de l'affaire qui l'appelait, et vint prendre le bras de Morgan.

Inutile de dire que le nom de Tiffanges, qui est celui d'un vieux château situé dans le Bocage, était, comme tous les noms des affiliés royalistes que nous verrons figurer dans ce livre, un faux nom servant à cacher le nom véritable. Les deux jeunes gens passèrent dans un cabinet qui semblait réservé aux conférences du genre de celles pour laquelle ils venaient chercher la solitude.

— L'avez-vous vu? demanda Tiffanges à Morgan. — Je le quitte, répondit celui-ci. — Et vous lui avez remis la lettre du roi? — A lui-même. — L'a-t-il lue? — A l'instant. — Et il a fait une réponse? — Il en a fait deux, une verbale, une écrite; la seconde dispense de la première. — Et vous l'avez? — La voici. — En savez-vous le contenu? — C'est un refus. — Positif? — Tout ce qu'il y a de plus positif. — Sait-il que du moment où il nous ôte tout espoir, nous le traitons en ennemi? — Je le lui ai dit. — Et il a répondu? — Il n'a pas répondu, il a haussé les épaules. — Quelle intention lui croyez-vous donc? — Ce n'est pas difficile à deviner. — Aurait-il l'idée de garder le pouvoir pour lui? — Cela m'en a bien l'air. — Le pouvoir, mais pas le trône? — Pourquoi pas le trône? — Il n'oserait se faire roi! — Oh! je ne puis pas vous répondre que ce sera roi précisément qu'il se fera; mais je vous réponds qu'il se fera quelque chose. — Mais enfin, c'est un soldat de fortune. — Mon cher, il vaut mieux en ce moment être le fils de ses œuvres que le petit-fils d'un roi.

Le jeune homme resta pensif.

— Je rapporterai tout cela à Cadoudal, fit-il. — Et ajoutez que le premier consul a dit ces propres paroles : « Je tiens la Vendée dans ma main, et si je veux, dans trois mois, il ne s'y brûlera plus une amorce. » — C'est bon à savoir. — Vous le savez, que Cadoudal le sache, et faites-en votre profit.

En ce moment la musique cessa tout à coup; le bourdonnement des danseurs s'éteignit; il se fit un grand silence, et au milieu de ce silence, quatre noms furent prononcés par une voix sonore et accentuée. Ces quatre noms étaient ceux de Morgan, de Guyon, d'Amiet et de Leprêtre.

— Pardon, dit Morgan à Tiffanges, il se prépare probablement quelque expédition dont je suis; force m'est donc, à mon regret, de vous dire adieu : seulement, avant de vous quitter, laissez-moi regarder de plus près votre gilet et votre pantalon dont on m'a parlé; c'est une curiosité d'amateur, j'espère que vous l'excuserez. — Comment donc, fit le jeune Vendéen, avec le plus grand plaisir.

Et il s'approcha des candélabres qui brûlaient sur la cheminée avec une rapidité et une complaisance qui faisaient honneur à sa courtoisie. Le gilet et le pantalon paraissaient être de la même étoffe; mais quelle était cette étoffe, c'était là que le connaisseur le plus expérimenté se fût trouvé dans l'embarras.

Le pantalon était un pantalon collant ordinaire, de couleur tendre, flottant entre le chamois et la couleur de chair; il n'offrait rien de remarquable que d'être sans couture aucune et de coller cependant exactement sur la chair. Le gilet avait au contraire deux signes caractéristiques qui appelaient plus particulièrement l'attention sur lui : il était troué de trois balles dont on avait laissé les trous béants, en les ravivant avec du carmin qui jouait le sang à s'y méprendre.

En outre, au côté gauche était peint le cœur sanglant qui servait de point de reconnaissance aux Vendéens. Morgan examina les deux objets avec la plus grande attention, mais l'examen fut infructueux.

— Si je n'étais pas si pressé, dit-il, je voudrais en avoir le cœur net et ne m'en rapporter qu'à mes propres lumières; mais, vous avez entendu, il est probablement arrivé quelques nouvelles au comité; c'est de l'argent que vous pouvez annoncer à Cadoudal, mais il faut l'aller prendre. Je commande d'ordinaire ces sortes d'expéditions, et si je tardais, un autre se présenterait à ma place. Dites-moi donc quel est le tissu dont vous êtes habillé? — Mon cher Morgan, dit le Vendéen, vous avez peut-être entendu dire que mon frère avait été pris à Bressuire et fusillé par les bleus? — Oui, je sais cela. — Les bleus étaient en retraite; ils laissèrent le corps au coin d'une haie : nous les poursuivions l'épée dans les reins, de sorte que nous arrivâmes derrière eux. Je retrouvai le corps de mon frère encore chaud. Dans une de ses blessures était plantée une branche d'arbre avec cette étiquette : « Fusillé comme brigand, par moi Claude Flageolet, caporal au 3e bataillon de Paris. » Je recueillis le corps de mon frère; je lui fis enlever la peau de la poitrine, cette peau qui, trouée de trois balles, devait éternellement crier vengeance devant mes yeux, et j'en fis faire mon gilet de bataille. — Ah! ah! fit Morgan avec un certain étonnement dans lequel, pour la première fois, se mêlait quelque chose qui ressemblait à de la terreur; ah! ce gilet est fait avec la peau de votre frère! Et le pantalon? — Ah! répondit le Vendéen, le pantalon, c'est autre chose, il est fait avec celle du citoyen Claude Flageolet, caporal au 3e bataillon de Paris.

En ce moment la même voix retentit, appelant pour la seconde fois, et dans le même ordre, les noms de Morgan, de Guyon, d'Amiet et de Leprêtre. Morgan s'élança hors du cabinet.

III

GUYON, AMIET ET LEPRÊTRE.

Morgan traversa la salle de danse dans toute sa longueur et se dirigea vers un petit salon situé de l'autre côté du vestiaire. Ses trois compagnons, Leprêtre, Amiet et Guyon l'y attendaient déjà.

Avec eux se trouvait un jeune homme portant le costume d'un courrier de cabinet à la livrée du gouvernement, c'est-à-dire à l'habit vert et or. Il avait les grosses bottes poudreuses, la casquette-visière et le sac de dépêches qui constituent le harnachement essentiel d'un courrier de cabinet. Une carte de Cassini, sur laquelle on pouvait relever jusqu'aux moindres sinuosités de terrain, était étendue sur une table.

Avant de dire ce que faisait là ce courrier et dans quel but était étendue cette carte, jetons un coup d'œil sur les trois nouveaux personnages dont les noms venaient de retentir dans la salle de bal et qui sont destinés à jouer un rôle important dans la suite de cette histoire.

Le lecteur connaît déjà Morgan, l'Achille et le Pâris tout à la fois de cette étrange association; Morgan avec ses yeux bleus, ses cheveux noirs, sa taille haute et bien prise, sa tournure gracieuse, vive et svelte, son œil qu'on n'avait jamais vu sans un regard animé, sa bouche aux lèvres fraîches et aux dents blanches qu'on n'avait jamais vue sans un sourire, sa physionomie qu'on ne pouvait oublier une fois qu'on l'avait vue, qui se composait d'un mélange d'éléments qui semblaient étrangers les uns aux autres, et sur laquelle on retrouvait tout à la fois la force et la tendresse, la douceur et l'énergie, et tout cela mêlé à l'étourdissante expression d'une gaieté qui devenait effrayante parfois, lorsqu'on songeait que cet homme côtoyait éternellement la mort, et la plus effrayante de toutes les morts, celle de l'échafaud.

Quant à Leprêtre, c'était un homme de quarante-huit ans, aux cheveux touffés et grisonnants, mais aux sourcils et aux moustaches d'un noir d'ébène; quant aux yeux, ils étaient de cette admirable nuance des yeux indiens tirant sur le marron. C'était un ancien capitaine de dragons admirablement bâti pour la lutte physique et morale, dont les muscles indiquaient la force, et la physionomie l'entêtement. Au reste, d'une tournure noble, d'une grande élégance de manières, parfumé comme un petit-maître, et respirant, par manie ou par manière de volupté, soit un flacon de sels anglais, soit une cassolette de vermeil contenant les parfums les plus subtils.

Guyon et Amiet, dont on ne connaissait pas plus les véritables noms que l'on ne connaissait ceux de Leprêtre et de Morgan, étaient généralement appelés dans la compagnie *les inséparables*. Figurez-vous Damon et Pythias, Euryale et Nisus, Oreste et Pylade à vingt-deux ans : l'un joyeux, loquace, bruyant; l'autre triste, silencieux, rêveur, partageant tout, dangers, argent, maîtresses ; se complétant l'un par l'autre, atteignant à eux deux les limites de tous les extrêmes, chacun dans le péril s'oubliant lui-même pour veiller sur l'autre, comme les jeunes Spartiates du bataillon sacré, et vous aurez une idée de Guyon et d'Amiet. Il va sans dire que tous trois étaient compagnons de Jehu. Ils étaient convoqués, comme s'en était douté Morgan, pour affaire de la compagnie. Morgan, en entrant, alla droit au faux courrier et lui serra la main.

— Ah! cher ami, dit celui-ci avec un mouvement de l'arrière-train indiquant qu'on ne fait pas impunément, si bon cavalier que l'on soit, une cinquantaine de lieues à franc étrier sur les bidets de poste, vous vous la passez douce, vous autres Parisiens, et, relativement à vous, Annibal à Capoue était sur des ronces et sur des épines; je n'ai fait que jeter un coup d'œil sur la salle de bal, en passant, comme doit faire un pauvre courrier de cabinet portant les dépêches du général Masséna au citoyen premier consul, mais vous avez là, ce me semble, un choix de victimes parfaitement entendu; seulement, mes pauvres amis, il faut pour le moment dire adieu à tout cela; c'est désagréable, c'est malheureux, c'est désespérant, mais la maison Jehu avant tout. — Mon cher Hastier, dit Morgan. — Holà! dit Hastier, pas de noms propres, s'il vous plaît, Messieurs. La famille Hastier est une honnête famille de Lyon faisant négoce, comme on dit, place des Terreaux, de père en fils, et qui serait fort humiliée d'apprendre que son héritier s'est fait courrier de cabinet et court les grands chemins avec la besace nationale sur le dos. Lecoq, tant que vous voudrez, mais Hastier, point : je ne connais pas Hastier. Et vous, Messieurs, continua le jeune homme s'adressant à Guyon, à Amiet et à Leprêtre, le connaissez-vous? — Non, répondirent les trois jeunes gens, et nous demandons pardon pour Morgan qui a fait erreur. — Mon cher Lecoq, fit Morgan. — A la bonne heure! interrompit Hastier, je réponds à ce nom-là. Eh bien, voyons, que voulais-tu me dire? — Je veux te dire que, si tu n'étais pas l'antipode du dieu Harpocrate, que tes gens représentaient un doigt sur la bouche, au lieu de te jeter dans des divagations plus ou moins fleuries, nous saurions déjà pourquoi ce costume et pourquoi cette carte? — Eh pardieu! si tu ne le sais pas encore, reprit le jeune homme, c'est ta faute et non la mienne. S'il ne t'avait point fallu appeler deux fois, perdu que tu étais probablement avec quelque belle Euménide demandant à un beau jeune homme vivant vengeance pour de vieux parents morts, tu serais aussi avancé que ces Messieurs, et je ne serais pas obligé de bisser ma cavatine. Voilà ce que c'est : il s'agit tout simplement d'un reste de trésor des ours de Berne, que, par ordre du général Masséna, le général Lecourbe a expédié au citoyen premier consul : une misère, cent mille francs, qu'on n'ose faire passer par le Jura à cause des partisans de M. de Teysonnet, qui seraient, à ce que l'on prétend, gens à s'en emparer, et que l'on expédie par Genève, Bourg, Mâcon, Dijon et Troyes; route bien autrement sûre, comme on s'en apercevra au passage. — Très-bien! — Nous avons été avisés de la nouvelle par Renard, qui est parti de Gex à franc étrier, et qui l'a transmise à l'Hirondelle, pour le moment en station à Châlons-sur-Saône, lequel ou laquelle l'a transmise à Auxerre à moi Lecoq, lequel vient de faire quarante-cinq lieues pour vous la transmettre à son tour. Quant aux détails secondaires, les voici. Le trésor est parti de Berne octodi dernier, 28 nivôse an VIII de la République triple et divisible. Il doit arriver aujourd'hui duodi à Genève; il en partira demain tridi avec la diligence de Genève à Bourg; de sorte qu'en partant cette nuit même, après-demain quintidi vous pouvez, mes chers fils d'Israël, rencontrer le trésor de messieurs les ours entre Dijon et Troyes, vers Bar-sur-Seine. Qu'en dites-vous ? — Pardon, fit Morgan, ce que nous en disons, il me semble qu'il n'y a pas de discussions là-dessus ; nous disons que jamais nous ne nous serions permis de toucher à l'argent de messeigneurs les ours de Berne tant qu'il ne serait pas sorti des coffres de leurs seigneuries, mais que du moment où il a changé de destination une première fois, je ne vois aucun inconvénient à ce qu'il en change une seconde ; seulement, comment allons-nous partir ? — N'avez-vous donc pas la chaise de poste ? — Si fait, elle est ici, sous la remise. — N'avez-vous pas deux chevaux pour vous conduire jusqu'à la prochaine poste ? — Ils sont à l'écurie. — N'avez-vous pas chacun votre passe-port ? — Nous en avons chacun quatre. — Eh bien ! — Eh bien, nous ne pouvons pas arrêter la diligence en chaise de poste ; nous ne nous gênons guère, mais nous ne prenons pas encore nos aises à ce point-là. — Bon ! pourquoi pas ? dit Guyon, ce serait original. Je ne vois pas pourquoi, puisqu'on prend un bâtiment à l'abordage avec une barque, pourquoi l'on ne prendrait pas une diligence à l'abordage avec une chaise de poste ; cela nous manque comme fantaisie ; en essayons-nous, Amiet ? — Je ne demanderais pas mieux, répondit celui-ci ; mais le postillon, qu'en feras-tu ? — C'est juste, répondit Guyon. — Le cas est prévu, mes enfants, dit le courrier ; on a expédié une estafette à Troyes, vous laisserez votre chaise de poste chez Delbauce, vous y trouverez quatre chevaux tout sellés qui regorgeront d'avoine ; vous calculerez votre temps, et après-demain, ou plutôt demain, car minuit est sonné, demain, entre sept et huit heures du matin, l'argent de messieurs les ours passera un mauvais quart d'heure. — Allons-nous changer de costume ? demanda Leprêtre. — Pourquoi faire ? dit Morgan ; il me semble que nous sommes fort présentables comme nous sommes ; jamais diligence n'aura été soulagée d'un poids incommode par des gens mieux vêtus. Jetons un dernier coup d'œil sur la carte, faisons porter du buffet un pâté, une volaille froide et une douzaine de bouteilles de vin de Champagne dans les coffres de la voiture, armons-nous à l'arsenal, enveloppons-nous dans de bons manteaux, et fouette, cocher. — Tiens, dit Guyon, c'est une idée, cela. — Je crois bien, continua Morgan, nous crèverons les chevaux s'il le faut ; nous serons de retour ici à sept heures du soir, nous nous montrerons à l'Opéra. — Ce qui établira un alibi, dit Leprêtre. — Justement, continua Morgan avec son inaltérable gaieté ; le moyen d'admettre que des gens qui applaudissent mademoiselle Clotilde et M. Vestris à huit heures du soir, étaient occupés le matin, entre Bar et Châtillon, à régler leurs comptes avec le conducteur d'une diligence. Voyons, mes enfants, un coup d'œil sur la carte, afin de choisir notre endroit.

Les quatre jeunes gens se penchèrent sur l'œuvre de Cassini.

— Si j'avais un conseil topographique à vous donner, dit le courrier, ce serait de vous embusquer un peu en deçà de Mussu ; il y a un gué en face de Riceys, tenez là, et le jeune homme indiqua le point précis sur la carte, je gagnerais Chaource que voilà ; de Chaource vous avez une route départementale, droite comme un I, qui vous conduit à Troyes ; à Troyes, vous retrouvez votre voiture, vous prenez la route de Sens au lieu de celle de Coulommiers ; les badauds, il y en a même en province, qui vous ont vus passer la veille, ne s'étonnent pas de vous voir repasser le lendemain ; vous êtes à l'Opéra à dix heures, au lieu d'y être à huit, ce qui est de bien meilleur ton, et ni vu, ni connu, je t'embrouille. — Adopté pour mon compte, dit Morgan. — Adopté, répétèrent en chœur les trois autres jeunes gens.

Morgan tira une des deux montres dont les chaînes se balançaient à sa ceinture ; c'était un chef-d'œuvre de Petitot comme émail, et sur la double boîte, qui protégeait la peinture, était un chiffre en diamants. La filiation de ce merveilleux bijou était établie comme celle d'un cheval arabe : elle avait été faite pour Marie-Antoinette, qui l'avait donnée à la duchesse de Polastron, qui l'avait donnée à la mère de Morgan.

— Une heure du matin, dit Morgan ; allons, Messieurs, il faut qu'à trois heures nous relayions à Lagny.

A partir de ce moment, l'expédition était commencée, Morgan devenait le chef ; il ne consultait plus, il ordonnait. Leprêtre, ancien capitaine de dragons, qui en son absence commandait, lui présent, obéissait tout le premier. Une demi-heure après, une voiture, enfermant quatre jeunes gens enveloppés de leurs manteaux, était arrêtée à la barrière Fontainebleau par le chef du poste qui demandait les passe-ports.

— Oh ! la bonne plaisanterie, fit l'un d'eux en passant sa tête par la portière et en affectant l'accent à la mode. Il faut donc des passe-ports à présent pour *sasser* à Grosbois, chez le citoyen *Baas*? Ma paole d'honneur *panachée!* vous êtes fou, *mon ché hami!* Allons, fouette, cocher !

Le cocher fouetta et la voiture passa sans autre difficulté.

IV

EN FAMILLE.

Laissons nos quatre *chasseurs* gagner Lagny, où, grâce aux passe-ports qu'ils doivent à la complaisance des employés du citoyen Foucher, ils troqueront leurs chevaux de maître contre des chevaux de poste, et leur cocher contre un postillon, et voyons pourquoi le premier consul avait fait demander Roland.

Roland s'était empressé, en quittant Morgan, de se rendre aux ordres de son général. Il avait trouvé celui-ci debout et pensif devant la cheminée. Au bruit qu'il avait fait en entrant, le général Bonaparte avait relevé la tête.

— Que vous êtes-vous dit tous les deux ? demanda Bonaparte sans préambule, et se fiant à l'habitude que Roland avait de répondre à sa pensée. — Mais, dit Roland, nous nous sommes fait toutes sortes de compliments, et nous nous sommes quittés les meilleurs amis du monde. — Quel effet te fait-il ? — Mais l'effet d'un homme parfaitement élevé. — Quel âge lui donnes-tu ? — Mon âge tout au plus. — Oui, c'est bien cela ; la voix est jeune. Ah çà ! Roland, est-ce que je me tromperais ? est-ce qu'il y aurait une jeune génération royaliste ? — Eh ! mon général, répondit Roland avec un mouvement d'épaules, c'est un reste de la vieille. — Eh bien ! Roland, il faut en faire une autre qui soit dévouée à mon fils, si jamais j'ai un fils.

Roland fit un geste qui pouvait se traduire par ces mots :

— Je ne m'y oppose pas.

Bonaparte comprit parfaitement le geste.

— Ce n'est point le tout que tu ne t'y opposes pas, dit-il, il faut y contribuer.

Un frissonnement nerveux passa par le corps de Roland.

— Et comment cela, général? demanda-t-il.

— En te mariant.

Roland éclata de rire.

— Bon! avec mon anévrisme, dit-il. Bonaparte le regarda. — Mon cher Roland, dit-il, ton anévrisme m'a bien l'air d'un prétexte pour rester garçon. — Vous croyez? — Oui; et comme je suis un homme moral, je veux qu'on se marie. — Avec cela que je suis immoral, moi, répondit Roland, et que je cause du scandale avec mes maîtresses? — Auguste, dit Bonaparte, avait rendu des lois contre les célibataires; il les privait de leurs droits de citoyens romains. — Auguste. — Eh bien? — J'attendrai que vous soyez Auguste, vous n'êtes encore que César.

Bonaparte s'approcha du jeune homme :

— Il y a des noms, mon cher Roland, lui dit-il en lui posant la main sur l'épaule, que je ne veux pas voir s'éteindre, et le nom de Montrevel est de ceux-là. — Eh bien, général, est-ce qu'à mon défaut, et en supposant que par un caprice, une fantaisie, un entêtement, je me refuse à le perpétuer, est-ce qu'il n'y a pas mon frère? — Comment, ton frère; tu as donc un frère? — Mais oui, j'ai un frère, pourquoi donc n'aurais-je pas un frère? — Quel âge a-t-il? — Onze à douze ans. — Pourquoi ne m'en as-tu jamais parlé? — Parce que j'ai pensé que les faits et gestes d'un gamin de cet âge-là ne vous intéressaient pas beaucoup. — Tu te trompes, Roland, je m'intéresse à tout ce qui touche mes amis; il fallait me demander quelque chose pour ce frère. — Quoi, général? — Son admission dans un collége de Paris. — Bon, vous avez assez de solliciteurs autour de vous sans que j'en grossisse le nombre. — Tu entends, il faut qu'il vienne dans un collége de Paris; quand il aura l'âge, je le ferai entrer à l'École militaire ou à quelque autre école que je fonderai d'ici là. — Ma foi, général, répondit Roland, à l'heure qu'il est, comme si j'eusse deviné vos bonnes intentions à son égard, il est en route ou bien près de s'y mettre. — Comment cela? — J'ai écrit, il y a trois jours, à ma mère d'amener l'enfant à Paris; je comptais lui choisir un collége sans vous en rien dire, et, quand il aurait l'âge, vous en parler, en supposant toutefois que mon anévrisme ne m'ait pas enlevé d'ici là. Mais dans ce cas... — Dans ce cas? — Dans ce cas, je laissais un bout de testament à votre adresse qui vous recommandait la mère et le fils, la fille, tout le bataclan. — Comment, la fille? — Oui, ma sœur. — Tu as donc aussi une sœur? — Parfaitement. — Quel âge? — Dix-sept ans. — Jolie? — Charmante. — Je me charge de son établissement.

Roland se mit à rire.

— Qu'as-tu? lui demanda le premier consul. — Je dis, général, que je vais faire mettre un écriteau au-dessus de la grande porte du Luxembourg. — Et sur cet écriteau? — Bureau de mariages. — Ah çà! mais, si tu ne veux pas te marier, toi, ce n'est point une raison pour que ta sœur reste fille. Je n'aime pas plus les vieilles filles que les vieux garçons. — Je ne vous dis pas, mon général, que ma sœur restera vieille fille; c'est bien assez qu'un membre de la famille de Montrevel encoure votre mécontentement. — Eh bien! alors, que me dis-tu? — Je vous dis que, si vous le voulez bien, comme la chose la regarde, nous la consulterons là-dessus. — Ah! ah! y aurait-il quelque passion de province? — Je ne dirais pas non! J'avais quitté la pauvre Amélie fraîche et souriante, je l'ai retrouvée pâle et triste. Je tirerai tout cela au clair avec elle; et puisque vous voulez que je vous en reparle, eh bien! je vous en reparlerai. — Oui, à ton retour de la Vendée; c'est cela. — Ah! je vais donc en Vendée? — Est-ce comme pour le mariage, as-tu des répugnances? — Aucunement. — Eh bien, alors, tu vas en Vendée! — Quand cela? — Mais cela ne presse pas, et pourvu que tu partes demain matin... — A merveille! plus tôt si vous voulez; dites-moi ce que j'y vais faire. — Une chose de la plus haute importance, Roland. — Diable! ce n'est pas une mission diplomatique, je présume. — Justement, c'est une mission diplomatique pour laquelle j'ai besoin d'un homme qui ne soit pas diplomate. — Oh! général, comme je fais votre affaire! Seulement, vous comprenez, moins je suis diplomate, plus il me faut des instructions précises. — Aussi vais-je te les donner. Tiens, vois-tu cette carte?

Et il montra au jeune homme une grande carte du Piémont étendue à terre et éclairée par une lampe suspendue au plafond.

— Oui, je la vois, répondit Roland, habitué à suivre son général dans tous les bonds inattendus de son génie; seulement c'est une carte du Piémont. — Oui, c'est une carte du Piémont. — Ah! il est donc question de l'Italie? — Il est toujours question de l'Italie. — Je croyais qu'il s'agissait de la Vendée? — Secondairement. — Ah çà, général, vous n'allez pas m'envoyer dans la Vendée et vous en aller en Italie, vous? — Non, sois tranquille. — A la bonne heure! je vous préviens que dans ce cas-là je déserte et vais vous rejoindre. — Je te le permets; mais revenons à Melas. — Pardon, général, c'est la première fois que nous en parlons. — Oui, mais il y a longtemps que j'y pense. Sais-tu où je bats Melas? — Parbleu! — Où cela? — Où vous le rencontrerez.

Bonaparte se mit à rire.

— Niais, dit-il avec la plus intime familiarité. Puis, se couchant sur la carte : Viens ici, dit-il à Roland.

Roland se coucha près de lui.

— Tiens, dit-il, voilà où je le bats. — Près d'Alexandrie? — A deux ou trois lieues. Il a à Alexandrie ses magasins, ses hôpitaux, son artillerie, ses réserves; il ne s'en éloignera pas. Il faut que je frappe un grand coup, je n'obtiendrai la paix qu'à cette condition. Je passe les Alpes, il montra le grand Saint-Bernard, je tombe sur Melas au moment où il s'y attend le moins, et je le bats à plate couture. — Oh! je m'en rapporte bien à vous pour cela. — Mais tu comprends, pour que je m'éloigne tranquille, Roland, pas d'inflammation d'entrailles, c'est-à-dire pas de Vendée derrière moi. — Ah! voilà votre affaire, pas de Vendée, et vous m'envoyez en Vendée pour que je supprime la Vendée! — Ce jeune homme m'a dit de la Vendée des choses très-graves. Ce sont de braves soldats que ces Vendéens conduits par un homme de tête; il y a Georges Cadoudal surtout. Je lui ai fait offrir un régiment qu'il n'acceptera pas. — Peste! il est bien dégoûté. — Mais il y a une chose dont il ne se doute point. — Qui, Cadoudal? — Cadoudal. C'est que l'abbé Bernier m'a fait des ouvertures. — L'abbé Bernier! — Oui. — Qu'est-ce que c'est que cela, l'abbé Bernier? — C'est le fils d'un paysan de l'Anjou, qui peut avoir aujourd'hui de trente-trois à trente-quatre ans, qui était curé de Saint-Laud à Angers lors de l'insurrection, qui a refusé le serment, et qui s'est jeté parmi les Vendéens. Deux ou trois fois la Vendée a été pacifiée, une ou deux fois on l'a crue morte. On se trompait, la Vendée était pacifiée; mais l'abbé Bernier n'avait pas signé la paix; la Vendée était morte, mais l'abbé Bernier était vivant. Un jour la Vendée fut ingrate envers lui : il voulait être nommé agent général de toutes les armées royalistes de l'intérieur; Stofflet pesa sur la décision et fit nommer le comte Colbert de Maulevrier, son ancien maître. A deux heures du matin le conseil s'était séparé, l'abbé Bernier avait disparu. Ce qu'il fit, cette nuit-là, Dieu et lui le savent seuls ; seulement, à quatre heures du matin, un détachement républicain entourait la métairie où dormait Stofflet désarmé et sans défense. A quatre heures et demie Stofflet était pris; huit jours après, il était exécuté à Angers. Le lendemain, d'Autichamps prenait le commandement en chef, et le même jour, afin de ne pas tomber dans la même faute que son prédécesseur Stofflet, il nommait l'abbé Bernier agent général : y es-tu? — Parfaitement! — Eh bien! l'abbé Bernier, agent général des puissances belligérantes, fondé des pleins pouvoirs du comte d'Artois, l'abbé Bernier m'a fait faire des ouvertures. — A vous? à Bonaparte, premier consul, il daigne... Savez-vous que c'est très-bien de la part de l'abbé Bernier? Et vous acceptez les ouvertures de l'abbé Bernier? — Oui, Roland, que la Vendée me donne la paix, je lui rouvre ses églises, je lui rends ses prêtres. — Et s'ils chantent le *Domine, salvum fac regem?* — Cela vaut encore mieux que de ne rien chanter du tout. Dieu est tout-puissant et décidera. La mission te convient-elle, maintenant que je te l'ai expliquée? — A merveille! — Eh bien, voilà une lettre pour le général Hédouville. Il traitera avec l'abbé Bernier, comme général en chef de l'armée de l'Ouest; mais tu assisteras à toutes les conférences : lui ne sera que la parole; toi, tu es ma pensée. Maintenant, pars le plus tôt possible; plus tôt tu reviendras, plus tôt Melas sera battu. — Général, je vous demande le temps d'écrire à ma mère, voilà tout. — Où doit-elle descendre? — Hôtel des Ambassadeurs. — Quand crois-tu qu'elle arrive? — Nous sommes dans la nuit du 21 au 22 janvier, elle arrivera le 23 au soir ou le 24 au matin. — Et elle descend hôtel des Ambassadeurs ? — Oui, général. — Je me charge de tout. — Comment, vous vous chargez de tout ? — Certainement! ta mère ne peut pas rester à l'hôtel. — Où voulez-vous donc qu'elle reste? — Chez un ami. — Elle ne connaît personne à Paris. — Je vous demande bien pardon, monsieur Roland, elle connaît le citoyen Bonaparte, premier consul, et la citoyenne Joséphine sa femme. — Vous n'allez pas loger ma mère au Luxembourg, général ; je vous préviens que cela la générait beaucoup. — Non, mais je la logerai rue de la Victoire. — Oh! général! — Allons! allons! c'est décidé, pars et reviens le plus vite possible.

Roland prit la main du premier consul pour la baiser, mais Bonaparte, l'attirant vivement à lui :

— Embrasse-moi, mon cher Roland, lui dit-il, et bonne chance.

Deux heures après, Roland roulait en chaise de poste sur la route d'Orléans. Le lendemain, à neuf heures du matin, il entrait à Nantes après trente-trois heures de voyage.

V

LA DILIGENCE DE GENÈVE.

A l'heure à peu près où Roland entrait à Nantes, une diligence pesamment chargée s'arrêtait à l'auberge de la Croix-d'Or, au milieu de la grande rue de Châtillon-sur-Seine.

Les diligences se composaient, à cette époque, de deux compartiments seulement, le coupé, et l'intérieur. La rotonde est une adjonction d'invention moderne. La diligence à peine arrêtée, le postillon mit pied à terre et ouvrit les portières. La diligence éventrée donna passage à ses voyageurs. Ces voyageurs, voyageuses comprises, atteignaient en tout au chiffre de sept personnes. Dans l'intérieur, trois hommes, deux femmes et un enfant à la mamelle. Dans le coupé, une mère et son fils. Les trois hommes de l'intérieur étaient, l'un un médecin de Troyes, l'autre un horloger de Genève, le troisième un architecte de Bourg. Les deux femmes étaient, l'une une femme de chambre qui allait rejoindre sa maîtresse à Paris, l'autre une nourrice. L'enfant était le nourrisson de cette dernière : elle le ramenait à ses parents. La mère et le fils du coupé étaient, la mère une femme d'une quarantaine d'années, gardant les traits d'une grande beauté, et le fils un enfant de onze à douze ans. La troisième place du coupé était occupée par le conducteur. Le déjeuner était préparé, comme d'habitude, dans la grande salle de l'hôtel; un de ces déjeuners que le conducteur, d'accord sans doute avec l'hôte, ne laissait jamais aux voyageurs le temps de manger. La femme et la nourrice descendirent pour aller chez le boulanger y prendre chacune un petit pain chaud, auquel la nourrice joignit un saucisson à l'ail, et toutes deux remontèrent dans la voiture, où elles s'établirent tranquillement pour déjeuner, s'épargnant ainsi les frais, sans doute trop considérables pour leur budget, du déjeuner de l'hôtel.

Le médecin, l'architecte, l'horloger, la mère et son fils entrèrent à l'auberge, et après s'être rapidement chauffés en passant à la grande cheminée de la cuisine, entrèrent dans la salle à manger et se mirent à table. La mère se contenta d'une tasse de café à la crème et de quelques fruits. L'enfant, enchanté de constater qu'il était un homme, par l'appétit du moins, attaqua bravement le déjeuner à la fourchette. Le premier moment fut, comme toujours, donné à l'apaisement de la faim. L'horloger de Genève prit le premier la parole.

— Ma foi! citoyens, dit-il, dans les endroits publics on s'appelait encore citoyen, je vous avouerai franchement que je n'ai aucunement été fâché ce matin quand j'ai vu venir le jour. — Monsieur ne dort pas en voiture? demanda le médecin. — Si fait, Monsieur, répondit le compatriote de Jean-Jacques; d'habitude, au contraire, je ne fais qu'un somme; mais l'inquiétude a été plus forte que la fatigue. — Vous craigniez de verser? demanda l'architecte. — Non pas, j'ai la chance sous ce rapport, et je crois qu'il suffit que je sois dans une voiture pour qu'elle devienne inversable; non, ce n'est point cela encore. — Qu'était-ce donc? demanda le médecin. — C'est qu'on dit là-bas, à Genève, que les routes de France ne sont pas sûres. — C'est selon, dit l'architecte. — Ah! c'est selon, fit le Genevois. — Oui, continua l'architecte; ainsi, par exemple, si nous transportions avec nous de l'argent du gouvernement, nous serions bien sûrs d'être arrêtés, ou plutôt nous le serions déjà. — Vous croyez? dit le Genevois. — Ça, c'est immanquable; je ne sais comment ces diables de compagnons de Jéhu s'y prennent pour être si bien renseignés; mais ils n'en manquent pas une.

Le médecin fit un signe affirmatif.

— Ah! ainsi, demanda le Genevois au médecin, vous aussi, vous êtes de l'avis de Monsieur? — Entièrement. — Et sachant qu'il y a de l'argent du gouvernement sur la diligence, auriez-vous fait l'imprudence de vous y embarquer? — Je vous avoue, dit le médecin, que j'y eusse regardé à deux fois. — Et vous, Monsieur? demanda le questionneur à l'architecte. — Ah! moi, dit celui-ci, étant appelé par une affaire très-pressée, je fusse parti tout de même. — J'ai bien envie, dit le Genevois, de faire descendre ma valise et mes caisses et d'attendre la diligence de demain, parce que j'ai pour une vingtaine de mille francs de montres dans mes caisses; nous avons eu de la chance jusqu'aujourd'hui, mais il ne faut pas tenter Dieu. — N'avez-vous pas entendu, Monsieur, dit la mère, se mêlant à la conversation, que nous ne courrions risque d'être arrêtés, ces Messieurs le disent du moins, que dans le cas où nous porterions de l'argent du gouvernement? — Eh bien, c'est justement cela, reprit l'horloger en regardant avec inquiétude tout autour de lui; nous en avons, là!

La mère pâlit légèrement en regardant son fils: avant de craindre pour elle, toute mère craint pour son enfant.

— Comment, nous en transportons? reprirent en même temps et d'une voix émue, à des degrés différents, le médecin et l'architecte; êtes-vous sûr de ce que vous dîtes? — Parfaitement sûr, Monsieur. — Alors vous auriez dû nous le dire plus tôt, ou, nous le disant maintenant, vous deviez nous le dire tout bas. — Mais, dit le médecin, Monsieur n'est peut-être pas bien certain de ce qu'il dit? — Ou Monsieur s'amuse peut-être? dit l'architecte. — Dieu m'en garde! — Les Genevois aiment fort à rire, reprit le médecin. — Monsieur, dit le Genevois fort blessé que l'on pût penser qu'il aimât à rire, Monsieur, je l'ai vu charger devant moi. — Quoi? — L'argent. — Et y en a-t-il beaucoup? — J'ai vu passer bon nombre de sacs. — Mais d'où vient cet argent-là? — Il vient du trésor des ours de Berne. Vous n'êtes pas sans savoir, Messieurs, que les ours de Berne ont eu jusqu'à cinquante et même soixante mille livres de rente.

Le médecin éclata de rire.

— Décidément, dit-il, Monsieur nous fait peur. — Messieurs, dit l'horloger, je vous donne ma parole d'honneur. — En voiture! Messieurs, dit le conducteur ouvrant la porte; en voiture! nous sommes en retard de trois quarts d'heure. — Un instant, conducteur, un instant, dit l'architecte; nous nous consultons. — Sur quoi? — Fermez donc la porte, conducteur, et venez donc ici. — Buvez donc un verre de vin avec nous, conducteur. — Avec plaisir, Messieurs, dit le conducteur; un verre de vin, cela ne se refuse pas.

Le conducteur tendit son verre, les trois voyageurs trinquèrent avec lui. Au moment où il allait porter le verre à sa bouche, le médecin lui arrêta le bras.

— Voyons, conducteur, franchement, est-ce que c'est vrai ? — Quoi ? — Ce que nous dit Monsieur ?

Et il montra le Genevois.

— Monsieur Féraud ? — Je ne sais pas si Monsieur s'appelle monsieur Féraud. — Oui, Monsieur, c'est mon nom, pour vous servir, dit le Genevois en s'inclinant ; Féraud et compagnie, horlogers, rue du Rempart, n° 6, à Genève. — Messieurs, dit le conducteur, en voiture ! — Mais vous ne nous répondez pas ? — Que diable voulez-vous que je vous réponde ? vous ne me demandez rien. — Si fait, nous vous demandons s'il est vrai que vous transportez dans votre diligence une somme considérable appartenant au gouvernement français ? — Bavard, dit le conducteur à l'horloger ; c'est vous qui avez dit cela ? — Dame ! mon cher Monsieur. — Allons, Messieurs, en voiture ! — Mais c'est qu'avant de remonter, nous voudrions savoir… — Quoi ? si j'ai de l'argent du gouvernement ? oui, j'en ai ; maintenant, si nous sommes arrêtés, ne soufflez pas mot, et tout se passera à merveille. — Vous êtes sûr ? — Laissez-moi arranger l'affaire avec ces Messieurs. — Que ferez-vous, si l'on nous arrête ? demanda le médecin à l'architecte. — Ma foi ! je suivrai le conseil du conducteur. — C'est ce que vous avez de mieux à faire, reprit celui-ci. — Et moi aussi, dit le médecin. — Et moi aussi, dit l'horloger. — Allons, Messieurs, en voiture, dépêchons-nous !

L'enfant avait écouté toute cette conversation le sourcil contracté, les dents serrées.

— Eh bien ! moi, dit-il à sa mère, si nous sommes arrêtés, je sais bien ce que je ferai. — Et que feras-tu ? demanda celle-ci. — Tu verras. — Que dit ce jeune enfant ? demanda l'horloger. — Je dis que vous êtes tous des poltrons, répondit l'enfant sans hésiter. — Eh bien, Édouard ! fit la mère, qu'est-ce que cela ? — Je voudrais qu'on arrêtât la diligence, moi, dit l'enfant l'œil étincelant de volonté. — Allons, allons, Messieurs, au nom du ciel ! en diligence ! s'écria pour la dernière fois le conducteur. — Conducteur, dit le médecin, je présume que vous n'avez pas d'armes. — Si fait, j'ai des pistolets. — Malheureux !

Le conducteur se pencha à son oreille, et, tout bas :

— Soyez tranquille, docteur ; ils ne sont chargés qu'à poudre. — A la bonne heure.

Et il ferma la portière de l'intérieur.

— Allons, postillon, en route.

Et, tandis que le postillon fouettait ses chevaux et que la lourde machine s'ébranlait, il referma la portière du coupé.

— Ne montez-vous pas avec nous, conducteur ? demanda la mère. — Merci, madame de Montrevel, répondit le conducteur, j'ai affaire sur l'impériale.

Puis, en passant devant l'ouverture du carreau :

— Prenez garde, dit-il, que M. Édouard ne touche aux pistolets qui sont dans la poche, il pourrait se blesser. — Bon ! dit l'enfant, comme si l'on ne savait pas ce que c'est que des pistolets ; j'en ai de plus beaux que les vôtres, allez, que mon ami sir John m'a fait venir d'Angleterre ; n'est-ce pas, maman? — N'importe, dit madame de Montrevel; je t'en prie, Édouard, ne touche à rien. — Oh! sois tranquille, petite mère.

Seulement, il répéta à demi voix :

— C'est égal, si les compagnons de Jehu nous arrêtent, je sais bien ce que je ferai, moi.

La diligence avait repris sa marche pesante et roulait vers Paris. Il faisait une de ces belles journées d'hiver qui font comprendre, à ceux qui croient la nature morte, que la nature ne meurt pas, mais dort seulement. L'homme, qui vit soixante-dix ou quatre-vingts ans, dans ses longues années a des nuits de dix à douze heures, et se plaint que la longueur de ses nuits abrége encore la brièveté de ses jours; la nature, qui a une existence infinie, les arbres, qui ont une vie millénaire, ont des sommeils de quatre ou cinq mois qui sont des hivers pour nous et qui ne sont que des nuits pour eux. Les poëtes chantent dans leurs vers envieux l'immortalité de la nature qui meurt chaque automne et ressuscite chaque printemps; les poëtes se trompent : la nature ne meurt pas chaque automne, elle s'endort; la nature ne ressuscite pas chaque printemps, elle se réveille. Le jour où notre globe mourra réellement il sera bien mort, et alors il roulera dans l'espace ou tombera dans les abîmes du chaos inerte, muet, solitaire, sans arbres, sans fleurs, sans verdure, sans poëtes.

Or, par cette belle journée du 23 février 1800, la nature endormie semblait rêver du printemps; un soleil brillant, presque joyeux, faisait étinceler, sur l'herbe du double fossé qui accompagnait la route dans toute sa longueur, ces trompeuses perles de givre qui fondent aux doigts des enfants, et qui réjouissent l'œil du laboureur lorsqu'elles tremblent à la pointe de ses blés sortant bravement de la terre. On avait ouvert les vitres de la diligence, pour donner passage à ce précoce sourire de Dieu, et l'on disait au rayon depuis si longtemps absent : Sois le bienvenu, voyageur que nous avions cru perdu dans les profonds nuages de l'ouest ou dans les vagues tumultueuses de l'Océan.

Tout à coup, et après avoir roulé une heure à peu près depuis Châtillon, en arrivant à un coude de la rivière, la voiture s'arrêta sans obstacle apparent : seulement quatre cavaliers s'avançaient tranquillement au pas de leurs chevaux, et l'un d'eux, qui marchait deux ou trois pas en avant des autres, avait fait de la main au postillon signe de s'arrêter. Le postillon avait obéi.

— Oh! maman, dit le petit Édouard, qui, debout malgré les recommandations de madame de Montrevel, regardait par l'ouverture de la vitre baissée; oh! maman, les beaux chevaux! mais pourquoi donc les cavaliers ont-ils un masque? nous ne sommes point en carnaval.

Madame de Montrevel rêvait; une femme rêve toujours un peu : jeune, à l'avenir; vieille, au passé. Elle sortit de sa rêverie, sortit à son tour la tête de la diligence et poussa un cri. Édouard se retourna vivement.

— Qu'as-tu donc, mère? lui demanda-t-il.

Celle-ci, pâlissant, le prit dans ses bras sans lui répondre. On entendait des cris de terreur dans l'intérieur de la diligence.

— Mais qu'y a-t-il donc? qu'y a-t-il donc? demandait le petit Édouard en se débattant dans la chaîne passée à son cou par le bras de sa mère. — Il y a, mon petit ami, dit d'une voix pleine de douceur un des hommes masqués en passant sa tête dans le coupé, que nous avons à régler avec le conducteur un compte qui ne regarde en rien messieurs les voyageurs; dites donc à madame votre mère de vouloir bien agréer l'hommage de nos respects, et de ne pas faire plus d'attention à nous que si nous n'étions pas là.

Puis passant à l'intérieur :

— Messieurs, votre serviteur, dit-il, ne craignez rien pour votre bourse ou pour vos bijoux, et rassurez la nourrice; nous ne sommes pas venus pour faire tourner son lait.

Puis au conducteur :

— Allons! père Jérôme, nous avons une centaine de mille francs sur l'impériale et dans les coffres, n'est-ce pas? — Messieurs, je vous assure... — L'argent est au gouvernement, il appartient au trésor des ours de Berne; soixante-dix mille francs sont en or, le reste en argent; l'argent est sur la voiture, l'or dans le coffre du coupé; est-ce cela, et sommes-nous bien renseignés?

A ces mots, *dans le coffre du coupé*, madame de Montrevel poussa un second cri de terreur; elle allait se trouver en contact immédiat avec ces hommes qui, malgré leur politesse, lui inspiraient une profonde terreur.

— Mais qu'as-tu donc, mère? qu'as-tu donc? demandait l'enfant avec impatience. — Tais-toi, Édouard, tais-toi. — Pourquoi me faire taire? — Ne comprends-tu pas? — Non. — La diligence est arrêtée. — Pourquoi? mais dis donc pourquoi? Ah! mère, je comprends. — Non, non, dit madame de Montrevel, tu ne comprends pas. — Ces Messieurs, ce sont des voleurs. — Garde-toi bien de dire cela. — Comment! ce ne sont pas des voleurs? les voilà qui prennent l'argent du conducteur.

En effet l'un d'eux chargeait, sur la croupe de son cheval, les sacs d'argent que le conducteur lui jetait de dessus l'impériale.

— Non, dit madame de Montrevel, non, ce ne sont pas des voleurs.

Puis baissant la voix :

— Ce sont des *compagnons de Jéhu*. — Ah! dit l'enfant, ce sont donc ceux-là qui ont assassiné mon ami sir John?

Et l'enfant devint très-pâle à son tour, et sa respiration commença de siffler entre ses dents serrées. En ce moment, un des hommes masqués ouvrit la portière du coupé, et, avec la plus exquise politesse :

— Madame la comtesse, dit-il, à notre grand regret nous sommes forcés de vous déranger; mais nous avons, ou plutôt le conducteur a affaire dans le coffre de son coupé; soyez donc assez bonne pour mettre un instant pied à terre, Jérôme fera la chose aussi vite que possible.

Puis, avec un accent de gaieté qui n'était jamais complétement absent de cette voix rieuse :

— N'est-ce pas, Jérôme? dit-il.

Jérôme répondit du haut de la diligence, confirmant les paroles de son interlocuteur. Par un mouvement instinctif, et pour se mettre entre le danger et son fils, s'il y avait danger, madame de Montrevel, tout en obéissant à l'invitation, avait fait passer Édouard derrière elle.

Cet instant avait suffi à l'enfant pour s'emparer des pistolets du conducteur. Le jeune homme à la voix rieuse aida avec les plus grands égards madame de Montrevel à descendre, fit signe à un de ses compagnons de lui offrir le bras et se retourna vers la voiture. Mais en ce moment une double détonation se fit entendre; Édouard venait de faire feu de ses deux mains sur le compagnon de Jéhu, qui disparut dans un nuage de fumée.

Madame de Montrevel jeta un cri et s'évanouit. Plusieurs cris, expression de sentiments divers, répondirent au cri maternel. Dans l'intérieur, ce fut un cri d'angoisse; on était bien convenu de n'opposer aucune résistance, et voilà que quelqu'un résistait. Chez les trois autres jeunes gens ce fut un cri de surprise; c'était la première fois qu'arrivait pareille chose.

Ils se précipitèrent vers leur camarade, qu'ils crurent pulvérisé. Ils le trouvèrent debout, sain et sauf et riant aux éclats, tandis que le conducteur, les mains jointes, s'écriait :

— Monsieur, je vous jure qu'il n'y avait pas de balles; Monsieur, je vous proteste qu'ils étaient chargés à poudre seulement. — Pardieu! fit le jeune homme, je le vois bien qu'ils étaient chargés à poudre seulement; mais la bonne intention y était, n'est-ce pas, mon petit Édouard ?

Puis, se retournant vers ses compagnons :

— Avouez, Messieurs, dit-il, que voilà un charmant enfant, qui est bien le fils de son père et le frère de son frère; bravo, Édouard! tu seras un homme un jour!

Et, prenant l'enfant dans ses bras, il le baisa malgré lui sur les deux joues. Édouard se débattait comme un démon, trouvant sans doute qu'il était humiliant d'être embrassé par un homme sur lequel il venait de tirer deux coups de pistolet. Pendant ce temps, un des trois compagnons avait emporté la mère d'Édouard à quelques pas de la diligence, et l'avait couchée sur un manteau au bord d'un fossé. Celui qui venait d'embrasser Édouard avec tant d'affection et de persistance la chercha un instant des yeux, et, l'apercevant :

— Avec tout cela, dit-il, madame de Montrevel ne revient pas à elle; nous ne pouvons pas abandonner une femme dans cet état, Messieurs; conducteur, chargez-vous de M. Édouard. Il remit l'enfant entre ses bras, et, s'adressant à l'un de ses compagnons : Voyons, toi, l'homme aux précautions, dit-il, est-ce que tu n'as pas sur toi quelque flacon de sels ou quelque bouteille d'eau de mélisse ? — Tiens, répondit celui auquel il s'adressait.

Et il tira de sa poche un flacon de vinaigre anglais.

— Là, maintenant, dit le jeune homme qui paraissait le chef de la bande, termine sans moi avec maître Jérôme; moi, je me charge de porter secours à madame de Montrevel.

Il était temps, en effet; l'évanouissement de madame de Montrevel prenait peu à peu le caractère d'une attaque de nerfs : des mouvements saccadés agitaient tout son corps, et des cris sourds s'échappaient de sa poitrine. Le jeune homme s'inclina vers elle et lui fit respirer les sels. Madame de Montrevel rouvrit des yeux effarés, et, tout en appelant : Édouard ! Édouard ! d'un geste involontaire, elle fit tomber le masque de celui qui lui portait secours. Le visage du jeune homme se trouva découvert. Le jeune homme courtois et rieur, nos lecteurs l'ont déjà reconnu, c'était Morgan.

Madame de Montrevel demeura stupéfaite à l'aspect de ces beaux yeux bleus, de ce front élevé, de ces lèvres gracieuses, de ces dents blanches entr'ouvertes par un sourire. Elle comprit qu'elle ne courait aucun danger aux mains d'un pareil homme, et que rien de mal n'avait pu arriver à Édouard; et, traitant Morgan non pas comme le bandit qui est la cause de l'évanouissement, mais comme l'homme du monde qui porte secours à une femme évanouie :

— Oh ! Monsieur, dit-elle, que vous êtes bon !

Et il y avait, dans ces paroles et dans l'intonation avec laquelle elles avaient été prononcées, tout un monde de remerciements, non-seulement pour elle, mais pour son enfant.

Avec une coquetterie étrange et qui était tout entière dans son caractère chevaleresque, Morgan, au lieu de ramasser vivement son masque et de le ramener assez rapidement sur son visage pour que madame de Montrevel n'en gardât qu'un souvenir passager et confus, Morgan répondit par une salutation au compliment, laissa à sa physionomie tout le temps de produire son effet, et, passant le flacon de Leprêtre aux mains de madame de Montrevel, renoua seulement alors les cordons de son masque. Madame de Montrevel comprit cette délicatesse du jeune homme.

— Oh ! Monsieur, dit-elle, soyez tranquille, en quelque lieu et dans quelque situation que je vous retrouve, vous m'êtes inconnu. — Alors, Madame, dit Morgan, c'est à moi de vous remercier et de vous dire, à mon tour, que vous êtes bonne ! — Allons, messieurs les voyageurs, en voiture ! dit le conducteur avec son intonation habituelle, et comme si rien d'extraordinaire ne s'était passé. — Êtes-vous remise, Madame ? et avez-vous besoin encore de quelques instants ? la diligence attendrait, demanda Morgan. — Non, Messieurs, c'est inutile, je vous rends grâces et me sens parfaitement bien.

Morgan présenta son bras à madame de Montrevel, qui s'y appuya pour traverser tout le revers du chemin et pour remonter dans la diligence. Le conducteur y avait déjà introduit le petit Édouard.

Lorsque madame de Montrevel eut repris sa place, Morgan, qui avait déjà fait la paix avec la mère, voulut la faire avec le fils.

— Sans rancune, mon jeune héros, dit-il en lui tendant la main.

Mais l'enfant se reculait.

— Je ne donne pas la main à un voleur de grande route, dit-il.

Madame de Montrevel fit un mouvement d'effroi.

— Vous avez un charmant enfant, Madame, dit Morgan ; seulement, il a des préjugés. Et, saluant avec la plus grande courtoisie : Bon voyage, Madame, dit-il en refermant la portière. — En route ! cria le conducteur.

La voiture s'ébranla.

— Oh ! pardon, Monsieur, s'écria madame de Montrevel, votre flacon, votre flacon ! — Gardez-le, Madame, dit Morgan, quoique j'espère que vous soyez assez bien remise pour n'en avoir plus besoin.

Mais l'enfant l'arrachant des mains de sa mère :

— Maman, ne reçois pas de cadeau d'un voleur, dit-il.

Et il jeta le flacon par la portière.

— Diable ! murmura Morgan avec le premier soupir que ses compagnons lui aient entendu pousser, je crois que je fais bien de ne pas demander ma pauvre Amélie en mariage.

Puis, à ses camarades :

— Alors, Messieurs, dit-il, est-ce fini ? — Oui ! répondirent ceux-ci d'une seule voix. — Allons ! à cheval, et en route ! n'oublions pas que nous devons être à neuf heures à l'Opéra ce soir.

Et, sautant en selle, il s'élança le premier par-dessus le fossé, gagna le bord de la rivière, et sans hésiter s'engagea dans le gué indiqué sur la carte de

Cassini par le faux courrier. Arrivé sur l'autre bord et tandis que les jeunes gens se ralliaient :

— Dis donc, demanda Leprêtre à Morgan, est-ce que ton masque n'est pas tombé? — Oui, mais madame de Montrevel seule a vu mon visage. — Hum! fit Leprêtre, mieux vaudrait que personne ne l'eût vu.

Et tous quatre, mettant leurs chevaux au galop, disparurent à travers champs du côté de Chaource.

VI

LE RAPPORT DU CITOYEN FOUCHÉ.

En arrivant le lendemain, vers onze heures du matin, à l'hôtel des Ambassadeurs, madame de Montrevel fut tout étonnée, au lieu de Roland, de trouver un étranger qui l'attendait. Cet étranger s'approcha d'elle.

— Vous êtes la veuve du général de Montrevel, Madame? lui demanda-t-il. — Oui, Monsieur, répondit madame de Montrevel assez étonnée. — Et vous cherchez votre fils? — En effet, et je ne comprends pas, après la lettre qu'il m'a écrite... — L'homme propose et le premier consul dispose, répondit en riant l'étranger; le premier consul a disposé de votre fils pour quelques jours et m'a envoyé pour vous recevoir à sa place.

Madame de Montrevel s'inclina.

— Et j'ai l'honneur de parler...? demanda-t-elle. — Au citoyen Fauvelet de Bourrienne, son premier secrétaire, répondit l'étranger. — Vous remercierez pour moi le premier consul, répliqua madame de Montrevel, et vous aurez la bonté de lui exprimer, je l'espère, le profond regret que j'éprouve de ne pouvoir le remercier moi-même. — Mais rien ne vous sera plus facile, Madame. — Comment cela? — Le premier consul m'a ordonné de vous conduire au Luxembourg. — Moi? — Vous et monsieur votre fils. — Oh! je vais voir le général Bonaparte, je vais voir le général Bonaparte! s'écria l'enfant, quel bonheur!

Et il sauta de joie en battant des mains.

— Eh bien! eh bien! Édouard, fit madame de Montrevel.

Puis se retournant vers Bourrienne :

— Excusez-le, Monsieur, dit-elle, c'est un sauvage des montagnes du Jura.

Bourrienne tendit la main à l'enfant.

— Je suis un ami de votre frère, lui dit-il, voulez-vous m'embrasser? — — Bien volontiers, Monsieur, répondit Édouard; vous n'êtes pas un voleur, vous. — Mais non, je l'espère, répondit en riant le secrétaire. — Encore une fois excusez-le, Monsieur, mais nous avons été arrêtés en route. — Comment, arrêtés? — Oui. — Par des voleurs? — Pas précisément. — Monsieur, dit Édouard, est-ce que les gens qui prennent l'argent ne sont pas des voleurs? — En général, mon cher enfant, on les nomme ainsi. — La! tu vois, maman? — Voyons, Édouard, tais-toi, je t'en prie.

Bourrienne jeta un regard sur madame de Montrevel et vit clairement à l'expression de son visage que le sujet de la conversation lui était désagréable, il n'insista point.

— Madame, dit-il, oserai-je vous rappeler que j'ai reçu l'ordre de vous conduire au Luxembourg, comme j'ai déjà eu l'honneur de vous le dire, et d'ajouter que madame Bonaparte vous y attend? — Monsieur, le temps de changer de robe et d'habiller Édouard. — Et ce temps-là, Madame, combien durera-t-il?—Est-ce trop de vous demander une demi-heure?— Oh! non, et si une demi-heure vous suffisait, je trouverais la demande fort raisonnable.— Soyez tranquille, Monsieur, elle me suffira. — Eh bien, Madame, dit le secrétaire en s'inclinant, je fais une course, et dans une demi-heure je viens me mettre à vos ordres. — Je vous remercie, Monsieur. — Ne m'en veuillez pas si je suis ponctuel. — Je ne vous ferai pas attendre.

Bourrienne partit. Madame de Montrevel habilla d'abord Édouard, puis elle-même; quand Bourrienne reparut, depuis cinq minutes elle était prête.

— Prenez garde, Madame, dit Bourrienne en riant, que je ne fasse part au premier consul de votre ponctualité. — Et qu'aurais-je à craindre dans ce cas? — Qu'il vous retînt près de lui, pour donner des leçons d'exactitude à madame Bonaparte. — Oh! fit madame de Montrevel, il faut bien passer quelque chose aux créoles. — Mais vous êtes créole aussi, Madame, à ce que je crois. — Madame Bonaparte, dit en riant madame de Montrevel, voit son mari tous les jours, tandis que moi, je vais voir le premier consul pour la première fois. — Partons! partons! mère, dit Édouard.

Le secrétaire s'effaça pour laisser passer madame de Montrevel. Un quart d'heure après on était au Luxembourg. Bonaparte occupait au petit Luxembourg l'appartement du rez-de-chaussée à droite; Joséphine avait sa chambre et son boudoir au premier étage, un couloir conduisait du cabinet du premier consul chez elle.

Elle était prévenue, car, en apercevant madame de Montrevel, elle lui ouvrit les bras comme à une amie. Madame de Montrevel s'était arrêtée respectueusement à la porte.

— Oh! venez donc, venez donc! Madame, dit Joséphine, je ne vous connais pas d'aujourd'hui, mais du jour où j'ai connu votre digne et excellent Roland; savez-vous une chose qui me rassure, quand Bonaparte me quitte, c'est que Roland le suit, et que, quand je sais Roland près de lui, je crois qu'il ne peut plus lui arriver malheur. Eh bien! vous ne voulez pas m'embrasser?

Madame de Montrevel était confuse de tant de bonté.

— Nous sommes compatriotes, n'est-ce pas? continua-t-elle. Oh! je me rappelle parfaitement M. de La Clémencière, qui avait un si beau jardin et des fruits si magnifiques! Je me rappelle même avoir vu, entrevu plutôt, quand mon père me conduisait tout enfant dans ce jardin pour y manger des fruits, je me rappelle avoir entrevu une belle jeune fille qui en paraissait la reine. Vous vous êtes mariée bien jeune, Madame? — A quatorze ans. — Il faut cela pour que vous ayez un fils de l'âge de Roland : mais asseyez-vous donc!

Elle donna l'exemple en faisant signe à madame de Montrevel de s'asseoir à ses côtés.

— Et ce charmant enfant, continua-t-elle en montrant Édouard, c'est aussi votre fils? Elle poussa un soupir : Dieu a été prodigue envers vous, Madame, dit-elle, et, puisqu'il fait tout ce que vous pouvez désirer, vous devriez bien le prier de m'en envoyer un.

Elle appuya envieusement ses lèvres sur le front d'Édouard.

— Mon mari sera bien heureux de vous voir, Madame. Il aime tant votre fils! aussi ne serait-ce pas chez moi que l'on vous eût conduite d'abord, s'il n'était pas avec le ministre de la police. Au reste vous arrivez, ajouta-t-elle en riant, dans un mauvais moment; il est furieux! — Oh! s'écria madame de Montrevel presque effrayée, s'il en était ainsi, j'aimerais mieux attendre. — Non pas! non pas! au contraire, votre vue le calmera; je ne sais ce qui est arrivé : on arrête, à ce qu'il paraît, les diligences comme dans la forêt Noire, au grand jour, en pleine route. Fouché n'a qu'à se bien tenir, si la chose se renouvelle.

Madame de Montrevel allait répondre; mais en ce moment la porte s'ouvrit, et un huissier paraissant :

— Le premier consul attend madame de Montrevel, dit-il. — Allez, allez, dit Joséphine, le temps est si précieux pour Bonaparte, qu'il est presque aussi impatient que Louis XIV, qui n'avait rien à faire. Il n'aime pas attendre.

Madame de Montrevel se leva vivement et voulut emmener son fils.

— Non, dit Joséphine, laissez-moi ce bel enfant-là; nous vous gardons à dîner, Bonaparte le verra à six heures; d'ailleurs, s'il a envie de le voir, il le fera demander; pour l'heure, je suis sa seconde maman. Voyons, qu'allons-nous faire pour vous amuser? — Le premier consul doit avoir de bien belles armes, Madame? dit l'enfant. — Oui, très-belles. Eh bien, on va vous montrer les armes du premier consul.

Joséphine sortit par une porte, emmenant l'enfant, et madame de Montrevel par l'autre, suivant l'huissier. Sur le chemin, elle rencontra un homme blond, au visage pâle et à l'œil terne, qui la regarda avec une inquiétude qui semblait lui être habituelle. Elle se rangea vivement pour le laisser passer. L'huissier vit le mouvement.

— C'est le préfet de police, lui dit-il tout bas.

Madame de Montrevel le regarda s'éloigner avec une certaine curiosité; Fouché, à cette époque, était déjà fatalement célèbre. En ce moment la porte du cabinet de Bonaparte s'ouvrit, et l'on vit se dessiner sa tête dans l'entre-bâillement. Il vit madame de Montrevel.

— Madame de Montrevel, dit-il, venez, venez! Madame de Montrevel pressa le pas et entra dans le cabinet. Venez, dit Bonaparte en refermant la porte sur lui-même. Je vous ai fait attendre, c'est bien contre mon désir; j'étais en train de laver la tête à Fouché. Vous savez que je suis très-content de Roland, et que je compte en faire un général au premier jour. A quelle heure êtes-vous arrivée? — A l'instant même, général. — D'où venez-vous? Roland me l'a dit, mais je l'ai oublié. — De Bourg. — Par quelle route? — Par la route de Champagne. — Par la route de Champagne, alors vous étiez à Châtillon, quand.... — Hier matin, à neuf heures. — En ce cas, vous avez dû entendre parler de l'arrestation d'une diligence? — Général... — Oui, une diligence a été arrêtée à dix heures du matin, entre Châtillon et Bar-sur-Seine. — Général, c'est la nôtre. — Comment, c'est la vôtre? — Oui. — Vous étiez dans la diligence qui était arrêtée? — J'y étais. — Ah! je vais donc avoir des détails précis. Excusez-moi, vous comprenez mon désir d'être renseigné, n'est-ce pas? Dans un pays civilisé qui a le général Bonaparte pour premier magistrat, on n'arrête pas impunément une diligence sur une grande route, en plein jour, ou alors... — Général, je ne puis rien vous dire, sinon que ceux qui ont arrêté la diligence étaient à cheval et masqués. — Combien étaient-ils? — Quatre. — Combien y avait-il d'hommes dans la diligence? — Quatre. y compris le conducteur. — Et l'on ne s'est pas défendu? — Non, général. — Le rapport de la police porte cependant que deux coups de pistolet ont été tirés. — Oui, général; mais ces deux coups de pistolet... — Eh bien? — Ont été tirés par mon fils. — Votre fils! mais votre fils est en Vendée. — Roland, oui; mais Édouard était avec moi. — Édouard! qu'est-ce qu'Édouard? — Le frère de Roland. — Il m'en a parlé; mais c'est un enfant! — Il n'a pas encore douze ans, général. — Et c'est lui qui a tiré les deux coups de pistolet? — Oui, général. — Pourquoi ne me l'avez-vous pas amené? — Il est avec moi. — Où cela? — Je l'ai laissé chez madame Bonaparte.

Bonaparte sonna, un huissier parut.

— Dites à Joséphine de venir avec l'enfant.

Puis, se promenant dans son cabinet:

— Quatre hommes! murmura-t-il, et c'est un enfant qui leur montre l'exemple du courage! et pas un de ces bandits n'a été blessé! — Il n'y avait pas de balles dans les pistolets. — Comment, il n'y avait pas de balles? — Non, c'étaient ceux du conducteur, et le conducteur avait eu la précaution de ne les charger qu'à poudre. — C'est bien, on saura son nom.

En ce moment la porte s'ouvrit, et madame Bonaparte parut, tenant l'enfant par la main.

— Viens ici, dit Bonaparte à l'enfant.

Édouard s'approcha sans hésitation, et fit le salut militaire.

— C'est donc toi qui tires des coups de pistolet aux voleurs? — Vois-tu, maman, que ce sont des voleurs? interrompit l'enfant. — Certainement que ce sont des voleurs; je voudrais bien qu'on me dît le contraire! Enfin, c'est donc toi qui tires des coups de pistolet aux voleurs, quand les hommes ont peur? — Oui, c'est moi, général; mais, par malheur, ce poltron de conducteur n'avait chargé ses pistolets qu'à poudre; sans cela, je tuais leur chef. — Tu n'as donc pas eu peur, toi? — Moi? non, dit l'enfant; je n'ai jamais peur.

— Vous avez fait une race de lions, Madame, fit Bonaparte en se retournant vers madame de Montrevel, appuyée au bras de Joséphine. Puis, à l'enfant: C'est bien, dit-il en l'embrassant, on aura soin de toi; que veux-tu être? — Soldat d'abord. — Comment, d'abord? — Oui; et puis plus tard colonel comme mon frère, et général comme mon père. — Ce ne sera point ma faute si tu ne l'es pas, dit le premier consul. — Ni la mienne, répliqua l'enfant. — Édouard! fit madame de Montrevel craintive. — Eh bien! n'allez-vous pas le gronder pour avoir bien répondu?

Il prit l'enfant, l'amena à la hauteur de son visage et l'embrassa.

— Vous dînez avec nous, dit-il, et ce soir Bourrienne, qui a été vous chercher à l'hôtel, vous installera rue de la Victoire; vous resterez là jusqu'au retour de Roland, qui vous cherchera un logement à sa guise. Édouard entrera au prytanée, et je marie votre fille. — Général! — C'est convenu avec Roland.

Puis, se tournant vers Joséphine :

— Emmène madame de Montrevel, et tâche qu'elle ne s'ennuie pas trop. Madame de Montrevel, si *votre amie*, Bonaparte appuya sur ce mot, veut entrer chez une marchande de modes, empêchez-la; elle ne doit pas manquer de chapeaux, elle en a acheté trente-huit le mois dernier.

Et, donnant un petit soufflet d'amitié à Édouard, il congédia les deux femmes du geste.

VII

LE FILS DU MEUNIER DE KERLEANO.

Nous avons dit qu'au moment même où Morgan et ses trois compagnons arrêtaient la diligence de Genève, entre Bar-sur-Seine et Châtillon, Roland entrait à Nantes.

Si nous voulons savoir le résultat de sa mission, nous devons, non pas le suivre pas à pas, au milieu des tâtonnements dont l'abbé Bernier enveloppait ses désirs ambitieux, mais le prendre au bourg de Muzillac, situé entre Ambon et le Guerno, à deux lieues au-dessus du petit golfe dans lequel se jette la Vilaine.

Là, nous sommes en plein Morbihan, c'est-à-dire à l'endroit où la chouannerie a pris naissance ; c'est près de Laval, sur la closerie des Poiriers, que sont nés, de Pierre Cottereau et de Jeanne Moyné, les quatre frères chouans. Un de leurs aïeux, bûcheron misanthrope, paysan morose, se tenait éloigné des autres paysans comme le chat-huant se tient éloigné des autres oiseaux. De là, par corruption, le nom de *chouan*. Ce nom devint celui de tout un parti; sur la rive droite de la Loire on disait les *chouans* pour dire les Bretons, comme sur la rive gauche on disait les *brigands* pour dire les Vendéens.

Ce n'est pas à nous de raconter la mort, la destruction de cette héroïque famille ; de suivre sur l'échafaud les deux sœurs et un frère, sur les champs de bataille où ils se couchent blessés ou morts, Jean et René, martyrs de leur foi. Depuis les exécutions de Perrine, de René et de Pierre, depuis la mort de Jean, bien des années se sont écoulées, et le supplice des sœurs et les exploits des frères sont passés à l'état de légende. C'est à leurs successeurs que nous avons affaire. Il est vrai que ces gars sont fidèles aux traditions : tels on les a vus combattre aux côtés de La Rouërie, de Bois-Hardy et de Bernard de Villeneuve, tels ils combattent aux côtés de Bourmont, de Frotté et de Georges Cadoudal; c'est toujours le même courage et le même dévouement; ce sont toujours les soldats chrétiens et les royalistes exaltés ; leur aspect est toujours le même, rude et sauvage; leurs armes sont toujours les mêmes, le fusil ou ce simple bâton que, dans le pays, on appelle une *ferte*; c'est toujours le même costume, c'est-à-dire le bonnet de laine brune ou le chapeau à larges bords , ayant peine à couvrir les longs cheveux plats qui roulent en désordre sur leurs épaules; ce sont encore les vieux *Aulerci Cenomani*, comme au temps de César, *promisso capillo*; ce sont encore les Bretons aux larges braies dont Martial a dit :

« Tam laxa est...
Quam veteris bracæ Bretonis pauperis. »

Pour se protéger contre la pluie et le froid ils portent la casaque de peau de chèvre garnie de longs poils; et pour signe de ralliement, sur la poitrine, ceux-ci un scapulaire et un chapelet, ceux-là un cœur, le cœur de Jésus, marque distincte d'une confrérie qui s'astreignait chaque jour à une prière commune.

Tels sont les hommes qui, à l'heure où nous traversons la limite qui sépare la Loire-Inférieure du Morbihan, sont éparpillés de la Roche-Bernard à Vannes, et de Quertemberg à Billiers, enveloppant, par conséquent, le bourg de Muzillac.

Seulement, il faut l'œil de l'aigle qui plane du haut des airs ou du chathuant qui voit dans les ténèbres, pour les distinguer au milieu des genêts, des bruyères et des buissons où ils sont tapis.

Passons au milieu de ce réseau de sentinelles invisibles, et, après avoir traversé à gué deux ruisseaux affluents du fleuve sans nom qui vient se jeter à la mer près de Billiers, entre Arzal et Damgan, entrons hardiment dans le village de Muzillac. Tout y est sombre et calme, une seule lumière brille à travers les fentes des volets d'une maison ou plutôt d'une chaumière, que rien, d'ailleurs, ne distingue des autres. C'est la quatrième à droite, en entrant. Approchons notre œil d'une des fenêtres de ce volet, et regardons. Nous voyons un homme vêtu du costume des riches paysans du Morbihan ; seulement, un galon d'or, large d'un doigt, borde le collet et les boutonnières de son habit et les extrémités de son chapeau. Le reste de son costume se complète d'un pantalon de peau et de bottes à retroussis. Sur une chaise son sabre est jeté. Une paire de pistolets est à la portée de sa main. Dans la cheminée, les canons de deux ou trois carabines reflètent un feu ardent. Il est assis devant une table ; une lampe éclaire des papiers qu'il lit avec la plus grande attention et éclaire en même temps son visage.

Ce visage est celui d'un homme de trente ans; quand les soucis d'une guerre de partisans ne l'assombrissent pas, on voit que son expression doit être franche et joyeuse; de beaux cheveux blonds l'encadrent, de grands yeux bleus l'animent, la tête a cette forme particulière aux têtes bretonnes, et qu'ils doivent, si l'on en croit le système de Gall, au développement exagéré des organes de l'entêtement. Aussi, cet homme a-t-il deux noms. Son nom familier, le nom sous lequel le désignent ses soldats : *la Tête ronde;* enfin son nom, celui qu'il a reçu de ses dignes et braves parents, Georges Cadudal, ou plutôt Georges Cadoudal, la tradition ayant changé l'orthographe de ce nom devenu historique.

Georges était le fils d'un cultivateur du village de Kerléano, dans la paroisse de Brech. La légende veut que ce cultivateur ait été en même temps meunier. Il venait au collège de Vannes, dont Brech n'est distant que de quelques lieues, de recevoir une bonne et solide éducation, lorsque les premiers appels de l'insurrection royaliste éclatèrent dans la Vendée : Cadoudal les entendit, réunit quelques-uns de ses compagnons de chasse et de plaisir, traversa la Loire à leur tête, et vint offrir ses services à Stofflet ; mais Stofflet exigea de le voir à l'œuvre avant de l'attacher à lui, c'est ce que demandait Georges. On n'attendait pas longtemps ces sortes d'occasions dans l'armée vendéenne : dès le lendemain il y eut combat; Georges se mit à la besogne et s'y acharna si bien, qu'en le voyant charger les bleus, l'ancien garde-chasse de M. de Maulévrier ne put s'empêcher de dire tout haut à Bonchamp qui était près de lui :

— Si un boulet de canon n'emporte pas *cette grosse tête ronde*, elle ira loin, je vous le prédis.

Le nom en resta à Cadoudal. C'était ainsi que, cinq siècles auparavant, les sires de Malestroit, de Penhoet, de Beaumanoir et de Rochefort désignaient le grand connétable dont les femmes de la Bretagne filèrent la rançon.

— Voilà la grosse tête ronde, disaient-ils, nous allons échanger de bons coups d'épée avec les Anglais.

Par malheur, ce n'était plus Bretons contre Anglais que l'on échangeait les coups d'épée, à cette heure : c'était Français contre Français. Georges resta en Vendée jusqu'à la déroute de Savenay. L'armée vendéenne tout entière demeura sur le champ de bataille ou s'évanouit comme une fumée. Georges avait, pendant près de trois ans, fait des prodiges de courage, d'adresse et de force ; il repassa la Loire et rentra dans le Morbihan avec un seul de ceux qui l'avaient suivi.

Celui-là sera à son tour son aide de camp, ou plutôt son compagnon de guerre ; il ne le quittera plus, et, en échange de la rude campagne qu'ils ont faite ensemble, il changera son nom de Lemercier contre celui de Tiffanges. Nous l'avons vu au bal des victimes chargé d'une mission pour Morgan.

Rentré sur sa terre natale, c'est pour son compte que Cadoudal y fomente dès lors l'insurrection ; les boulets ont respecté la grosse tête ronde, et la grosse tête ronde, justifiant la prophétie de Stofflet, succédant aux La Rochejaquelein, aux d'Elbée, aux Bonchamp, aux Lescure, à Stofflet lui-même, est devenu leur rival en gloire et leur supérieur en puissance, car il en était arrivé, chose qui donnera la mesure de sa force, à lutter à peu près seul contre le gouvernement de Bonaparte, nommé premier consul depuis trois mois. Les deux chefs restés fidèles avec lui à la dynastie bourbonnienne étaient Frotté et Bourmont.

A l'heure où nous sommes arrivés, c'est-à-dire au 26 janvier 1800, Cadoudal commande trois ou quatre mille hommes, avec lesquels il s'apprête à bloquer dans Vannes le général Harty. Tout le temps qu'il a attendu la réponse du premier consul à la lettre de Louis XVIII, il a suspendu les hostilités ; mais, depuis deux jours, Tiffanges est arrivé et la lui a remise.

Elle est déjà expédiée pour l'Angleterre, d'où elle passera à Mittau, et, puisque le premier consul ne veut point la paix aux conditions dictées par Louis XVIII, Cadoudal, général en chef de Louis XVIII dans l'Ouest, continuera la guerre contre Bonaparte, dût-il la faire seul avec son ami Tiffanges, en ce moment, au reste, à Pouancé, où se tiennent les conférences entre Châtillon, d'Autichamp, l'abbé Bernier et le général Hédouville.

Il réfléchit, à cette heure, ce dernier survivant des grands lutteurs de la guerre civile, et les nouvelles qu'il vient d'apprendre sont en effet matière à réflexion. Le général Brune, le vainqueur de Bergen et de Castricum, le sauveur de la Hollande, vient d'être nommé général en chef des armées républicaines de l'Ouest, et, depuis trois jours, est arrivé à Nantes. Il doit, à tout prix, écraser Cadoudal et ses chouans. Il réfléchit, car il faut à tout prix prouver au nouveau général en chef que l'on n'a pas peur et qu'il n'a rien à attendre de l'intimidation.

Dans ce moment le galop d'un cheval retentit; sans doute le cavalier a le mot d'ordre, car il passe sans difficulté au milieu des patrouilles échelonnées sur la route de la Roche-Bernard, et, sans difficulté, il est entré dans le bourg de Muzillac. Il s'arrête devant la porte de la chaumière où est Georges. Georges lève la tête, écoute, et à tout hasard met la main sur ses pistolets, quoiqu'il soit probable qu'il va avoir affaire à un ami.

Le cavalier met pied à terre, s'engage dans l'allée, et ouvre la porte de la chambre où se trouve Georges.

— Ah! c'est toi, *Cœur-de-Roi!* dit Cadoudal, d'où viens-tu? — De Pouancé, général! — Quelles nouvelles? — Une lettre de Tiffanges. — Donne.

Georges prit vivement la lettre des mains de Cœur-de-Roi, et la lut.

— Ah! fit-il.

Et il la relut une seconde fois.

— As-tu vu celui dont il m'annonce l'arrivée? demanda Cadoudal. — Oui, général, répondit le courrier. — Quel homme est-ce? — Un beau jeune homme de vingt-six à vingt-sept ans. — Son air? — Déterminé! — C'est bien cela; quand arrive-t-il? — Probablement cette nuit. — L'as-tu recommandé tout le long de la route? — Oui, il passera librement. — Recommande-le de nouveau, il ne doit lui arriver aucun mal, il est sauvegardé par Morgan. — C'est convenu, général. — As-tu autre chose à me dire? — L'avant-garde des républicains est à la Roche-Bernard. — Combien d'hommes? — Un millier d'hommes à peu près; ils ont avec eux une guillotine, et le commissaire du pouvoir exécutif, Millière. — Tu en es sûr? — Je les ai rencontrés en route, le commissaire était à cheval près du colonel, je l'ai parfaitement reconnu. Il a fait exécuter mon frère, et j'ai juré qu'il ne mourrait que de ma main. — Et tu risqueras ta vie pour tenir ton serment? — A la première occasion. — Peut-être ne se fera-t-elle point attendre.

En ce moment le galop d'un cheval retentit dans la rue.

— Ah! dit Cœur-de-Roi, voilà probablement celui que vous attendez. — Non, dit Georges, le cavalier qui nous arrive vient du côté de Vannes.

En effet, le bruit étant devenu plus distinct, on put reconnaître que Cadoudal avait raison. Comme le premier, le second cavalier s'arrêta devant la porte, comme le premier il mit pied à terre, comme le premier il entra. Georges le reconnut au premier coup d'œil, malgré le manteau dont il était enveloppé.

— C'est toi, Benedicité, dit-il. — Oui, mon général. — D'où viens-tu? — De Vannes où vous m'avez envoyé pour surveiller les bleus. — Eh bien, que font-ils, les bleus? — Ils craignent de mourir de faim, si vous bloquez la ville, et, pour se procurer des vivres, le général Harty a le projet d'enlever cette nuit les magasins de Grandchamps; le général commandera en personne l'expédition, et, pour qu'elle se fasse plus lestement, la colonne sera de cent hommes seulement. — Es-tu fatigué, Benedicité? — Jamais, général. — Et ton cheval? — Il est venu bien vite, mais il peut faire encore quatre ou cinq lieues du même train sans crever. — Donne-lui deux heures de repos, double ration d'avoine, et qu'il en fasse dix. — A ces conditions il les fera. — Dans deux heures tu partiras, tu seras à Grandchamps au point du jour, tu donneras l'ordre en mon nom d'évacuer le village, je me charge du général Harty et de sa colonne; est-ce tout ce que tu as à me dire? — Non! j'ai à vous ap-

ROLAND EN BRETAGNE.

LES COMPAGNONS DE JÉHU.

TYP. J. CLAYE.

prendre une nouvelle. — Laquelle? — C'est que Vannes a un nouvel évêque. — Ah! l'on nous rend donc nos évêques? — Il paraît; mais, s'ils sont tous comme celui-là, ils peuvent bien les garder. — Et quel est celui-là? — Audrein! — Le régicide? — Audrein le renégat. — Et quand arrive-t-il? — Cette nuit ou demain. — Je n'irai pas au-devant de lui, mais qu'il ne tombe pas entre les mains de mes hommes.

Benedicité et Cœur-de-Roi firent entendre un éclat de rire qui complétait la pensée de Georges.

— Chut! fit Cadoudal.

Les trois hommes écoutèrent.

— Cette fois, c'est probablement lui, dit Georges.

On entendait le galop d'un cheval venant du côté de la Roche-Bernard.

— C'est lui bien certainement, répéta Cœur-de-Roi. — C'est bien, mes amis, laissez-moi seul; toi, Benedicité, à Grandchamps le plus tôt possible, toi, Cœur-de-Roi, dans la cour avec une trentaine d'hommes, je puis avoir des messagers à expédier sur différentes routes; à propos, arrange-toi pour que l'on m'apporte ce que l'on aura de mieux à souper dans le village. — Pour combien de personnes, général? — Oh! pour deux personnes. — Vous sortez? — Non, je vais au-devant de celui qui arrive.

Deux ou trois gars avaient déjà fait passer dans la cour les chevaux des deux messagers. Les messagers s'esquivèrent à leur tour. Georges arrivait à la porte de la rue, juste au moment où un cavalier, arrêtant son cheval et regardant de tous côtés, paraissait hésiter.

— C'est ici, Monsieur, dit Georges. — Qui est ici? demanda le cavalier. — Celui que vous cherchez. — Comment savez-vous quel est celui que je cherche? — Je présume que c'est Georges Cadoudal, autrement dit la grosse tête ronde. — Justement! — Soyez le bienvenu alors, monsieur Roland de Montrevel, car je suis celui que vous cherchez. — Ah! ah! fit le jeune homme étonné et mettant pied à terre; il sembla chercher des yeux quelqu'un à qui confier sa monture. — Jetez la bride au cou de votre cheval, et ne vous inquiétez point de lui, vous le retrouverez quand vous en aurez besoin; rien ne se perd en Bretagne, vous êtes sur la terre de la loyauté.

Le jeune homme ne fit aucune observation, jeta la bride sur le cou de son cheval, comme il en avait reçu l'invitation, et suivit Cadoudal qui marcha devant lui.

— C'est pour vous montrer le chemin, colonel, dit le chef des chouans.

Et tous deux entrèrent dans la chaumière, dont une main invisible venait de ranimer le feu.

VIII

LA DIPLOMATIE DE GEORGES CADOUDAL.

Roland entra, comme nous l'avons dit, derrière Georges, et en entrant jeta tout autour de lui un regard d'insouciante curiosité.

Ce regard lui suffit pour voir qu'ils étaient parfaitement seuls.

— C'est ici votre quartier général? demanda Roland avec un sourire et en approchant de la flamme le dessous de ses bottes. — Oui, colonel. — Il est singulièrement gardé.

Georges sourit à son tour.

— Vous me demandez cela, dit-il, parce que de la Roche-Bernard ici vous avez trouvé la route libre? — C'est-à-dire que je n'ai point rencontré une âme. — Cela ne prouve aucunement que la route n'était point gardée. — A moins qu'elle ne l'ait été par les chouettes et les chats-huants qui semblaient voler d'arbre en arbre pour m'accompagner, général : en ce cas-là, je retire ma proposition. — Justement, répondit Cadoudal, ce sont ces chats-huants et ces chouettes qui sont mes sentinelles, sentinelles qui ont de bons yeux, puisque ces yeux ont sur ceux des hommes l'avantage d'y voir la nuit. — Il n'en est pas moins vrai que par bonheur je m'étais fait renseigner à la Roche-Bernard, sans quoi je n'eusse pas trouvé un chat pour me dire où je pourrais vous rencontrer. — A quelque endroit de la route que vous eussiez demandé à haute voix : *Où trouverai-je Georges Cadoudal?* une voix vous eût répondu : *Au bourg de Muzillac, la quatrième maison à droite.* Vous n'avez vu personne, colonel; seulement, à l'heure qu'il est, il y a quinze cents hommes à peu près qui savent que le colonel Roland, aide de camp du premier consul, est en conférence avec le fils du meunier de Kerleano. — Mais, s'ils savent que je suis colonel au service de la république et aide de camp du premier consul, comment m'ont-ils laissé passer? — Parce qu'ils en avaient reçu l'ordre. — Vous saviez donc que je venais? — Non-seulement je savais que vous veniez, mais encore pourquoi vous veniez.

Roland regarda fixement son interlocuteur.

— Alors, il est inutile que je vous le dise; et vous me répondriez quand même je garderais le silence? — Mais, à peu près. — Ah! pardieu, je serais curieux de voir cette supériorité de l'excellence de votre police sur la nôtre. — Je m'offre de vous la donner, colonel. — J'écoute, et cela avec d'autant plus de satisfaction que je serai tout entier à cet excellent feu qui, lui aussi, semblait m'attendre. — Vous ne croyez pas si bien dire, colonel, et il n'y a pas jusqu'au feu qui ne fasse de son mieux pour vous souhaiter la bienvenue. — Oui, mais pas plus que vous il ne me dit l'objet de ma mission. — Votre mission, que vous me faites l'honneur d'étendre jusqu'à moi, colonel, était primitivement pour l'abbé Bernier tout seul. Par malheur, l'abbé Bernier, dans la lettre qu'il a fait passer à son ami Martin Duboys, a un peu trop présumé de ses forces : il offrait sa médiation au premier consul. — Pardon, interrompit Roland, mais vous m'apprenez là une chose que j'ignorais, c'est que l'abbé Bernier eût écrit au général Bonaparte. — Je dis qu'il a écrit à son ami Martin Duboys, ce qui est bien différent; mes gens ont intercepté sa lettre et me l'ont apportée : je l'ai fait copier et j'ai envoyé la lettre, qui, j'en suis certain, est parvenue à bon port; votre visite au général Hédouville en fait foi. — Vous savez que ce n'est plus le général Hédouville qui commande à Nantes, mais le général Brune. — Vous pouvez même dire qui commande à la Roche-Bernard, car un millier de soldats républicains ont fait leur entrée dans cette ville ce soir vers six heures, accompagnés de la guillotine et du citoyen commissaire général Thomas Millière. Ayant l'instrument, il fallait le bourreau. — Vous dites donc, général, que j'étais venu pour l'abbé Bernier? — Oui, l'abbé Bernier avait offert sa médiation ; mais il a oublié qu'aujourd'hui il y a deux Vendées, la Vendée de la rive gauche et la Vendée de la rive droite ; que si l'on peut traiter avec d'Autichamp, Châtillon et Suzannet à Pouancé, reste à traiter avec Frotté, Bourmont et Cadoudal ; mais où cela ? voilà ce que personne ne peut dire. — Que vous, général. — Alors, avec la chevalerie qui fait le fond de votre caractère, vous vous êtes chargé de venir m'apporter le traité signé le 25. L'abbé Bernier, d'Autichamp, Châtillon et Suzannet vous ont signé un laissez-passer, et vous voilà. — Ma foi ! général, je dois dire que vous êtes parfaitement renseigné ; le premier consul désire la paix de tout cœur ; il sait qu'il a affaire en vous à un brave et loyal adversaire, et, ne pouvant vous voir, attendu que vous ne viendrez probablement point à Paris, il m'a dépêché vers vous. — C'est-à-dire vers l'abbé Bernier. — Général, peu vous importe si je me fais fort de faire ratifier par le premier consul ce que nous aurons arrêté entre nous. Quelles sont vos conditions pour la paix ? — — Oh ! elles sont bien simples : que le premier consul rende le trône à Louis XVIII, devienne son connétable, son lieutenant général, le chef de ses armées de terre et de mer, et je deviens, moi, son premier soldat. — Le premier consul a déjà répondu à cette demande. — Et voilà pourquoi je suis décidé à répondre moi-même à cette réponse. — Quand ? — Cette nuit même si l'occasion s'en présente. — De quelle façon ? — En reprenant les hostilités. — Mais vous savez que Châtillon, d'Autichamp et Suzannet ont déposé les armes ? — Ils sont chefs des Vendéens, et au nom des Vendéens peuvent faire tout ce qu'ils veulent ; je suis chef des chouans, et au nom des chouans je ferai ce qui me conviendra. — Alors, c'est une guerre d'extermination à laquelle vous condamnez ce malheureux pays, général. — C'est un martyre auquel je convoque des chrétiens et des royalistes. — Le général Brune est à Nantes avec les huit mille prisonniers que les Anglais viennent de nous rendre, après leurs défaites de Bergen et de Castricum. — C'est la dernière fois qu'ils auront eu cette chance ; les bleus nous ont donné cette mauvaise habitude de ne point faire de prisonniers : quant au nombre de nos ennemis, nous ne nous en soucions pas, c'est une affaire de détail. — Si le général Brune et ses huit mille prisonniers joints aux vingt mille soldats qu'il reprend des mains du général Hédouville ne suffisent point, le premier consul est décidé à marcher contre vous en personne, et avec cent mille hommes.

Cadoudal sourit.

— Nous tâcherons, dit-il, de lui prouver que nous sommes dignes de le combattre. — Il incendiera vos villes ! — Nous nous retirerons dans nos chaumières. — Il brûlera vos chaumières ! — Nous vivrons dans nos bois. — Vous réfléchirez, général. — Faites-moi l'honneur de rester avec moi quarante-huit heures, colonel, et vous verrez que mes réflexions sont faites. — J'ai bien envie d'accepter. — Seulement, colonel, ne me demandez pas plus que je ne puis vous donner, le sommeil sous un toit de chaume ou, dans un manteau, sous les branches d'un chêne ; un de mes chevaux pour me suivre, un sauf-conduit pour me quitter. — J'accepte. — Votre parole, colonel, de ne vous opposer en rien aux ordres que je donnerai, de ne faire échouer en rien les surprises que je tenterai ? — Je suis trop curieux de vous voir faire pour cela ; vous avez ma parole, général. — Quelque chose qui se passe sous vos yeux ? — Quelque chose qui se passe sous mes yeux ; je renonce au rôle d'acteur pour m'enfermer dans celui de spectateur : je veux pouvoir dire au premier consul : J'ai vu.

Cadoudal sourit.

— Eh bien. vous verrez, dit-il.

En ce moment la porte s'ouvrit, et deux paysans apportèrent une table toute servie, où fumait une soupe aux choux et un morceau de lard ; un énorme pot de cidre, qui venait d'être tiré à la pièce, débordait et moussait entre deux verres. Quelques galettes de sarrasin étaient destinées à faire le dessert de ce modeste repas. La table portait deux couverts.

— Vous le voyez, monsieur de Montrevel, dit Cadoudal, mes gars espèrent que vous me ferez l'honneur de souper avec moi. — Et, sur ma foi, ils n'ont pas tort ; je vous le demanderais si vous ne m'invitiez pas, et je tâcherais de vous en prendre de force ma part, si vous me la refusiez. — Alors à table.

Le jeune colonel s'assit gaiement.

— Pardon pour le repas que je vous offre, dit Cadoudal, je n'ai point comme vos généraux des indemnités de campagne, et ce sont mes soldats qui me nourrissent. Qu'as-tu à nous donner avec cela, *Brise-Bleu?* — Une fricassée de poulet, général. — Voilà le menu de votre dîner, monsieur de Montrevel. — C'est un festin. Maintenant je n'ai qu'une crainte, général. — Laquelle ? — Cela ira très-bien tant que nous mangerons ; mais quand il s'agira de boire ? — Vous n'aimez pas le cidre ? ah ! diable, vous m'embarrassez. Du cidre ou de l'eau, voilà ma cave. — Ce n'est point cela ; à la santé de qui boirons-nous ? — N'est-ce que cela, Monsieur ? dit Cadoudal avec une suprême dignité, nous boirons à la santé de notre mère commune, la France ; nous la servons chacun avec un esprit différent, mais, je l'espère, avec un même cœur. A la France ! Monsieur, dit Cadoudal en remplissant les deux verres. — A la France ! général, répondit Roland en choquant son verre contre celui de Georges.

Et tous deux se rassirent gaiement, et, la conscience en repos, attaquèrent la soupe avec des appétits dont le plus âgé n'avait pas trente ans.

— Maintenant, général, dit Roland lorsque le souper fut fini, et que les deux jeunes gens, les coudes sur la table, allongés devant un grand feu, commencèrent d'éprouver ce bien-être, suite ordinaire d'un repas dont l'appétit et la jeunesse ont été l'assaisonnement ; maintenant vous m'avez promis de me faire voir des choses que je puisse rapporter au premier consul. — Et vous avez promis, vous, de ne pas vous y opposer ? — Oui, mais je me réserve, si ce que vous me ferez voir heurtait trop ma conscience, de me retirer. — On n'aura que la selle à jeter sur le dos de votre cheval, colonel, ou sur le dos du mien dans le cas où le vôtre serait trop fatigué, et vous êtes libre. — Très-bien. — Justement, dit Cadoudal, les évènements vous servent ; je suis ici non-seulement général, mais haut justicier, et il y a longtemps que j'ai une justice à faire. Vous m'avez dit, colonel, que le général Brune était à Nantes, je le savais ; vous m'avez dit que son avant-garde était à quatre lieues d'ici, à la Roche-Bernard, je le savais encore ; mais une chose que vous ne savez peut-être pas, c'est que cette avant-garde n'est pas commandée par un soldat comme vous et moi, elle est commandée par le citoyen Thomas Millière, commissaire du pouvoir exécutif. Une autre chose que vous ignorez peut-être, c'est que le citoyen Thomas Millière ne se bat point comme nous, avec des canons, des fusils, des baïonnettes, des pistolets et des sabres, mais avec un instrument inventé par un de vos philanthropes républicains et qu'on appelle la guillotine. — Il est impossible, Monsieur, s'écria Roland, que sous le premier consul on fasse cette sorte de guerre. — Ah! entendons-nous bien, colonel; je ne vous dis pas que c'est le premier consul qui la fait, je vous dis qu'elle se fait en son nom. — Et quel est le misérable qui abuse ainsi de l'autorité qui lui est confiée pour faire la guerre avec un état-major de bourreaux? — Je vous l'ai dit, il s'appelle le citoyen Thomas Millière; informez-vous, colonel, et dans toute la Vendée et dans toute la Bretagne, il n'y aura qu'une seule voix sur cet homme. Depuis le jour du premier soulèvement vendéen et breton, c'est-à-dire depuis six ans, ce Millière a toujours été et partout un des agents les plus actifs de la Terreur; pour lui la Terreur n'a point fini avec Robespierre. Dénonçant aux autorités supérieures ou se faisant dénoncer à lui-même les soldats bretons ou vendéens, leurs parents, leurs amis, leurs frères, leurs sœurs, leurs femmes, leurs filles, jusqu'aux blessés, jusqu'aux mourants, il ordonnait de tout fusiller, de tout guillotiner sans jugement. A Daumeray, par exemple, il a laissé une trace de sang qui n'est point encore effacée, qui ne s'effacera jamais; plus de quatre-vingts habitants ont été égorgés sous ses yeux, des fils ont été frappés dans les bras de leurs mères, qui jusqu'ici ont vainement, pour demander vengeance, levé leurs bras sanglants au ciel. Les pacifications successives de la Vendée ou de la Bretagne n'ont point calmé cette soif de meurtre qui brûle ses entrailles. En 1800, il est le même qu'en 1793. Eh bien! cet homme...

Roland regarda le général.

— Cet homme, continua Georges avec le plus grand calme, voyant que la société ne le condamnait pas, je l'ai condamné, moi; cet homme va mourir.
— Comment, il va mourir, à la Roche-Bernard, au milieu des républicains, malgré sa garde d'assassins, malgré son escorte de bourreaux? — Son heure a sonné, il va mourir.

Cadoudal prononça ces paroles avec une telle solennité, que pas un doute ne demeura dans l'esprit de Roland, non-seulement sur l'arrêt prononcé, mais sur l'exécution de cet arrêt. Il demeura pensif un instant.

— Et vous vous croyez le droit de juger et de condamner cet homme, tout coupable qu'il soit? — Oui, car cet homme a jugé et condamné, non pas des coupables, mais des innocents. — Si je vous disais : A mon retour à Paris, je demanderai la mise en accusation et le jugement de cet homme, n'auriez-vous pas foi en ma parole? — J'aurais foi en votre parole; mais je vous dirais : Une bête enragée se sauve de sa cage, un meurtrier se sauve de sa prison, les hommes sont des hommes, sujets à l'erreur. Ils ont parfois condamné des innocents, ils peuvent épargner un coupable. Ma justice est plus sûre que la vôtre, colonel, car c'est la justice de Dieu. Cet homme mourra! — Et de quel droit dites-vous, que votre justice à vous, homme soumis à l'erreur comme les autres hommes, soit la justice de Dieu? — Parce que j'ai mis Dieu de moitié dans mon jugement. Oh! ce n'est pas d'hier qu'il est jugé. — Comment cela? — Au milieu d'un orage où la foudre grondait sans interruption, où l'éclair brillait de minute en minute, j'ai levé les bras au ciel et j'ai dit à Dieu : Mon Dieu! toi dont cet éclair est le regard, toi dont ce tonnerre est la voix, si cet homme doit mourir, éteins pendant dix minutes ton tonnerre et tes éclairs; le silence des airs et l'obscurité du ciel seront ta réponse! et, ma montre à la main, j'ai compté onze minutes sans éclairs et sans tonnerres. J'ai vu à la pointe du grand mont, par une tempête terrible, une barque montée par un seul homme et qui menaçait à chaque instant d'être submergée; une lame l'enleva comme le souffle d'un enfant enlève une plume et la laissa retomber sur un rocher. La barque vola en morceaux, l'homme se cramponna au rocher ; tout le monde s'écria : « cet homme est perdu! » Son père était là, ses deux frères étaient là, et ni frères ni père n'osaient lui porter secours. Je levai les bras au Seigneur et je dis : Si Millière est condamné, mon Dieu, par vous comme par moi, je sauverai cet homme, et, sans autre secours que vous, je me sauverai moi-même. Je me déshabillai, je nouai le bout d'une corde autour de mon bras et je nageai jusqu'au rocher. On eût dit que la mer s'aplanissait sous ma poitrine; j'atteignis l'homme. Son père et ses frères tenaient l'autre bout de la corde. Il gagna le rivage. Je pouvais y revenir comme lui, en fixant ma corde au rocher. Je la jetai loin de moi, et me confiai à Dieu et aux flots; les flots me portèrent au rivage aussi doucement et aussi sûrement que les eaux du Nil portèrent le berceau de Moïse vers la fille de Pharaon. Une sentinelle ennemie était placée en avant du village de Saint-Noff; j'étais caché dans le bois de Grandchamp avec cinquante hommes. Je sortis seul du bois en recommandant mon âme à Dieu et en disant : Seigneur, si vous avez décidé la mort de Millière, cette sentinelle tirera sur moi et me manquera, et moi je reviendrai vers les miens sans faire de mal à cette sentinelle, car vous aurez été avec elle un instant. Je marchai au républicain ; à vingt pas, il fit feu sur moi et me manqua. Voici le trou de la balle dans mon chapeau, à un pouce de ma tête; la main de Dieu elle-même a levé l'arme. C'est hier que la chose est arrivée. Je croyais Millière à Nantes. Ce soir on est venu m'annoncer que Millière et sa guillotine étaient à la Roche-Bernard. Alors j'ai dit : Dieu me l'amène, il va mourir?

Roland avait écouté avec un certain respect la superstitieuse narration du chef breton. Il comprenait cette croyance et cette poésie dans l'homme habitué à vivre en face de la mer sauvage, au milieu des dolmens de Karnac. Il comprit que Millière était véritablement condamné, et que Dieu, qui semblait trois fois avoir approuvé son jugement, pouvait seul le sauver. Seulement une dernière question restait à lui faire.

— Comment le frapperez-vous? demanda-t-il. — Oh! dit Georges, je ne m'inquiète point de cela; il sera frappé.

Un des hommes qui avaient apporté la table du souper entrait en ce moment.

— Brise-Bleu, lui dit Cadoudal, préviens Cœur-de-Roi que j'ai un mot à lui dire.

Deux minutes après le Breton était en face de son général.

— Cœur-de-Roi, lui demanda Cadoudal, n'est-ce pas toi qui m'as dit que l'assassin Thomas Millière était à la Roche-Bernard? — Je l'y ai vu entrer côte à côte avec le colonel républicain, qui paraissait même peu flatté du voisinage. — N'as-tu pas ajouté qu'il était suivi de sa guillotine?—Je vous ai dit que sa guillotine suivait entre deux canons, et je crois que si les canons avaient pu s'écarter d'elle, ils l'eussent laissée rouler toute seule. — Quelles sont les précautions que prend Millière dans les villes qu'il habite? — Il a autour de lui une garde spéciale ; il fait barricader les rues qui conduisent à sa maison; il a toujours une paire de pistolets à portée de sa main. — Malgré cette garde, malgré cette barricade, malgré ces pistolets, te charges-tu d'arriver jusqu'à lui? — Je m'en charge, général! — J'ai, à cause de ses crimes, condamné cet homme; il faut qu'il meure! — Ah! s'écria Cœur-de-Roi, le jour de la justice est donc venu? — Te charges-tu d'exécuter mon jugement, Cœur-de-Roi? — Je m'en charge, général. — Va, Cœur-de-Roi, prends le nombre d'hommes que tu voudras; mais parviens jusqu'à lui et frappe! — Si je meurs, général? — Sois tranquille, le curé de Guéhenno dira assez de messes à ton intention pour que ta pauvre âme ne demeure pas en peine; mais tu ne mourras pas, Cœur-de-Roi. — C'est bien, c'est bien, général! Du moment où il y aura des messes, on ne vous en demande pas davantage, j'ai mon plan. — Quand pars-tu? — Cette nuit. — Quand sera-t-il mort? — Demain. — Va, et que trois cents hommes soient prêts à me suivre dans une demi-heure.

Cœur-de-Roi sortit aussi simplement qu'il était entré.

— Vous voyez, dit Cadoudal, voilà les hommes auxquels je commande; votre premier consul est-il aussi bien servi que moi, monsieur de Montrevel? — Par quelques-uns, oui. — Eh bien, moi, ce n'est pas par quelques-uns, c'est par tous.

Benedicité entra et interrogea Georges du regard.

— Oui, répondit Georges tout à la fois de la voix et de la tête.

Benedicité sortit.

— Vous n'avez pas vu un homme en venant ici? dit Georges. — Pas un. — J'ai demandé trois cents hommes dans une demi-heure, et dans une demi-heure ils seront là; j'en eusse demandé cinq cents, mille, deux mille, qu'ils eussent été prêts aussi promptement. — Mais, dit Roland, vous avez, comme nombre du moins, des limites que vous ne pouvez franchir. — Vous voulez connaître l'effectif de mes forces, c'est bien simple, je ne vous le dirai pas moi-même, vous ne me croiriez pas, mais attendez, je vais vous le faire dire.

Il ouvrit la porte et appela.

— Branche-d'Or?

Deux secondes après, Branche-d'Or parut.

— C'est mon major général, dit en riant Cadoudal, il remplit près de moi les fonctions que le général Berthier remplit près du premier consul. Branche-d'Or! — Mon général? — Combien d'hommes échelonnés depuis la Roche-Bernard jusqu'ici, c'est-à-dire sur la route suivie par Monsieur pour venir me trouver? — Six cents dans les landes d'Arzal, six cents dans les bruyères de Marzan, trois cents à Peaule, trois cents à Billier. — Total dix-huit cents; combien entre Noyal et Muzillac? — Quatre cents. — Deux mille deux cents; combien d'ici à Vannes? — Cinquante à Theï, trois cents à la Trinité, six cents entre la Trinité et Muzillac. — Trois mille deux cents; et d'Ambon à Leguerno? — Douze cents. — Quatre mille quatre cents; et dans le bourg même autour de moi, dans les jardins, dans les caves? — Cinq à six cents, général. Merci, Branche-d'Or.

Il fit un signe de tête, Branche-d'Or sortit.

— Vous le voyez, dit simplement Cadoudal, cinq mille hommes à peu près. Eh bien, avec ces cinq mille hommes tous du pays, qui connaissent chaque arbre, chaque pierre, chaque buisson, je puis faire la guerre aux cent mille hommes que le premier consul menace d'envoyer contre moi.

Roland sourit.

— Oui, c'est fort, n'est-ce pas? — Je crois que vous vous vantez un peu, général, ou plutôt que vous vantez vos hommes. — Non, car j'ai pour auxiliaire toute la population; un de vos généraux ne peut pas faire un mouvement que je ne le sache, il ne peut pas trouver un refuge que je ne l'y poursuive; la terre même est royaliste et chrétienne, elle parlerait à défaut d'habitants pour me dire : Les bleus sont passés ici, les égorgeurs sont cachés là; au reste, vous allez en juger. — Comment? — Nous allons faire une expédition à six lieues d'ici; quelle heure est-il?

Les deux jeunes gens tirèrent leurs montres à la fois.

— Minuit moins un quart, dirent-ils. — Bon, fit Georges, nos montres marquent la même heure, c'est bon signe, peut-être un jour nos cœurs seront-ils d'accord comme nos montres. — Vous disiez, général?.. — Je disais qu'il était minuit moins un quart, colonel, qu'à six heures, avant le jour, nous devions être à sept lieues d'ici; avez-vous besoin de repos? — Moi? — Oui, vous pouvez dormir une heure. — Merci. — Alors, nous partirons quand vous voudrez. — Et vos hommes? — Oh! mes hommes sont prêts. — Où cela? — Partout. — Je voudrais les voir. — Vous les verrez. — Quand? — Quand cela vous sera agréable; oh! mes hommes sont des hommes fort discrets, et ils ne se montrent que si je leur fais signe de se montrer. — De sorte que quand je désirerai les voir? — Vous me le direz, je ferai un signe, et ils se montreront. — Partons, général! — Partons.

Les deux jeunes gens s'enveloppèrent de leurs manteaux et sortirent. A la porte, Roland se heurta à un petit groupe de cinq hommes. Ces cinq hommes portaient l'uniforme républicain, l'un d'eux avait sur ses manches des galons de sergent.

— Qu'est-ce cela? demanda Roland. — Rien, répondit Cadoudal en riant. — Mais enfin, ces hommes, quels sont-ils? — Cœur-de-Roi et les siens qui partent pour l'expédition que vous savez. — Alors ils comptent, à l'aide de cet uniforme?... — Oh! vous allez tout savoir, colonel, je n'ai point de secret pour vous.

Et se tournant du côté du groupe :

— Cœur-de-Roi! dit Cadoudal.

L'homme dont les manches étaient ornées de deux galons se détacha du groupe et vint à Cadoudal.

— Vous m'avez appelé, général? demanda le faux sergent. — Oui, je veux savoir ton plan. — Oh! général, il est bien simple. — Voyons! j'en jugerai. — Je passe ce papier dans la baguette de mon fusil, Cœur-de-Roi montra une large enveloppe scellée d'un cachet rouge qui sans doute avait renfermé quelque ordre républicain surpris par les chouans, je me présente aux factionnaires en disant : Ordonnance du général de division! J'entre au premier poste, je demande qu'on m'indique la maison du citoyen commissaire, on me l'indique, je remercie : il faut toujours être poli; j'arrive à la maison, j'y trouve un second factionnaire, je lui fais le même conte qu'au premier, je monte ou je descends chez le citoyen Millière, selon qu'il demeure au grenier ou à la cave, j'entre sans difficulté aucune; vous comprenez : *Ordonnance du général de division!* je le trouve dans son cabinet ou ailleurs, je lui présente mon papier, et tandis qu'il le décachette, je le tue avec ce poignard caché dans ma manche. — Oui, mais toi et tes hommes? — Ah! ma foi, à la garde de Dieu, nous défendons sa cause, c'est à lui de s'inquiéter de nous. — Eh bien! vous le voyez, colonel, dit Cadoudal, ce n'est pas plus difficile que cela. A cheval, colonel; bonne chance, Cœur-de-Roi! — Lequel des deux chevaux dois-je prendre? demanda Roland. — Prenez au hasard, ils sont aussi bons l'un que l'autre, et chacun a dans ses fontes une excellente paire de pistolets de fabrique anglaise. — Tout chargés? — Et bien chargés, colonel, c'est une besogne de laquelle je ne me fie à personne. — Alors, à cheval.

Les deux jeunes gens se mirent en selle, et prirent la route qui conduisait à Vannes, Cadoudal servant de guide à Roland, et Branche-d'Or, le major général de l'armée, comme l'avait appelé Georges, marchant une vingtaine de pas en arrière.

Arrivé à l'extrémité du village, Roland plongea son regard sur la route qui s'étend sur une ligne presque tirée au cordeau de Muzillac à la Trinité. La route, entièrement découverte, paraissait parfaitement solitaire. On fit ainsi une demi-lieue à peu près. Au bout de cette demi-lieue :

— Mais, où diable sont donc vos hommes? demanda Roland. — A notre droite, à notre gauche, devant nous, derrière nous. — Ah! la bonne plaisanterie, fit Roland. — Ce n'est point une plaisanterie, colonel; croyez-vous que je sois assez imprudent pour me hasarder ainsi sans éclaireurs? — Vous m'avez dit, je crois, que si je désirais voir vos hommes, je n'avais qu'à vous le dire. — Je vous l'ai dit. — Eh bien! je désire les voir. — En totalité, ou en partie? — Combien avez-vous dit que vous en emmeniez avec vous? — Trois cents. — Eh bien! je désire en voir cent cinquante. — Halte! fit Cadoudal.

Et rapprochant ses deux mains de sa bouche, il fit entendre un houhoulement de chat-huant, suivi d'un cri de chouette; seulement, il jeta le houhoulement à droite, et le cri de chouette à gauche. Presque instantanément, aux deux côtés de la route, on vit s'agiter des formes humaines, lesquelles, franchissant le fossé qui séparait le chemin du taillis, vinrent se ranger aux deux côtés des chevaux.

— Qui commande à droite? demanda Cadoudal. — Moi, Moustache, répondit un paysan s'approchant. — Qui commande à gauche? répéta le général. — Moi, Chante-en-Hiver, répondit un paysan s'approchant. — Combien d'hommes avec toi, Moustache? — Cent. — Combien d'hommes avec toi, Chante-en-Hiver? — Cinquante. — En tout cent cinquante, alors? demanda Georges. — Oui, répondirent les deux chefs bretons. — Est-ce votre compte, colonel? demanda Cadoudal en riant. — Vous êtes un magicien, général. — Eh! non, je suis un pauvre paysan comme eux; seulement, je commande une troupe où chaque cerveau se rend compte de ce qu'il fait, où chaque cœur bat pour les deux grands principes de ce monde : la religion et la royauté!

Puis se tournant vers ses hommes :

— Qui commande l'avant-garde? demanda Cadoudal. — Fend-l'Air, répondirent les deux chouans. — Et l'arrière-garde? — La Giberne.

La seconde réponse fut faite avec le même ensemble que la première.

— Alors, nous pouvons continuer tranquillement notre route? — Ah! général, comme si vous alliez à la messe à l'église de votre village. — Continuons donc notre route, colonel, dit Cadoudal à Roland.

Puis, se retournant vers ses hommes :

— Égayez-vous, mes gars, leur dit-il.

Au même instant, chaque homme sauta le fossé et disparut.

On entendit, pendant quelques secondes, le froissement des branches dans le taillis, et le bruit des pas dans les broussailles. Puis on n'entendit plus rien.

— Eh bien! demanda Cadoudal, croyez-vous qu'avec de pareils hommes j'aie quelque chose à craindre de vos bleus, si braves qu'ils soient?

Roland poussa un soupir; il était parfaitement de l'avis de Cadoudal. On continua de marcher.

A une lieue à peu près de la Trinité, on vit sur la route apparaître comme un point noir qui allait grossissant avec rapidité. Devenu plus visible, ce point s'arrêta et parut hésiter.

— Qu'est-ce cela? demanda Roland. — Vous le voyez bien, répondit Cadoudal, c'est un homme. — Sans doute; mais cet homme, quel est-il? — Vous avez pu deviner, à la rapidité de sa course, que c'est un messager. — Pourquoi s'arrête-t-il? — Parce qu'il nous a aperçus de son côté, et qu'il ne sait s'il doit avancer ou reculer. — Que va-t-il faire? — Il attend pour se décider. — Quoi? — Un signal. — Et, à ce signal, il répondra? — Non-seulement il répondra, mais il obéira. Voulez-vous qu'il avance? voulez-vous qu'il recule? voulez-vous qu'il se jette de côté? — Je désire qu'il avance, c'est un moyen que nous sachions la nouvelle qu'il porte.

Cadoudal fit entendre le chant du coucou avec une telle perfection, que Roland regarda tout autour de lui.

— C'est moi, dit Cadoudal, ne cherchez pas. — Alors, le messager va venir? — Il ne va pas venir, il vient.

En effet, le messager avait repris sa course et s'avançait rapidement; en quelques secondes il fut près de son général :

— Ah! dit celui-ci, c'est toi, Monte-à-l'Assaut!

Le général se pencha; Monte-à-l'Assaut lui dit quelques mots à l'oreille.

— J'étais déjà prévenu par Benedicité, dit Georges.

Puis se retournant vers Roland :

— Il va, dit-il, se passer, dans un quart d'heure, au village de la Trinité, une chose grave et que vous devez voir; au galop!

Et, donnant l'exemple, il mit son cheval au galop. Roland le suivit. En arrivant au village, on put distinguer de loin une multitude s'agitant sur la place, à la lueur de torches résineuses. Les cris et les mouvements de cette multitude annonçaient en effet un grave événement.

— Piquons, piquons, dit Cadoudal.

Roland ne demandait pas mieux : il mit les éperons au ventre de sa monture. Au bruit du galop des chevaux les paysans s'écartèrent; ils étaient cinq ou six cents au moins, tous armés. Cadoudal et Roland se trouvèrent dans le cercle de lumière, au milieu de l'agitation et des rumeurs.

Le tumulte se pressait, surtout à l'entrée de la rue conduisant au village de Tridon. Une diligence venait par cette rue, escortée de douze chouans : deux se tenaient à chaque côté du postillon, les dix autres gardaient les portières. Au milieu de la place la voiture s'arrêta. Tout le monde était si préoccupé de la diligence, qu'à peine si l'on avait fait attention à Cadoudal.

— Holà! cria Georges, que se passe-t-il donc ici?

A cette voix bien connue chacun se retourna, et les fronts se découvrirent.

— La grosse tête ronde! murmura chaque voix. — Oui, dit Cadoudal.

Un homme s'approcha de Georges :

— N'étiez-vous pas prévenu, et par Benedicité et par Monte-à-l'Assaut? demanda-t-il. — Si fait; est-ce donc la diligence de Ploërmel à Vannes que vous ramenez là? — Oui, mon général; elle a été arrêtée entre Tréfléon et Saint-Nolff. — Est-il dedans? — On le croit. — Faites selon votre conscience : s'il y a crime vis-à-vis de Dieu, prenez-le sur vous; je ne me charge que de la responsabilité vis-à-vis des hommes; j'assisterai à ce qui va se passer, mais sans y prendre part, ni pour l'empêcher, ni pour y aider. — Eh bien! demandèrent cent voix, qu'a-t-il dit, Sabre-Tout? — Il a dit que nous pouvions faire selon notre conscience, et qu'il s'en lavait les mains. — Vive la grosse tête ronde! s'écrièrent tous les assistants en se précipitant vers la diligence.

Cadoudal resta immobile au milieu de ce torrent. Roland était debout près de lui, immobile comme lui, plein de curiosité, car il ignorait complètement de qui et de quoi il était question. Celui qui était venu parler à Cadoudal, et que ses compagnons avaient désigné sous le nom de Sabre-Tout, ouvrit la portière. On vit alors les voyageurs se presser, tremblant, dans les profondeurs de la diligence.

— Si vous n'avez rien à vous reprocher contre le roi ou la religion, dit Sabre-Tout d'une voix pleine et sonore, descendez sans crainte; nous ne sommes pas des brigands, mais des chrétiens et des royalistes.

Sans doute cette déclaration rassura les voyageurs, car un homme se présenta à la portière et descendit, puis deux femmes, puis une mère serrant son enfant entre ses bras, puis une jeune fille, puis un homme encore.

Les chouans les recevaient au bas du marchepied, les regardaient avec attention, puis, ne reconnaissant pas celui qu'ils cherchaient, disaient : Passez!

Un seul homme resta dans la voiture. Un chouan y introduisit la flamme d'une torche, et l'on vit que cet homme était un prêtre.

— Ministre du Seigneur, dit Sabre-Tout, pourquoi ne descends-tu pas avec les autres? n'as-tu pas entendu que j'ai dit que nous étions des royalistes et des chrétiens?

Le prêtre ne bougea pas; seulement, ses dents claquèrent.

— Pourquoi cette terreur, continua Sabre-Tout; ton habit ne plaide-t-il pas pour toi? L'homme qui porte une soutane ne peut avoir rien fait ni contre la royauté, ni contre la religion.

Le prêtre se ramassa sur lui-même en murmurant :

— Grâce! grâce! — Pourquoi grâce? demanda Sabre-Tout; tu te sens donc coupable, misérable? — Oh! oh! fit Roland; messieurs les royalistes et chrétiens, voilà comme vous parlez aux hommes de Dieu! — Cet homme, répondit Cadoudal, n'est pas l'homme de Dieu, mais l'homme du démon! — Qui est-ce donc? — C'est à la fois un athée et un régicide : il a renié son Dieu et voté la mort de son roi; c'est le conventionnel Audrein.

Roland frissonna.

— Que vont-il lui faire? demanda-t-il. — Il a donné la mort, il recevra la mort, répondit Cadaudal.

Pendant ce temps, les chouans avaient tiré Audrein de la diligence.

— Ah! c'est donc bien toi, évêque de Vannes? dit Sabre-Tout. — Grâce! s'écria l'évêque. — Nous étions prévenus de ton passage, et c'est toi que nous attendions. — Grâce! répéta l'évêque pour la troisième fois. — As-tu avec toi tes habits pontificaux? — Oui, mes amis, je les ai. — Eh bien! habille-toi en prélat, il y a longtemps que nous n'en avons vu.

On descendit de la diligence une malle au nom du prélat; on l'ouvrit, on en tira un costume complet d'évêque, et on le présenta à Audrein qui le revêtit. Puis, lorsque le costume fut entièrement revêtu, les paysans se rangèrent en cercle, chacun tenant son fusil à la main. La lueur des torches reflétait sur les canons qui lançaient de sinistres éclairs.

Deux hommes prirent l'évêque et l'amenèrent dans le cercle, en le soutenant par-dessous les bras. Il était pâle comme un mort. Il se fit un instant de lugubre silence. Une voix le rompit; c'était celle de Sabre-Tout.

— Nous allons, dit le chouan, procéder à ton jugement : prêtre de Dieu, tu as trahi l'Église; enfant de la France, tu as condamné ton roi. — Hélas! hélas! balbutia le prêtre. — Est-ce vrai? — Je ne le nie pas. — Parce que c'est impossible à nier. Qu'as-tu à répondre pour ta justification? — Citoyens... — Nous ne sommes pas des citoyens, dit Sabre-Tout d'une voix de tonnerre, nous sommes des royalistes. — Messieurs... — Nous ne sommes pas des messieurs, nous sommes des chouans. — Mes amis... — Nous ne sommes pas tes amis, nous sommes tes juges; tes juges t'interrogent, réponds. — Je me repens de ce que j'ai fait, et j'en demande pardon à Dieu et aux hommes. — Les hommes ne peuvent te pardonner, répondit la même voix implacable, car, te pardonner aujourd'hui, tu recommencerais demain; tu peux changer de peau, mais jamais de cœur. Tu n'as plus que la mort à attendre des hommes; quant à Dieu, implore sa miséricorde.

Le régicide courba la tête, le renégat fléchit le genou; mais, tout à coup, se redressant :

— J'ai voté la mort du roi, dit-il, c'est vrai, mais avec la réserve... — Quelle réserve? — La réserve du temps où l'exécution devait avoir lieu. — Proche ou éloignée, c'était toujours pour la mort que tu votais, et le roi était innocent. — C'est vrai, c'est vrai, dit le prêtre, mais j'avais peur. — Alors, tu es non-seulement un régicide, non-seulement un apostat, mais encore un lâche; nous ne sommes pas des prêtres, nous, mais nous serons plus justes que toi: tu as voté la mort d'un innocent, nous votons la mort d'un coupable. Tu as dix minutes pour te préparer à paraître devant Dieu.

L'évêque jeta un cri et tomba sur ses deux genoux; les cloches de l'église sonnèrent comme si elles s'ébranlaient toutes seules, et deux de ces hommes, habitués aux chants d'église, commencèrent à répéter les prières des agonisants. L'évêque fut quelque temps sans trouver les paroles par lesquelles il devait y répondre. Il tournait sur ses juges des regards effarés qui allaient suppliants des uns aux autres; mais sur aucun visage il n'eut la consolation de rencontrer la douce expression de la pitié.

Les torches qui tremblaient au vent donnaient au contraire à tous ces visages une expression sauvage et terrible. Alors il se décida à mêler sa voix aux voix qui priaient pour lui. Les juges laissèrent s'épuiser jusqu'au dernier mot la prière funèbre. Pendant ce temps, des hommes préparaient un bûcher

— Oh! s'écria le prêtre, qui voyait ces apprêts avec une terreur croissante auriez-vous la cruauté de me réserver une pareille mort? — Non, répondit l'inflexible accusateur, le feu est la mort des martyrs, et tu n'es pas digne d'une pareille mort. Allons, apostat, l'heure est venue. — Oh! mon Dieu, mon Dieu!-s'écria le prêtre en levant les bras au ciel. — Debout! dit le chouan.

L'évêque essaya d'obéir, mais les forces lui manquèrent, et il retomba sur ses genoux.

— Allez-vous donc laisser s'accomplir cet assassinat sous vos yeux? dit Roland à Cadoudal. — J'ai dit que je m'en lavais les mains, répondit celui-ci. — C'est le mot de Pilate, et les mains de Pilate sont restées rouges du sang de Jésus-Christ. — Parce que Jésus-Christ était un juste, mais cet homme, ce n'est pas Jésus-Christ, c'est Barabbas. — Baise ta croix, baise ta croix! cria Sabre-Tout.

Le prélat le regarda d'un air effaré, mais sans obéir; il était évident qu'il ne voyait déjà plus, qu'il n'entendait déjà plus.

— Oh! s'écria Roland en faisant un mouvement pour descendre de cheval, il ne sera pas dit que l'on aura assassiné un homme devant moi et que je ne lui aurai pas porté secours.

Un murmure de menaces gronda tout autour de Roland; les paroles qu'il venait de prononcer avaient été entendues. C'était juste ce qu'il fallait pour exciter l'impétueux jeune homme.

— Ah! c'est ainsi? dit-il.

Et il porta la main droite à une de ses fontes. Mais, d'un mouvement rapide comme la pensée, Cadoudal lui saisit la main, et tandis qu'il essayait vainement de la dégager de l'étreinte de fer :

— Feu! dit Cadoudal.

Vingt coups de fusil retentirent à la fois, et, pareil à une masse inerte, l'évêque tomba foudroyé.

— Ah! s'écria Roland, que venez-vous de faire? — Je vous ai forcé de tenir votre serment, répondit Cadoudal; vous aviez promis de tout voir et de tout entendre sans vous opposer à rien. — Ainsi périra tout ennemi de Dieu et du roi, dit Sabre-Tout d'une voix solennelle. — Amen, répondirent tous les assistants d'une seule voix et avec un sinistre ensemble.

Puis ils dépouillèrent le cadavre de ses ornements sacerdotaux, qu'ils jetèrent dans la flamme du bûcher, firent remonter les autres voyageurs dans la diligence, remirent le postillon en selle, et s'ouvrant pour les laisser passer :

— Allez avec Dieu, dirent-ils.

La diligence s'éloigna rapidement.

— Allons, allons, en route, dit Cadoudal, nous avons encore quatre lieues à faire et nous avons perdu une heure ici.

Puis, s'adressant aux exécuteurs :

— Cet homme était coupable, cet homme a été puni, la justice humaine et la justice divine sont satisfaites. Que les prières des morts soient dites sur son cadavre, et qu'il ait une sépulture chrétienne; vous entendez?

Et, sûr d'être obéi, Cadoudal mit son cheval au galop. Roland sembla hésiter un instant s'il le suivrait; puis, comme s'il se décidait à accomplir un devoir :

— Allons jusqu'au bout, dit-il.

Et lançant à son tour son cheval dans la direction qu'avait prise Cadoudal, il le rejoignit en quelques élans.

Tous deux disparurent bientôt dans l'obscurité qui allait s'épaississant au fur et à mesure que l'on s'éloignait de la place, où les torches éclairaient le prélat mort, où le feu dévorait ses vêtements.

Le sentiment qu'éprouvait Roland en suivant Georges Cadoudal ressemblait à celui d'un homme à moitié éveillé qui se sent sous l'empire d'un rêve, et qui se rapproche peu à peu des limites qui séparent pour lui la nuit du jour; il cherche à se rendre compte s'il marche sur le terrain de la fiction ou de la réalité, et plus il creuse les ténèbres de son cerveau, plus il s'enfonce dans le doute.

Un homme existait pour lequel Roland avait un culte presque divin; accoutumé de vivre dans l'atmosphère glorieuse qui enveloppait cet homme, habitué à voir les autres obéir à ses commandements et à y obéir lui-même avec une promptitude et une abnégation presque orientales, il lui semblait étonnant de rencontrer aux deux extrémités de la France deux pouvoirs, ennemis du pouvoir de cet homme, et prêts à lutter contre ce pouvoir. Supposez un de ces Juifs de Judas Machabée, adorateur de Jéhovah, l'ayant depuis son enfance entendu appeler le Roi des rois, le Dieu fort, le Dieu vengeur, le Dieu des armées, l'Éternel, enfin, et se heurtant tout à coup au mystérieux Osiris des Égyptiens ou au foudroyant Jupiter des Grecs.

Ses aventures à Avignon et à Bourg avec Morgan et ses compagnons de Jehu, ses aventures au bourg de Muzillac et au village de la Trinité avec Cadoudal et ses chouans, lui semblaient une initiation étrange à quelque religion inconnue; mais, comme ces néophytes courageux qui risquaient la mort pour connaître le secret de l'initiation, il était résolu d'aller jusqu'au bout. D'ailleurs il n'était pas sans une certaine admiration pour ces caractères exceptionnels, ce n'était pas sans étonnement qu'il mesurait ces titans révoltés qui luttaient contre son dieu, et il sentait bien que ce n'étaient point des hommes vulgaires, ceux-là qui poignardaient sir John à la Chartreuse de Seillon, et qui fusillaient l'évêque de Vannes au village de la Trinité.

Maintenant, qu'allait-il voir encore? c'est ce qu'il ne tarderait pas à savoir; on était en marche depuis cinq heures et demie et le jour s'approchait.

Au-dessus du village de Tridon, on avait pris à travers champs, puis, laissant Vannes à gauche, on avait gagné Tréfléon; à Tréfléon Cadoudal, toujours suivi de son major général Branche-d'Or, avait retrouvé Monte-à-l'Assaut et Chante-en-Hiver, leur avait donné ses ordres, et avait continué sa route en appuyant à gauche et en gagnant la lisière du petit bois qui s'étend de Grandchamp à Larré. Là, Cadoudal fit halte, imita trois fois de suite le houhoulement du hibou, et au bout d'un instant se trouva entouré de ses trois cents hommes.

Une lueur grisâtre apparaissait du côté de Tréfléon et de Saint-Nolff; c'étaient, non pas les premiers rayons du soleil, mais les premières lueurs du jour.

Une épaisse vapeur sortait de terre, qui empêchait que l'on ne vît à cinquante pas devant soi.

Avant de se hasarder plus loin, Cadoudal semblait attendre des nouvelles. Tout à coup, on entendit à cinq cents pas à peu près retentir le chant du coq. Cadoudal dressa l'oreille, ses hommes se regardèrent en riant. Le chant se fit entendre une seconde fois, mais plus rapproché.

— C'est lui, dit Cadoudal, répondez.

Le hurlement d'un chien se fit entendre à trois pas de Roland, imité avec une telle perfection, que le jeune homme chercha des yeux l'animal qui poussait la plainte lugubre.

Presque au même instant on vit se mouvoir au milieu du brouillard un homme qui s'avançait rapidement, et dont la forme se dessinait au fur et à mesure qu'il avançait. Il vit deux hommes à cheval et se dirigea vers eux. Cadoudal fit quelques pas en avant, tout en faisant signe du doigt à celui qui accourait de parler bas. Celui-ci, en conséquence, ne s'arrêta que lorsqu'il fut près du général.

— Eh bien, Fleur-d'Épine, demanda Georges, les tenons-nous ? — Comme la souris dans la souricière, et pas un ne rentrera à Vannes si vous le voulez. — C'est bien mon intention. Combien sont-ils ? — Cent hommes, commandés par le général en personne. — Combien de chariots ? — Dix-sept. — Quand se mettent-ils en marche ? — Ils doivent être à trois quarts de lieue d'ici. — Quelle route suivent-ils ? — Celle de Grandchamp à Vannes. — De sorte qu'en m'étendant de Mençon à Plescop... — Vous leur barrez le chemin. — C'est tout ce qu'il faut.

Cadoudal appela à lui ses quatre lieutenants Chante-en-Hiver, Monte-à-l'Assaut, Fend-l'Air et la Giberne. Puis, quand ils furent près de lui, il donna à chacun ses ordres. Chacun fit entendre à son tour le cri de la chouette et disparut avec cinquante hommes.

Le brouillard continuait d'être si épais que les cinquante hommes formant chacun de ces groupes, en s'éloignant de cent pas, disparaissaient comme des ombres. Cadoudal restait avec une centaine d'hommes, Branche-d'Or et Fleur-d'Épine. Il revint près de Roland.

— Eh bien, général, lui demanda celui-ci, tout va-t-il selon vos désirs ? — Mais, oui, à peu près, colonel, répondit le chouan ; et dans une demi-heure vous allez en juger par vous-même. — Ce sera difficile de juger de quelque chose avec ce brouillard-là.

Cadoudal jeta les yeux autour de lui.

— Dans une demi-heure, dit-il, il sera dissipé. Voulez-vous utiliser cette demi-heure en mangeant un morceau et en buvant un coup ? — Ma foi, dit le jeune homme, j'avoue que la marche m'a creusé. — Et moi, dit Georges, j'ai l'habitude, avant de me battre, de déjeuner du mieux que je puis. — Vous allez donc vous battre ? — Je le crois. — Contre qui ? — Mais contre les républicains, et comme nous avons affaire au général Harty en personne, je doute qu'il se rende sans faire résistance. — Et les républicains savent-ils qu'ils vont se battre contre vous ? — Ils ne s'en doutent pas. — Alors c'est une surprise ? — Pas tout à fait, attendu que le brouillard se lèvera ; ils nous verront alors comme nous les verrons eux-mêmes.

Alors se retournant vers celui qui paraissait chargé du département des vivres :

— Brise-Bleu, demanda Cadoudal, as-tu de quoi nous donner à déjeuner ?

Brise-Bleu fit un signe affirmatif, entra dans le bois et en sortit en traînant un âne chargé de deux paniers.

En un instant un manteau fut étendu sur une butte de terre, et sur le manteau, un poulet rôti, un morceau de petit salé froid, du pain et des galettes de sarrasin furent étalés. Cette fois Brise-Bleu y avait mis du luxe : il s'était procuré une bouteille de vin et un verre. Cadoudal montra à Roland la table mise et le repas improvisé. Roland sauta à bas de son cheval et remit la bride à un chouan. Cadoudal en fit autant.

— Maintenant, dit celui-ci en se tournant vers ses hommes, vous avez une demi-heure pour en faire autant que nous : ceux qui n'auront pas déjeuné dans une demi-heure sont prévenus qu'ils se battront le ventre vide.

L'invitation semblait équivaloir à un ordre, tant elle fut exécutée avec promptitude et précision.

Chacun tira un morceau de pain ou une galette de sarrasin de son sac ou de sa poche, et imita l'exemple de son général, qui avait déjà écartelé le poulet à son profit et à celui de Roland.

Comme il n'y avait qu'un verre, tous deux burent dans le même. Pendant qu'ils buvaient côte à côte, comme deux amis qui font une halte de chasse, le jour se levait, et, comme l'avait prédit Cadoudal, le brouillard devenait de moins en moins intense.

Bientôt on commença d'apercevoir les arbres les plus proches, puis on distingua la ligne du bois s'étendant à droite de Mençon à Grandchamp, tandis qu'à gauche, la plaine de Plescop, coupée par un ruisseau, allait en s'abaissant jusqu'à Vannes. On y sentait cette déclivité naturelle à la terre au fur et à mesure qu'elle s'approche de l'Océan. Sur la route de Grandchamp à Plescop, on distingua bientôt une ligne de chariots dont la queue se perdait dans le bois. Cette ligne de chariots était immobile, il était facile de comprendre qu'un obstacle imprévu l'arrêtait dans sa course.

En effet, à un demi-quart de lieue en avant du premier chariot, on pouvait distinguer les deux cents hommes de Monte-à-l'Assaut, de Chante-en-Hiver, de Fend-l'Air et de la Giberne qui barraient le chemin.

Les républicains, inférieurs en nombre, nous avons dit qu'ils n'étaient que cent, avaient fait halte, et attendaient l'évaporation entière du brouillard pour être sûrs du nombre de leurs ennemis et des gens à qui ils avaient affaire.

Hommes et chariots étaient dans un triangle dont Cadoudal et ses cent hommes formaient une des extrémités.

A la vue de ce petit nombre d'hommes enveloppés par des forces triples, à l'aspect de cet uniforme dont la couleur avait fait donner le nom de bleus aux républicains, Roland se leva vivement. Quant à Cadoudal, il resta nonchalamment étendu, achevant son repas. Des cent hommes qui entouraient le général, pas un ne semblait préoccupé du spectacle qu'il avait sous les yeux, on eût dit qu'ils attendaient l'ordre de Cadoudal pour y faire attention. Roland n'eut besoin de jeter qu'un seul coup d'œil sur les républicains pour voir qu'ils étaient perdus. Cadoudal suivait sur le visage du jeune homme les divers sentiments qui s'y succédaient.

— Eh bien, lui demanda le chouan après un moment de silence, trouvez-vous mes dispositions bien prises, colonel? — Vous pourriez même dire vos précautions, général, répondit Roland avec un sourire railleur. — N'est-ce point l'habitude du premier consul, demanda Cadoudal, de prendre ses avantages quand il les trouve?

Roland se mordit les lèvres, et au lieu de répondre à la question du chef royaliste :

— Général, dit-il, j'ai à vous demander une faveur, que vous ne me refuserez pas, je l'espère. — Laquelle? — C'est la permission d'aller me faire tuer avec mes compagnons.

Cadoudal se leva.

— Je m'attendais à cette demande, dit-il. — Alors vous me l'accordez? dit Roland dont les yeux étincelaient de joie. — Oui, mais j'ai auparavant un service à réclamer de vous, dit le chef royaliste avec une suprême dignité. — Dites, Monsieur. — C'est d'être mon parlementaire près du général Harty. — Dans quel but? — J'ai plusieurs propositions à lui faire avant de commencer le combat. — Je présume que parmi ces propositions dont vous vouliez me faire l'honneur de me charger, vous ne comptez pas celle de mettre bas les armes? — Vous comprenez, au contraire, colonel, que celle-ci vient en tête des autres. — Le général Harty refusera. — C'est probable. — Et alors? — Alors je lui laisserai le choix entre deux autres qu'il pourra accepter, je crois, sans porter atteinte à son honneur. — Lesquelles? — Je vous les dirai en temps et lieu; commencez par la première. — Formulez-la. — Voici. Le général Harty et ses cent hommes sont entourés par des forces triples; je leur offre la vie sauve, mais ils déposeront leurs armes, et feront serment de ne pas servir à nouveau, de cinq ans, dans la Vendée.

Roland secoua la tête.

— Cela vaudrait mieux cependant que de faire écraser des hommes? — Soit, mais il aimera mieux les faire écraser et lui avec. — Ne croyez-vous point, en tout cas, dit en riant Cadoudal, qu'il serait bon, avant tout, de le lui demander? — C'est juste, dit Roland. — Eh bien, colonel, ayez la bonté de monter à cheval, de vous faire reconnaître par le général, et de lui transmettre mes propositions. — Soit, dit Roland. — Le cheval du colonel, dit Cadoudal en faisant signe au chouan qui le gardait.

On amena le cheval à Roland. Le jeune homme sauta dessus, et on le vit traverser rapidement l'espace qui le séparait du convoi arrêté. Un groupe s'était formé sur les flancs de ce convoi : il était évident qu'il se composait du général Harty et de ses officiers. Roland se dirigea vers ce groupe, éloigné des chouans de trois portées de fusil à peine.

L'étonnement fut grand, de la part du général Harty, quand il vit venir à lui un officier portant l'uniforme de colonel républicain. Il sortit du groupe, et fit trois pas au-devant du messager. Roland se fit reconnaître, raconta comment il se trouvait parmi les blancs, et transmit la proposition de Cadoudal au général Harty.

Comme l'avait prévu le jeune homme, celui-ci refusa. Roland revint vers Cadoudal, le cœur joyeux et fier.

— Il refuse, s'écria-t-il d'aussi loin que sa voix put se faire entendre.

Cadoudal fit un signe de tête annonçant qu'il n'était aucunement étonné de ce refus.

— Eh bien, dans ce cas, dit-il, portez-lui ma seconde proposition; je ne veux avoir rien à me reprocher, ayant à répondre à juge d'honneur comme vous.

Roland s'inclina.

— Voyons la seconde proposition? dit-il. — La voici : le général Harty viendra au-devant de moi, dans l'espace qui est libre entre nos deux troupes; il aura les mêmes armes que moi : c'est-à-dire son sabre et deux pistolets;

et la question se décidera entre nous deux; si je le tue, ses hommes seront nos prisonniers aux conditions que j'ai dites; s'il me tue, ses hommes passeront librement et gagneront Vannes sans être inquiétés. Ah! j'espère que voilà une proposition que vous accepteriez, colonel? — Aussi, je l'accepte pour moi, dit Roland. — Oui, fit Cadoudal, mais vous n'êtes pas le général Harty; contentez-vous donc, pour le moment, d'être son parlementaire; et si cette proposition, qu'à sa place je ne laisserais pas échapper, ne lui agrée pas encore, eh bien, je suis bon prince! vous reviendrez, et je lui en ferai une troisième.

Roland s'éloigna une seconde fois; il était attendu du côté des républicains avec une visible impatience. Il transmit son message au général Harty.

— Citoyen, répondit le général, je dois compte de ma conduite au premier consul, vous êtes son aide de camp, et c'est vous que je charge, à votre retour à Paris, de lui rendre compte de ma conduite. Que feriez-vous à ma place? ce que vous feriez, je le ferai.

Roland tressaillit; sa figure prit l'expression grave de l'homme qui discute avec lui-même une question d'honneur. Puis, au bout de quelques secondes:

— Général, dit-il, je refuserais. — Vos raisons, citoyen? demanda le général. C'est que les chances d'un duel sont aléatoires; c'est que vous ne pouvez soumettre la destinée de cent braves à ces chouans; c'est que, dans une affaire comme celle-ci, où chacun y est pour son compte, c'est à chacun à défendre sa peau de son mieux. — C'est votre avis, colonel? — Sur mon honneur! — C'est aussi le mien; portez ma réponse au général royaliste.

Roland revint au galop vers Cadoudal, et lui transmit la réponse du général Harty. Cadoudal sourit.

— Je m'en doutais, dit-il. — Vous ne pouviez vous en douter, puisque ce conseil c'est moi qui le lui ai donné. — Vous étiez cependant d'un avis contraire, tout à l'heure. — Oui; mais, vous-même m'avez fait observer que je n'étais pas le général Harty.

Cadoudal sourit.

— Voyons donc votre troisième proposition? demanda Roland avec impatience; car il commençait à s'apercevoir ou plutôt il s'apercevait, depuis le commencement, que le général royaliste avait le beau rôle. — Ma troisième proposition, dit Cadoudal, n'est point une proposition, c'est un ordre; l'ordre que je donne à deux cents de mes hommes de se retirer. Le général Harty a cent hommes, j'en garde cent; mes aïeux les Bretons ont été habitués à se battre pied contre pied, poitrine contre poitrine, homme contre homme, et plutôt un contre trois, que trois contre un; si le général Harty est vainqueur, il passera sur notre corps et rentrera tranquillement à Vannes; s'il est vaincu, il ne dira point qu'il l'a été par le nombre; allez, monsieur de Montrevel, et restez avec vos amis; je leur donne l'avantage du nombre à leur tour: vous valez dix hommes à vous seul.

Roland leva son chapeau.

— Que faites-vous, Monsieur? demanda Cadoudal. — J'ai l'habitude de saluer tout ce qui me paraît grand, Monsieur, et je vous salue. — Allons, colonel, dit Cadoudal, un dernier verre de vin; chacun de nous le boira à ce qu'il aime, à ce qu'il regrette de quitter sur la terre, à ce qu'il espère revoir au ciel.

Puis, prenant la bouteille et le verre unique, il l'emplit à moitié et le présenta à Roland.

— Nous n'avons qu'un verre, monsieur de Montrevel, buvez le premier. — Pourquoi le premier? — Parce que, d'abord, vous êtes mon hôte; ensuite, parce qu'il y a un proverbe qui dit que quiconque boit après un autre sait sa pensée. Puis il ajouta en riant : Je veux savoir votre pensée, monsieur de Montrevel.

Roland vida le verre et le rendit à Cadoudal. Cadoudal, comme il avait fait pour Roland, l'emplit à moitié et le vida à son tour.

— Eh bien! maintenant, demanda Roland, savez-vous ma pensée, général? — Non, dit celui-ci, le proverbe est faux. — Eh bien! dit Roland avec sa franchise habituelle, ma pensée est que vous êtes un brave, général, et je serai honoré qu'au moment de combattre l'un contre l'autre, vous vouliez me donner la main.

Les deux jeunes gens se tendirent et se serrèrent la main plutôt comme deux amis qui se quittent pour une longue absence, que comme deux ennemis qui vont se retrouver sur un champ de bataille.

Il y avait une grandeur simple et cependant pleine de majesté dans ce qui venait de ce passer. Chacun d'eux leva son chapeau :

— Bonne chance! dit Roland à Cadoudal, mais permettez-moi de douter que mon souhait se réalise; il est vrai que je dois vous avouer que je le fais des lèvres et non du cœur. — Dieu vous garde! Monsieur, dit Cadoudal à Roland, et j'espère que mon souhait à moi se réalisera, car il est l'expression complète de ma pensée. — Quel sera le signal annonçant que vous êtes prêt? demanda Roland. — Un coup de fusil tiré en l'air, et auquel vous répondrez par un coup de fusil de votre côté. — C'est bien, général, répondit Roland.

Et, mettant son cheval au galop, il franchit, pour la troisième fois, l'espace qui se trouvait entre le général royaliste et le général républicain. Alors, étendant la main vers Roland :

— Mes amis, dit Cadoudal, vous voyez ce jeune homme?

Tous les regards se dirigèrent vers Roland, toutes les têtes répondirent par un signe affirmatif, toutes les bouches murmurèrent le mot : Oui.

— Eh bien! il nous est recommandé par nos frères du Midi; que sa vie vous soit sacrée; on peut le prendre, mais vivant et sans qu'il tombe un cheveu de sa tête. — C'est bien, général, répondirent les chouans. — Et maintenant, mes amis, souvenez-vous que vous êtes les fils de ces trente Bretons qui combattirent trente Anglais entre Ploërmel et Josselin à dix lieues d'ici, et qui furent vainqueurs.

Puis, avec un soupir et à demi voix :

— Par malheur, ajouta-t-il, nous n'avons point, cette fois, affaire à des Anglais.

Le brouillard s'était dissipé tout à fait, et, comme il arrive presque toujours en ce cas, quelques rayons d'un soleil d'hiver marbraient d'une teinte jaunâtre la plaine de Plescop. On pouvait donc distinguer tous les mouvements qui se faisaient dans les deux troupes.

En même temps que Roland retournait vers les républicains. Branche-d'Or partait au galop, se dirigeant vers ces deux cents hommes qui leur coupaient la route. A peine Branche-d'Or eut-il parlé aux quatre lieutenants de

Cadoudal, que l'on vit cent hommes se séparer et faire demi-tour à droite, et cent autres hommes, par un mouvement opposé, faire un demi-tour à gauche.

Les deux troupes s'éloignèrent chacune dans sa direction : l'une marchant sur Plumeret, l'autre marchant sur Saint-Ave, et laissant la route libre. Chacun fit halte à un quart de lieue de la route, mit la crosse du fusil à terre et se tint immobile. Branche-d'Or revint vers Cadoudal :

— Avez-vous des ordres particuliers à me donner, général? dit-il. — Un seul, répondit Cadoudal ; prends huit hommes et suis-moi ; quand tu verras le jeune républicain avec lequel j'ai déjeuné tomber sous son cheval, tu te jetteras sur lui avant qu'il ait eu le temps de se dégager toi et tes huit hommes, et tu le feras prisonnier. — Oui, général. — Tu sais que je veux le retrouver sain et sauf. — C'est convenu, général. — Choisis tes huit hommes ; M. de Montrevel prisonnier et sa parole donnée, vous pouvez agir à votre volonté. — Et s'il ne veut pas donner sa parole? — Vous l'envelopperez de manière qu'il ne puisse fuir, et vous le garderez jusqu'à la fin du combat. — Soit! dit Branche-d'Or en poussant un soupir ; seulement, ce sera un peu triste de se tenir les bras croisés tandis que les autres s'égayeront. — Bah! qui sait? dit Cadoudal, il y en aura probablement pour tout le monde.

Puis, jetant un regard sur la plaine, voyant ses hommes à l'écart et les républicains massés en bataille :

— Un fusil! dit-il.

On lui apporta un fusil. Cadoudal le leva au-dessus de sa tête et lâcha le coup en l'air.

Presque au même instant un coup de feu, lâché dans les mêmes conditions du milieu des républicains, répondit comme un écho au coup de Cadoudal. On entendit deux tambours qui battaient la charge; un clairon les accompagnait. Cadoudal se dressa sur ses étriers.

— Enfants! demanda-t-il, tout le monde a-t-il fait sa prière du matin? — Oui! oui! répondit la presque totalité des voix. — Si quelqu'un d'entre vous avait oublié ou n'avait pas eu le temps de la faire, qu'il la fasse.

Cinq ou six paysans se mirent aussitôt à genoux et prièrent. On entendait les tambours et le clairon qui se rapprochaient.

— Général! général! dirent plusieurs voix avec impatience, vous voyez qu'ils approchent.

Le général montra d'un geste les chouans agenouillés.

— C'est juste! dirent les impatients.

Ceux qui priaient se relevèrent tour à tour, selon que leur prière avait été plus ou moins longue. Lorsque le dernier fut debout, les républicains avaient déjà franchi à peu près le tiers de la distance. Ils marchaient, la baïonnette en avant, sur trois rangs, chaque rang ayant trois hommes d'épaisseur. Roland marchait en tête du premier rang; le général Harty entre le premier et le second. Ils étaient tous les deux faciles à reconnaître, étant les seuls qui fussent à cheval. Parmi les chouans, Cadoudal était le seul cavalier. Branche-d'Or avait mis pied à terre en prenant le commandement des huit hommes qui devaient suivre Georges.

— Général, dit une voix, la prière est faite et tout le monde est debout.

Cadoudal s'assura que la chose était vraie. Puis, d'une voix forte :

— Allons! cria-t-il, égayez-vous, mes gars.

LA PRIÈRE.

LES COMPAGNONS DE JÉHU.

TIP. J CLAYE.

Cette permission qui, pour les chouans et les Vendéens, équivalait à la charge battue ou sonnée, était à peine donnée, que les chouans se répandirent dans la plaine aux cris de : Vive le roi ! en agitant leur chapeau d'une main et leur fusil de l'autre. Seulement, au lieu de rester serrés comme les républicains, ils s'éparpillèrent en tirailleurs, prenant la forme d'un immense croissant dont Georges et son cheval étaient le centre.

En un instant les républicains furent débordés, et la fusillade commença à pétiller. Presque tous les hommes de Cadoudal étaient des braconniers, c'est-à-dire d'excellents tireurs armés de carabines anglaises d'une portée double des fusils de munition.

Quoique ceux qui avaient tiré les premiers coups eussent paru être hors de portée, quelques messagers de mort n'en pénétrèrent pas moins dans les rangs des républicains, et trois ou quatre hommes tombèrent.

— En avant ! cria le général.

Les soldats continuèrent de marcher à la baïonnette. Mais en quelques secondes, ils n'eurent plus rien devant eux. Les cent hommes de Cadoudal étaient devenus des tirailleurs, et avaient disparu comme troupe. Le général ordonna face à droite et face à gauche. Puis, l'on entendit retentir le commandement :

— Feu !

Deux décharges s'accomplirent avec l'ensemble et la régularité d'une troupe parfaitement exercée : mais elles furent presque sans résultat, les républicains tirant sur des hommes isolés.

Il n'en était point ainsi des chouans qui tiraient sur une masse ; de leur part, chaque coup portait. Roland vit et comprit le désavantage de la position. Il regarda tout autour de lui, et, au milieu de la fumée, distingua Cadoudal debout et immobile comme une statue équestre. Il comprit que le chef royaliste l'attendait. Il jeta un cri et piqua droit à lui. De son côté, pour lui épargner une partie du chemin, Cadoudal mit son cheval au galop. Mais à cent pas de Roland il s'arrêta.

— Attention ! dit-il à Branche-d'Or et à ses hommes. — Soyez tranquille, général, on est là, dit Branche-d'Or.

Cadoudal tira un pistolet de ses fontes et l'arma. Roland avait mis le sabre à la main et chargeait couché sur le cou de son cheval.

Lorsqu'il ne fut plus qu'à vingt pas de lui, Cadoudal leva lentement la main dans la direction de Roland. A dix pas il fit feu. Le cheval que montait Roland avait une étoile blanche au milieu du front. La balle frappa au milieu de l'étoile.

Le cheval, mortellement blessé, vint rouler avec son cavalier aux pieds de Cadoudal. Cadoudal mit les éperons au ventre de son cheval et sauta par-dessus cheval et cavalier.

Branche-d'Or et ses hommes se tenaient prêts. Ils bondirent comme une troupe de jaguars sur Roland engagé sous sa monture.

Le jeune homme lâcha son sabre et voulut saisir ses pistolets ; mais avant qu'il eût mis la main à ses fontes, deux hommes s'étaient emparés de chacun de ses bras, tandis que les quatre autres lui tiraient le cheval d'entre les jambes.

La chose s'était faite avec un tel ensemble, qu'il était facile de voir que c'é-

tait une manœuvre combinée d'avance. Roland rugissait de rage. Branche-d'Or s'approcha de lui et mit le chapeau à la main.

— Je ne me rends pas, cria Roland. — Il est inutile que vous vous rendiez, monsieur de Montrevel, répondit Branche-d'Or avec la plus grande politesse. — Et pourquoi cela? demanda Roland épuisant ses forces dans une lutte aussi désespérée qu'inutile. — Parce que vous êtes pris, Monsieur.

La chose était si parfaitement vraie qu'il n'y avait rien à répondre.

— Eh bien! alors, tuez-moi, s'écria Roland. — Nous ne voulons pas vous tuer, Monsieur, répliqua Branche-d'Or. — Alors, que voulez-vous? — Que vous nous donniez votre parole de ne plus prendre part au combat; à ce prix nous vous lâchons, et vous êtes libre. — Jamais! dit Roland. — Excusez-moi, monsieur de Montrevel, dit Branche-d'Or, mais ce que vous faites là n'est pas loyal. — Comment! s'écria Roland au comble de la rage, pas loyal; tu m'insultes, misérable, parce que tu sais que je ne puis ni me défendre, ni te punir.

— Je ne suis pas un misérable et je ne vous insulte pas, monsieur de Montrevel; seulement je dis que vous privez, en ne donnant pas votre parole, le général du secours de neuf hommes qui peuvent lui être utiles et qui vont être forcés de rester ici pour vous garder; ce n'est pas comme cela qu'a agi la grosse tête ronde vis-à-vis de vous; il avait deux cents hommes de plus que vous, et il les a renvoyés; maintenant nous ne sommes plus que quatre-vingt-onze contre cent.

Une flamme passa sur le visage de Roland, puis presque aussitôt il devint pâle comme la mort.

— Tu as raison, Branche-d'Or, lui répondit-il, secouru ou non secouru, je me rends; tu peux aller te battre avec tes compagnons.

Les chouans jetèrent un cri de joie, lâchèrent Roland et se précipitèrent vers les républicains en agitant leurs chapeaux et leurs fusils et en criant : *Vive le roi!*

Roland, libre de leur étreinte, mais désarmé matériellement par sa chute, moralement par sa parole, alla s'asseoir sur la petite éminence encore couverte du manteau qui avait servi de nappe pour le déjeuner. De là il dominait tout le combat et n'en perdait pas un détail. Cadoudal était debout sur son cheval au milieu du feu et de la fumée, pareil au démon de la guerre, invulnérable et acharné comme lui. Çà et là, on voyait les cadavres d'une douzaine de chouans éparpillés sur le sol; mais il était évident que les républicains, toujours serrés en masse, avaient déjà perdu plus du double. Des blessés se traînaient dans l'espace vide, se joignaient, se redressaient comme des serpents brisés et luttaient, les républicains avec leurs baïonnettes et les chouans avec leurs couteaux. Ceux des chouans blessés qui étaient trop loin pour se battre corps à corps avec des blessés comme eux, rechargeaient leurs fusils, se relevaient sur un genou, faisaient feu et retombaient.

Des deux côtés la lutte était impitoyable, incessante, acharnée; on sentait que la guerre civile c'est-à-dire la guerre sans merci, sans pitié, secouait sa torche au-dessus du champ de bataille. Cadoudal tournait, sur son cheval, tout autour de la redoute vivante, faisait feu à vingt pas, tantôt de ses pistolets, tantôt d'un fusil à deux coups qu'il jetait après l'avoir déchargé et qu'il reprenait tout chargé en repassant.

A la troisième fois qu'il renouvelait cette manœuvre, un feu de peloton l'accueillit, le général Harty lui en faisait les honneurs pour lui tout seul. Il disparut dans la flamme et dans la fumée, et Roland le vit s'affaisser lui et son cheval, comme s'ils eussent été foudroyés tous deux. Dix ou douze républicains s'élancèrent hors des rangs, autant de chouans. Ce fut une rencontre terrible, corps à corps, dans laquelle les chouans, avec leurs couteaux, devaient avoir l'avantage.

Tout à coup Cadoudal se retrouva debout un pistolet de chaque main ; c'était la mort de deux hommes : deux hommes tombèrent. Puis, par l'ouverture restée béante par la brèche de ces dix ou douze hommes, il se précipita avec trente. Il avait ramassé un fusil de munition, il s'en servait comme d'une massue et à chaque coup abattait un homme. Il troua ce bataillon et reparut de l'autre côté. Puis, comme un sanglier qui revient sur un chasseur culbuté et qui lui fouille les entrailles, il rentra dans la blessure béante en l'élargissant. Dès lors tout fut fini.

Le général Harty rallia à lui une dizaine d'hommes, et la baïonnette en avant sur le cercle qui l'enveloppait, il marchait à pied à la tête de ses dix soldats ; son cheval avait été éventré. Dix hommes tombèrent avant d'avoir rompu ce cercle. Le général se trouva de l'autre côté du cercle. Les chouans voulurent le poursuivre ; mais Cadoudal d'une voix de tonnerre :

— Il ne fallait pas le laisser passer, cria-t-il, mais du moment où il a passé, qu'il se retire librement.

Les chouans obéirent avec la religion qu'ils avaient pour les paroles de leur chef.

— Et maintenant, cria Cadoudal, que le feu cesse, plus de morts, des prisonniers.

Les chouans se serrèrent, enveloppant le monceau de morts et les quelques vivants plus ou moins blessés qui s'agitaient au milieu des cadavres.

Se rendre, c'était encore combattre dans cette guerre où de part et d'autre on fusillait les prisonniers, d'un côté, parce qu'on regardait chouans et Vendéens comme des brigands, de l'autre côté, parce qu'on ne savait où les mettre.

Les républicains jetèrent loin d'eux leurs fusils pour ne pas les rendre. Lorsqu'on s'approcha d'eux, tous avaient la giberne ouverte. Ils avaient brûlé jusqu'à leur dernière cartouche. Cadoudal s'écria :

— Le Titan avait rencontré un Titan, Encelade avait lutté avec Briarée.

Le chef royaliste donna un ordre à Branche-d'Or qui se faisait nouer par un camarade son mouchoir autour du bras : il avait eu le bras traversé d'une balle. Aussitôt pansé, Branche-d'Or appela quatre hommes et prit avec eux sa course du côté des chariots. Cadoudal s'achemina vers Roland.

Pendant toute cette lutte suprême, le jeune homme était resté assis, et, les yeux fixés sur le combat, les cheveux mouillés de sueur, la poitrine haletante, il avait attendu. Puis, quand il avait vu venir la fortune contraire, il avait laissé tomber sa tête dans ses mains, et était demeuré le front courbé vers la terre.

Cadoudal arriva jusqu'à lui sans qu'il parût entendre le bruit de ses pas ; il lui toucha l'épaule, le jeune homme releva lentement la tête sans essayer de cacher deux larmes qui roulaient sur ses joues.

— Général ! dit Roland, disposez de moi, je suis votre prisonnier. — On ne fait pas prisonnier un ambassadeur du premier consul, répondit Cadoudal en riant, mais on le prie de rendre un service. — Ordonnez, général ! — Je manque d'ambulance pour les blessés, je manque de prison pour les prisonniers, chargez-vous de ramener à Vannes les soldats républicains prisonniers ou blessés. — Comment, général! s'écria Roland. — C'est à vous que je les donne, ou plutôt à vous que je les confie; je regrette que votre cheval soit mort, je regrette que le mien ait été tué : mais il vous reste celui de Branche-d'Or, acceptez-le.

Le jeune homme fit un mouvement.

— Jusqu'à ce que vous ayez pu vous en procurer un autre, du moins, fit Cadoudal en s'inclinant.

Roland comprit qu'il fallait être, par la simplicité du moins, à la hauteur de celui auquel il avait affaire.

— Vous reverrai-je, général? demanda-t-il en se levant. — J'en doute, Monsieur; mes opérations m'appellent sur la côte de Port-Louis, votre devoir vous appelle au Luxembourg. — Que dirai-je au premier consul, général? — Ce que vous avez vu, Monsieur; il jugera entre la diplomatie de l'abbé Bernier et celle de Georges Cadoudal. — D'après ce que j'ai vu, Monsieur, je doute que vous ayez jamais besoin de moi, dit Roland; mais, en tout cas, souvenez-vous au besoin que vous avez un ami près du premier consul.

Et il tendit, pour la seconde fois, la main à Cadoudal. Le chef royaliste la lui prit avec la même franchise et le même abandon que la première fois.

— Adieu ! monsieur de Montrevel, lui dit-il ; je n'ai pas besoin de vous dire, n'est-ce pas, de justifier le général Harty? une semblable défaite est aussi glorieuse qu'une victoire.

Pendant ce temps, on avait amené au colonel républicain le cheval de Branche-d'Or. Il sauta en selle.

— A propos, lui dit Cadoudal, informez-vous un peu en passant à la Roche Bernard de ce qu'est devenu le citoyen Thomas Millière. — Il est mort, répondit une voix.

Cœur-de-Roi et ses quatre hommes, couverts de sueur et de boue, venaient d'arriver, mais trop tard pour prendre part à la bataille.

Roland jeta un dernier regard sur le champ de bataille, poussa un soupir, et, jetant un dernier adieu à Cadoudal, partit au galop, et à travers champs, pour aller attendre sur la route de Vannes la charrette de blessés et de prisonniers qu'il était chargé de reconduire au général Harty. Cadoudal avait fait donner un écu de six livres à chaque homme. Roland ne put s'empêcher de penser que c'était avec l'argent du Directoire, acheminé vers l'Ouest par Morgan et ses compagnons, que le chef royaliste faisait ses libéralités.

IX

PROPOSITIONS DE MARIAGE.

La première visite de Roland, en arrivant à Paris, fut pour le premier consul ; il lui apportait la double nouvelle de la pacification de la Vendée, mais de l'insurrection plus ardente que jamais de la Bretagne.

Bonaparte connaissait Roland : le triple récit de l'assassinat de Thomas Millière, du jugement de l'évêque Audrein et du combat de Grandchamp, produisit donc sur lui une profonde impression ; il y avait, d'ailleurs, dans la narration du jeune homme, une espèce de désespoir sombre auquel on ne pouvait se tromper.

Roland était désespéré d'avoir manqué cette nouvelle occasion de se faire tuer. Puis, il lui paraissait qu'un pouvoir inconnu veillait sur lui, qu'il sortait sain et sauf de dangers où d'autres laissaient leur vie ; où sir John avait trouvé douze juges et un jugement à mort, lui n'avait trouvé qu'un fantôme, invulnérable c'est vrai, mais inoffensif.

Il s'accusa avec amertume d'avoir cherché un combat singulier avec Georges Cadoudal, combat prévu par celui-ci, au lieu de s'être jeté dans la mêlée générale où, là du moins, il eût pu tuer et être tué.

Le premier consul le regardait avec inquiétude tandis qu'il parlait ; il trouvait persistant dans son cœur ce désir de mort qu'il avait cru voir guérir par le contact de la terre natale, par les embrassements de la famille. Il s'accusa pour innocenter, pour exalter le général Harty ; mais, juste et impartial comme un soldat, il fit à Cadoudal la part de courage et de générosité que méritait le général royaliste.

Bonaparte l'écouta gravement, presque tristement ; autant il était ardent à la guerre étrangère, pleine de rayonnements glorieux, autant il répugnait à cette guerre intestine où le pays verse son propre sang, déchire ses propres entrailles. C'était dans ce cas qu'il lui paraissait que la négociation devait être substituée à la guerre.

Mais comment négocier avec un homme comme Cadoudal ? Bonaparte connaissait tout ce qu'il y avait, lorsqu'il voulait s'en donner la peine, de séductions personnelles en lui ; il prit la résolution de voir Cadoudal, et, sans en rien dire à Roland, compta sur lui pour cette entrevue lorsque l'heure en serait arrivée.

En attendant il voulait savoir si Brune, dans les talents militaires duquel il avait une grande confiance, serait plus heureux que ses prédécesseurs. Il congédia Roland après lui avoir annoncé l'arrivée de sa mère et son installation dans la petite maison de la rue de la Victoire. Roland sauta dans une voiture et se fit conduire à l'hôtel. Il y trouva madame de Montrevel, heureuse et fière autant que puisse l'être une femme et une mère. Édouard était installé de la veille au Prytanée français. Madame de Montrevel s'apprêtait à quitter Paris pour retourner auprès d'Amélie, dont la santé continuait de lui donner des inquiétudes.

Quant à sir John, non-seulement il était hors de danger, mais à peu près guéri ; il était à Paris, était venu pour faire une visite à madame de Montrevel, l'avait trouvée sortie pour conduire Édouard au Prytanée, et avait laissé sa carte. Sur cette carte était son adresse. Sir John logeait rue de Richelieu, hôtel Mirabeau.

Il était onze heures du matin, c'était l'heure du déjeuner de sir John ; Roland avait toute chance de le rencontrer à cette heure. Il remonta en voiture et ordonna au cocher de toucher à l'hôtel Mirabeau. Il trouva sir John, en effet, devant une table servie à l'anglaise, chose rare à cette époque, et buvant de grandes tasses de thé en mangeant des côtelettes saignantes. Sir John jeta un cri de joie en apercevant Roland, se leva et alla au-devant de lui.

Roland avait pris, pour cette nature exceptionnelle où les qualités de cœur semblaient prendre à tâche de se cacher sous les excentricités nationales, un sentiment de profonde affection. Sir John était pâle et amaigri, mais, du reste, se portait à merveille.

Sa blessure était complétement cicatrisée, et, à part une oppression qui allait chaque jour diminuant et qui bientôt devait disparaître tout à fait, il était tout prêt à recouvrer sa première santé. Lui, de son côté, fit à Roland des tendresses que l'on eût été bien loin d'attendre de cette nature concentrée, et prétendit que la joie qu'il éprouvait de le revoir allait lui rendre ce complément de santé qui lui manquait.

Et d'abord il offrit à Roland de partager son repas, en s'engageant de le faire servir à la française. Roland accepta ; mais, comme tous les soldats qui avaient fait ces rudes guerres de la Révolution où le pain manquait souvent, Roland était peu gastronome, et avait pris l'habitude de manger de toutes les cuisines, dans la prévoyance des jours où il n'avait pas de cuisine du tout.

L'attention qu'eut sir John de le faire servir à la française fut donc une attention à peu près perdue. Mais ce qui ne fut point perdu, ce que remarqua Roland, ce fut la préoccupation de sir John. Il était évident que son ami avait sur les lèvres un secret qui hésitait à en sortir. Roland pensa qu'il fallait l'y aider.

Aussi le déjeuner arrivé à sa dernière période, Roland, avec cette franchise qui allait chez lui presque jusqu'à la brutalité, appuyant ses coudes sur la table et son menton entre ses deux mains.

— Eh bien, dit-il, mon cher lord, vous avez donc à dire à votre ami Roland quelque chose que vous n'osez lui dire ?

Sir John tressaillit, et de pâle qu'il était devint pourpre.

— Peste ! continua Roland, il faut que ce soit bien difficile ; vous avez donc à me demander bien des choses, sir John, et j'en sais peu, moi, que j'aie le droit de vous refuser. Parlez donc, je vous écoute.

Et Roland ferma les yeux, comme pour concentrer toute son attention sur ce qu'allait lui dire sir John. Mais en effet c'était, au point de vue de lord Tanlay, quelque chose sans doute de bien difficile à dire, car au bout d'une dizaine de secondes, voyant que sir John restait muet, Roland rouvrit les yeux. Sir John était redevenu pâle ; seulement il était redevenu plus pâle qu'il n'était avant de devenir rouge. Roland lui tendit la main.

— Allons, dit-il, je vois que vous voulez vous plaindre à moi de la façon dont vous avez été traité au château des Noires-Fontaines. — Justement, mon ami; attendu que de mon séjour dans ce château datera le bonheur ou le malheur de ma vie.

Roland regarda fixement sir John.

— Ah! pardieu! dit-il, serais-je assez heureux...

Et il s'arrêta, comprenant qu'au point de vue ordinaire de la société, il allait commettre une faute de convenances.

— Oh! dit sir John, achevez, mon cher Roland. — Vous le voulez? — Je vous en supplie. — Et si je me trompe, si je dis une niaiserie? — Mon ami, mon ami, achevez. — Eh bien, je disais, milord, serais-je assez heureux pour que Votre Seigneurie fît à ma sœur l'honneur d'être amoureux d'elle?

Sir John jeta un cri de joie, et d'un mouvement si rapide qu'on l'en eût cru, lui l'homme flegmatique, complétement incapable, il se précipita dans les bras de Roland.

— Votre sœur est un ange, mon cher Roland, s'écria-t-il, et je l'aime de toute mon âme! — Vous êtes complétement libre, milord? — Complétement; depuis douze ans, je vous l'ai dit, je jouis de ma fortune, et cette fortune est de vingt-cinq mille livres sterling par an. — C'est beaucoup trop, mon cher, pour une femme qui n'a à vous apporter qu'une cinquantaine de mille francs. — Oh! fit l'Anglais avec cet accent national qu'il retrouvait parfois dans les grandes émotions, s'il faut se défaire de la fortune, on s'en défera. — Non, dit en riant Roland, c'est inutile; vous êtes riche, c'est un malheur; mais qu'y faire? Non, là n'est point la question. Vous aimez ma sœur? — Oh! j'adore elle. — Mais elle, reprit Roland parodiant l'anglicisme de son ami, aime-t-elle vous, ma sœur? — Vous comprenez bien, reprit sir John, que je ne le lui ai pas demandé; je devais avant toute chose, mon cher Roland, m'adresser à vous, et, si la chose vous agréait, vous prier de plaider ma cause près de votre mère; puis votre aveu à tous deux obtenu, alors je me déclarais, ou plutôt, mon cher Roland, vous me déclariez, car moi je n'oserais jamais. — Alors, c'est moi qui reçois votre première confidence? — Vous êtes mon meilleur ami, c'est trop juste. — Eh bien, mon cher, quant à moi, vous comprenez bien que votre procès est gagné. — Reste votre mère et votre sœur. — C'est tout un. Ma mère laissera Amélie entièrement libre de son choix, et je n'ai pas besoin de vous dire que, si ce choix se porte sur vous, elle en sera parfaitement heureuse; mais il reste quelqu'un que vous oubliez. — Qui cela? demanda sir John en homme qui a longtemps pesé dans sa tête les chances contraires et favorables à un projet, qui croit les avoir toutes passées en revue, et auquel on présente un nouvel obstacle auquel il ne s'attendait pas. — Le premier consul, fit Roland. — God... laissa échapper l'Anglais, avalant la moitié du juron national. — Il m'a justement, avant mon départ pour la Vendée, continua Roland, parlé du mariage de ma sœur, me disant que cela ne nous regardait plus, ma mère ni moi, mais bien lui-même. — Alors, dit sir John, je suis perdu. — Pourquoi cela? — Le premier consul n'aime pas les Anglais. — Dites que les Anglais n'aiment pas le premier consul. — Mais qui parlera de mon désir au premier consul? — Moi. — Et vous parlerez de ce désir comme d'une chose qui vous est agréable, à vous? — Je ferai de vous une colombe de paix entre les deux nations, dit Roland en se levant. — Oh! merci, s'écria sir John en saisissant la main du jeune homme.

Puis avec regret :

— Et vous me quittez? — Cher ami, j'ai un congé de quelques heures : j'en ai donné une à ma mère, deux à vous, j'en dois une à votre ami Édouard. Je vais l'embrasser, et recommander à ses maîtres de le laisser se cogner tout à son aise avec ses camarades ; puis je rentre au Luxembourg. — Eh bien, portez-lui mes compliments, et dites-lui que je lui ai commandé une paire de pistolets, afin qu'il n'ait plus besoin, quand il sera attaqué par des bandits, de se servir des pistolets du conducteur.

Roland regarda sir John.

— Qu'est-ce encore? demanda-t-il. — Comment! vous ne savez pas? — Non ; qu'est-ce que je ne sais pas? — Une chose qui a failli faire mourir notre pauvre Amélie de terreur! — Quelle chose? — L'attaque de la diligence. — Mais quelle diligence? — Celle où était votre mère. — La diligence où était ma mère? — Oui. — La diligence où était ma mère a été arrêtée? — Vous avez vu madame de Montrevel, et elle ne vous a rien dit? — Pas un mot de cela du moins. — Eh bien, mon cher Édouard a été un héros; comme personne ne se défendait, lui s'est défendu. Il a pris les pistolets du conducteur et a fait feu. — Brave enfant! s'écria Roland. — Oui, mais par malheur, ou par bonheur, le conducteur avait eu la précaution d'enlever les balles; de sorte que le pauvre Édouard a été pris, embrassé, caressé par messieurs les compagnons de Jehu comme étant le brave des braves, mais n'a tué ni blessé personne. — Et vous êtes sûr de ce que vous me dites? — Je vous répète que votre sœur a pensé en mourir d'effroi. — C'est bien, dit Roland. — Quoi, c'est bien? fit sir John. — Oui, raison de plus pour que je voie Édouard. — Qu'avez-vous encore? — Un projet. — Vous m'en ferez part? — Ma foi! non; mes projets à moi ne tournent pas assez bien pour vous. — Cependant vous comprenez, cher Roland, s'il y avait une revanche à prendre? — Eh bien, je la prendrai pour nous deux ; vous êtes amoureux, mon cher lord, vivez dans votre amour. — Vous me promettez toujours votre appui? — C'est convenu; j'ai le plus grand désir de vous appeler mon frère. — Êtes-vous las de m'appeler votre ami? — Ma foi! oui; c'est trop peu. — Merci.

Et tous deux se serrèrent la main et se séparèrent. Un quart d'heure après, Roland était au Prytanée français, situé où est situé aujourd'hui le lycée Louis le Grand, c'est-à-dire vers le haut de la rue Saint-Jacques, derrière la Sorbonne.

Au premier mot que lui dit le directeur de l'établissement, Roland vit que son jeune frère avait été recommandé tout particulièrement. On fit venir l'enfant. Édouard se jeta dans les bras de son grand frère avec cet élan d'adoration qu'il avait pour lui.

Roland, après les premiers embrassements, mit la conversation sur l'arrestation de la diligence.

Si madame de Montrevel n'avait rien dit, si lord Tanlay avait été sobre de détails, il n'en fut point ainsi d'Édouard. Cette arrestation de diligence, c'était son Iliade à lui.

Il raconta la chose à Roland dans ses moindres détails, la connivence de Jérôme avec les bandits, les pistolets chargés, mais à poudre seulement, l'évanouissement de sa mère, les secours prodigués pendant cet évanouissement par ceux-là mêmes qui l'avaient causé, son nom de baptême connu des agresseurs, enfin le masque un instant tombé du visage de celui qui portait secours à madame de Montrevel, ce qui faisait que madame de Montrevel avait dû voir le visage de celui qui la secourait.

Roland s'arrêta surtout à ce dernier détail. Puis vint, racontée par l'enfant, la relation de l'audience du premier consul, comment celui-ci l'avait embrassé, caressé, choyé, et enfin recommandé au directeur du Prytanée français.

Roland apprit de l'enfant tout ce qu'il en voulait savoir, et comme il n'y avait que cinq minutes de chemin de la rue Saint-Jacques au Luxembourg, il était au Luxembourg cinq minutes après.

X

L'AMBASSADEUR.

Nous avons vu qu'en rentrant Roland avait demandé le premier consul, et qu'on lui avait répondu que le premier consul travaillait avec le ministre de la police.

Roland était le familier de la maison ; quel que fût le fonctionnaire avec lequel travaillât Bonaparte, à son retour d'un voyage ou même d'une simple course, il avait l'habitude d'entr'ouvrir la porte du cabinet et de passer la tête. Souvent le premier consul était si occupé qu'il ne faisait pas attention à cette tête qui passait. Alors Roland prononçait ce seul mot :

— Général !

Ce qui voulait dire, dans cette langue intime que les deux condisciples avaient continué de parler :

— Général, je suis là ; avez-vous besoin de moi ? j'attends vos ordres.

Si le premier consul n'avait point besoin de Roland, il répondait :

— C'est bien.

Si au contraire il en avait besoin, il disait ce seul mot :

— Entre.

Roland entrait alors, et attendait dans l'embrasure d'une fenêtre que son général lui dît pour quel motif il l'avait fait entrer. Comme d'habitude, Roland passa la tête en disant :

— Général ! — Entre, répondit le premier consul avec une satisfaction visible ; entre, entre.

Roland entra. Comme on le lui avait dit, Bonaparte travaillait avec le ministre de la police. L'affaire dont s'occupait le premier consul, et qui paraissait si fort le préoccuper, avait aussi pour Roland son côté d'intérêt. Il s'agissait de nouvelles arrestations de diligences opérées par les compagnons de Jéhu.

Sur la table étaient trois procès-verbaux constatant l'arrestation d'une diligence et de deux malles-postes. Dans une de ces malles-postes se trouvait le caissier de l'armée d'Italie, Triber. Les arrestations avaient eu lieu, la première sur la grande route de Meximieux à Montluel, dans la partie du chemin qui traverse le territoire de la commune de Beligneux ; la seconde, à l'extrémité du lac de Silans, du côté de Nantua; la troisième, sur la grande route de Saint-Étienne à Bourg, à l'endroit appelé les Carronnières.

Un fait se rattachait à l'une de ces arrestations. Une somme de quatre mille francs et une caisse de bijouterie avaient, par mégarde, été confondues avec les groupes d'argent appartenant au gouvernement, et enlevées aux voyageurs.

Les voyageurs les croyaient perdues, lorsque le juge de paix de Nantua reçut une lettre sans signature qui lui indiquait l'endroit où ces objets avaient été enterrés, avec prière de les remettre à leurs propriétaires, les compagnons de Jehu faisant la guerre au gouvernement, mais non aux particuliers.

D'un autre côté, dans l'affaire des Carronnières, où les voleurs, pour arrêter la malle-poste qui, malgré leur ordre de faire halte, redoublait de vitesse, avaient été forcés de faire feu sur un cheval, les compagnons de Jehu avaient cru devoir un dédommagement au maître de poste, et celui-ci avait reçu cinq cents francs en payement de son cheval tué. C'était juste ce que le cheval avait coûté huit jours auparavant, et cette estimation prouvait que l'on avait affaire à des gens qui se connaissaient en chevaux.

Ces procès-verbaux étaient accompagnés des déclarations des voyageurs.

Bonaparte chantonnait cet air inconnu dont nous avons parlé, ce qui prouvait qu'il était furieux. Aussi, comme de nouveaux renseignements devaient lui arriver avec Roland, avait-il répété trois fois à Roland d'entrer.

— Eh bien, lui dit-il, décidément ton département est en révolte contre moi; tiens, regarde.

Roland jeta un coup d'œil sur les papiers, et comprit.

— Justement, dit-il, je revenais pour vous parler de cela, mon général. — Alors, parlons-en; mais, d'abord, demande à Bourrienne mon atlas départemental.

Roland demanda l'atlas, et devinant ce que désirait Bonaparte, l'ouvrit au département de l'Ain.

— C'est cela, dit Bonaparte, montre-moi où les choses se sont passées.

Roland posa son doigt sur l'extrémité de la carte, du côté de Lyon.

— Tenez, mon général, dit-il, voilà l'endroit précis de la première attaque, ici, en face du village de Beligneux. — Et la seconde? — A eu lieu ici, dit Roland reportant son doigt de l'autre côté du département, vers Genève; voici le lac de Nantua, et voici celui de Silans. — Maintenant, la troisième?

Roland ramena son doigt vers le centre.

— Général, voici la place précise; les Carronnières ne sont point marquées sur la carte à cause de leur peu d'importance. — Qu'est-ce que des carronnières? demanda le premier consul. — Général, on appelle carronnières, chez nous, des fabriques de tuiles; elles appartiennent au citoyen Terrier; voici la place qu'elles devraient occuper sur la carte.

Et Roland indiqua du bout d'un crayon, qui laissa sa trace sur le papier, l'endroit précis où devait avoir eu lieu l'arrestation.

— Comment, dit Bonaparte, la chose s'est passée à une demi-lieue à peine de Bourg? — A peine, oui, général; cela explique comment le cheval blessé a été ramené à Bourg, et n'est mort que dans les écuries de la Belle-Alliance.

— Vous entendez tous ces détails, Monsieur, dit Bonaparte en s'adressant au préfet de police. — Oui, citoyen premier consul, répondit celui-ci. — Vous savez que je veux que ces brigandages cessent? — J'y ferai tous mes efforts — Il ne s'agit pas d'y faire tous vos efforts, il s'agit de réussir.

Le préfet s'inclina.

— Ce n'est qu'à cette condition, continua Bonaparte, que je reconnaîtrai que vous êtes véritablement l'homme habile que vous prétendez être. — Je vous y aiderai, citoyen, dit Roland. — Je n'osais vous demander votre concours, dit le préfet. — Oui, mais moi je vous l'offre; ne faites rien que nous ne nous soyons concertés ensemble.

Le préfet regarda Bonaparte.

— C'est bien, dit Bonaparte, allez. Roland passera à la Préfecture.

Le préfet salua et sortit.

— En effet, continua le premier consul, il y va de ton honneur d'exterminer ces bandits, Roland; d'abord, la chose se passe dans ton département, puis ils paraissent en vouloir tout particulièrement à toi et à ta famille. — Au contraire, dit Roland, et voilà ce dont j'enrage, c'est qu'ils épargnent moi et ma famille. — Revenons là-dessus, Roland, chaque détail a son importance; c'est la guerre de Bédouins que nous recommençons. — Remarquez ceci, général: je vais passer une nuit à la Chartreuse de Seillon, attendu, m'assure-t-on, qu'il y revient des fantômes. En effet, un fantôme m'apparaît, mais parfaitement inoffensif: je tire sur lui deux coups de pistolet, il ne se retourne même pas. Ma mère se trouve dans une diligence arrêtée, elle s'évanouit: un des voleurs a pour elle les soins les plus délicats, lui frotte les tempes avec du vinaigre et lui fait respirer des sels. Mon frère Édouard se défend autant qu'il est en lui: on le prend, on l'embrasse, on lui fait toutes sortes de compliments sur son courage; peu s'en faut qu'on ne lui donne des bonbons en récompense de sa belle conduite. Tout au contraire, mon ami sir John m'imite, va où j'ai été, on le traite en espion et on le poignarde. — Mais il n'en est pas mort? — Non, tout au contraire; il se porte si bien qu'il veut épouser ma sœur. — Ah! ah! Il a fait la demande? — Officielle. — Et tu as répondu?...
— J'ai répondu que ma sœur dépendait de deux personnes. — Ta mère et toi, c'est trop juste. — Non pas; elle et vous. — Elle, je comprends, mais moi? — N'avez-vous pas dit, général, que vous vouliez la marier?

Bonaparte se promena un instant les bras croisés et réfléchissant, puis tout à coup s'arrêtant devant Roland :

— Qu'est-ce que ton Anglais? — Vous l'avez vu, général. — Je ne parle pas physiquement, tous les Anglais se ressemblent; des yeux bleus, les cheveux roux, le teint blanc et la mâchoire allongée. — C'est le *the*, dit gravement Roland. — Comment, le thé? — Oui; vous avez appris l'anglais, général? — C'est-à-dire que j'ai essayé de l'apprendre. — Votre professeur a dû vous dire alors que le *the* se prononçait en appuyant la langue contre les dents; eh bien! à force de prononcer le *the*, et, par conséquent, de repousser leurs dents avec leur langue, les Anglais finissent par avoir cette mâchoire allongée qui, comme vous le disiez tout à l'heure, est un des caractères distinctifs de leur physionomie.

Bonaparte regarda Roland pour savoir si l'éternel railleur riait ou parlait sérieusement. Roland demeura impassible.

— C'est ton opinion? dit Bonaparte. — Oui, général, et je crois que, physiologiquement, elle en vaut bien une autre; j'ai une foule d'opinions comme celle-là que je mets au jour au fur et à mesure que l'occasion s'en présente. — Revenons à ton Anglais. — Je ne demande pas mieux, général. — Je te demandais ce qu'il était. — Mais, général, c'est un excellent gentleman : très-brave, très-calme, très-impassible, très-noble, très-riche, et, de plus, ce qui n'est probablement pas une recommandation pour vous, neveu de lord Greenville, premier ministre de Sa Majesté britannique. — Tu dis?... — Je dis premier ministre de Sa Majesté britannique.

Bonaparte reprit sa promenade, et, revenant à Roland :

— Puis-je le voir, ton Anglais? — Vous savez bien, mon général, que vous pouvez tout. — Où est-il? — A Paris. — Va le chercher et ramène-le-moi.

Roland avait l'habitude d'obéir sans répliquer; il prit son chapeau et s'avança vers la porte.

— Envoie-moi Bourrienne, dit le premier consul au moment où Roland passait dans le cabinet de son secrétaire.

Cinq secondes après que Roland avait disparu, Bourrienne paraissait.

— Asseyez-vous là, Bourrienne, dit le premier consul, et écrivez.

Bourrienne s'assit, prépara son papier, trempa sa plume dans l'encre et attendit.

— Y êtes-vous? demanda Bonaparte en s'asseyant sur le bureau même où écrivait Bourrienne, ce qui était encore une de ses habitudes, habitude qui désespérait le secrétaire, Bonaparte ne cessant point de se balancer pendant tout le temps qu'il dictait, et par ce balancement agitant le bureau de la même façon à peu près que s'il eût été au beau milieu de l'Océan sur une mer houleuse. — J'y suis, répondit Bourrienne qui avait fini par se faire, tant bien que mal, à toutes les excentricités du premier consul. — Alors, écrivez.

Et il dicta :

« Bonaparte, premier consul de la république, à Sa Majesté le roi de la Grande-Bretagne et d'Irlande..

« Appelé par le vœu de la nation française à occuper la première magistrature de la république, je crois convenable d'en faire directement part à Votre Majesté.

« La guerre qui, depuis huit ans, ravage les quatre parties du monde, doit-elle être éternelle? n'est-il donc aucun moyen de s'entendre?

« Comment les deux nations les plus éclairées de l'Europe, puissantes et fortes toutes deux plus que ne l'exigent leur sûreté et leur indépendance, peuvent-elles sacrifier à des idées de vaine grandeur ou à des antipathies mal raisonnées le bien du commerce, la prospérité intérieure, le bonheur des familles? Comment ne sentent-elles pas que la paix est le premier des besoins comme la première des gloires?

« Ces sentiments ne sauraient être étrangers au cœur de Votre Majesté, qui gouverne une nation libre dans le seul but de la rendre heureuse.

« Votre Majesté ne verra dans cette ouverture que mon désir sincère de contribuer efficacement, pour la seconde fois, à la pacification générale par une démarche prompte, toute de confiance et dégagée de ces formes qui, nécessaires peut-être pour l'indépendance des États faibles, ne décèlent dans les États forts que le désir mutuel de se tromper.

« La France et l'Angleterre, par l'abus de leurs forces, peuvent longtemps encore, pour le malheur de tous les peuples, en retarder l'épuisement; mais, j'ose le dire, le sort de toutes les nations civilisées est attaché à la fin d'une guerre qui embrase le monde entier. »

Bonaparte s'arrêta.
— Je crois que c'est bien ainsi, dit-il; relisez-moi cela, Bourrienne.
Bourrienne lut la lettre qu'il venait d'écrire. Après chaque paragraphe le premier consul approuvait de la tête, en disant :
— Allez.
Avant même les derniers mots il prit la lettre des mains de Bourrienne, et signa avec une plume neuve. C'était son habitude de ne se servir qu'une fois de la même plume; rien ne lui était plus désagréable qu'une tache d'encre aux doigts.
— C'est bien, dit-il; cachetez et mettez l'adresse : *A lord Greenville.*
Bourrienne fit ce qui lui était recommandé. En ce moment, on entendit le bruit d'une voiture qui s'arrêtait dans la cour du Luxembourg. Puis, un instant après, la porte s'ouvrit et Roland parut.
— Eh bien? demanda Bonaparte. — Quand je vous disais que vous pouviez tout ce que vous vouliez, général. — Tu as ton Anglais? — Je l'ai rencontré au carrefour de Bussy, et, sachant que vous n'aimez pas attendre, je l'ai pris tel qu'il était et l'ai forcé de monter en voiture; par ma foi, un instant j'ai cru que je serais obligé de le faire conduire ici par le poste de la rue Mazarine; il est en bottes et en redingote. — Qu'il entre, dit Bonaparte. — Entrez, milord, fit Roland en se retournant.
Lord Tanlay parut sur le seuil de la porte. Bonaparte n'eut besoin que de jeter un coup d'œil sur lui pour reconnaître le parfait gentleman. Un peu d'amaigrissement, un reste de pâleur, donnaient à sir John tous les caractères d'une haute distinction. Il s'inclina et attendit la présentation en véritable Anglais qu'il était.
— Général, dit Roland, j'ai l'honneur de vous présenter sir John Tanlay, qui voulait, pour avoir l'honneur de vous voir, aller jusqu'à la troisième cataracte, et qui aujourd'hui se fait tirer l'oreille pour venir jusqu'au Luxembourg. — Venez, milord, venez, dit Bonaparte, ce n'est ni la première fois que nous nous voyons, ni la première fois que j'exprime le désir de vous connaître; il y avait donc presque de l'ingratitude, à vous, de vous refuser à mon désir. — Si j'ai hésité, général, répondit sir John en excellent français, selon son habitude, c'est que je ne pouvais croire à l'honneur que vous me faites. — Et puis, tout naturellement et par sentiment national, vous me détestez, n'est-ce pas, comme tous vos compatriotes? — Je dois avouer, général, répondit sir John en souriant, qu'ils n'en sont encore qu'à l'admiration. — Et partagez-vous cet absurde préjugé de croire que l'honneur national veut que l'on haïsse aujourd'hui l'ennemi qui peut être notre ami demain? — La France a presque été pour moi une seconde patrie, général, et mon ami Roland vous dira que j'aspire au moment où, de mes deux patries, celle à qui je devrai le plus sera la France. — Ainsi, vous verriez sans répugnance la France et l'Angleterre se donner la main pour le bonheur du monde? — Le jour où je verrais cela serait pour moi un jour heureux. — Et si vous pouviez contribuer à amener ce résultat, vous y prêteriez-vous? — J'y exposerais ma vie. —

Roland m'a dit que vous étiez parent de lord Greenville. — Je suis son neveu. — Êtes-vous en bons termes avec lui? — Il aimait fort ma mère qui était sa sœur aînée. — Avez-vous hérité de la tendresse qu'il portait à votre mère? — Oui; seulement je crois qu'il la tient en réserve pour le jour où je rentrerai en Angleterre. — Vous chargeriez-vous de lui porter une lettre de moi? — Adressée à qui? — Au roi Georges III. — Ce serait un grand honneur pour moi. — Vous chargeriez-vous de dire de vive voix à votre oncle ce que l'on ne peut écrire dans une lettre? — Sans y changer un mot: les paroles du général Bonaparte sont de l'histoire. — Eh bien, dites-lui...

Mais s'interrompant et se retournant vers Bourrienne:

— Bourrienne, dit-il, cherchez-moi la dernière lettre de l'empereur de Russie.

Bourrienne ouvrit un carton, et, sans chercher, mit la main sur une lettre qu'il donna à Bonaparte. Bonaparte jeta un coup d'œil sur la lettre et la présentant à lord Tanlay:

— Dites-lui, reprit-il, d'abord et avant toute chose, que vous avez lu cette lettre.

Sir John s'inclina et lut:

« Citoyen premier consul,

« J'ai reçu armés et habillés à neuf, chacun avec l'uniforme de son corps, les neuf mille Russes faits prisonniers en Hollande, et que vous m'avez envoyés sans rançon, sans échange, sans condition aucune.

« C'est de la pure chevalerie, et j'ai la prétention d'être un chevalier.

« Je crois que ce que je puis vous offrir de mieux, citoyen premier consul, en échange de ce magnifique cadeau, c'est mon amitié.

« La voulez-vous?

« Comme arrhes de cette amitié, j'envoie ses passe-ports à lord Whitworth, ambassadeur d'Angleterre à Saint-Pétersbourg.

« En outre, si vous voulez être, je ne dirai pas même mon second, mais mon témoin, je provoque en duel personnel et particulier tous les rois qui ne prendront point parti contre l'Angleterre et qui ne lui fermeront pas leurs ports.

« Je commence par mon voisin, le roi de Danemark, et vous pouvez lire, dans la *Gazette de la Cour*, le cartel que je lui envoie.

« Ai-je encore autre chose à vous dire?

« Non.

« Si ce n'est qu'à nous deux nous pouvons faire la loi au monde.

« Et puis encore que je suis votre admirateur et sincère ami.

« PAUL. »

Lord Tanlay se retourna vers le premier consul. Son visage disait clairement que, malgré l'alliance de la Russie, son orgueil national se rassurait sur l'issue d'une lutte entre la France et l'Angleterre.

— Mais, reprit Bonaparte, il n'est point question de cela aujourd'hui, et chaque chose viendra en son temps. — Oui, murmura sir John, nous sommes encore trop près d'Aboukir. — Oh! ce n'est pas sur la mer que je vous battrai, dit Bonaparte, il me faudrait cinquante ans pour faire de la France une nation maritime; c'est là-bas!... et, de la main, il montra l'Orient. Mais, pour le moment, je vous le répète, il ne s'agit pas de guerre, mais de paix : j'ai besoin de la paix pour accomplir le rêve que je fais, et surtout de la paix avec l'Angleterre; vous voyez que je joue cartes sur table, je suis assez fort pour être franc : le jour où un diplomate dira la vérité, ce sera le premier diplomate du monde, attendu que personne ne le croira et que dès lors il arrivera sans obstacle à son but. — J'aurai donc à dire à mon oncle que vous voulez la paix? — Voici la lettre par laquelle je la demande à votre roi, milord; elle est tout entière dictée dans ce but, et c'est pour être sûr qu'elle sera remise à Sa Majesté, que je prie le neveu de milord Greenville d'être mon messager. — Il sera fait selon votre désir, citoyen, et si j'étais l'oncle au lieu d'être le neveu, je promettrais davantage. — Quand pouvez-vous partir? — Dans une heure je serai parti. — Vous n'avez aucun désir à m'exprimer avant votre départ? — Aucun. En tout cas, si j'en avais, je laisse mes pleins pouvoirs à mon ami Roland. — Donnez-moi la main, milord; ce sera de bon augure, puisque vous représentez l'Angleterre et moi la France.

Sir John accepta l'honneur que lui faisait le premier consul, avec cette exacte mesure qui indiquait à la fois sa sympathie pour la France et ses réserves pour l'honneur national. Puis, ayant serré celle de Roland avec une effusion toute fraternelle, il salua une dernière fois le premier consul et sortit. Bonaparte le suivit des yeux, parut réfléchir un instant, puis tout à coup :

— Roland, dit-il, non-seulement je consens au mariage de ta sœur avec lord Tanlay, mais encore je le désire : tu entends? je le désire.

Et il pesa tellement sur chacun de ces trois mots, qu'ils signifièrent clairement, pour quiconque connaissait le premier consul, non plus *je le désire,* mais *je le veux.*

La tyrannie était douce pour Roland, aussi l'accepta-t-il avec un remerciement plein de reconnaissance.

XI

LES DEUX SIGNAUX.

Disons ce qui se passait au château des Noires-Fontaines, trois jours après que les événements que nous venons de raconter se passaient à Paris.

Depuis que successivement, Roland d'abord, puis madame de Montrevel et son fils, et enfin sir John, étaient partis pour Paris, Roland pour rejoindre son général, madame de Montrevel pour conduire Édouard au collège, et sir John pour faire à Roland ses ouvertures matrimoniales, Amélie était restée seule avec Charlotte au château des Noires-Fontaines. Nous disons seules, parce que Michel et son fils Jacques n'habitaient pas précisément le château, mais un petit pavillon attenant à la grille, ce qui adjoignait pour Michel les fonctions de concierge à celles de jardinier.

Il en résultait que le soir, à part la chambre d'Amélie, située, comme nous l'avons dit, au premier étage sur le jardin, et celle de Charlotte, située dans les mansardes au troisième, les trois rangs de fenêtres dans lesquels nous avons compté douze ouvertures restaient dans l'obscurité.

Madame de Montrevel avait emmené avec elle la seconde femme de chambre. Les deux jeunes filles étaient peut-être bien isolées dans ce corps de bâtiment se composant d'une douzaine de chambres et de trois étages, surtout au moment où la rumeur publique signalait tant d'arrestations sur les grandes routes; aussi Michel avait-il offert à sa jeune maîtresse de coucher dans le corps de logis principal, afin d'être à même de lui porter secours en cas de besoin; mais celle-ci avait d'une voix ferme déclaré qu'elle n'avait pas peur, et qu'elle désirait que rien ne fût changé aux dispositions habituelles du château.

Ces rondes de Michel avaient paru un instant inquiéter Amélie, mais elle avait bientôt reconnu que ces rondes présumées de Michel se bornaient à aller avec Jacques se mettre à l'affût sur la lisière de la forêt de Seillon, et la fréquente apparition sur la table, ou d'un râble de lièvre ou d'un cuissot de chevreuil, prouvait que Michel tenait sa parole à l'endroit des rondes promises.

Amélie avait donc cessé de s'inquiéter des rondes de Michel, qui avaient lieu justement du côté opposé à celui où elle avait craint d'abord qu'il ne les fît.

Trois jours après les événements que nous venons de raconter, ou, pour parler plus correctement, pendant la nuit qui suivit ce troisième jour, ceux qui étaient habitués à ne voir que deux fenêtres éclairées au château des Noires-Fontaines, c'est-à-dire la fenêtre d'Amélie au premier, et la fenêtre de Charlotte au troisième, eussent pu remarquer avec étonnement que, de onze heures du soir à minuit, les quatre fenêtres du premier étaient éclairées.

Il est vrai que chacune d'elles n'était éclairée que par une seule bougie. Ils eussent pu voir encore la forme d'une jeune fille qui, à travers son rideau, fixait ses yeux dans la direction du village de Ceyzériat. Cette jeune fille, c'était Amélie, Amélie pâle, la poitrine oppressée, et paraissant attendre anxieusement un signal.

Au bout de quelques minutes, elle s'essuya le front et respira presque joyeusement. Un feu venait de s'allumer dans la direction où se perdait son regard. Aussitôt elle passa de chambre en chambre, et éteignit les unes après les autres les trois bougies, ne laissant vivre et brûler que celle qui se trouvait dans sa chambre. Comme si le feu n'eût attendu que cette obscurité, il s'éteignit à son tour.

Amélie s'assit près de la fenêtre et demeura immobile, les yeux fixés sur le jardin. Il faisait une nuit sombre, sans étoiles, sans lune, et cependant, au bout d'un quart d'heure, elle vit, ou plutôt elle devina une ombre qui traversait la pelouse et s'approchait du château.

Elle plaça son unique bougie dans l'angle le plus reculé de la chambre et revint ouvrir sa fenêtre. Celui qu'elle attendait était déjà sur le balcon.

Comme la première nuit où nous le vîmes faire cette escalade, il enveloppa de son bras la taille de la jeune fille et l'entraîna dans la chambre. Mais celle-ci opposa une légère résistance; elle cherchait de la main la cordelette de la jalousie : elle la détacha du clou qui la retenait, et la jalousie retomba avec plus de bruit que la prudence ne l'eût peut-être voulu. Derrière la jalousie elle ferma la fenêtre. Puis elle alla chercher la bougie dans l'angle où elle l'avait cachée. En la rapportant, la bougie éclaira son visage. Le jeune homme jeta un cri de terreur. Le visage d'Amélie était couvert de larmes.

— Qu'est-il donc arrivé? demanda-t-il. — Un grand malheur, dit celle-ci. — Oh! je m'en suis douté, en voyant le signal par lequel tu me rappelais, m'ayant reçu la nuit dernière; mais, dis, ce malheur est-il irréparable? — A peu près, répliqua Amélie. — Au moins, je l'espère, ne menace-t-il que moi? — Il nous menace tous deux.

Le jeune homme passa sa main sur son front pour en essuyer la sueur.

— Allons, fit-il, j'ai de la force. — Si tu as la force d'écouter tout, je n'ai point celle de tout te dire.

Alors, prenant une lettre sur la cheminée :

— Lis, dit-elle, voilà ce que j'ai reçu par le courrier du soir.

Le jeune homme prit la lettre, et l'ouvrant courut à la signature.

— Elle est de madame de Montrevel? dit-il. — Oui, avec un post-scriptum de Roland.

Le jeune homme lut :

« Ma fille bien-aimée,

« Je désire que la nouvelle que je t'annonce te cause une joie égale à celle qu'elle m'a faite et qu'elle fait à notre cher Roland. Sir John, à qui tu contestais un cœur et que tu prétendais être une mécanique sortie des ateliers de Vaucanson, reconnaît que tu as parfaitement raison jusqu'au jour où il t'a vue; mais depuis ce jour il soutient qu'il a bien véritablement un cœur, et que ce cœur t'adore.

« T'en serais-tu doutée, ma chère Amélie, à ses manières aristocratiquement polies, mais où l'œil même de ta mère n'avait rien reconnu de tendre? Ce matin, en déjeunant avec ton frère, il lui a fait la demande officielle de ta main. Ton frère a accueilli cette ouverture avec joie, mais cependant, au premier abord, n'a rien promis. Le premier consul, avant son départ pour la Vendée, avait déjà parlé de se charger de ton établissement; mais voilà que le premier consul a désiré voir lord Tanlay, qu'il l'a vu, et que lord Tanlay, du premier coup, tout en faisant ses réserves nationales, est entré dans les bonnes grâces du premier consul, au point que celui-ci l'a chargé, séance tenante, d'une mission pour son oncle lord Greenville. Lord Tanlay est parti à l'instant même pour l'Angleterre.

« Je ne sais combien de jours sir John restera absent, mais à coup sûr, à son retour, il demandera la permission de se présenter devant toi comme ton fiancé. Lord Tanlay est jeune encore, d'une figure agréable, immensément riche; il est admirablement apparenté en Angleterre; il est l'ami de Roland. Je ne sais pas d'homme qui ait plus de droits, je ne dirai point à ton amour, ma chère Amélie, mais à ta profonde estime.

« Maintenant tout le reste en deux mots : le premier consul est toujours parfaitement bon pour moi et tes deux frères, et madame Bonaparte m'a fait entendre qu'elle n'attendait que ton mariage pour t'appeler près d'elle.

« Il est question de quitter le Luxembourg et d'aller demeurer aux Tuileries. Comprends-tu toute la portée de ce changement de domicile?

« Ta mère qui t'aime. « CLOTILDE DE MONTREVEL. »

Sans s'arrêter, le jeune homme passa au post-scriptum de Roland.
Il était conçu en ces termes :

« Tu as lu, chère petite sœur, ce que t'écrit notre bonne mère. Ce mariage est convenable sous tous les rapports. Il ne s'agit point ici de faire la petite fille; le premier consul *désire* que tu sois lady Tanlay, c'est-à-dire qu'il *le veut*.

« Je quitte Paris pour quelques jours, mais si je ne te vois pas, tu entendras parler de moi. Je t'embrasse.

« ROLAND. »

— Eh bien! Charles, demanda Amélie lorsque le jeune homme eut fini sa lecture, que dis-tu de cela? — Que c'était une chose à laquelle nous devions nous attendre d'un jour à l'autre, mon pauvre ange, mais qui n'en est pas moins terrible. — Que faire? — Il y a trois choses à faire. — Dis. — Avant tout, résiste, si tu en as la force; c'est le plus court et le plus sûr.

Amélie baissa la tête.

— Tu n'oseras jamais, n'est-ce pas? — Jamais. — Cependant tu es ma femme, Amélie. Un prêtre a béni notre union. — Mais ils disent que ce mariage est nul devant la loi, parce qu'il n'a été que béni par un prêtre. — Et toi, dit Montrevel, toi, l'épouse d'un proscrit, cela ne te suffit pas?

En parlant ainsi, sa voix tremblait. Amélie eut un élan pour se jeter dans ses bras.

— Mais ma mère! dit-elle. Nous n'avions pas la présence et la bénédiction de ma mère. — Parce qu'il y avait des risques à courir et que nous avons voulu les courir seuls. — Et cet homme, surtout. N'as-tu pas entendu que mon frère dit *qu'il veut?* — Oh! si tu m'aimais, Amélie, cet homme verrait bien qu'il peut changer la face d'un État, porter la guerre d'un bout du monde à l'autre, fonder une législation, bâtir un trône, mais qu'il ne peut forcer une bouche à dire oui lorsque le cœur dit non. — Si je t'aimais! dit Amélie du ton d'un doux reproche. Il est minuit, tu es dans ma chambre, je pleure dans tes bras, je suis la fille du général de Montrevel, la sœur de Roland, et tu dis : « Si tu m'aimais! » — J'ai tort, j'ai tort, mon adorée Amélie; oui, je sais que tu es élevée dans l'adoration de cet homme; tu ne comprends pas que l'on puisse lui résister, et quiconque lui résiste est à tes yeux un rebelle. — Charles, tu as dit que nous avions trois choses à faire; quelle est la seconde? — D'accepter en apparence l'union qu'on te propose, mais gagner du temps en la retardant sous toutes sortes de prétextes. L'homme n'est pas immortel. — Non, mais il est bien jeune pour que nous comptions sur sa mort. La troisième chose, mon ami? — Fuir; mais à cette ressource extrême, Amélie, il y a deux obstacles : tes répugnances d'abord. — Je suis à toi, Charles; ces répugnances je les surmonterai. — Puis, ajouta le jeune homme, mes engagements. — Tes engagements? — Mes compagnons sont liés à moi, Amélie; mais je suis lié à eux. Nous aussi nous avons un homme dont nous relevons, un homme à qui nous avons juré obéissance. Cet homme, c'est le futur roi de France. Si tu admets le dévouement de ton frère à Bonaparte, admets le nôtre à Louis XVIII.

Amélie laissa tomber sa tête dans ses mains en poussant un soupir.

— Alors, dit-elle, nous sommes perdus. — Pourquoi cela? Sous différents prétextes, sous celui de la santé surtout, tu peux gagner un an; avant un an il sera obligé de recommencer une guerre en Italie probablement; une seule défaite lui ôte tout son prestige; enfin en un an il se passe bien des choses. — Tu n'as donc pas lu le post-scriptum de Roland, Charles? — Si fait, mais je n'y vois rien de plus que dans la lettre de ta mère. — Relis la dernière phrase.

Et Amélie remit la lettre sous les yeux du jeune homme. Il lut :

« Je quitte Paris pour quelques jours; mais si tu ne me vois pas, tu entendras parler de moi. »

— Eh bien? — Sais-tu ce que cela veut dire? — Non. — Cela veut dire que Roland est à ta poursuite. — Qu'importe, puisqu'il ne peut mourir de la main d'aucun de nous? — Mais toi, malheureux, tu peux mourir de la sienne! — Crois-tu que je dusse lui en vouloir beaucoup s'il me tuait, Amélie? — Oh! ceci ne s'était point encore présenté à mon esprit, dans mes craintes les plus sombres. — Ainsi, tu crois ton frère en chasse de nous? — J'en suis sûre. — D'où te vient cette certitude? — Sur sir John mourant et qu'il croyait mort, il a juré de le venger. — S'il eût été mort au lieu d'être mourant, fit le jeune homme avec amertume, nous ne serions pas où nous en sommes, Amélie. — Dieu l'a sauvé, Charles; il était donc bon qu'il ne mourût pas. — Pour nous?.. — Je ne sonde pas les desseins du Seigneur. Je te dis, mon Charles bien-aimé, garde-toi de Roland; Roland est près d'ici.

Charles sourit d'un air de doute.

— Je te dis qu'il est non-seulement près d'ici, mais ici; on l'a vu. — On l'a vu? où? qui? — Qui l'a vu? — Oui? — Charlotte, la femme de chambre, la fille du concierge de la prison; elle m'avait demandé la permission d'aller visiter ses parents hier dimanche; je devais te voir, je lui ai donné congé jusqu'à ce matin. — Eh bien? — Elle a donc passé la nuit chez ses parents. A onze heures, le capitaine de gendarmerie est venu amener des prisonniers. Tandis qu'on les écrouait, un homme est arrivé enveloppé d'un manteau, et a demandé le capitaine. Charlotte a cru reconnaître la voix du nouvel arrivant; elle a regardé avec attention, et dans un moment où le manteau s'est écarté du visage elle a reconnu mon frère.

Le jeune homme fit un mouvement.

— Comprends-tu, Charles, mon frère qui vient ici à Bourg, qui y vient enveloppé dans un manteau, sans me prévenir de sa présence; mon frère qui demande le capitaine de gendarmerie, qui le suit jusque dans la prison, qui ne parle qu'à lui et qui disparaît? N'est-ce point une menace terrible pour mon amour, dis?

Et, en effet, au fur et à mesure qu'Amélie parlait, le front de son amant se couvrait d'un nuage sombre.

— Amélie, dit-il, quand nous nous sommes faits ce que nous sommes, nul de nous ne s'est dissimulé les périls qu'il courait. — Mais au moins, demanda Amélie, vous avez changé d'asile, vous avez abandonné la Chartreuse de Seillon? — Nos morts seuls y sont restés et l'habitent à cette heure. — Est-ce un asile bien sûr que la grotte de Ceyzériat? — Aussi sûr que peut l'être tout asile ayant deux issues. — La Chartreuse de Seillon aussi avait deux issues, et cependant, tu le dis, vous y avez laissé vos morts. — Les morts sont plus en sûreté que les vivants; ils sont certains de ne pas mourir sur l'échafaud.

probable, certain même, qu'on n'avait été vu de personne. On pouvait donc respirer.

— Où sont les compagnons? demanda Morgan. — Dans la grotte, répondit Montbar. — Et pourquoi ne nous y rendons-nous pas à l'instant même ? — Parce qu'au pied de ce hêtre nous devrons trouver un des nôtres pour nous dire si nous pouvons aller plus loin sans danger. — Lequel? — D'Assas.

Une ombre apparut derrière l'arbre et se détacha de lui.

— Me voilà, dit l'ombre. — Ah! c'est toi, firent les deux jeunes gens. — Quoi de nouveau? demanda Montbar. — Rien; on vous attend pour prendre une décision. — En ce cas, allons vite.

Les trois jeunes gens reprirent leur course; au bout de trois cents pas, Montbar s'arrêtait de nouveau.

— Harmand! fit-il à demi voix.

A cet appel, on entendit le froissement des feuilles sèches, et une quatrième ombre sortit d'un massif et s'approcha des trois compagnons.

— Rien de nouveau? demanda Montbar. — Si fait, un envoyé de Cadoudal. — Celui qui est déjà venu? — Oui. — Où est-il? — Avec les frères, dans la grotte. — Allons.

Montbar s'élança le premier; le sentier était devenu si étroit que les quatre jeunes gens ne pouvaient marcher que l'un après l'autre.

Le chemin monta, pendant cinq cents pas à peu près, par une pente assez douce, mais tortueuse. Arrivés à une clairière, Montbar s'arrêta et fit entendre trois fois ce même cri de la chouette qui avait indiqué sa présence à Morgan. Un seul houhoûlement de hibou lui répondit. Puis, du milieu des branches d'un chêne touffu, un homme se laissa glisser à terre; c'était la sentinelle qui veillait à l'ouverture de la grotte. Cette ouverture était à dix pas du chêne.

Par la disposition des massifs qui l'entouraient, il fallait être presque sur elle pour l'apercevoir.

La sentinelle échangea quelques mots tout bas avec Montbar, qui semblait, en remplissant les devoirs d'un chef, vouloir laisser Morgan tout entier à ses pensées; puis, comme sa faction sans doute n'était point achevée, le bandit remonta dans les branches du chêne, et, au bout d'un instant, se trouva si bien ne faire qu'un avec le corps de l'arbre, que ceux à la vue desquels il venait d'échapper le cherchaient vainement dans son bastion aérien.

Le défilé devenait plus étroit au fur et à mesure que l'on approchait de l'entrée de la grotte. Montbar y pénétra le premier, et d'un enfoncement où il savait les trouver, tira un briquet, une pierre à feu, de l'amadou, des allumettes et une torche. L'étincelle jaillit, l'amadou prit feu, l'allumette répandit sa flamme bleuâtre et incertaine, à laquelle succéda la flamme pétillante et résineuse de la torche.

Trois ou quatre chemins se présentaient, Montbar en prit un sans hésiter. Ce chemin tournait sur lui-même en s'enfonçant dans la terre; on eût dit que les jeunes gens reprenaient sous le sol la trace de leurs pas, et suivaient le contre-pied de la route qui les avait amenés. Il était évident que l'on parcourait les détours d'une ancienne carrière, peut-être celle d'où sortirent, il y a dix-neuf cents ans, les trois villes romaines qui ne sont plus aujourd'hui que des villages, et le camp de César qui les surmonte.

LES COMPAGNONS DE JEHU.

LA GROTTE DE CEYZERIAT.

TYP. J. CLAYE.

De place en place, le sentier souterrain que l'on suivait était coupé dans toute sa largeur par un large fossé, franchissable seulement à l'aide d'une planche, que l'on pouvait d'un coup de pied faire tomber au fond de la tranchée. De place en place encore on voyait des épaulements derrière lesquels on pouvait se retrancher et faire feu, sans exposer à la vue de l'ennemi aucune partie de son corps.

Enfin, à cinq cents pas de l'entrée à peu près, une barricade à hauteur d'homme offrait un dernier obstacle à ceux qui eussent voulu parvenir jusqu'à une espèce de rotonde où se tenaient couchés ou assis une dizaine d'hommes, occupés les uns à lire, les autres à jouer.

Aucun des lecteurs ni des joueurs ne se dérangea au bruit des pas des arrivants, ou à la vue de la lumière qui se jouait sur les parois de la carrière, tant ils étaient sûrs que des amis seuls pouvaient pénétrer jusqu'à eux, gardés comme ils l'étaient.

Au reste, l'aspect qu'offrait ce campement était des plus pittoresques : les bougies qui brûlaient à profusion, les compagnons de Jéhu étaient trop aristocrates pour s'éclairer à une autre lumière qu'à celle de la bougie, se reflétaient sur des trophées d'armes de toute espèce, parmi lesquelles les fusils à deux coups et les pistolets tenaient le premier rang; des fleurets et des masques d'armes étaient pendus dans les intervalles, quelques instruments de musique étaient posés çà et là ; enfin une ou deux glaces dans leurs cadres dorés indiquaient que la toilette n'était pas un des passe-temps les moins appréciés des étranges habitants de cette demeure souterraine.

Tous paraissaient aussi tranquilles que si la nouvelle qui avait tiré Morgan des bras d'Amélie était inconnue, ou regardée comme sans importance. Cependant, lorsqu'à l'approche du petit groupe venant du dehors, ces mots : Le capitaine! le capitaine! se furent fait entendre, tous se levèrent, non pas avec la servilité de soldats qui voient venir leur chef, mais avec la déférence affectueuse de gens intelligents et forts pour un plus fort et plus intelligent qu'eux.

Morgan alors secoua la tête, releva le front, et, passant devant Montbar, pénétra au centre du cercle qui s'était formé à sa vue. — Eh bien, amis? demanda-t-il, il paraît qu'il y a des nouvelles? — Oui, capitaine, dit une voix ; on assure que la police du premier consul nous fait l'honneur de s'occuper de nous. — Où est le messager? demanda Morgan. — Me voilà, dit un jeune homme vêtu de l'uniforme des courriers de cabinet, et tout couvert encore de poussière et de boue. — Avez-vous des dépêches? — Écrites, non ; verbales, oui. — D'où viennent-elles? — Du cabinet particulier du préfet. — Alors on peut y croire? — Je vous en réponds ; c'est tout ce qu'il y a de plus officiel. — Il est bon d'avoir des amis partout, fit Montbar en manière de parenthèse. — Et surtout près de M. Fouché, reprit Morgan; voyons les nouvelles. — Dois-je les dire tout haut, ou à vous seul? — Comme je présume qu'elles nous intéressent tous, dites-nous-les tout haut. — Eh bien, le premier consul a fait venir le citoyen Fouché au palais du Luxembourg, et lui a lavé la tête à notre endroit. — Bon! Après? — Le citoyen Fouché a répondu que nous étions des drôles fort adroits, fort difficiles à joindre, plus difficiles encore à prendre quand on nous avait rejoints. Bref, il a fait le plus grand éloge de nous. — C'est bien aimable à lui. Après? — Après, le premier consul a répondu que cela ne le regardait pas, que nous étions des brigands, et que c'était nous qui, avec nos brigandages, soutenions la guerre de la Vendée; que le jour où nous ne ferions plus passer d'argent en Bretagne, il n'y aurait plus de chouannerie. — Cela me paraît admirablement raisonné. — Que c'était dans l'Est et dans le Midi qu'il fallait frapper l'Ouest. — Comme l'Angleterre dans l'Inde. — Qu'en conséquence, il donnait carte blanche au citoyen Fouché, et que, dût-il dépenser un million et faire tuer cinq cents hommes, il lui fallait nos têtes.—Eh bien, mais il sait à qui il en demande, reste à savoir si nous les laisserons prendre. — Alors le citoyen Fouché est rentré furieux, et il a déclaré qu'il fallait qu'avant huit jours il n'existât plus un seul compagnon de Jehu en France. — Le délai est court. — Le même jour, des courriers sont partis pour Lyon, pour Mâcon, pour Lons-le-Saulnier, pour Besançon et pour Genève, avec ordre aux chefs des garnisons de faire personnellement tout ce qu'ils pourraient pour arriver à notre destruction, mais en outre d'obéir à M. Roland de Montrevel, aide de camp du premier consul, sans retard, sans réplique, et de mettre à sa disposition, pour en user comme bon lui semblerait, toutes les troupes dont il pourrait avoir besoin. — Et je puis ajouter ceci, dit Morgan, que M. Roland de Montrevel est déjà en campagne; hier il a eu à la prison de Bourg une conférence avec le capitaine de gendarmerie. — Sait-on dans quel but? demanda une voix. — Pardieu, dit une autre, pour y retenir nos logements. — Maintenant le sauvegarderas-tu toujours? demanda d'Assas. — Plus que jamais. — Ah! c'est trop fort, murmura une voix. — Pourquoi cela? répliqua Morgan d'un ton impérieux; n'est-ce pas mon droit de simple compagnon? — Certainement, dirent deux autres voix. — Eh bien, j'en use, et comme simple compagnon, et comme votre capitaine. — Si cependant, au milieu de la mêlée, une balle s'égare? dit une voix. — Alors ce n'est pas un droit que je réclame, ce n'est pas un ordre que je donne, c'est une prière que je fais; mes amis, promettez-moi sur l'honneur que la vie de Roland de Montrevel vous sera sacrée.

D'une voix unanime, tous ceux qui étaient là répondirent en étendant la main:
— Sur l'honneur, nous le jurons! — Maintenant, reprit Morgan, il s'agit d'envisager notre position sous son véritable point de vue, de ne pas nous faire d'illusions; le jour où une police bien faite se mettra à notre poursuite et nous fera véritablement la guerre, il est impossible que nous résistions: nous ruserons comme le renard, nous nous retournerons comme le sanglier, mais notre résistance sera une affaire de temps, et voilà tout : c'est mon avis du moins.

Morgan interrogea des yeux ses compagnons, et l'adhésion fut unanime: seulement, c'était le sourire sur les lèvres qu'ils reconnaissaient que leur perte était assurée.

Il en était ainsi dans cette étrange époque : on recevait la mort sans crainte, comme on la donnait sans émotion.

— Et maintenant, demanda Montbar, n'as-tu rien à ajouter? — Si fait, dit Morgan, j'ai à ajouter que rien n'est plus facile que de nous procurer des chevaux ou même de partir à pied : nous sommes tous chasseurs et plus ou moins montagnards. A cheval, il nous faut six heures pour être hors de France; à pied, il nous en faut douze; une fois en Suisse, nous faisons la nique au citoyen Fouché et à sa police : voilà ce que j'ai à ajouter. — C'est bien amusant de se moquer du citoyen Fouché, dit Adler, mais c'est bien ennuyeux de quitter la France. — Aussi ne mettrai-je ce parti extrême aux voix qu'après que nous aurons entendu le messager de Cadoudal. — Ah! c'est vrai, dirent deux ou trois voix ; le Breton, où est donc le Breton ? — Il dormait quand je suis parti, dit Montbar. — Et il dort encore, dit Adler en désignant du doigt un homme couché sur un lit de paille dans un renfoncement de la grotte.

On réveilla le Breton, qui se dressa sur ses genoux en se frottant les yeux d'une main et en cherchant par habitude sa carabine de l'autre.

— Vous êtes avec des amis, dit une voix, n'ayez donc pas peur. — Peur! dit le Breton ; qui donc suppose là-bas que je puis avoir peur? — Quelqu'un qui probablement ne sait pas ce que c'est, mon cher Branche-d'Or, dit Morgan (car il reconnaissait le messager de Cadoudal pour celui qui était déjà venu et qu'on avait reçu dans la Chartreuse pendant la nuit où lui-même était arrivé d'Avignon), et au nom duquel je vous fais des excuses.

Branche-d'Or regarda le groupe de jeunes gens devant lequel il se trouvait d'un air qui ne laissait pas de doute sur la répugnance avec laquelle il acceptait un certain genre de plaisanteries; mais, comme ce groupe n'avait rien d'offensif et qu'il était évident que sa gaieté n'était point de la raillerie, il demanda d'un air assez gracieux :

— Lequel de vous tous, Messieurs, est le chef? j'ai à lui remettre une lettre de la part de mon général.

Morgan fit un pas en avant.

— C'est moi, dit-il. — Votre nom? — J'en ai deux. — Votre nom de guerre ? — Morgan. — Oui, c'est bien celui-là que le général a dit; d'ailleurs je vous reconnais; c'est vous qui, le soir où j'ai été reçu par des moines, m'avez remis un sac de soixante mille francs : alors j'ai une lettre pour vous. — Donne.

Le paysan prit son chapeau, en arracha la coiffe, et, entre la coiffe et le feutre, prit un morceau de papier qui avait l'air d'une double coiffe et qui semblait blanc au premier abord : puis, avec le salut militaire, il présenta le papier à Morgan.

Celui-ci commença par le tourner et le retourner; puis, voyant que rien n'y était écrit, ostensiblement du moins :

— Une bougie, dit-il.

On approcha une bougie; Morgan exposa le papier à la flamme. Peu à peu le papier se couvrit de caractères, et à la chaleur l'écriture parut.

Cette expérience paraissait familière aux jeunes gens; le Breton seul la regardait avec une certaine surprise.

Pour cet esprit naïf, il pouvait bien y avoir dans cette opération une certaine magie; mais du moment où le diable servait la cause royaliste, il n'était pas loin de pactiser avec le diable.

— Messieurs, dit Morgan, voulez-vous savoir ce que nous dit le maître?

Tous s'inclinèrent écoutant. Le jeune homme lut :

« Mon cher Morgan, si l'on vous disait que j'ai abandonné la cause et traité avec le gouvernement du premier consul en même temps que les chefs vendéens, n'en croyez pas un mot; je suis de la Bretagne bretonnante, et par conséquent entêté comme un vrai Breton. Le premier consul m'a envoyé un de ses aides de camp pour m'offrir amnistie entière pour mes hommes, et pour moi le grade de colonel; je n'ai pas même consulté mes hommes, et j'ai refusé pour eux et pour moi.

« Maintenant tout dépend de vous : comme nous ne recevons des princes ni argent ni encouragement, vous êtes notre seul trésorier; fermez-nous votre caisse, ou plutôt cessez de nous ouvrir celle du gouvernement, et l'opposition royaliste, dont le cœur ne bat plus qu'en Bretagne, se ralentit peu à peu et finit par s'éteindre tout à fait.

« Je n'ai pas besoin de vous dire que, lorsqu'il se sera éteint, c'est que le mien aura cessé de battre.

« Notre mission est dangereuse; il est probable que nous y laisserons notre tête; mais ne trouvez-vous pas qu'il sera beau pour nous d'entendre dire après nous, si l'on entend encore quelque chose au delà de la tombe : « Tous avaient désespéré, eux ne désespérèrent pas! »

« L'un de nous deux survivra à l'autre, mais pour succomber à son tour; que celui-là dise en mourant : *Etiamsi omnes, ego, non.*

« Comptez sur moi comme je compte sur vous.

« GEORGES CADOUDAL.

« *P.-S.* Vous savez que vous pouvez remettre à Branche-d'Or tout ce que vous avez d'argent à la cause; il m'a promis de ne pas se laisser prendre, et je me fie à sa parole. »

Un murmure d'enthousiasme s'éleva parmi les jeunes gens lorsque Morgan eut achevé les derniers mots de cette lecture.

— Vous avez entendu, Messieurs? dit-il. — Oui, oui, oui, répétèrent toutes les voix. — D'abord, quelle somme avons-nous à remettre à Branche-d'Or? — Treize mille francs du lac de Silans, vingt-deux mille des Carronnières, quatorze mille de Meximieux; en tout quarante-neuf mille, dit Adler. — Vous entendez, mon cher Branche-d'Or? dit Morgan; ce n'est pas grand'chose, et nous sommes de moitié plus pauvres que la dernière fois; mais vous connaissez le proverbe : la plus belle fille du monde ne peut donner que ce qu'elle a. — Le général sait ce que vous risquez pour conquérir cet argent, et il a dit que si peu que vous puissiez lui envoyer, il le recevrait avec reconnaissance. — D'autant plus que le prochain envoi sera meilleur, dit la voix d'un jeune homme qui venait de se mêler au groupe sans être vu, tant l'attention s'était concentrée sur la lettre de Cadoudal et sur celui qui la lisait, surtout si nous voulons dire deux mots à la malle de Chambéry samedi prochain. — Ah! c'est toi, Valensolle? dit Morgan. — Pas de noms propres, s'il te plaît, baron; faisons-nous fusiller, guillotiner, rouer, écarteler, mais sauvons l'honneur de la famille. Je m'appelle Adler et ne réponds pas à d'autre nom. — Pardon, j'ai tort; tu disais donc...? — Que la malle de Paris à Chambéry passerait samedi entre la chapelle de Grinchay et Belleville, emportant cinquante mille francs du gouvernement aux religieux du mont Saint-Bernard, ce à quoi j'ajoutais qu'il y avait entre ces deux localités un endroit nommé la Maison-Blanche, lequel me paraît admirable pour tendre une embuscade. — Qu'en dites-vous, Messieurs? demanda Morgan; faisons-nous l'honneur au citoyen Fouché de nous inquiéter de sa police? Partons-nous? Quittons-nous la France, ou bien restons-nous les fidèles compagnons de Jehu?

Il n'y eut qu'un cri.

— Restons! — A la bonne heure! dit Morgan; je vous reconnais là, frères; Cadoudal nous a tracé notre route dans l'admirable lettre que nous venons de recevoir de lui; adoptons donc son héroïque devise : *Etiamsi omnes, ego, non.*

Alors s'adressant au paysan breton.

— Branche-d'Or, lui dit-il, les quarante-neuf mille francs sont à ta disposition, pars quand tu voudras; promets en notre nom quelque chose de mieux pour la prochaine fois, et dis au général, de ma part, que partout où il ira, même à l'échafaud, je me ferai un honneur de le suivre ou de le précéder; au revoir, Branche-d'Or.

Puis, se retournant vers le jeune homme qui avait paru si fort désirer que l'on respectât son incognito.

— Mon cher Alder, lui dit-il en homme qui a retrouvé sa gaieté un instant absente, c'est moi qui me charge de vous nourrir et de vous coucher cette nuit, si toutefois vous daignez m'accepter pour votre hôte. — Avec reconnaissance, ami Morgan, répondit le nouvel arrivant : seulement, je te préviens que je m'accommoderai de tous les lits, attendu que je tombe de fatigue; mais pas de tous les soupers, attendu que je meurs de faim. — Tu auras un bon lit et un souper excellent. — Que faut-il faire pour cela? — Me suivre. — Je suis prêt. — Alors, viens; bonne nuit, Messieurs; c'est toi qui veilles, Montbar? — Oui. — En ce cas, nous pouvons dormir tranquilles.

Sur quoi, Morgan passa un de ses bras sous le bras de son ami, prit de l'autre main une torche qu'on lui présentait, et s'avança dans les profondeurs de la grotte, où nous allons le suivre si le lecteur n'est pas trop fatigué de cette longue séance.

C'était la première fois que de Valensolle, qui était, ainsi que nous l'avons vu, des environs d'Aix, avait l'occasion de visiter la grotte de Ceyzériat, tout récemment adoptée par les compagnons de Jehu pour lieu de refuge. Dans les réunions précédentes, il avait eu l'occasion seulement d'explorer les tours et les détours de la Chartreuse de Seillon, qu'il avait fini par connaître assez intimement pour que, dans la comédie jouée devant Roland, on lui confiât le rôle de fantôme.

Tout était donc curieux et inconnu pour lui dans le nouveau domicile où il allait faire son premier somme, et qui paraissait être, pour quelques jours du moins, le quartier général de Morgan.

Comme il en est de toutes les carrières abandonnées, et qui ressemblent au premier abord à une cité souterraine, les différentes rues creusées pour l'extraction de la pierre finissaient toujours par aboutir à un cul-de-sac, c'est-à-dire à ce point de la mine où le travail avait été interrompu.

Une seule de ces rues semblait se prolonger indéfiniment. Cependant, arrivait un point où elle-même avait dû s'arrêter un jour; mais, dans l'angle de l'impasse avait été creusé, dans quel but? la chose est restée un mystère dans le pays même, une ouverture des deux tiers moins large que celle à laquelle elle aboutissait, pouvant donner passage à deux hommes de front à peu près. Les deux amis s'engagèrent dans cette ouverture.

L'air y devenait si rare que leur torche, à chaque pas, menaçait de s'éteindre. Valensolle sentit des gouttes d'eau glacées tomber sur ses épaules et sur ses mains.

veau des ducs de Savoie, quelque honneur qu'il y eût pour un vivant à frayer avec de si illustres morts.

Morgan monta les degrés; puis il parut au roidissement de sa main qu'il faisait un effort. En effet, une dalle se souleva, et par l'ouverture une lueur crépusculaire tremblotta aux yeux de Valensolle, tandis qu'une odeur aromatique, succédant à l'atmosphère méphitique du caveau, vint réjouir son odorat.

— Ah! dit-il, par ma foi, nous sommes dans une grange, j'aime mieux cela.

Morgan ne répondit rien, l'aida à sortir du caveau, et laissa retomber la dalle. Valensolle regarda tout autour de lui; il était au centre d'un vaste bâtiment rempli de foin, dans lequel la lumière pénétrait par des fenêtres si admirablement découpées, que ce n'étaient pas celles d'une grange.

Pendant cet examen, Morgan repoussait cinq ou six bottes de fourrage sur la dalle, de manière à la cacher à tous les yeux.

— Mais, dit Valensolle, nous ne sommes pas dans une grange? — Grimpe sur ce foin et va t'asseoir près de cette fenêtre, répondit Morgan.

Valensolle obéit, grimpa sur le foin comme un écolier en vacances et alla, ainsi que le lui avait dit Morgan, s'asseoir près de la fenêtre. Un instant après Morgan déposa entre les jambes de son ami une serviette contenant un pâté, du pain, une bouteille de vin, deux verres, deux couteaux et des fourchettes.

— Peste, dit Valensolle, Lucullus soupe chez Lucullus.

Puis plongeant son regard à travers les vitrailles, sur un bâtiment percé d'une quantité de fenêtres qui semblait une aile de celui dans lequel les deux amis se trouvaient, et devant lequel se promenait un factionnaire:

— Décidément, fit-il, je souperai mal si je ne sais pas où nous sommes; quel est ce bâtiment? et pourquoi ce factionnaire se promène-t-il devant la porte? — Eh bien, dit Morgan, puisque tu le veux absolument, je vais te le dire: nous sommes dans l'église de Bourg, qu'un arrêté du conseil municipal a convertie en magasin à fourrage. Ce bâtiment auquel nous touchons, c'est la caserne de la gendarmerie, et ce factionnaire, c'est la sentinelle chargée d'empêcher qu'on ne nous dérange pendant notre souper, ou qu'on ne nous surprenne pendant notre sommeil. — Braves gendarmes, dit Valensolle en remplissant son verre; à leur santé! Morgan. — Et à la nôtre! dit le jeune homme en riant; le diable m'étrangle si l'on a l'idée de venir nous chercher ici.

A peine Morgan eut-il vidé son verre que, comme si le diable eût accepté le défi qui lui était porté, on entendit la voix stridente de la sentinelle qui criait: *Qui vive!*

— Eh! firent les deux jeunes gens, que veut dire cela?

En effet, une troupe d'une trentaine d'hommes venait du côté de Pont-d'Ain, et, après avoir échangé le mot d'ordre avec la sentinelle, se fractionna: une partie, la plus considérable, conduite par deux hommes qui semblaient des officiers, rentra dans la caserne; l'autre poursuivit son chemin.

— Attention! fit Morgan.

Et tous deux sur leurs genoux, l'oreille au guet, l'œil collé contre la vitre, attendirent.

Expliquons au lecteur ce qui causait une interruption dans un repas qui, pour être pris à trois heures du matin, n'en était pas, comme on le voit, plus tranquille.

II

BUISSON CREUX.

La fille du concierge ne s'était point trompée, c'était bien Roland qu'elle avait vu parler dans la geôle au capitaine de gendarmerie. De son côté, Amélie n'avait pas tort de craindre, car c'était bien sur les traces de Morgan qu'il était lâché.

S'il ne s'était point présenté au château des Noires-Fontaines, ce n'était point qu'il eût le moindre soupçon de l'intérêt que sa sœur portait au chef des compagnons de Jehu ; mais il se défiait d'une indiscrétion d'un des domestiques.

Il avait bien reconnu Charlotte chez son père, mais celle-ci n'ayant manifesté aucun mécontentement, il ne croyait pas avoir été reconnu par elle ; d'autant plus qu'après avoir échangé quelques mots avec le maréchal des logis, il était allé l'attendre sur la place du Bastion, fort déserte à une pareille heure.

Son écrou terminé, le capitaine de gendarmerie était allé le rejoindre. Il avait trouvé Roland se promenant de long en large et l'attendant impatiemment. Chez le concierge, Roland s'était contenté de se faire reconnaître ; là, il pouvait entrer en matière. Il initia en conséquence le capitaine de gendarmerie au but de son voyage.

De même que dans les assemblées publiques on demande la parole pour un fait personnel et on l'obtient sans contestation, Roland avait demandé au premier consul, et cela pour un fait personnel, que la poursuite des compagnons de Jehu lui fût confiée, et il avait obtenu cette faveur sans difficulté.

Un ordre du ministre de la guerre mettait à sa disposition les garnisons, non-seulement de Bourg, mais des villes environnantes. Un ordre du préfet de police autorisait tous les officiers de gendarmerie à lui prêter main-forte.

Il avait pensé naturellement, et avant aucun autre, à s'adresser au capitaine de la gendarmerie de Bourg, qu'il connaissait de longue main, et qu'il savait être un homme de courage et d'exécution. Il avait trouvé ce qu'il cherchait : le capitaine de gendarmerie de Bourg avait la tête horriblement montée contre les compagnons de Jehu, qui arrêtaient les diligences à un quart de lieue de la ville et sur lesquels il ne pouvait point arriver à mettre la main. Il connaissait les rapports envoyés sur les trois dernières arrestations au ministre de la police, et il comprenait la mauvaise humeur de celui-ci.

Mais Roland porta le comble à son étonnement en lui racontant ce qui lui était arrivé dans la Chartreuse de Seillon, la nuit où il y avait veillé, et surtout ce qui était arrivé dans la même Chartreuse à sir John pendant la nuit suivante.

Il avait bien su par la rumeur publique que l'hôte de madame de Montrevel avait reçu un coup de poignard ; mais, comme personne n'avait porté plainte, il ne s'était pas cru le droit de percer l'obscurité dans laquelle il lui semblait que Roland voulait laisser l'affaire ensevelie.

A cette époque de trouble, la force armée avait des indulgences qu'elle n'eût point eues en d'autres temps. Quant à Roland, il n'avait rien dit, désirant se réserver la satisfaction de poursuivre en temps et lieu les hôtes de la Chartreuse, mystificateurs ou assassins.

Nous avons vu comment il en avait parlé à Bonaparte dès le premier jour de son arrivée à Paris, comment d'autres événements l'avaient forcé d'ajourner son projet, mais comment à la première occasion il l'avait repris.

Cette fois, il venait avec tous les moyens de le mettre à exécution, et bien résolu de ne pas revenir près du premier consul sans l'avoir accompli. D'ailleurs c'était là une de ces aventures comme les cherchait Roland. N'y avait-il pas à la fois du danger et du pittoresque ? N'était-ce point une occasion de jouer sa vie contre des gens qui, ne ménageant pas la leur, ne ménageraient probablement pas la sienne.

Roland était loin d'attribuer à sa véritable cause, c'est-à-dire à la sauvegarde étendue sur lui par Morgan, le bonheur avec lequel il s'était tiré du danger la nuit où il avait veillé dans la Chartreuse et le jour où il avait combattu contre Cadoudal.

Comment supposer qu'une simple croix avait été faite au-dessus de son nom, et qu'à deux cent cinquante lieues de distance ce signe de la rédemption l'avait protégé aux deux bouts de la France. — Au reste, la première chose à faire était d'envelopper la Chartreuse de Seillon, et de la fouiller dans ses recoins les plus secrets, ce que Roland se croyait au reste parfaitement en état de faire. Seulement la nuit était trop avancée pour songer à cette expédition avant la nuit prochaine.

En attendant, Roland se cacherait dans la caserne de gendarmerie et se tiendrait dans la chambre du capitaine, afin que personne ne soupçonnât à Bourg sa présence ni la cause qui l'amenait. Le lendemain, il guiderait l'expédition. Dans la journée du lendemain, un des gendarmes qui était tailleur lui confectionnerait un costume complet de maréchal des logis. Il passerait pour être attaché à la brigade de Lons-le-Saulnier, et, grâce à cet uniforme, il pourrait, sans être reconnu, diriger le lendemain la perquisition arrêtée dans la Chartreuse.

Tout s'accomplit selon le plan convenu. Vers une heure, Roland rentra dans la caserne avec le capitaine, monta à la chambre de ce dernier, s'y arrangea un lit de camp, et y dormit en homme qui vient de passer deux jours et deux nuits en chaise de poste. Le lendemain, il prit patience en faisant, pour l'instruction du maréchal des logis, un plan de la Chartreuse de Seillon à l'aide duquel, même sans l'aide de Roland, le digne officier eût pu diriger l'expédition sans s'égarer d'un pas.

Comme le capitaine n'avait que dix-huit soldats sous ses ordres, que ce n'était point assez pour cerner complétement la Chartreuse, ou plutôt pour en garder les deux issues et la fouiller intérieurement; qu'il eût fallu deux ou trois jours pour compléter la brigade disséminée dans les environs et attendre un chiffre d'hommes nécessaire, le capitaine, par ordre de Roland, alla dans la journée mettre le colonel de dragons, dont le régiment était en garnison à Bourg, au courant de l'événement, et lui demander douze hommes qui, avec les dix-huit du capitaine, feraient un total de trente.

Non-seulement le colonel accorda ses douze hommes, mais encore, apprenant que l'expédition devait être dirigée par le chef de brigade Roland de Montrevel, aide de camp du premier consul, il déclara qu'il voulait, lui aussi, être de l'expédition et qu'il conduirait ses douze hommes.

Roland accepta son concours, et il fut convenu que le colonel, nous employons indifféremment le titre de colonel ou celui de chef de brigade qui désignait le même grade, et il fut convenu, disons-nous, que le colonel et douze dragons prendraient en passant Roland, le capitaine et leurs dix-huit gendarmes, la caserne de la gendarmerie se trouvant justement sur la route de la Chartreuse de Seillon.

Le départ était fixé à onze heures. A onze heures, heure militaire, c'est-à-dire à onze heures précises, le colonel de dragons et ses douze hommes ralliaient les gendarmes et les deux troupes réunies en une seule se mettaient en marche. Roland, sous son costume de maréchal des logis de gendarmerie, s'était fait reconnaître de son collègue le colonel des dragons; mais pour les dragons et les gendarmes il était, comme la chose avait été convenue, un maréchal des logis détaché de la brigade de Lons-le-Saulnier.

Seulement, comme ils eussent pu s'étonner qu'un maréchal des logis étranger aux localités leur fût donné pour guide, on leur avait dit que dans sa jeunesse Roland avait été novice à Seillon, noviciat qui l'avait mis à même de connaître mieux que personne les détours les plus mystérieux de la Chartreuse.

Le premier sentiment de ces braves militaires avait bien été de se trouver un peu humiliés d'être conduits par un ex-moine, mais, au bout du compte, comme cet ex-moine portait le chapeau à trois cornes d'une façon assez coquette, comme son allure était celle d'un homme qui, en portant l'uniforme, semblait avoir complétement oublié qu'il eût autrefois porté la robe, ils avaient fini par prendre leur parti de cette humiliation, se réservant d'arrêter définitivement leur opinion sur le maréchal des logis d'après la façon dont il manierait le mousquet qu'il portait au bras, les pistolets qu'il portait à la ceinture, et le sabre qu'il portait au côté.

On se munit de torches, et l'on se mit en route dans le plus profond silence et en trois pelotons : l'un de huit hommes commandé par le capitaine de gendarmerie, l'autre de dix hommes commandé par le colonel, l'autre de douze hommes commandé par Roland. En sortant de la ville on se sépara.

Le capitaine de gendarmerie, qui connaissait mieux les localités que le colonel de dragons, se chargea de garder la fenêtre de la Correrie donnant sur le bois de Seillon; il avait avec lui huit gendarmes.

Le colonel de dragons fut chargé par Roland de garder la grande porte d'entrée de la Chartreuse. Il avait avec lui cinq dragons et cinq gendarmes. Roland se chargea de fouiller l'intérieur; il avait avec lui cinq gendarmes et sept dragons. On donna une demi-heure à chacun pour être à son poste. C'était plus qu'il n'en fallait.

A onze heures et demie sonnant à l'église de Péronnas, Roland et ses hommes devaient escalader le mur du verger. Le capitaine de gendarmerie suivit la route de Pont-d'Ain jusqu'à la lisière de la forêt, et, en côtoyant la lisière, gagna le poste qui lui était indiqué. Le colonel de dragons prit le chemin de traverse qui s'embranche à la route de Pont-d'Ain et qui mène à la grande porte de la Chartreuse. Enfin Roland prit à travers terre, et gagna le mur du verger qu'en d'autres circonstances il avait, on se le rappelle, déjà escaladé deux fois.

A onze heures et demie sonnant, il donna le signal à ses hommes et escalada le mur du verger; gendarmes et dragons le suivirent. Arrivés de l'autre côté du mur, ils ne savaient pas encore si Roland était brave, mais ils savaient qu'il était leste.

Roland leur montra dans l'obscurité la porte sur laquelle ils devaient se diriger; c'était celle qui donnait du verger dans le cloître.

Puis il s'élança le premier à travers les hautes herbes, le premier poussa la porte, le premier se trouva dans le cloître. Tout était obscur, muet, solitaire. Roland, servant toujours de guide à ses hommes, gagna le réfectoire. Partout la solitude, partout le silence.

Il s'engagea sous la voûte oblique, et se retrouva dans le jardin sans avoir effarouché d'autres êtres vivants que les chats-huants et les chauves-souris. Il se retrouva bientôt dans le jardin. Restait la citerne, le caveau mortuaire et le pavillon ou plutôt la chapelle de la forêt.

Roland traversa l'espace vide qui le séparait de la citerne. Arrivé au bas des degrés, il alluma trois torches, en garda une et remit les deux autres, l'une aux mains d'un dragon, l'autre aux mains d'un gendarme, puis il souleva la pierre qui masquait l'escalier. Les gendarmes qui suivaient Roland commençaient à croire qu'il était aussi brave que leste.

On franchit le couloir souterrain et l'on rencontra la première grille; elle était poussée, mais non fermée. On entra dans le caveau funèbre. Là, c'était plus que la solitude, plus que le silence : c'était la mort. Les plus braves sentirent un frissonnement passer à la racine de leurs cheveux. Roland alla de tombe en tombe, sondant les sépulcres avec la crosse du pistolet qu'il tenait à la main. Tout resta muet.

On traversa le caveau funèbre, on rencontra la seconde grille, on pénétra dans la chapelle. Même silence, même solitude, tout était abandonné, et, on eût pu le croire, depuis des années. Roland alla droit au chœur; il retrouva le sang sur les dalles, personne n'avait pris la peine de l'effacer. Là, on était à bout de recherches et il fallait désespérer. Roland ne pouvait se décider à la retraite. Il pensa que peut-être n'avait-il pas été attaqué, à cause de sa nombreuse escorte; il laissa dix hommes et une torche dans la chapelle, les chargea de se mettre par la fenêtre ruinée en communication avec le capitaine de gendarmerie embusqué dans la forêt, à quelques pas de cette fenêtre, et, avec deux hommes, revint sur ses pas.

Cette fois les deux hommes qui suivaient Roland le trouvaient plus que brave, ils le trouvaient téméraire. Mais Roland, ne s'inquiétant pas même s'il était suivi, reprit sa propre piste, à défaut de celle des bandits. Les deux hommes eurent honte et le suivirent. Décidément la Chartreuse était abandonnée.

Arrivé devant la grande porte, Roland appela le colonel de dragons; le colonel et ses dix hommes étaient à leur poste. Roland ouvrit la porte et fit sa jonction avec eux. Ils n'avaient rien vu, rien entendu. Ils rentrèrent tous ensemble, refermant et barricadant la porte derrière eux pour couper la retraite aux bandits, s'ils avaient le bonheur d'en rencontrer; puis ils allèrent rejoindre leurs compagnons qui, de leur côté, avaient rallié le capitaine de gendarmerie et ses huit hommes. Tout cela les attendait dans le chœur.

Il fallait se décider à la retraite : deux heures du matin venaient de sonner; depuis près de trois heures on était en quête sans avoir rien trouvé.

Roland, réhabilité dans l'esprit des gendarmes et des dragons, qui trouvaient que l'ex-novice ne boudait pas, donna, à son grand regret, le signal de la retraite en ouvrant la porte de la chapelle qui ouvrait sur la forêt.

Cette fois, comme on n'espérait plus rencontrer personne, Roland se contenta de la fermer derrière lui. Puis, au pas accéléré, la petite troupe reprit le chemin de Bourg. Le capitaine de gendarmerie, ses dix-huit hommes et Roland rentrèrent à leur caserne, après s'être fait reconnaître de la sentinelle. Le colonel de dragons et les douze hommes continuèrent leur chemin et rentrèrent dans la ville.

C'était ce cri de la sentinelle qui avait attiré l'attention de Morgan et de Valensolle; c'était la rentrée de ces dix-huit hommes à la caserne qui avait interrompu leur repas; c'était enfin cette circonstance imprévue qui avait fait dire à Morgan :

— Attention!

En effet, dans la situation où se trouvaient les deux jeunes gens, tout méritait attention. Aussi le repas fut-il interrompu, les mâchoires cessèrent-elles de fonctionner pour laisser les yeux et les oreilles remplir leurs fonctions dans toute leur étendue.

On vit bientôt que les yeux seuls seraient occupés. Chaque gendarme regagna sa chambre sans lumière ; rien n'attira donc l'attention des deux jeunes gens sur les nombreuses fenêtres de la caserne, de sorte qu'elle put se concentrer sur un seul point.

Au milieu de toutes ces fenêtres aveugles, deux s'illuminèrent; elles étaient placées en retour relativement au reste du bâtiment, de sorte qu'elles se trouvaient en face de celle où les deux amis prenaient leur repas. Ces fenêtres étaient au premier étage; mais placés comme ils l'étaient, c'est-à-dire sur le faîte des bottes de fourrage, Morgan et Valensolle se trouvaient non-seulement à la même hauteur qu'elles, mais encore plongeaient sur elles. Ces fenêtres étaient celles du capitaine de gendarmerie.

Soit insouciance du brave capitaine, soit pénurie de l'État, on avait oublié de garnir ces fenêtres de rideaux; de sorte que, grâce aux deux chandelles allumées par l'officier de gendarmerie pour faire honneur à son hôte, Morgan et Valensolle pouvaient voir tout ce qui se passait dans cette chambre. Tout à coup Morgan saisit le bras de Valensolle et l'étreignit avec force.

— Bon, dit Valensolle, qu'y a-t-il encore de nouveau?

Roland venait de jeter son chapeau à trois cornes sur une chaise, et Morgan l'avait reconnu.

— Roland de Montrevel, dit-il, Roland sous l'uniforme d'un maréchal des logis de gendarmerie; cette fois nous tenons sa piste, tandis qu'il cherche encore la nôtre. C'est à nous de ne pas la perdre. — Que fais-tu? demanda Valensolle, sentant que son ami s'éloignait de lui. — Je vais prévenir nos compagnons; toi, reste, et ne le perds pas de vue; il détache son sabre et dépose ses pistolets, il est probable qu'il passera la nuit dans la chambre du capitaine : demain je le défie de prendre une route, quelle qu'elle soit, sans avoir l'un de nous sur ses talons.

Et Morgan, se laissant glisser sur la déclivité du fourrage, disparut aux yeux de son compagnon, qui, accroupi comme un sphinx, ne perdait pas de vue Roland de Montrevel.

Un quart d'heure après Morgan était de retour et les fenêtres de l'officier de gendarmerie étaient, comme toutes les autres fenêtres de la caserne, rentrées dans l'obscurité.

— Eh bien? demanda Morgan. — Eh bien! répondit Valensolle, la chose a fini de la façon la plus prosaïque du monde : ils se sont déshabillés, ont éteint les chandelles et se sont couchés, le capitaine dans son lit, et Roland sur un matelas; il est donc probable qu'à cette heure ils ronflent à qui mieux mieux. — En ce cas, dit Morgan, bonne nuit à eux et à nous aussi.

Dix minutes après ce souhait était exaucé, et les deux jeunes gens dormaient comme s'ils n'avaient pas le danger pour camarade de lit.

III

L'HÔTEL DE LA POSTE.

Le même jour, vers six heures du matin, c'est-à-dire pendant le lever grisâtre et froid d'un des derniers jours de février, un cavalier, éperonnant un bidet de poste et précédé d'un postillon chargé de ramener le cheval en main, sortait de Bourg par la route de Mâcon ou de Saint-Jullien.

Nous disons par la route de Mâcon ou de Saint-Jullien, parce qu'à une lieue de la capitale de la Bresse la route bifurque et présente deux chemins, l'un qui conduit, en suivant tout droit, à Saint-Jullien ; l'autre qui, en déviant à gauche, mène à Mâcon.

Arrivé à l'embranchement des deux routes, le cavalier allait prendre le chemin de Mâcon, lorsqu'une voix qui semblait sortir de dessous une voiture renversée implora sa miséricorde. Le cavalier ordonna au postillon de voir ce que c'était.

Un pauvre maraîcher était pris, en effet, sous une voiture de légumes. Sans doute avait-il voulu la soutenir au moment où la roue, mordant sur le fossé, perdait l'équilibre : la voiture était tombée sur lui, et cela avec tant de bonheur, qu'il espérait, disait-il, n'avoir rien de cassé, et ne demandait qu'une chose, c'est qu'on aidât sa voiture à se remettre sur ses roues ; il espérait, lui, se remettre sur ses jambes.

Le cavalier était miséricordieux pour son prochain, car non-seulement il permit que le postillon s'arrêtât pour tirer le maraîcher de l'embarras où il se trouvait, mais encore il mit lui-même pied à terre, et, avec une vigueur qu'on était loin d'attendre d'un homme de taille moyenne comme il était, il aida le postillon à remettre la voiture, non-seulement sur ses roues, mais encore sur le pavé du chemin.

Après quoi il voulut aider l'homme à se relever à son tour; mais celui-ci avait dit vrai, il était sain et sauf, et s'il lui restait une espèce de flageolement dans les jambes, c'était pour justifier le proverbe : qu'il y a un Dieu pour les ivrognes. Le maraîcher se confondit en remercîments et prit son cheval par la bride, mais tout autant, la chose était facile à voir, pour se soutenir lui-même que pour conduire l'animal par le droit chemin.

Les deux cavaliers se remirent en selle, lancèrent leurs chevaux au galop et disparurent bientôt au coude que fait la route cinq minutes avant d'arriver au bois Monnet. Mais à peine eurent-ils disparu, qu'il se fit un changement notable dans les allures du maraîcher : il arrêta son cheval, se redressa, porta à ses lèvres l'embouchure d'une petite trompe, et sonna trois coups. Une espèce de palefrenier sortit du bois qui borde la grande route, conduisant un cheval de maître par la bride.

Le maraîcher dépouilla rapidement sa blouse, jeta bas son pantalon de grosse toile, et se trouva en veste et en culotte de daim et chaussé de bottes à retroussis. Il fouilla dans sa voiture, en tira un paquet qu'il ouvrit, secoua un habit de chasse vert, à brandebourgs d'or, l'endossa, passa par-dessus une houppelande marron, prit des mains du palefrenier un chapeau que celui-ci lui présentait et qui était assorti avec son élégant costume, se fit visser des éperons à ses bottes, et, sautant sur son cheval avec la légèreté et l'adresse d'un écuyer consommé :

— Trouve-toi ce soir à sept heures, dit-il au palefrenier, entre Saint-Just et Ceyzeriat, tu y rencontreras Morgan, et tu lui diras que celui *qu'il sait* va à Mâcon, mais que j'y serai avant lui.

Et en effet, sans s'inquiéter de la voiture de légumes qu'il laissait d'ailleurs à la garde de son domestique, l'ex-maraîcher, qui n'était autre que notre ancienne connaissance Montbar, tourna la tête de son cheval du côté du bois de Monnet et le mit au galop.

Celui-là n'était pas un mauvais bidet de poste, comme celui que montait Roland, mais au contraire un excellent cheval de course ; de sorte qu'entre le bois de Monnet et Polliat, Monbar rejoignit et dépassa les deux cavaliers.

Le cheval, sauf une courte halte à Saint-Cyr-sur-Menthon, fit d'une seule traite, et en moins de trois heures, les neuf ou dix lieues qui séparent Bourg de Mâcon. Arrivé à Mâcon, Montbar descendit à l'hôtel de la poste, le seul qui, à cette époque, avait la réputation d'accaparer tous les voyageurs de distinction. Au reste ; à la façon dont Montbar fut reçu dans l'hôtel, on voyait que l'hôte avait à faire à une ancienne connaissance.

— Ah! c'est vous, monsieur de Jayat, dit l'hôte ; nous nous demandions hier ce que vous étiez devenu : il y a plus d'un mois qu'on ne vous a vu dans nos pays.
— Vous croyez qu'il y a si longtemps que cela, mon ami? dit le jeune homme en affectant le grasseyement à la mode ; oui, c'est ma parole vrai! j'ai été chez des amis, chez les Treffort, les Hautecourt ; vous connaissez ces messieurs de nom, n'est-ce pas? — Oh! de nom et de personne. — Nous avons chassé à courre ; ils ont d'excellents équipages, parole d'honneur! Mais déjeune-t-on chez vous, ce matin? — Pourquoi pas? — Eh bien, alors, servez-moi un poulet, une bouteille de vin de Bordeaux, deux côtelettes, des fruits, la moindre chose. — Dans un instant. Voulez-vous être servi dans votre chambre, ou dans la salle commune? — Dans la salle commune, c'est plus gai ; seulement servez-moi sur une table à part. Ah! n'oubliez pas mon cheval, c'est une excellente bête, et que j'aime mieux que certains chrétiens, parole d'honneur!

L'hôte donna ses ordres, Montbar se mit devant la cheminée, retroussa sa houppelande et se chauffa les mollets.

— C'est toujours vous qui tenez la poste? demanda-t-il à l'hôte, comme pour ne pas laisser tomber la conversation. — Je crois bien ! — Alors, c'est chez vous que relayent les diligences? — Non, pas les diligences, les malles. — Ah! dites donc : il faut que j'aille à Chambéry un de ces jours, combien y a-t-il de places dans la malle ? — Trois : deux dans l'intérieur, une avec le courrier. — Et ai-je chance de trouver une place libre ? — Ça se peut encore quelquefois ; mais le plus sûr, voyez-vous, c'est toujours d'avoir sa calèche ou son cabriolet à soi. — On ne peut donc pas en retenir une d'avance? — Non, car vous comprenez bien, monsieur de Jayat, s'il y a des voyageurs qui aient pris leurs places de Paris à Lyon, ils vous priment. — Voyez-vous, les aristocrates ! dit en riant Montbar. A propos d'aristocrates, il vous en arrive un derrière moi en poste ; je l'ai dépassé à un quart de lieue de Polliat ; il m'a semblé qu'il montait un bidet un peu poussif. — Oh! fit l'hôte, ce n'est pas étonnant, mes confrères sont si mal équipés en chevaux! — Et tenez, justement voilà notre homme, reprit Montbar ; je croyais avoir plus d'avance que cela sur lui.

En effet, Roland au moment même passait au galop devant les fenêtres et entrait dans la cour.

— Prenez-vous toujours la chambre n° 1, monsieur de Jayat? demanda l'hôte. — Pourquoi la question ? — Mais parce que c'est la meilleure, et que, si vous ne la prenez pas, nous la donnerions à la personne qui arrive, dans le cas où elle ferait séjour. — Oh! ne vous préoccupez pas de moi, je ne saurai que dans le courant de la journée si je reste ou si je pars. Si le nouvel arrivant fait séjour comme vous dites, donnez-lui le n° 1 ; je me contenterai du n° 2. — Monsieur est servi, dit le garçon en paraissant sur la porte de communication qui conduisait de la cuisine à la salle commune.

Montbar fit un signe de tête et se rendit à l'invitation qui lui était faite ; il entrait dans la salle commune juste au moment où Roland entrait dans la cuisine. La table était servie en effet ; Montbar changea son couvert de côté, et se plaça de façon à tourner le dos à la porte.

La précaution était inutile, Roland n'entra point dans la salle commune, et le déjeuneur put achever son repas sans être dérangé. Seulement, au dessert, son hôte vint lui apporter lui-même le café.

Montbar comprit que le digne homme était en humeur de causer, cela tombait à merveille ; il y avait certaine chose que lui-même désirait savoir.

— Eh bien ! demanda Montbar, qu'est donc devenu notre homme? est-ce qu'il n'a fait que changer de cheval ? — Non, non, non, répondit l'hôte ; comme vous le disiez, c'est un aristocrate ; il a demandé qu'on lui servît à déjeuner dans sa chambre. — Dans sa chambre ou dans ma chambre? demanda Montbar, car je suis bien sûr que vous lui avez donné le fameux n° 1. — Dame! monsieur de Jayat, c'est votre faute ; vous m'avez dit que j'en pouvais disposer. — Et vous m'avez pris au mot, vous avez bien fait ; je me contenterai du n° 2. — Oh! vous y serez bien mal ; la chambre n'est séparée du n° 1 que par une cloison, et l'on entend tout ce qui se fait ou se dit d'une chambre dans l'autre. — Ah çà! mon cher hôte, vous croyez donc que je suis venu chez vous pour faire des choses inconvenantes ou chanter des chansons séditieuses, que vous avez peur qu'on entende ce que je dirai ou ce que je ferai? — Oh! ce n'est pas cela. — Qu'est-ce donc? — Je n'ai pas peur que vous dérangiez les autres; j'ai peur que vous ne soyez dérangé. — Bon! votre jeune homme est donc un tapageur? — Non, mais ça m'a l'air d'un officier. — Qui a pu vous faire croire cela? — Sa tournure d'abord, puis il s'est informé du régiment qui était en garnison à Mâcon; je lui ai dit que c'était le 7ᵉ chasseurs à cheval. « Ah! bon, a-t-il dit, je connais le chef de brigade; c'est un de mes amis; votre garçon peut-il lui porter ma carte, et lui demander s'il veut venir déjeuner avec moi? » — Ah! ah! — De sorte que, vous comprenez, des officiers, entre eux, ça va être du bruit, du tapage! Ils vont peut-être non-seulement déjeuner, mais dîner, mais souper. — Je vous ai déjà dit, mon cher hôte, que je ne croyais point avoir le plaisir de passer la nuit chez vous; j'attends, poste restante, des lettres de Paris qui décideront de ce que je vais faire; en attendant, allumez-moi du feu dans la chambre n° 2, en faisant le moins de bruit possible pour ne pas gêner mon voisin; vous me ferez monter en même temps une plume, de l'encre et du papier : j'ai à écrire.

Les ordres de Montbar furent ponctuellement exécutés, et lui-même monta sur les pas du garçon de service pour veiller à ce que Roland ne fût point incommodé de son voisinage.

La chambre était bien telle que l'hôte de la poste l'avait dite, et pas un mouvement ne pouvait se faire dans l'une, pas un mot ne pouvait se dire qui ne fût entendu dans l'autre. Aussi Montbar entendit-il parfaitement le garçon de l'hôtel annoncer à Roland le chef de brigade Saint-Maurice et, à la suite du pas résonnant de celui-ci dans le corridor, les exclamations que laissèrent échapper les deux amis, enchantés de se revoir.

De son côté, Roland, distrait un instant par le bruit qui s'était fait dans la chambre voisine, avait oublié ce bruit dès qu'il avait cessé, et il n'y avait point de danger qu'il se renouvelât.

Montbar, une fois qu'il fut seul, s'était assis à la table sur laquelle étaient déposés encre, plume et papier, et était resté immobile. Les deux officiers s'étaient connus autrefois en Italie, et Roland s'était trouvé sous les ordres de Saint-Maurice lorsque celui-ci était capitaine, et que lui, Roland, n'était que lieutenant.

Aujourd'hui les grades étaient égaux; de plus, Roland avait double mission du premier consul et du préfet de police, qui lui donnait commandement sur les officiers du même grade que lui, et même, dans les limites de sa mission, sur des officiers d'un grade plus élevé.

Morgan ne s'était pas trompé en présumant que le frère d'Amélie était à la poursuite des compagnons de Jehu : quand les perquisitions nocturnes faites dans la Chartreuse de Seillon n'en eussent pas donné la preuve, cette preuve eût ressorti de la conversation du jeune officier avec son collègue, en supposant que cette conversation eût été entendue.

Ainsi le premier consul envoyait bien effectivement cinquante mille francs à titre de don aux pères du Saint-Bernard; ainsi ces cinquante mille francs étaient bien réellement envoyés par la poste; mais ces cinquante mille francs n'étaient qu'une espèce de piége, où l'on comptait prendre les dévaliseurs de diligences, s'ils n'étaient point surpris dans la Chartreuse de Seillon ou dans quelque autre lieu de leur retraite.

Maintenant restait à savoir comment on les surprendrait. Ce fut ce qui, tout en déjeunant, se débattit longuement entre les deux officiers.

Au dessert, ils étaient d'accord, et le plan était arrêté. Le même soir, Morgan recevait une lettre ainsi conçue :

« Comme nous l'a dit Adler, vendredi prochain, à cinq heures du soir, la malle partira de Paris avec cinquante mille francs destinés aux pères du Saint-Bernard.

« Les trois places, la place du coupé et les deux places de l'intérieur, sont déjà retenues par trois voyageurs qui monteront, le premier à Sens, les deux autres à Tonnerre.

« Ces voyageurs seront, dans le coupé : un des braves agents du citoyen Fouché ; et dans l'intérieur : M. Roland de Montrevel et le chef de brigade du 7e chasseurs, en garnison à Mâcon.

« Ils seront en costumes bourgeois, pour ne point inspirer de soupçons, mais armés jusqu'aux dents.

« Douze chasseurs à cheval, avec mousquetons, pistolets et sabres, escorteront la malle, mais à distance, et de manière à arriver au milieu de l'opération.

« Le premier coup de pistolet tiré doit leur donner le signal de mettre leurs chevaux au galop et de tomber sur les dévaliseurs.

« Maintenant, mon avis est que malgré toutes ces précautions, et même à cause de toutes ces précautions, l'attaque soit maintenue et s'opère à l'endroit indiqué, c'est-à-dire à la Maison-Blanche.

« Si c'est l'avis des compagnons, qu'on me le fasse savoir : c'est moi qui conduirai la malle en postillon de Mâcon à Belleville.

« Je fais mon affaire du chef de brigade ; que l'un de vous fasse la sienne de l'agent du citoyen Fouché.

« Quant à M. Roland de Montrevel, il ne lui arrivera rien, attendu que je me charge, par un moyen à moi connu et par moi inventé, de l'empêcher de descendre de la malle-poste.

« L'heure précise où la malle de Chambéry passe à la Maison-Blanche est samedi à six heures du soir.

« Un seul mot de réponse conçu en ces termes : *Samedi, à six heures du soir*, et tout ira sur des roulettes. « Montbar. »

A minuit, Montbar, qui effectivement s'était plaint du bruit fait par son voisin et avait été mis dans une chambre située à l'autre extrémité de l'hôtel, était réveillé par un courrier, qui n'était autre que le palefrenier qui lui avait amené sur la route un cheval tout sellé.

Ce palefrenier était porteur d'une lettre pour M. de Jayat. Cette lettre contenait simplement ces mots, suivis d'un post-scriptum :

« Samedi, à six heures du soir. Morgan.

« *P.-S.* — Ne pas oublier, même au milieu du combat, et surtout au milieu du combat, que la vie de Roland de Montrevel est sauvegardée. »

Le jeune homme lut cette réponse avec une joie visible ; ce n'était plus une simple arrestation de diligence, cette fois, c'était une espèce d'affaire d'honneur entre hommes d'une opinion différente, une rencontre entre braves.

Ce n'était pas seulement de l'or que l'on allait répandre sur la grande route, c'était du sang. Ce n'était pas aux pistolets sans balles du conducteur, maniés par les mains d'un enfant, qu'on allait avoir affaire, c'était aux armes mortelles de soldats habitués à s'en servir.

Au reste, on avait toute la journée qui allait s'ouvrir et toute celle du lendemain pour prendre ses mesures : Montbar se contenta donc de demander au palefrenier quel était le postillon de service qui devait, à cinq heures, prendre la malle à Mâcon et faire la poste ou plutôt les deux postes qui s'étendent de Mâcon à Belleville. Il lui recommanda en outre d'acheter quatre pitons et deux cadenas fermant à clef.

Il savait d'avance que la malle arrivait à quatre heures et demie à Mâcon, y dînait, et en repartait à cinq heures précises. Sans doute toutes les mesures de Montbar étaient prises d'avance, car, ces recommandations faites à son domestique, il le congédia, et s'endormit comme un homme qui a un arriéré de sommeil à combler.

Le lendemain, il ne se réveilla ou plutôt ne descendit qu'à neuf heures du matin. Il demanda sans affectation à l'hôte des nouvelles de son bruyant voisin. Il était parti à six heures du matin par la malle-poste de Lyon à Paris, avec son ami le chef de brigade des chasseurs, et l'hôte avait cru entendre qu'ils n'avaient retenu leurs places que jusqu'à Tonnerre.

Au reste, de même que M. de Jayat s'inquiétait du jeune officier, le jeune officier, de son côté, s'était inquiété de lui, il avait demandé qui il était, s'il venait d'habitude dans l'hôtel, et si l'on croyait qu'il consentît à vendre son cheval.

L'hôte avait répondu qu'il connaissait parfaitement M. de Jayat, que celui-ci avait l'habitude de loger à son hôtel toutes les fois que ses affaires l'amenaient à Mâcon, et que, quant à son cheval, il ne croyait pas, vu la tendresse que le jeune gentilhomme avait manifestée pour lui, qu'il consentît à s'en défaire à quelque prix que ce fût. Sur quoi le voyageur était parti sans insister davantage.

Après le déjeuner, M. de Jayat, qui paraissait fort désœuvré, fit seller son cheval, monta dessus et sortit de Mâcon par la route de Lyon. Tant qu'il fut dans la ville, il laissa marcher son cheval à l'allure qui convenait à l'élégant animal; mais une fois hors de la ville, il rassembla les rênes et serra les genoux : l'indication était suffisante, l'animal partit au galop.

Montbar traversa les villages de Varennes et de Crèches et la Chapelle de Grinchay, et ne s'arrêta qu'à la Maison-Blanche.

Le lieu était bien tel que l'avait dit Valensolle, et merveilleusement choisi pour une embuscade.

La Maison-Blanche était située au fond d'une petite vallée, entre une descente et une montée ; à l'angle de son jardin passait un petit ruisseau sans nom qui allait se jeter dans la Saône à la hauteur de Challe. Des arbres touffus et élevés suivaient le cours de la rivière et, se développant en demi-cercle, enveloppaient la maison. Quant à la maison elle-même, après avoir été autrefois une auberge dont l'aubergiste n'avait pas fait ses affaires, elle était fermée depuis sept ou huit ans, et commençait à tomber en ruines.

Avant d'arriver à elle en venant de Mâcon, la route faisait un coude. Montbar examina les localités avec le soin d'un ingénieur chargé de choisir le terrain d'un champ de bataille, tira un crayon et un portefeuille de sa poche et traça un plan exact de la position ; puis il revint à Mâcon.

Deux heures après, le palefrenier partait portant ce plan à Morgan, et laissant à son maître le nom du postillon qui devait conduire la malle : il s'appelait Antoine. Il avait en outre acheté les quatre pitons et les deux cadenas.

Montbar fit monter une bouteille de vieux bourgogne et demanda Antoine. Dix minutes après, Antoine entrait. C'était un grand et beau garçon de vingt-cinq à vingt-six ans, de la taille à peu près de Montbar, ce que celui-ci, après l'avoir toisé des pieds à la tête, avait remarqué avec satisfaction.

Le postillon s'arrêta au seuil de la porte, et portant la main à son chapeau à la manière des militaires :

— Le citoyen m'a fait demander? dit-il. — C'est bien vous qu'on appelle Antoine? fit Montbar. — Pour vous servir, si j'en étais capable, vous et votre compagnie. — Eh bien! oui, mon ami, tu peux me servir ; ferme donc la porte et viens ici.

Antoine ferma la porte, s'approcha jusqu'à la distance de deux pas de Montbar, et portant de nouveau la main à son chapeau :

— Voilà, notre maître. — D'abord, dit Montbar, si tu n'y vois pas d'inconvénient, nous allons boire un verre de vin à la santé de ta maîtresse. — Oh! oh! de ma maîtresse, fit Antoine, est-ce que les gens comme nous ont des maîtresses? c'est bon pour les seigneurs comme vous d'avoir des maîtresses. — Ne vas-tu pas me faire accroire, drôle, dit Montbar, qu'avec une encolure comme la tienne on fait vœu de continence? — Oh! je ne veux pas dire que l'on soit un moine à cet endroit ; on a par-ci, par-là, quelque amourette sur le grand chemin. — Oui, à chaque cabaret ; c'est pour cela qu'on s'arrête si souvent avec les chevaux de retour pour boire la goutte ou allumer sa pipe. — Dame! fit Antoine avec un intraduisible mouvement d'épaule, il faut bien rire.

— Eh bien, goûte-moi ce vin-là, mon garçon, je te réponds que ce n'est pas lui qui te fera pleurer.

Et prenant un verre plein Montbar fit signe au postillon de prendre l'autre verre.

— A votre santé et à celle de votre compagnie!

C'était une locution familière au brave postillon, une espèce d'extension de politesse qui n'avait pas besoin d'être justifiée pour lui par une compagnie quelconque.

— Ah! oui, dit-il après avoir bu et en faisant clapper sa langue, en voilà du chenu, et moi qui l'ai avalé sans le goûter, comme si c'était du petit bleu. — C'est un tort, Antoine. — Mais, oui, que c'est un tort. — Bon! fit Montbar en versant un second verre, heureusement qu'il peut se réparer. — Pas plus haut que le pouce, notre bourgeois, dit le facétieux postillon en tendant le verre et ayant soin que son pouce fût au niveau du rebord. — Minute, fit Montbar au moment où Antoine allait porter le verre à sa bouche. — Il était temps, fit le postillon ; il allait y passer, le malheureux. Qu'y a-t-il? — Tu n'as pas voulu que je boive à la santé de ta maîtresse, mais tu ne refuseras pas, je l'espère, de boire à la santé de la mienne. — Oh! ça ne se refuse pas, surtout avec de pareil vin ; à la santé de votre maîtresse et de sa compagnie! Et il avala la rouge liqueur, en la dégustant cette fois. — Eh bien, fit Montbar, tu t'es encore trop pressé, mon ami. — Bah! fit le postillon. — Oui; suppose que j'aie plusieurs maîtresses : du moment où nous ne nommons pas celle à la santé de laquelle nous buvons, comment veux-tu que cela lui profite? — C'est ma foi vrai! — C'est triste, mais il faut recommencer cela, mon ami. — Ah! recommençons! Il ne s'agit pas, avec un homme comme vous, de mal faire les choses; on a commis la faute, on la boira.

Et Antoine tendit son verre, que Montbar remplit jusqu'au bord.

— Maintenant, dit-il en jetant un coup d'œil sur la bouteille et en s'assurant par ce coup d'œil qu'elle était vide, il ne s'agit plus de nous tromper. Son nom? — A la belle Joséphine! dit Montbar. — A la belle Joséphine! répéta Antoine. Et il avala le bourgogne avec une satisfaction qui semblait aller croissant.

Puis, après avoir bu et s'être essuyé les lèvres avec sa manche, au moment de reposer le verre sur la table :

— Eh! dit-il, un instant, bourgeois. — Bon! dit Montbar, est-ce qu'il y a encore quelque chose qui ne va pas? — Je crois bien; nous avons fait de la mauvaise besogne, mais il est trop tard. — Pourquoi cela? — La bouteille est vide. — Bon, celle-ci, mais pas celle-là.

Et Montbar prit dans le coin de la cheminée une bouteille toute débouchée.

— Ah! ah! fit Antoine, dont le visage s'éclaira d'un radieux sourire. — Y a-t-il du remède? demanda Montbar. — Il y en a, fit Antoine.

Et il tendit son verre. Montbar le remplit avec la même conscience qu'il avait fait des trois premiers.

— Eh bien, fit le postillon mirant au jour le liquide rubis qui étincelait dans son verre, je disais donc que nous avions bu à la santé de la belle Joséphine? — Oui, dit Montbar. — Mais, continua Antoine, il y a diablement de Joséphines en France. — C'est vrai; combien crois-tu qu'il y en ait, Antoine? — Bon; il y en a bien cent mille. — Je t'accorde cela, après? — Eh bien, sur ces cent mille, j'admets qu'il n'y en a qu'un dixième de belles. — C'est beaucoup. — Mettons qu'un vingtième. — Soit. — Cela fait cinq mille. — Sais-tu que tu es fort en arithmétique? — Je suis fils de maître d'école. — Eh bien? — Eh bien, à laquelle de ces cinq mille avons-nous bu? ah! — Tu as par ma foi raison, Antoine; il faut ajouter le nom de famille au nom de baptême; à la belle Joséphine.... — Attendez, le verre est entamé, il ne peut plus servir; il faut, pour que la santé soit profitable, le vider et le remplir.

Antoine porta le verre à sa bouche.

— Le voilà vide, dit-il. — Et le voilà rempli, fit Montbar en le mettant en contact avec la bouteille. — Aussi, j'attends; à la belle Joséphine?... — A la belle Joséphine... Lollier!

Et Montbar vida son verre.

— Jarnidieu! fit Antoine; mais, attendez donc, Joséphine Lollier, je connais cela. — Je ne dis pas non. — Joséphine Lollier, mais c'est la fille du maître de la poste aux chevaux de Belleville. — Justement. — Fichtre! fit le postillon, vous n'êtes pas à plaindre, notre bourgeois, un joli brin de fille; à la santé de la belle Joséphine Lollier!

Et il avala son cinquième verre de bourgogne.

— Eh bien, maintenant, demanda Montbar, comprends-tu pourquoi je t'ai fait monter, mon garçon? — Non, mais je ne vous en veux pas tout de même. — C'est bien gentil de ta part. — Oh! moi, je suis bon diable. — Eh bien, je

vais te le dire. — Je suis tout oreilles. — Attends! Je crois que tu entendras encore mieux si ton verre est plein que s'il est vide. — Est-ce que vous avez été médecin des sourds, vous, par hasard? demanda le postillon en goguenardant. — Non; mais j'ai beaucoup vécu avec les ivrognes, répondit Montbar en remplissant de nouveau le verre d'Antoine. — On n'est pas ivrogne parce qu'on aime le vin, dit Antoine. — Je suis de ton avis, mon brave, répliqua Montbar; on n'est ivrogne que quand on ne sait pas le porter. — Bien dit, fit Antoine, qui paraissait porter le sien à merveille, j'écoute. — Tu m'as dit que tu ne comprenais pas pourquoi je t'avais fait monter? — Je l'ai dit. — Cependant, tu dois bien te douter que j'avais un but? — Tout homme en a un, bon ou mauvais, à ce que prétend notre curé, dit sentencieusement Antoine. — Eh bien, le mien, mon ami, reprit Montbar, est de pénétrer la nuit, sans être reconnu, dans la cour de maître Nicolas-Denis Lollier, maître de poste à Belleville. — A Belleville, répéta Antoine qui suivait les paroles de Montbar avec toute l'attention dont il était capable, je comprends; et vous voulez pénétrer sans être reconnu dans la cour de maître Nicolas-Denis Lollier, maître de poste à Belleville, pour voir à votre aise la belle Joséphine? Ah! mon gaillard. — Tu y es, mon cher Antoine; et je veux y pénétrer sans être reconnu, parce que le père Lollier a tout découvert, et qu'il a défendu à sa fille de me recevoir. — Voyez-vous; et que puis-je à cela, moi? — Tu as encore les idées obscures, Antoine; bois ce verre de vin-là pour les éclaircir.
— Vous avez raison, fit Antoine.

Et il avala son sixième verre de vin.

— Ce que tu y peux, Antoine? — Oui, qu'est-ce que j'y peux? voilà ce que je demande. — Tu y peux tout, mon ami. — Moi? — Toi. — Ah! je serais curieux de savoir cela; éclaircissez, éclaircissez.

Et il tendit son verre.

— Tu conduis, demain, la malle de Chambéry? — Un peu; à six heures. — Eh bien, supposons qu'Antoine soit un bon garçon. — C'est tout supposé, il l'est. — Eh bien, voilà ce que fait Antoine. — Voyons, que fait-il? — D'abord, il vide son verre. — Ce n'est pas difficile, c'est fait. — Puis, il prend ces dix louis.

Montbar aligna dix louis sur la table.

— Ah! ah! fit Antoine, des jaunets, des vrais; je croyais qu'ils avaient tous émigré, ces diables-là! — Tu vois qu'il en reste. — Et que faut-il qu'Antoine fasse pour qu'ils passent dans sa poche? — Il faut qu'Antoine me prête son plus bel habit de postillon. — A vous? — Et me donne sa place demain soir. — Eh oui, pour que vous voyiez la belle Joséphine sans être reconnu. — Allons donc! J'arrive à huit heures à Belleville, j'entre dans la cour, je dis que les chevaux sont fatigués, je les fais reposer jusqu'à dix heures, et, de huit heures à dix... — Ni vu ni connu, je t'embrouille le père Lollier. — Eh bien, ça y est-il, Antoine? — Ça y est; on est jeune, on est du parti des jeunes; on est garçon, on est du parti des garçons; quand on sera vieux et papa, on sera du parti des papas et des vieux, et on criera : Vivent les ganaches! — Ainsi, mon brave Antoine, tu me prêtes ta plus belle veste et ta plus belle culotte? — J'ai justement une veste et une culotte que je n'ai pas encore mises. — Tu me donnes ta place? — Avec plaisir. — Et moi je te donne ces cinq louis d'arrhes. — Et le reste? — Demain, en passant les bottes; seulement, tu auras une précaution... — Laquelle? — On parle beaucoup de brigands qui dévalisent les diligences; tu auras soin de mettre des fontes à la selle du porteur. — Pourquoi faire? — Pour y fourrer des pistolets. — Allons donc! n'allez-vous pas leur faire du mal à ces braves jeunes gens? — Comment, tu appelles des braves jeunes gens des voleurs qui dévalisent les diligences? — Bon; on n'est pas un voleur parce qu'on vole l'argent du gouvernement. — C'est ton avis? — Je crois bien; et encore que c'est l'avis de bien d'autres. Je sais bien, quant à moi, que si j'étais juge je ne les condamnerais pas. — Tu boirais peut-être à leur santé? — Ah! tout de même, ma foi, si le vin était bon. — Je t'en défie, dit Montbar en versant dans le verre d'Antoine tout ce qui restait dans la seconde bouteille. — Vous savez le proverbe? dit le postillon. — Lequel? — Il ne faut pas défier un fou de faire sa folie. A la santé des compagnons de Jehu! — Ainsi soit-il, dit Montbar. — Et les cinq louis? fit Antoine en reposant le verre sur la table. — Les voilà. — Merci; vous aurez des fontes à votre selle, mais, croyez-moi, ne mettez pas de pistolets dedans, ou, si vous mettez des pistolets dedans, faites comme le père Jérôme, le conducteur de Genève, ne mettez pas de balles dans vos pistolets.

Et, sur cette recommandation philanthropique, le postillon prit congé de Montbar et descendit l'escalier en chantant d'une voix avinée :

> Le matin, je me prends, je me lève,
> Dans le bois je m'en suis allé,
> J'y trouvai ma bergère qui rêve,
> Doucement je la réveillai.
>
> Je lui dis : Aimable bergère,
> Un berger vous ferait-il peur?
> — Un berger à moi, pourquoi faire?
> Taisez-vous, monsieur le trompeur.

Montbar suivit consciencieusement le chanteur jusqu'à la fin du second couplet; mais, quelque intérêt qu'il prît à la romance de maître Antoine, la voix de celui-ci s'étant perdue dans l'éloignement, il fut obligé de faire son deuil du reste de la chanson.

IV

LA MALLE DE CHAMBÉRY.

Le lendemain, à cinq heures de l'après-midi, Antoine, pour ne point être en retard sans doute, harnachait, dans la cour de l'hôtel de la poste, les trois chevaux qui devaient enlever la malle.

Selon la recommandation que lui avait faite Montbar, la selle du porteur était garnie d'arçons. De temps en temps, en allant et venant, il se tournait vers la fenêtre d'une petite chambre descendant à la cour par un escalier de service. Cette fenêtre, dont le rideau était légèrement écarté, permettait, si elle était habitée, à celui ou à celle qui l'habitait, de voir, à travers le crépuscule d'une soirée d'hiver, ce qui se passait dans la cour. On eût dit qu'Antoine rendait compte de chacun de ses faits et gestes à quelque observateur inconnu, caché derrière ce rideau.

A cinq heures trente-cinq minutes, on entendit le roulement d'une voiture et les claquements de fouet du postillon.

Un instant après, la malle entrait au grand galop dans la cour de l'hôtel et venait se ranger sous les fenêtres de la chambre qui avait tant paru préoccuper Antoine, c'est-à-dire à trois pas de la dernière marche de l'escalier de service.

Si l'on eût pu faire, sans y avoir un intérêt positif, attention à un si petit détail, on eût remarqué que le rideau de la fenêtre s'écartait d'une façon presque imprudente pour permettre à la personne qui habitait la chambre de voir qui descendait de la malle-poste. Il en descendit trois hommes qui, avec la hâte de voyageurs affamés, se dirigèrent vers les fenêtres ardemment éclairées de la salle commune.

A peine étaient-ils entrés que l'on vit par l'escalier de service descendre un élégant postillon non chaussé encore de ses grosses bottes, mais simplement de fins escarpins par-dessus lesquels il comptait les passer. Ce postillon fit entendre un petit sifflement qui, si léger qu'il fût, suffit pour attirer l'attention d'Antoine, lequel accourut apportant ses grosses bottes et sa houppelande.

Le postillon élégant passa les grosses bottes d'Antoine, lui glissa cinq louis dans la main, puis se tourna pour que celui-ci lui jetât sur les épaules sa houppelande, que la rigueur de la saison rendait à peu près nécessaire. Cette toilette achevée, Antoine rentra lestement dans l'écurie, où il se dissimula dans le coin le plus obscur.

Quant à celui auquel il venait de céder sa place, rassuré sans doute par la hauteur du col de la houppelande qui lui cachait la moitié du visage, il alla droit aux trois chevaux harnachés d'avance par Antoine, glissa une paire de pistolets à deux coups dans les arçons, et, profitant de l'isolement où était la malle-poste par le dételage des chevaux et l'éloignement des postillons de Tournus, il planta, à l'aide d'un poinçon aigu qui pouvait à la rigueur devenir un poignard, ses quatre pitons dans le bois de la malle-poste, c'est-à-dire un à chaque portière, et les deux autres en regard dans le bois de la caisse.

Après quoi, il se mit à atteler les chevaux avec une promptitude et une adresse qui indiquaient un homme familiarisé depuis son enfance avec tous les détails de l'art poussé si loin de nos jours par cette honorable classe de la société que nous appelons les gentilshommes riders.

Cela fait, il attendit, calmant ses chevaux impatients à l'aide de la parole et du fouet savamment combinés ou employés chacun à son tour.

On connaît la rapidité avec laquelle s'exécutaient les repas des malheureux condamnés au régime de la malle-poste; la demi-heure n'était donc pas écoulée qu'on entendit la voix du conducteur qui criait:

— Allons, citoyens voyageurs, en voiture.

Le prêtre se tint près de la voiture et, malgré leur déguisement, reconnut parfaitement Roland et le chef de brigade du 7e chasseurs, qui montèrent et prirent place dans l'intérieur sans faire attention au postillon. Celui-ci referma la portière sur eux, passa le cadenas dans les deux pitons et donna un tour de clef. Puis, faisant le tour de la malle, il fit semblant de laisser tomber son fouet devant l'autre portière, passa en se baissant le second cadenas dans les deux autres pitons, lui donna un tour de clef en se relevant, et, sûr que les deux officiers étaient bien vérrouillés, il enfourcha son cheval en gourmandant le conducteur qui lui laissait faire sa besogne.

En effet, le voyageur du coupé était déjà à sa place, que le conducteur débattait encore un reste de compte avec l'hôte.

— Est-ce pour ce soir, pour cette nuit, ou pour demain matin, père François? cria le faux postillon en imitant de son mieux la voix du vrai. — C'est bon, c'est bon, on y va, répondit le conducteur.

Puis, regardant autour de lui :

— Tiens! où sont donc les voyageurs? demanda-t-il. — Nous voilà, dirent à la fois les deux officiers, dans l'intérieur de la malle, et l'agent du coupé. — La portière est bien fermée? insista le père François. — Oh! je vous en réponds, fit Leprêtre. — En ce cas, en route, mauvaise troupe, cria le conducteur tout en gravissant le marchepied, en prenant place près de son voyageur et en tirant la portière après lui.

Le postillon ne se le fit pas redire; il enleva ses chevaux en enfonçant ses éperons dans le ventre du porteur et en cinglant aux deux autres un vigoureux coup de fouet. La malle-poste partit au galop.

Leprêtre conduisait comme s'il n'eût fait que cela toute sa vie; il traversa toute la ville en faisant danser les vitres et trembler les maisons; jamais véritable postillon n'avait fait claquer son fouet d'une si savante manière. A la sortie de Mâcon, il vit un petit groupe de cavaliers : c'étaient les douze chasseurs qui devaient suivre la malle sans avoir l'air de l'escorter. Le chef de brigade passa la tête par la portière et fit un signe au maréchal des logis qui les commandait.

Leprêtre ne parut rien remarquer, mais, au bout de cinq cents pas, tout en exécutant une symphonie avec son fouet, il retourna la tête et vit que l'escorte s'était mise en marche.

— Attendez, mes petits enfants, dit Leprêtre, je vais vous en faire voir du pays.

Et il redoubla de coups d'éperons et de coups de fouet. Les chevaux semblaient avoir des ailes, la malle volait sur le pavé, on eût dit le char du tonnerre qui passait. Le conducteur s'inquiéta.

— Eh! maître Antoine, cria-t-il, est-ce que nous serions ivre par hasard? — Ivre! ah bien oui, répondit Leprêtre, j'ai dîné avec une salade de betteraves. — Mais, morbleu, s'il va de ce train-là, cria Roland en passant à son tour la tête par la portière, l'escorte ne pourra nous suivre. — Tu entends ce qu'on te dit, cria le conducteur. — Non, répondit Leprêtre, je n'entends pas. — Eh bien, on te fait observer que, si tu vas de ce train-là, l'escorte ne pourra pas suivre. — Il y a donc une escorte? demanda Leprêtre. — Eh! oui, puisque nous avons de l'argent du gouvernement. — C'est autre chose, alors; il fallait donc dire cela tout de suite.

Mais, au lieu de ralentir sa course, la malle continua d'aller le même train, et, s'il se fit un changement, ce fut qu'elle gagna encore en vélocité.

— Tu sais que, s'il nous arrive un accident, dit le conducteur, je te casse la tête d'un coup de pistolet. — Bon! fit Leprêtre, on les connaît vos pistolets, il n'y a pas de balles dedans. — C'est possible, mais il y en a dans les miens, cria l'agent de police. — C'est ce qu'on verra dans l'occasion, répondit Leprêtre.

Et il continua sa route sans plus s'inquiéter des observations. On traversa, avec la vitesse de l'éclair le village de Varennes, celui de la Crèche et la petite ville de la Chapelle de Grinchay. Il restait un quart de lieue à peine pour arriver à la Maison-Blanche.

Les chevaux ruisselaient de sueur et hennissaient de rage en jetant l'écume par la bouche. Leprêtre jeta les yeux derrière lui ; à plus de mille pas de la malle-poste, les étincelles jaillissaient sous les pieds des chevaux. Devant lui était la déclivité de la montagne. Il s'élança sur la pente, mais tout en rassemblant ses rênes de manière à se rendre maître des chevaux quand il voudrait.

Le conducteur avait cessé de crier, car il reconnaissait qu'il était conduit par une main habile et vigoureuse à la fois. Seulement, de temps en temps le chef de brigade regardait par la portière pour voir à quelle distance étaient ses hommes.

A la moitié de la pente Leprêtre était maître de ses chevaux, sans avoir eu un seul moment l'air de ralentir leur course. Il se mit alors à entonner en pleine voix *le Réveil du Peuple* : c'était la chanson des royalistes, comme *la Marseillaise* était le chant des jacobins.

— Que fait donc ce drôle-là ? cria Roland en passant la tête par la portière ; dites-lui donc qu'il se taise, conducteur, ou je lui envoie une balle dans les reins.

Peut-être le conducteur allait-il répéter au postillon la menace de Roland, mais il lui sembla voir une ligne noire qui barrait la route. En même temps une voix tonnante cria :

— Halte-là, conducteur ! — Postillon, passez-moi sur le ventre de ces bandits-là, cria l'agent de police. — Bon, comme vous y allez, vous ! dit Leprêtre. Est-ce que l'on passe comme cela sur le ventre des amis ? hooeh !

La malle-poste s'arrêta comme par enchantement.

— En avant, en avant ! crièrent à la fois Roland et le chef de brigade, comprenant que l'escorte était trop loin pour les soutenir. — Ah ! brigand de postillon, cria l'agent de police en sautant à bas du coupé et en dirigeant un pistolet sur Leprêtre, tu vas payer pour tous.

Mais il n'avait pas achevé que Leprêtre, le prévenant, faisait feu et qu'il roulait mortellement blessé sous les roues de la malle. Son doigt crispé par l'agonie appuya sur la gâchette, le coup partit, mais au hasard, sans que la balle atteignît personne.

— Conducteur, criaient les deux officiers, de par tous les tonnerres du ciel, ouvrez donc ! — Messieurs, dit Morgan s'avançant, nous n'en voulons point à vos personnes, mais seulement à l'argent du gouvernement. Ainsi donc, conducteur, cinquante mille livres, et vivement.

Deux coups de feu partis de l'intérieur furent la réponse des deux officiers, qui, après avoir vainement ébranlé les portières, essayaient vainement encore de sortir par l'ouverture des vitres.

Sans doute un des coups de feu porta, car on entendit un cri de rage en même temps qu'un éclair illuminait la route. Le chef de brigade poussa un soupir et tomba sur Roland. Il venait d'être tué raide. Roland fit feu de son second pistolet, mais personne ne lui riposta. Ses deux pistolets étaient déchargés ; enfermé qu'il était, il ne pouvait se servir de son sabre et hurlait de colère.

Pendant ce temps, on forçait le conducteur, le pistolet sur la gorge, de donner l'argent : deux hommes prirent les sacs qui contenaient les cinquante mille francs et en chargèrent le cheval de Leprêtre, que son palefrenier lui amenait tout sellé et bridé, comme à un rendez-vous de chasse.

Leprêtre s'était débarrassé de ses grosses bottes, et sauta en selle avec ses escarpins.

— Bien des choses au premier consul, monsieur de Montrevel, cria Morgan.

Puis se tournant vers ses compagnons :

— Au large, enfants, et par la route que chacun voudra. Vous connaissez le rendez-vous ; à demain soir !... — Oui, oui, répondirent dix ou douze voix.

Et toute la bande s'éparpilla comme une volée d'oiseaux, disparaissant dans la vallée sous l'ombre des arbres qui côtoyaient la petite rivière et enveloppaient la Maison-Blanche.

En ce moment, on entendit le galop des chevaux, et l'escorte, attirée par les coups de feu, apparut au sommet de la montée, qu'elle descendit comme une avalanche. Mais elle arriva trop tard : elle ne trouva plus que le conducteur assis sur le bord du fossé, les deux cadavres de l'agent de police et du chef de brigade, et Roland, prisonnier et rugissant comme un lion qui mord les barreaux de sa cage.

V

LA RÉPONSE DE LORD GREENVILLE.

Pendant que les événements que nous venons de raconter s'accomplissaient et occupaient les esprits et les gazettes de la province, d'autres événements, bien autrement graves, se préparaient à Paris, qui allaient occuper les esprits et les gazettes du monde tout entier.

Lord Tanlay était revenu avec la réponse de son oncle lord Greenville. Cette réponse consistait en une lettre adressée à M. de Talleyrand, et dans une note écrite pour le premier consul. La lettre était conçue en ces termes :

« Downing-street, le 14 février 1800.

« Monsieur,

« J'ai reçu et mis sous les yeux du roi la lettre que vous m'avez transmise par l'intermédiaire de mon neveu lord Tanlay. Sa Majesté, ne voyant aucune raison de se départir des formes qui ont été longtemps établies en Europe pour traiter d'affaires avec les États étrangers, m'a ordonné de vous faire passer en son nom la réponse officielle que je vous envoie ci-incluse.

« J'ai l'honneur d'être avec une haute considération, Monsieur, votre très-humble et très-obéissant serviteur. « GREENVILLE. »

La réponse était sèche, la note précise. De plus, une lettre avait été écrite *autographe* par le premier consul au roi Georges, et le roi Georges, *ne se départant point des formes établies en Europe pour traiter avec les États étrangers,* répondait par une simple note de l'écriture du premier secrétaire venu. Il est vrai que la note était signée Greenville. La note n'était qu'une longue récrimination contre la France, contre l'esprit de désordre qui l'agitait, contre les craintes que cet esprit de désordre inspirait à toute l'Europe, et sur la nécessité imposée, par le soin de leur propre conservation, à tous les souverains régnants de la réprimer. En somme, c'était la continuation de la guerre.

Les yeux de Bonaparte brillèrent, en la lisant, de cette flamme qui précédait chez lui les grands événements comme l'éclair précède la foudre.

— Ainsi, Monsieur, dit-il en se retournant vers lord Tanlay, voilà tout ce que vous avez pu obtenir? — Oui, citoyen premier consul. — Vous n'avez donc point répété verbalement à votre oncle tout ce que je vous avais chargé de lui dire? — Je n'en ai point oublié une syllabe. — Vous ne lui avez donc pas dit que vous habitiez la France depuis deux ou trois ans, que vous l'aviez vue, que vous l'aviez étudiée, qu'elle était forte, puissante, heureuse, désireuse de la paix, mais préparée à la guerre? — Je lui ai dit tout cela. — Vous n'avez donc pas ajouté que c'est une guerre insensée que celle qu'ils nous font; que cet esprit de désordre dont ils parlent, et qui n'est à tout prendre que les écarts de la liberté trop longtemps comprimée, il fallait l'enfermer dans la France même par une paix universelle; que cette paix était le seul cordon sanitaire qui pût l'empêcher de franchir nos frontières ; qu'en allumant en France le volcan de la guerre, la France, comme une lave, va se répandre sur l'étranger? L'Italie est délivrée, dit le roi d'Angleterre ; mais délivrée de qui? de ses libérateurs; l'Italie est délivrée, mais pourquoi ? parce que je conquérais l'Égypte du Delta à la troisième cataracte; l'Italie est délivrée parce que je n'étais pas en Italie; mais me voilà : dans un mois je puis y être, en Italie, et pour la reconquérir des Alpes à l'Adriatique, que me faut-il? une bataille. Que croyez-vous que fasse Masséna en défendant Gênes? Il m'attend. Ah! les souverains de l'Europe ont besoin de la guerre pour assurer leur couronne! eh bien, milord, c'est moi qui vous le dis, je secouerai si bien l'Europe que la couronne leur en tremblera au front. Ils ont besoin de la guerre! attendez. Bourrienne! Bourrienne !

La porte de communication du cabinet du premier consul avec le cabinet du premier secrétaire s'ouvrit précipitamment, et Bourrienne parut, le visage aussi effaré que s'il eût cru que Bonaparte appelait au secours. Il vit Bonaparte fort animé, froissant la note diplomatique d'une main et frappant de l'autre sur le bureau, et lord Tanlay calme, debout et muet à trois pas de lui. Il comprit tout de suite que c'était la réponse de l'Angleterre qui irritait le premier consul.

— Vous m'avez appelé, général? dit-il. — Oui, fit le premier consul, mettez-vous là et écrivez.

Et d'une voix brève et saccadée, sans chercher les mots, mais au contraire comme si les mots se pressaient aux portes de son esprit, il dicta la proclamation suivante :

« Soldats!

« En promettant la paix au peuple français, j'ai été votre organe ; je connais votre valeur. Vous êtes les mêmes hommes qui conquirent le Rhin, la Hollande, l'Italie, et qui donnèrent la paix sous les murs de Vienne étonnée.

« Soldats! ce ne sont plus vos frontières qu'il faut défendre, ce sont les États ennemis qu'il faut envahir.

« Soldats! lorsqu'il en sera temps, je serai au milieu de vous, et l'Europe étonnée se souviendra que vous êtes de la race des braves! »

Bourrienne leva la tête, attendant après ces derniers mots écrits.

— Eh bien! c'est tout, dit Bonaparte. — Ajouterai-je les mots sacramentels : *Vive la République?* — Pourquoi demandez-vous cela ? — C'est que nous n'avons pas fait de proclamation depuis quatre mois, et que quelque chose pourrait être changé aux formules ordinaires. — La proclamation est bien telle qu'elle est, dit Bonaparte, n'y ajoutez rien.

Et prenant une plume, il écrasa plutôt qu'il n'écrivit sa signature au bas de la proclamation.

Puis la rendant à Bourrienne :

— Que cela paraisse demain dans *le Moniteur*, dit-il.

Bourrienne sortit emportant la proclamation.

Bonaparte resta avec lord Tanlay, se promena un instant en long et en large comme s'il eût oublié sa présence; mais tout à coup, s'arrêtant devant lui :

— Milord, dit-il, croyez-vous avoir obtenu de votre oncle tout ce qu'un autre à votre place eût pu obtenir ? — Plus, citoyen premier consul. — Plus, plus; qu'avez-vous donc obtenu ? — Je crois que le citoyen premier consul n'a pas lu la note royale avec toute l'attention qu'elle mérite. — Bon! fit Bonaparte, je la sais par cœur. — Alors le citoyen premier consul n'a pas pesé l'esprit de certain paragraphe, n'en a pas pesé les mots. — Vous croyez ? — J'en suis sûr; et si le citoyen premier consul me permettait de lui lire le paragraphe auquel je fais allusion...

Bonaparte desserra la main dans laquelle était la note froissée, la déplia et la remit à lord Tanlay, en lui disant :

— Lisez.

Sir John jeta les yeux sur la note, qui lui paraissait familière, s'arrêta au dixième paragraphe et lut :

« Le meilleur et le plus sûr gage de la réalité de la paix, ainsi que de sa durée, serait la restauration de cette lignée de princes qui, pendant tant de siècles, ont conservé à la nation française la prospérité au dedans, la considération et le respect au dehors. Un tel événement aurait écarté, et dans tous les temps écartera les obstacles qui se trouvent sur la voie des négociations et de la paix; il confirmerait à la France la jouissance tranquille de son ancien territoire et procurerait à toutes les autres nations de l'Europe, par la tranquillité et la paix, cette sécurité qu'elles sont obligées maintenant de chercher par d'autres moyens. »

— Eh bien! fit Bonaparte impatient, j'avais très-bien lu, et parfaitement compris. Soyez Monck, ayez travaillé pour un autre, et l'on vous pardonnera vos victoires, votre renommée, votre génie; abaissez-vous, et l'on vous permettra de rester grand! — Citoyen premier consul, dit lord Tanlay, personne ne sait mieux que moi la différence qu'il y a de vous à Monck, et combien vous le dépassez en génie et en renommée. — Alors que me lisez-vous donc ? — Je ne vous lis ce paragraphe, répliqua sir John, que pour vous prier de donner à celui qui suit sa véritable valeur. — Voyons celui qui suit, dit Bonaparte avec une impatience contenue.

Sir John continua :

« Mais, quelque désirable que puisse être un pareil événement pour la France et pour le monde, ce n'est point à ce mode exclusivement que Sa Majesté limite la possibilité d'une pacification solide et sûre. »

Sir John appuya sur ces derniers mots.

— Ah ! ah ! fit Bonaparte.

Et il se rapprocha vivement de sir John. L'Anglais continua :

« Sa Majesté n'a pas la prétention de prescrire à la France quelle sera la forme de son gouvernement ni dans quelles mains sera placée l'autorité nécessaire pour conduire les affaires d'une grande et puissante nation. »

— Relisez, Monsieur, dit vivement Bonaparte. — Relisez vous-même, répondit sir John.

Et il lui tendit la note. Bonaparte relut.

— C'est vous, Monsieur, dit-il, qui avez fait ajouter ce paragraphe ? — J'ai du moins insisté pour qu'il fût mis.

Bonaparte réfléchit.

— Vous avez raison, dit-il, il y a un grand pas de fait ; le retour des Bourbons n'est plus une condition *sine qua non*. Je suis accepté non-seulement comme puissance militaire, mais comme pouvoir politique.

Puis, tendant la main à sir John :

— Avez-vous quelque chose à me demander, Monsieur ? — La seule chose que j'ambitionne vous a été demandée par mon ami Roland. — Et je lui ai déjà répondu, Monsieur, que je vous verrais avec plaisir devenir l'époux de sa sœur ; si j'étais plus riche, ou si vous l'étiez moins, je vous offrirais de la doter ; sir John fit un mouvement ; mais je sais que votre fortune peut suffire à deux, et même, ajouta-t-il en souriant, peut suffire à davantage. Je vous laisse donc la joie de donner non-seulement le bonheur, mais encore la richesse à la femme que vous aimez.

Puis, appelant :

— Bourrienne !

Bourrienne parut.

— C'est parti, général, dit-il. — Bien, fit le premier consul ; mais ce n'est pas pour cela que je vous appelle. — J'attends vos ordres. — A quelque heure du jour ou de la nuit que se présente lord Tanlay, je serai heureux de le recevoir, et de le recevoir sans qu'il attende ; vous entendez, mon cher Bourrienne ? vous entendez, milord ?

Lord Tanlay s'inclina en signe de remerciement.

— Et maintenant, dit Bonaparte, je présume que vous êtes pressé de partir pour le château des Noires-Fontaines, je ne vous retiens pas ; je n'y mets qu'une condition. — Laquelle, général ? — C'est que si j'ai besoin de vous pour une nouvelle ambassade... — Ceci n'est point une condition, citoyen premier consul, c'est une faveur.

Lord Tanlay s'inclina et sortit. Comme Bourrienne s'apprêtait à le suivre, la porte s'ouvrit, et Fouché parut.

— Eh bien! dit Bonaparte, qu'y a-t-il donc, citoyen Fouché? vous avez le visage tout bouleversé. M'aurait-on assassiné, par hasard? — Citoyen premier consul, dit le ministre, vous avez paru attacher une grande importance à la destruction de ces bandes qui s'intitulent les compagnons de Jéhu. — Oui, puisque j'ai envoyé Roland lui-même à leur poursuite. A-t-on de leurs nouvelles? — On en a. — Par qui? — Par leur chef lui-même. — Comment par leur chef? — Il a eu l'audace de me rendre compte de sa dernière expédition. — Contre qui? — Contre les cinquante mille francs que vous avez envoyés aux pères du Saint-Bernard. — Et que sont-ils devenus? — Les cinquante mille francs? — Oui. — Ils sont entre ses mains, et ce chef m'annonce qu'ils seront bientôt entre celles de Cadoudal. — Alors Roland est tué? — Non. — Comment, non? — Mon agent est tué, le chef de brigade Saint-Maurice est tué; mais votre aide de camp est sain et sauf. — Alors il se pendra, dit Bonaparte. — Pourquoi faire? la corde casserait; vous connaissez son bonheur. — Ou son malheur. Oui, où est ce rapport? — Vous voulez dire cette lettre? — Cette lettre, ce rapport, la chose, enfin, quelle qu'elle soit, qui vous donne les nouvelles que vous m'apportez.

Le préfet de police présenta au premier consul un petit papier plié élégamment dans une enveloppe parfumée.

— Qu'est cela? — La chose que vous demandez.
Bonaparte lut :

« Au citoyen Fouché, préfet de police, en son hôtel, à Paris. »

Il ouvrit la lettre, et lut :

« Citoyen préfet, j'ai l'honneur de vous annoncer que les cinquante mille francs destinés aux pères du Saint-Bernard sont passés entre nos mains pendant la soirée du 25 février 1800, vieux style, et que d'ici à huit jours ils seront entre celles du citoyen Cadoudal.

« Cela s'est passé à merveille, sauf la mort de votre agent et celle du chef de brigade Saint-Maurice; quant à M. Roland de Montrevel, j'ai la satisfaction de vous apprendre qu'il ne lui est arrivé rien de fâcheux. Je n'avais point oublié que c'était lui qui m'avait introduit au Luxembourg.

« Je vous écris, citoyen préfet, parce que je présume qu'à cette heure M. Roland de Montrevel est trop occupé de notre poursuite pour vous écrire lui-même.

« Mais, au premier instant de repos qu'il prendra, je suis sûr que vous recevrez de lui un rapport où il consignera tous les détails dans lesquels je ne puis entrer faute de temps et de facilité pour vous écrire.

« En échange du service que je vous rends, citoyen préfet, je vous prierai de m'en rendre un autre : c'est de rassurer sans retard madame de Montrevel sur la vie de son fils.

MORGAN.

« De la Maison-Blanche, route de Mâcon à Lyon, le samedi à neuf heures du soir. »

— Ah! pardieu, dit Bonaparte, voilà un hardi drôle.

Puis, avec un soupir :

— Quels capitaines et quels colonels tous ces hommes-là me feraient! ajouta-t-il. — Qu'ordonne le premier consul? demanda le préfet de police. — Rien; cela regarde Roland, son honneur y est engagé; et, puisqu'il n'est pas mort, il prendra sa revanche. — Alors, le premier consul ne s'occupe plus de cette affaire? — Pas dans ce moment, du moins.

Puis, se retournant du côté de son secrétaire :

— Nous avons bien d'autres chats à fouetter, dit-il; n'est-ce pas, Bourrienne?

Bourrienne fit de la tête un signe affirmatif.

— Quand le premier consul désire-t-il me revoir? demanda le préfet de police. — Ce soir, à dix heures, soyez ici; nous déménagerons dans huit jours. — Où allez-vous? — Aux Tuileries.

Fouché fit un mouvement de stupéfaction.

— C'est contre vos opinions, je le sais, dit le premier consul; mais je vous mâcherai la besogne et vous n'aurez qu'à obéir.

Fouché salua et s'apprêta à sortir.

— A propos! fit Bonaparte.

Fouché se retourna.

— N'oubliez pas de prévenir madame de Montrevel que son fils est sain et sauf; c'est le moins que vous fassiez pour le citoyen Morgan, après le service qu'il vous a rendu.

Et il tourna le dos au préfet de police, qui se retira en se mordant les lèvres jusqu'au sang.

V

LE CHERCHEUR DE PISTE.

Nous avons dit dans quelle situation l'escorte du 7ᵉ chasseurs retrouva la malle-poste de Chambéry.

La première chose dont on s'occupa fut de chercher l'obstacle qui s'opposait à la sortie de Roland; on reconnut la présence du cadenas, on brisa la portière. Roland bondit hors de la voiture comme un tigre hors de sa cage.

Nous avons dit que la terre était couverte de neige. Roland, chasseur et soldat, n'avait qu'une idée : c'était de suivre les traces des compagnons de Jéhu à la piste. Il les avait vus s'enfoncer dans la direction de Thoissey; mais il avait pensé qu'ils n'avaient pu suivre cette direction, puisque entre cette petite ville et eux coulait la Saône, et qu'il n'y avait de ponts pour traverser qu'à Belleville et à Mâcon. Il donna l'ordre à l'escorte et au conducteur de l'attendre sur la grande route, et, à pied, s'enfonça seul, sans songer même à recharger ses pistolets, sur les traces de Morgan et de ses compagnons. Il ne s'était pas trompé : à un quart de lieue de la route les fugitifs avaient trouvé la Saône; là ils s'étaient arrêtés, avaient délibéré un instant, on le voyait au piétinement des chevaux, puis ils s'étaient séparés en deux troupes : l'une avait remonté la rivière du côté de Mâcon, l'autre l'avait descendue du côté de Belleville.

Cette division avait pour but visible de jeter dans le doute ceux qui les poursuivraient, s'ils étaient poursuivis.

Roland avait entendu le cri de ralliement du chef : « Demain soir, où vous savez. » Il ne doutait donc pas que, quelle que fût la piste qu'il suivît, soit celle qui remontait, soit celle qui descendait la Saône, elle ne le conduisît, si la neige ne fondait pas d'ici au lendemain, au lieu du rendez-vous, puisque, soit réunis, soit séparément, les compagnons de Jehu devaient aboutir au même but. Il revint suivant ses propres traces, ordonna au conducteur de passer les bottes abandonnées sur la grande route par le faux postillon, de monter à cheval et de conduire la malle jusqu'au prochain relais, c'est-à-dire jusqu'à Belleville.

Le maréchal des logis des chasseurs et quatre chasseurs sachant écrire devaient l'accompagner pour signer avec lui au procès-verbal. Défense absolue de faire mention de lui, Roland, ni de ce qu'il était devenu, rien ne devant mettre les détrousseurs de diligences sur la trace de ses projets futurs.

Le reste de l'escorte ramènerait le corps du chef de brigade à Mâcon, et ferait de son côté un procès-verbal qui concorderait avec celui du conducteur, et dans lequel il ne serait non plus question de Roland que dans l'autre. Puis il démonta un chasseur, choisissant dans toute l'escorte le cheval qui lui paraissait le meilleur. Enfin, il rechargea ses pistolets, qu'il mit dans les fontes de sa selle à la place des pistolets d'arçon du chasseur démonté; après quoi, promettant au conducteur et aux soldats une prompte vengeance, subordonnée cependant à la façon dont ils lui garderaient le secret, il monta à cheval et disparut dans la même direction qu'il avait déjà suivie.

Arrivé au point où les deux troupes s'étaient séparées, il lui fallut faire un choix entre les deux pistes. Il choisit celle qui descendait la Saône et se dirigeait vers Belleville. Il avait, pour faire ce choix, qui peut-être l'éloignait de deux ou trois lieues, une excellente raison : d'abord, il était plus près de Belleville que de Mâcon; puis il avait fait un séjour de vingt-quatre heures à Mâcon et pouvait y être reconnu, tandis qu'il n'avait jamais stationné à Belleville que le temps de changer de chevaux, lorsque par hasard il y avait passé en poste.

Tous les événements que nous venons de raconter avaient pris une heure à peine; huit heures du soir sonnaient donc à l'horloge de Thoissey lorsque Roland se lança à la poursuite des fugitifs.

La route était toute tracée : cinq ou six chevaux avaient laissé leurs empreintes sur la neige; un de ces chevaux marchait l'amble. Roland franchit les deux ou trois ruisseaux qui coupent la prairie qu'il traversait avant, derrière Belleville. A cent pas de Belleville il s'arrêta; là avait eu lieu une nouvelle division.

Deux des six cavaliers avaient pris à droite, c'est-à-dire s'étaient éloignés de la Saône; quatre avaient pris à gauche, c'est-à-dire avaient continué leur chemin vers Belleville. Aux premières maisons de Belleville une nouvelle scission s'était opérée. Trois cavaliers avaient tourné la ville, un seul avait suivi la rue.

Roland s'attacha à celui qui avait suivi la rue, bien certain de retrouver la trace des autres. Celui qui avait suivi la rue s'était lui-même arrêté à une jolie maison entre cour et jardin, portant le n° 67. Il avait sonné, on était venu lui ouvrir, on voyait à travers la grille les pas de la personne qui était venue lui ouvrir; puis, à côté de ces pas, une autre trace. C'était celle du cheval que l'on menait à l'écurie.

Il était évident qu'un des compagnons de Jehu s'était arrêté là.

Roland, en se rendant chez le maire, en exhibant ses pouvoirs, en requérant la gendarmerie, pouvait le faire arrêter à l'instant même. Mais ce n'était point là son but, ce n'était point un individu isolé qu'il voulait arrêter : c'était toute la troupe qu'il tenait à prendre d'un coup de filet. Il grava le n° 67 dans son souvenir et continua son chemin. Il traversa toute la ville, fit une centaine de pas au delà de la dernière maison sans revoir aucune trace.

Il allait retourner sur ses pas, mais il songea que ces traces, si elles devaient reparaître, reparaîtraient à la tête du pont seulement. En effet, à la tête du pont il retrouva la piste de ses trois chevaux. Il n'y avait point à s'y tromper : c'étaient bien les mêmes, un des chevaux marchait l'amble.

Roland galopa sur la voie même de ceux qui le poursuivaient. En arrivant à Monceaux, même précaution : ils avaient tourné le village; mais Roland était trop bon limier pour s'inquiéter de cela; il suivit son chemin, et, à l'autre bout de Monceaux, il retrouva les trois fugitifs.

Un peu avant Châtillon, un des trois chevaux quittait la route, prenait à droite, et se dirigeait vers un petit château situé sur une colline, à quelques pas de la route de Châtillon à Trévoux. Cette fois les deux cavaliers restants, croyant avoir assez fait pour dépister ceux qui avaient eu envie de les suivre, avaient tranquillement traversé Châtillon et pris la route de Neuville.

La direction suivie par les fugitifs réjouissait fort Roland; ils se rendaient évidemment à Bourg; s'ils ne s'y fussent pas rendus, ils eussent pris la route de Marlieux. Or, Bourg était le quartier général qu'avait choisi lui-même Roland pour en faire le centre de ses opérations; Bourg, c'était sa ville à lui, et, avec cette sûreté des souvenirs de l'enfance, il connaissait jusqu'aux moindres buissons, jusqu'à la moindre masure, jusqu'à la moindre grotte des environs.

A Neuville, les fugitifs avaient tourné le village. Roland ne s'inquiéta point de cette ruse déjà reconnue et éventée : seulement, de l'autre côté de Neuville, il ne retrouva plus que la trace d'un seul cheval. Mais il n'y avait point à s'y tromper, c'était celui qui marchait l'amble.

Sûr de retrouver la trace qu'il abandonnait pour un instant, Roland remonta la piste. Les deux amis s'étaient séparés à la route de Vannas; l'un l'avait suivie, l'autre avait contourné le village, et, comme nous l'avons dit, était revenu prendre la route de Bourg. C'était celui-là qu'il fallait suivre; d'ailleurs, l'allure de son cheval donnait une facilité de plus à celui qui le poursuivait, puisque son pas ne pouvait se confondre avec un autre pas; puis il prenait la route de Bourg, et, de Neuville à Bourg, il n'y avait d'autre village que Saint-Denis; au reste, il n'était pas probable que le dernier des fugitifs allât plus loin que Bourg.

En calculant bien, son cheval ne pouvait guère le conduire plus loin, en supposant qu'il fût parti de la Maison-Blanche frais et reposé : il avait deux lieues de la Maison-Blanche à Belleville, quatre lieues de Belleville à Châtillon, six lieues de Châtillon à Bourg : douze lieues, treize avec les détours. On ne pouvait guère, par le mauvais temps, demander davantage à un cheval.

En effet, en approchant de Saint-Denis le pas de l'animal s'était si visiblement ralenti, que Roland crut un instant que le cavalier allait s'arrêter dans ce village; mais c'était une erreur, le cavalier l'avait tourné comme les autres, et l'on retrouvait sa piste au delà des dernières maisons. Il se rendait visiblement à Bourg.

Roland se remit sur la voie avec d'autant plus d'acharnement, qu'il approchait visiblement du but. En effet, le cavalier n'avait pas tourné Bourg, et s'était bravement engagé dans la ville. Là, il parut à Roland que le cavalier avait hésité sur le chemin qu'il devait suivre, à moins que l'hésitation ne fût une ruse pour faire perdre sa trace. Mais, au bout de dix minutes perdues à suivre ces tours et ces détours, Roland fut sûr de son fait; ce n'était point une ruse, c'était de l'hésitation.

Les pas d'un homme à pied venaient par une rue transversale; le cavalier et l'homme à pied avaient conféré un instant; puis le cavalier avait obtenu du piéton qu'il lui servît de guide. On voyait, à partir de ce moment, des pas d'homme côtoyant les pas de l'animal. Les uns et les autres aboutissaient à l'auberge de la Belle-Alliance. Roland se rappela que c'était à cette auberge qu'on avait ramené le cheval blessé après l'attaque des Caronnières. Il y avait, selon toute probabilité, connivence entre l'auberge et les compagnons de Jéhu. Au reste, selon toute probabilité encore, le voyageur de la Belle-Alliance y resterait jusqu'au lendemain soir. Roland sentait à sa propre fatigue qu'il devait avoir besoin de se reposer.

Et Roland, pour ne point forcer son cheval et aussi pour reconnaître la route suivie, avait mis six heures à faire les douze lieues.

Trois heures sonnaient au clocher tronqué de Notre-Dame. Qu'allait faire Roland? S'arrêter dans quelque auberge de la ville? Impossible ; il était trop connu à Bourg; d'ailleurs son cheval équipé d'une chabraque de chasseur donnerait des soupçons. Une des conditions de son succès, était que sa présence à Bourg fût complétement ignorée.

Il pouvait se cacher au château des Noires-Fontaines et de là se tenir en observation ; mais serait-il sûr de la discrétion des domestiques? Michel et Jacques se tairaient, Roland était sûr d'eux ; Amélie se tairait ; mais Charlotte, la fille du geôlier, ne bavarderait-elle point?

Il était trois heures du matin, tout le monde dormait; le plus sûr était de se mettre en communication avec Michel. Michel trouverait bien moyen de le cacher. Au grand regret de sa monture, qui avait sans doute flairé une auberge, Roland lui fit tourner bride et prit la route de Pont-d'Ain.

En passant devant l'église de Bourg, il jeta un regard sur la caserne des gendarmes. Selon toute probabilité, les gendarmes et leur capitaine dormaient du sommeil des justes. Roland traversa la petite aile de forêt qui emjambait par-dessus la route. La neige amortissait le bruit des pas de son cheval. En débouchant de l'autre côté, il vit deux hommes qui longeaient le fossé en portant un chevreuil suspendu à un petit arbre par ses quatre pattes liées. Il lui sembla reconnaître la tournure de ces hommes. Il piqua son cheval pour les rejoindre.

Les deux hommes avaient l'oreille au guet; ils se retournèrent, virent un cavalier qui semblait en vouloir à eux; ils jetèrent l'animal dans le fossé, et fuirent à travers champs pour regagner la forêt de Seillon.

— Eh! Michel! cria Roland, de plus en plus convaincu qu'il avait affaire à son jardinier.

Michel s'arrêta court; l'autre homme continua de gagner aux champs.

— Eh! Jacques! cria Roland.

L'autre homme s'arrêta. S'ils étaient reconnus, inutile de fuir; d'ailleurs l'appel n'avait rien d'hostile, la voix était plutôt amicale que menaçante.

— Tiens! fit Jacques, on dirait monsieur Roland. — Et que c'est lui tout de même, dit Michel.

Et les deux hommes, au lieu de continuer à fuir vers le bois, revinrent vers la grande route. Roland n'avait point entendu ce qu'avaient dit les deux braconniers, mais il l'avait deviné.

— Eh! pardieu oui, c'est moi, cria-t-il.

Au bout d'un instant Michel et Jacques étaient près de lui. Les interrogations du père et du fils se croisèrent, et il faut convenir qu'elles étaient motivées.

Roland en bourgeois, monté sur un cheval de chasseur, à trois heures du matin, sur la route de Bourg aux Noires-Fontaines. Le jeune officier coupa court aux questions.

— Silence! braconniers, dit-il; que l'on mette ce chevreuil en croupe derrière moi et que l'on s'achemine vers la maison; tout le monde doit ignorer ma présence aux Noires-Fontaines, même ma sœur.

Roland parlait avec la fermeté d'un militaire, et chacun savait que, lorsqu'une fois il avait donné un ordre, il n'y avait point à répliquer.

On prit le chevreuil, on le mit en croupe derrière Roland, et les deux hommes, se mettant au grand trot, suivirent le petit trot du cheval. Il restait à peine un quart de lieue à faire. Il se fit en dix minutes. A cent pas du château, Roland s'arrêta.

Les deux hommes furent envoyés en éclaireurs, pour s'assurer que tout était calme. L'exploration achevée, ils firent signe à Roland de venir. Roland vint, descendit de cheval, trouva la porte du pavillon ouverte, et entra. Michel conduisit le cheval à l'écurie et porta le chevreuil à l'office; car Michel appartenait à cette honorable classe de braconniers qui tuent le gibier pour le plaisir de le tuer, et non pour l'intérêt de le vendre.

Il ne fallait s'inquiéter ni du cheval ni du chevreuil; Amélie ne s'inquiétait pas plus de ce qui se passait à l'écurie que de ce qu'on lui servait à table. Pendant ce temps Jacques allumait du feu. En revenant, Michel apporta un reste de gigot et une demi-douzaine d'œufs destinés à faire une omelette; Jacques prépara un lit dans un cabinet. Roland se réchauffa et soupa sans prononcer une parole.

Les deux hommes le regardaient avec un étonnement qui n'était point exempt d'une certaine inquiétude. Le bruit de l'expédition de Seillon s'était répandu, et l'on disait tout bas que c'était Roland qui l'avait dirigée. Il était évident qu'il revenait pour quelque expédition du même genre. Lorsque Roland eut soupé, il releva la tête et appela Michel. Michel s'approcha.

— Ah! tu étais là? fit Roland. — J'attendais les ordres de Monsieur. — Voici mes ordres; écoute-moi bien. — Je suis tout oreilles. — Il s'agit de vie et de mort; il s'agit de plus encore, il s'agit de mon honneur. — Parlez, monsieur Roland.

Roland tira sa montre.

— Il est cinq heures, à l'ouverture de l'auberge de la Belle-Alliance, tu seras là comme si tu passais, tu t'arrêteras à causer avec celui qui l'ouvrira. — Ce sera probablement Pierre. — Pierre ou un autre, tu sauras de lui quel est le voyageur qui est arrivé chez son maître sur un cheval marchant l'amble; tu sais ce que c'est que l'amble. — Parbleu! c'est un cheval qui marche comme les ours, les deux jambes du même côté à la fois. — Bravo! tu pourrais bien savoir aussi, n'est-ce pas, si les dispositions sont prises pour partir ce matin, où s'il paraît devoir passer la journée à l'hôtel? — Pour sûr je le saurai. — Eh bien! quand tu sauras tout cela, tu viendras me le dire; mais le plus grand silence sur mon séjour ici. Si on te demande de mes nouvelles, on a reçu une lettre de moi hier; je suis à Paris, près du premier consul. — C'est convenu.

Michel partit. Roland se coucha et s'endormit, laissant à Jacques la garde du pavillon.

Lorsque Roland se réveilla, Michel était de retour. Il savait tout ce que son maître lui avait recommandé de savoir. Le voyageur arrivé dans la nuit devait partir dans la soirée, et sur le registre des voyageurs, que chaque aubergiste était forcé de tenir régulièrement à cette époque, il avait écrit :

« Samedi 30 pluviôse, *dix heures du soir* : le citoyen Valensolle arrivant de Lyon, allant à Genève. »

Ainsi l'alibi était préparé, puisque le registre faisait foi que le citoyen Valensolle était arrivé à dix heures du soir, et qu'il était impossible qu'il eût arrêté à huit heures et demie la malle à la Maison-Blanche et fût entré à dix heures à l'hôtel de la Belle-Alliance.

Mais ce qui préoccupa le plus Roland, c'est que celui qu'il avait suivi une partie de la nuit, et dont il venait de découvrir la retraite et le nom, n'était autre que le témoin d'Alfred de Barjols, tué par lui en duel à la fontaine de Vaucluse, témoin qui, selon toute probabilité, avait joué le rôle du fantôme dans la Chartreuse de Seillon.

Les compagnons de Jehu n'étaient donc pas des voleurs ordinaires, mais au contraire, comme le bruit en courait, des gentilshommes de bonne famille, qui, tandis que les nobles bretons risquaient leur vie dans l'Ouest pour la cause royaliste, affrontaient de leur côté l'échafaud pour faire passer aux combattants l'argent recueilli à l'autre bout de la France dans leurs hasardeuses expéditions.

VI

UNE INSPIRATION.

Nous avons vu que, dans la poursuite qu'il avait faite la nuit précédente, Roland eût pu faire arrêter un ou deux de ceux qu'il poursuivait. Il pouvait en faire autant de M. de Valensolle, qui probablement faisait ce qu'avait fait

Roland, c'est-à-dire qu'il prenait un jour de repos après une nuit de fatigue.

Il ne fallait, pour cela, qu'écrire un petit mot au capitaine de gendarmerie, ou au chef de brigade de dragons qui avait fait avec lui l'expédition de Seillon ; leur honneur était engagé dans l'affaire, on cernait M. de Valensolle dans son lit, on en était quitte pour deux coups de pistolet, c'est-à-dire pour deux hommes tués ou blessés, et M. de Valensolle était pris.

Mais l'arrestation de M. de Valensolle donnait l'éveil au reste de la troupe, qui se mettait à l'instant même en sûreté en traversant la frontière. Il fallait donc mieux s'en tenir à la première idée de Roland, c'est-à-dire temporiser, suivre les différentes pistes qui devaient converger à un même centre, et, au risque d'un véritable combat, jeter le filet sur toute la compagnie. Pour cela il ne fallait point arrêter M. de Valensolle, mais continuer de le suivre dans son prétendu voyage à Genève, qui n'était, selon toute probabilité qu'un prétexte pour dérouter les investigations.

Il fut convenu cette fois que Roland, qui, si bien déguisé qu'il fût, pouvait être reconnu, resterait au pavillon, et que ce seraient Michel et Jacques qui, pour cette nuit, détourneraient le gibier. Selon toute probabilité, M. de Valensolle ne se mettrait en voyage qu'à la nuit fermée.

Roland se fit renseigner sur la vie que menait sa sœur depuis le départ de sa mère. Depuis le départ de sa mère, Amélie n'avait pas une seule fois quitté le château des Noires-Fontaines. Ses habitudes étaient les mêmes, moins les sorties habituelles qu'elle faisait avec madame de Montrevel.

Elle se levait à sept ou huit heures du matin, dessinait ou faisait de la musique jusqu'au déjeuner ; après le déjeuner, lisait ou s'occupait de quelque ouvrage de tapisserie ; s'il faisait beau, profitait d'un rayon de soleil pour descendre jusqu'à la rivière avec Charlotte ; parfois appelait Michel, faisait détacher la petite barque, et, bien enveloppée dans ses fourrures, remontait la Reissousse jusqu'à Montagnat ou la descendait jusqu'à Saint-Just, puis rentrait sans jamais avoir parlé à personne ; dînait ; après son dîner montait dans sa chambre avec Charlotte, et, à partir de ce moment, ne reparaissait plus.

A six heures et demie, Michel et Jacques pouvaient donc disparaître sans que personne au monde s'inquiétât de ce qu'ils étaient devenus. A six heures, Michel et Jacques prirent leurs blouses, leurs carniers, leurs fusils, et partirent. Ils avaient reçu leurs instructions. Suivre le cheval marchant l'amble jusqu'à ce qu'on sût où il menait son cavalier, ou jusqu'à ce que l'on perdît sa trace.

Michel devait aller s'embusquer en face de la ferme de la Belle-Alliance ; Jacques, se placer à la patte d'oie que font en sortant de Bourg les trois routes de Saint-Amour, de Saint-Claude et de Nantua. Cette dernière est en même temps celle de Genève.

Il était évident qu'à moins de revenir sur ses pas, ce qui n'était pas probable, M. de Valensolle prendrait une de ces trois routes. Le père partit d'un côté, le fils de l'autre. Michel remonta vers la ville par la route de Pont-d'Ain, en passant devant l'église de Bourg. Jacques traversa la Reissousse, suivit la rive droite de la petite rivière et se trouva, en appuyant d'une centaine de pas hors du faubourg, à l'angle aigu que faisaient les trois routes en aboutissant à la ville.

Au même moment à peu près où le fils prenait son poste, le père devait être arrivé au sien. En ce moment encore, c'est-à-dire vers sept heures du soir, interrompant la solitude et le silence accoutumés du château des Noires-Fontaines, une voiture de poste s'arrêtait devant la grille, et un domestique en livrée tirait la chaîne de fer de la sonnette. C'eût été l'office de Michel d'ouvrir, mais Michel était où vous savez.

Amélie et Charlotte comptaient probablement sur lui, car le tintement de la cloche se renouvela trois fois sans que personne vînt ouvrir.

Enfin, la femme de chambre parut au haut de l'escalier. Elle s'approcha timidement, appelant Michel. Michel ne répondit point. Enfin, protégée par la grille, Charlotte se hasarda à s'approcher. Malgré l'obscurité elle reconnut le domestique.

— Ah! c'est vous, monsieur James? s'écria-t-elle un peu rassurée.

James était le domestique de confiance de sir John.

— Oh! oui, dit le domestique; ce était moâ, mademoiselle Charlotte; ou plutôt ce était milord.

En ce moment la portière s'ouvrit et l'on entendit la voix de sir John qui disait :

— Mademoiselle Charlotte, veuillez dire à votre maîtresse que j'arrive de Paris et que je viens m'inscrire chez elle, non pas pour être reçu ce soir, mais pour lui demander la permission de me présenter demain, si elle veut bien m'accorder cette faveur; demandez-lui l'heure à laquelle je serai le moins indiscret.

Mademoiselle Charlotte avait une grande considération pour milord; aussi s'empressa-t-elle de s'acquitter de la commission. Cinq minutes après, milord savait qu'il serait reçu le lendemain de midi à une heure. Roland savait ce que venait faire milord; dans son esprit le mariage était décidé et sir John était son beau-frère.

Il hésita un instant pour savoir s'il se ferait reconnaître à lui et s'il le mettrait de moitié dans ses projets; mais il réfléchit que lord Tanlay n'était pas homme à le laisser opérer seul. Il avait une revanche à prendre avec les compagnons de Jéhu, il voudrait accompagner Roland dans l'expédition, quelle qu'elle fût. L'expédition, quelle qu'elle fût, serait dangereuse, et il pourrait lui arriver malheur.

La chance qui accompagnait Roland, et Roland l'avait éprouvée, ne s'étendait point à ses amis; sir John, grièvement blessé, en était revenu à grand'-peine; le chef de brigade des chasseurs avait été tué raide. Il laissa donc sir John s'éloigner sans donner signe d'existence. Quant à Charlotte, elle ne parut nullement étonnée que Michel n'eût point été là pour ouvrir; on était évidemment habitué à ses absences, et ces absences ne préoccupaient ni la femme de chambre ni sa maîtresse.

Au reste, Roland ne fut point étonné de cette espèce d'insouciance : Amélie, faible devant une douleur morale, inconnue de Roland, qui au reste attribuait à de simples crises nerveuses les variations de caractère de sa sœur, Amélie eût été grande et forte devant un danger réel. De là sans doute venait le peu de crainte que deux jeunes filles avaient à rester seules dans un château isolé, et sans autres gardiens que deux hommes qui passaient leurs nuits à braconner.

Quant à nous, nous savons comment Michel et son fils, en s'éloignant, servaient bien autrement les désirs d'Amélie qu'en restant; leur absence faisait le chemin libre à Morgan, et c'était tout ce que demandait Amélie.

La soirée et une partie de la nuit s'écoulèrent sans que Roland eût aucune nouvelle. Il essaya de dormir, mais dormit mal; il croyait à chaque instant entendre rouvrir la porte. Le jour commençait en réalité de percer à travers les volets lorsqu'elle s'ouvrit. C'étaient Michel et Jacques qui rentraient.

Voici ce qui s'était passé :

Chacun s'était rendu à son poste : Michel à la porte de l'auberge, Jacques à la patte d'oie. A vingt pas de l'auberge, Michel avait trouvé Pierre ; en trois mots il s'était assuré que M. de Valensolle était toujours à l'auberge. Il avait dit qu'ayant une longue route à faire, il laisserait reposer son cheval et partirait dans la nuit.

Pierre ne doutait point que le voyageur ne partît pour Genève, comme il l'avait dit. Michel proposa à Pierre de boire un verre de vin; s'il manquait l'affaire du soir, il lui resterait l'affaire du matin. Pierre accepta. Dès lors Michel était bien sûr d'être prévenu. Pierre était garçon d'écurie; rien ne pouvait se faire dans le département dont il était chargé sans qu'il en eût avis. Cet avis, un gamin attaché à l'hôtel promit de le lui donner; il reçut en récompense de Michel trois charges de poudre pour faire des fusées.

A minuit, le voyageur n'était pas encore parti; on avait bu quatre bouteilles de vin, mais Michel s'était ménagé : sur ces quatre bouteilles, il avait trouvé moyen d'en vider trois dans le verre de Pierre, où, bien entendu, elles n'étaient pas restées. A minuit Pierre rentra pour s'informer; mais alors qu'allait faire Michel? le cabaret allait fermer, et Michel avait encore quatre heures à attendre jusqu'à l'affût du matin Pierre offrit à Michel un lit de paille dans l'écurie; il aurait chaud et serait doucement couché. Michel accepta.

Les deux amis entrèrent par la grande porte, bras dessus, bras dessous ; Pierre trébuchait, Michel faisait semblant de trébucher. A trois heures du matin, le domestique de l'hôtel appela Pierre. Le voyageur voulait partir.

Michel prétexta que l'heure de l'affût était arrivée, et se leva. La toilette n'était pas longue : il s'agissait de secouer la paille qui pouvait s'être attachée à sa blouse, à son carnier ou à ses cheveux. Après quoi Michel prit congé de son ami Pierre et alla s'embusquer au coin d'une rue.

Un quart d'heure après la porte s'ouvrit, un cavalier sortit de l'hôtel; le cheval de ce cavalier marchait l'amble, c'était bien M. de Valensolle. Il prenait les rues qui conduisaient à la route de Genève. Michel le suivait sans affectation, en sifflant un air de chasse.

Seulement Michel ne pouvait courir, il eût été remarqué; il résulta de cette difficulté qu'en un instant il eut perdu de vue M. de Valensolle.

Restait Jacques, qui devait l'attendre à la patte d'oie. Mais Jacques était à la patte d'oie depuis plus de six heures, par une nuit d'hiver, avec un froid de cinq ou six degrés. Jacques avait-il eu le courage de rester six heures les pieds dans la neige à battre la semelle contre les arbres de la route?

Michel prit au galop rues et ruelles, raccourcissant le chemin ; mais cheval et cavalier, quelque hâte qu'il y eût mise, avaient été plus vite que lui. Il arriva à la patte d'oie; la route était solitaire. La neige, foulée pendant toute la journée de la veille, qui était un dimanche, ne permettait pas de suivre la trace du cheval, perdue dans la boue du chemin. Aussi Michel ne s'inquiéta-t-il point de la trace du cheval; c'était chose inutile, c'était temps perdu. Il s'occupa de savoir ce qu'avait fait Jacques. C'était chose facile.

Jacques avait stationné au pied d'un arbre; combien de temps? c'était difficile à dire, assez en tout cas pour avoir froid; la neige était foulée par ses gros souliers de chasse. Il avait essayé de se réchauffer en marchant de long en large; puis tout à coup il s'était souvenu sans doute qu'il y avait de l'autre côté de la route une de ces petites huttes bâties avec de la terre, où les cantonniers vont chercher un abri contre la pluie.

Il avait descendu le fossé, avait traversé le chemin; on pouvait suivre de chaque côté du chemin la trace perdue un instant sur le milieu de la route. Cette trace formait une diagonale allant droit à la hutte. Il était évident que c'était dans cette hutte que Jacques avait passé la nuit.

Maintenant, depuis quand en était-il sorti? et pourquoi en était-il sorti? Depuis quand il en était sorti? c'était chose difficile à apprécier, tandis qu'au contraire le piqueur le plus malhabile eût reconnu pourquoi il était sorti. Il en était sorti pour suivre M. de Valensolle. Le même pas qui avait abouti à la hutte en sortait et s'éloignait dans la direction de Ceyzeriat. Le cavalier avait donc bien réellement pris la route de Genève. Le pas de Jacques le disait clairement. Le pas était allongé comme celui d'un homme qui court, et il suivait en dehors du fossé, du côté des champs, la ligne d'arbres qui pouvait le dérober à la vue du voyageur.

En face d'une auberge borgne, d'une de ces auberges au-dessus de la porte cochère desquelles sont écrits ces mots : *Ici on donne à boire et à manger, loge à pied et à cheval*, les pas s'arrêtèrent.

Il était évident que le voyageur avait fait halte dans cette auberge, puisqu'à vingt pas d'elle Jacques avait fait halte derrière un arbre. Seulement au bout d'un instant, probablement quand la porte s'était refermée sur le cavalier et le cheval, Jacques avait quitté son arbre, avait traversé la route, cette fois avec hésitation et à petits pas, et s'était dirigé non pas vers la porte, mais vers la fenêtre.

Michel emboîta son pas dans celui de son fils, arriva à la fenêtre; à travers le volet mal joint on pouvait, quand l'intérieur était éclairé, voir dans l'intérieur; mais alors l'intérieur était sombre, et l'on ne voyait rien. C'était pour voir dans l'intérieur que Jacques s'était approché de la fenêtre; sans doute l'intérieur avait été éclairé un instant, et Jacques avait vu.

Où était-il allé en quittant la fenêtre? c'était facile à voir. Il avait tourné autour de la maison en longeant le mur. Il était facile de le suivre dans cette excursion, la neige était vierge. Quant à son but en contournant la maison, il n'était pas difficile à deviner. Jacques, en garçon de sens, avait bien pensé que le cavalier n'était pas parti à trois heures du matin, en disant qu'il allait à Genève, pour s'arrêter à un quart de lieue du bourg dans une pareille auberge. Il avait dû sortir par quelque porte de derrière.

Jacques contournait donc la muraille dans l'espérance de retrouver de l'autre côté de la maison la trace du cheval ou tout au moins du cavalier. En effet, à partir d'une petite porte de derrière s'avançant vers la forêt qui s'étend de Cotrez à Ceyzeriat, on pouvait suivre une trace de pas s'avançant en ligne directe dans la direction de la lisière du bois.

Ces pas étaient ceux d'un homme élégamment chaussé, et chaussé en cavalier. Ses éperons avaient laissé trace sur la neige. Jacques n'avait pas hésité, il avait suivi les pas. On voyait la trace de son gros soulier près de celle de la fine botte, du large pied du paysan près du pied élégant du citadin. Il était cinq heures du matin, le jour allait venir; Michel résolut de ne pas aller plus loin.

Du moment où Jacques était sur la piste, le jeune braconnier valait le vieux. Michel fit un grand tour par la plaine, comme s'il revenait de Ceyzeriat, et résolut d'entrer dans l'auberge et d'y attendre Jacques. Jacques comprenait que son père avait dû le suivre et s'était arrêté à la maison isolée. Michel frappa au contrevent, se fit ouvrir; il connaissait l'hôte, habitué à le voir dans ses exercices nocturnes, lui demanda une bouteille de vin, se plaignit d'avoir fait buisson creux, et demanda, tout en buvant, la permission d'attendre son fils, qui était à l'affût de son côté, et qui peut-être aurait été plus heureux que lui.

Il va sans dire que la permission fut facile à obtenir.

Michel avait eu besoin de faire ouvrir les volets pour voir sur la route. Au bout d'un instant on frappa aux carreaux. C'était Jacques. Son père l'appela. Jacques avait été aussi malheureux que son père; il n'avait rien tué. Jacques était gelé. Une brassée de bois fut jetée sur le feu, un second verre apporté. Jacques se réchauffa et but; puis, comme il fallait rentrer au château des Noires-Fontaines avec le jour, pour qu'on ne s'aperçût point de l'absence des deux braconniers, Michel paya la bouteille de vin et la flambée, et tous deux partirent.

Ni l'un ni l'autre n'avait dit devant l'hôte un mot de ce qui les préoccupait; il ne fallait point que l'on soupçonnât qu'ils fussent en quête d'autre chose que du gibier. Mais une fois de l'autre côté du seuil, Michel se rapprocha vivement de son fils. Alors Jacques lui raconta qu'il avait suivi les traces assez avant dans la forêt; mais qu'arrivé à un carrefour il avait vu tout à coup se lever devant lui un homme armé d'un fusil, et que cet homme lui avait demandé ce qu'il venait faire à cette heure dans le bois. Jacques avait répondu qu'il cherchait un affût.

— Alors allez plus loin, avait répondu l'homme, car, vous le voyez, cette place est prise.

Jacques avait reconnu la justesse de la réclamation, et avait en effet été cent pas plus loin. Mais au moment où il obliquait à gauche pour rentrer dans l'enceinte dont il avait été écarté, un autre homme, armé comme le premier, s'était tout aussi inopinément levé devant lui, lui adressant la même question.

Jacques n'avait pas d'autre réponse à faire que la réponse déjà faite :

— Je cherche un affût.

L'homme alors lui avait montré du doigt la lisière de la forêt, et d'un ton presque menaçant lui avait dit :

— Si j'ai un conseil à vous donner, mon jeune ami, c'est d'aller là-bas; je crois qu'il fait meilleur là-bas qu'ici.

Jacques avait suivi le conseil, ou du moins avait fait semblant de le suivre; car, arrivé à l'endroit indiqué, il s'était glissé le long du fossé, et, convaincu de l'impossibilité de retrouver, en ce moment du moins, la piste de M. de Valensolle, il avait gagné au large, avait rejoint la grande route à travers champs et était revenu vers le cabaret, où il espérait retrouver son père et où il l'avait retrouvé en effet.

Ils étaient arrivés tous deux au château des Noires-Fontaines, nous l'avons dit, au moment où les premiers rayons du jour pénétraient à travers les volets.

Tout ce que nous venons de dire fut raconté à Roland avec une foule de détails que nous omettons, et qui n'eurent pour résultat que de convaincre le jeune officier que les deux hommes armés de fusils qui s'étaient levés à l'approche de Jacques n'étaient autres, tout braconniers qu'ils semblaient être, que des compagnons de Jehu.

Mais quel pouvait être ce repaire? il n'y avait de ce côté-là ni couvent abandonné ni ruines. Tout à coup Roland se frappa la tête.

— Oh! belître que je suis, dit-il; comment n'avais-je point songé à cela?

Un sourire de triomphe passa sur ses lèvres, et, s'adressant aux deux hommes, désespérés de ne point lui apporter de nouvelles plus précises:

— Mes enfants, dit-il, je sais tout ce que je voulais savoir. Couchez-vous et dormez tranquilles; vous l'avez pardieu bien mérité.

Et de son côté donnant l'exemple, Roland dormit en homme qui vient de résoudre un problème de la plus haute importance, qu'il a longtemps cherché inutilement.

L'idée lui était venue que les compagnons de Jehu avaient abandonné la Chartreuse de Seillon pour les grottes de Ceyzeriat, et en même temps il s'était rappelé cette communication souterraine qui existait entre cette grotte et l'église de Bourg.

Le même jour, comme il en avait reçu la permission la veille, sir John se présenta entre midi et une heure chez mademoiselle de Montrevel.

Tout se passa comme l'avait désiré Morgan. Sir John fut reçu comme ami de la famille, lord Tanlay fut reçu comme un prétendant dont la recherche honorait.

Amélie n'opposa aux désirs de son frère et de sa mère, aux ordres du premier consul, que l'état de sa santé; c'était demander du temps, lord Tanlay s'inclina: il obtenait autant qu'il avait espéré obtenir, il était agréé.

Cependant il comprit que sa présence trop prolongée à Bourg serait inconvenante, Amélie se trouvant éloignée, toujours par ce prétexte de santé, de sa mère et de son frère. En conséquence il annonça à Amélie une seconde visite pour le lendemain et son départ pour la même soirée. Il attendrait pour la revoir ou qu'Amélie vînt à Paris, ou que madame de Montrevel revînt à Bourg; cette seconde circonstance était la plus probable: Amélie disait qu'elle avait besoin du printemps et de l'air natal pour le retour de sa santé.

Grâce à la délicatesse parfaite de sir John, les désirs d'Amélie et de Morgan étaient accomplis, les deux amants avaient devant eux du temps et de la solitude. Michel sut ces détails de Charlotte, et Roland les sut de Michel. Roland résolut de laisser partir sir John avant de rien tenter. Mais cela ne l'empêchait point de lever un dernier doute.

La nuit venue, Roland prit un costume de chasseur, jeta sur le costume la blouse de Michel, cacha son visage sous un large chapeau, passa une paire de pistolets dans le ceinturon de son couteau de chasse, caché comme ses pistolets sous sa blouse, et se hasarda sur la route des Noires-Fontaines à Bourg.

Il s'arrêta à la caserne de gendarmerie et demanda à parler au capitaine. Le capitaine était dans sa chambre. Roland monta et se fit reconnaître ; puis, comme il n'était que huit heures du soir et qu'il pouvait être reconnu par quelques passants, il éteignit la lampe.

Les deux hommes restèrent dans l'obscurité. Le capitaine savait déjà ce qui s'était passé trois jours auparavant sur la route de Lyon, et, certain que Roland n'avait pas été tué, il s'attendait à sa visite. A son grand étonnement, Roland ne venait lui demander qu'une seule chose, ou plutôt que deux choses : la clef de l'église de Bourg, et une pince.

Le capitaine lui remit les deux objets demandés et offrit à Roland de l'accompagner dans son excursion ; mais Roland refusa : il était évident qu'il avait été trahi par quelqu'un lors de son expédition de la Maison-Blanche ; il ne voulait pas s'exposer à un second échec. Tout ce qu'il demanda au capitaine fut de ne parler à personne de sa présence et d'attendre son retour, quand même ce retour tarderait d'une heure ou deux. Le capitaine s'y engagea.

Roland, sa clef à la main droite, sa pince à la main gauche, gagna sans bruit la porte latérale de l'église, l'ouvrit, la referma et se trouva en face de la muraille de fourrage. Il écouta : le plus profond silence régnait dans l'église solitaire. Il rappela ses souvenirs de jeunesse, s'orienta, mit la clef dans sa poche, et escalada la muraille de foin.

La muraille avait une quinzaine de pieds de haut ; elle formait une espèce de plate-forme ; puis, comme on descend d'un rempart au moyen d'un talus, par une espèce de talus il se laissa glisser jusqu'au sol, tout pavé de dalles mortuaires. Le chœur était vide, grâce au jubé qui le protégeait d'un côté, et grâce aux murailles qui l'enceignaient à droite et à gauche. La porte du jubé était ouverte ; Roland pénétra donc sans difficulté dans le chœur.

Il se trouva en face du monument de Philibert Lebeau. A la tête du prince se trouvait une grande dalle carrée : c'était celle par laquelle on descendait dans les caveaux souterrains. Roland connaissait ce passage ; car, arrivé près d'elle, il s'agenouilla, cherchant avec sa main la rainure de la dalle.

Il la trouva, se releva, introduisit la pince dans la rainure et souleva la pierre. D'une main il la soutint au-dessus de sa tête, tandis qu'il descendait dans le caveau ; puis lentement il la laissa retomber.

On eût dit que, volontairement, le visiteur nocturne se séparait du monde des vivants et descendait dans le monde des morts. Et ce qui devait paraître étrange à celui qui voit dans le jour et dans les ténèbres, sur la terre comme dessous, c'était l'impassibilité de cet homme qui côtoyait les morts pour découvrir les vivants, et qui, malgré l'obscurité, la solitude, le silence, ne frissonnait même pas au contact des marbres funèbres.

Il alla tâtonnant au milieu des tombes, jusqu'à ce qu'il eût reconnu la grille qui donnait dans le souterrain. Il explora la serrure ; elle était fermée au pêne seulement. Il introduisit l'extrémité de sa pince entre le pêne et la gâche, et poussa légèrement. La grille s'ouvrit.

Il tira la porte, mais sans la fermer, afin de pouvoir revenir sur ses pas, et dressa la pince dans son angle ; puis l'oreille tendue, la pupille dilatée, tous les sens surexcités par le désir d'entendre, le besoin de respirer, l'impossibilité de voir, il s'avança lentement, un pistolet tout armé d'une main, et s'appuyant de l'autre à la paroi de la muraille. Il marcha ainsi un quart d'heure.

Quelques gouttes d'eau glacées, en filtrant à travers la voûte du souterrain et en tombant sur ses mains et sur ses épaules, lui avaient appris qu'il passait au-dessous de la Reissousse. Au bout d'un quart d'heure de marche, il trouva la porte qui communiquait du souterrain dans la carrière. Il fit halte un instant; il respirait plus librement; en outre, il lui semblait entendre des bruits lointains et voir voltiger sur les piliers de pierre qui soutenaient la voûte comme des lueurs de feux follets.

On eût pu croire, en ne distinguant que la forme de ce sombre écouteur, que c'était de l'hésitation; mais si l'on eût pu voir sa physionomie, on eût compris que c'était de l'espérance. Il se remit en chemin, se dirigeant vers les lueurs qu'il avait cru voir, vers ce bruit qu'il avait cru entendre.

A mesure qu'il approchait, le bruit arrivait à lui plus distinct, la lumière lui apparaissait plus vive. Il était évident que la carrière était habitée; par qui? il n'en savait rien encore, mais il allait le savoir. Il n'était plus qu'à dix pas du carrefour de granit que nous avons signalé à notre première descente dans la grotte de Ceyzeriat. Il se colla contre la muraille, s'avançant imperceptiblement; on eût dit, au milieu de l'obscurité, un bas-relief mobile.

Enfin sa tête arriva à dépasser un angle, et son regard plongea sur ce que l'on pouvait appeler le camp des compagnons de Jéhu. Ils étaient douze ou quinze occupés à souper.

Il prit à Roland une folle envie : c'était de se précipiter au milieu de tous ces hommes, de les attaquer seul, et de combattre jusqu'à la mort. Mais il comprima ce désir insensé, releva sa tête avec la même lenteur qu'il l'avait avancée, et, les yeux pleins de lumière, le cœur plein de joie, sans avoir été entendu, sans avoir été vu, sans avoir été soupçonné, il revint sur ses pas, reprenant le chemin qu'il venait de faire. Ainsi, tout lui était expliqué, l'abandon de la Chartreuse de Seillon, la disparition de M. de Valensolle, les faux braconniers placés aux environs de l'ouverture de la grotte de Geyzeriat.

Cette fois, il allait donc prendre sa vengeance, et la prendre terrible, la prendre mortelle. Mortelle, car, de même qu'il soupçonnait qu'on l'avait épargné, il allait ordonner d'épargner les autres. Seulement lui on l'avait épargné pour la vie; les autres, on allait les épargner pour la mort. A la moitié du retour à peu près, il lui sembla entendre du bruit derrière lui; il se retourna et crut voir le rayonnement d'une lumière.

Il doubla le pas; une fois la porte dépassée, il n'y avait plus à s'égarer : ce n'était plus une carrière aux mille détours; c'était une voûte étroite, rigide, aboutissant à une grille funéraire.

Au bout de dix minutes il passait de nouveau sous la rivière; une ou deux minutes après il touchait la grille du bout de sa main étendue. Il tira, la grille tourna sur ses gonds. Il prit sa pince où il l'avait laissée, entra dans le caveau, tira la grille après lui, la referma doucement et sans bruit, guidé par les tombeaux retrouva l'escalier, poussa la dalle avec sa tête et se retrouva sur le sol des vivants.

Là, relativement, il faisait jour. Il sortit du chœur, repoussa la porte du jubé afin de la remettre dans le même état où il l'avait trouvée, escalada le talus, traversa la plate-forme et redescendit de l'autre côté. Il avait conservé la clef; il ouvrit la porte et se trouva dehors.

Le capitaine de gendarmerie l'attendait; il conféra quelques instants avec lui, puis tous deux sortirent ensemble. Tous deux rentrèrent à Bourg par le chemin de ronde pour ne pas être vus, prirent la porte des Halles, la rue de la Révolution, la rue de la Liberté, la rue d'Espagne, devenue la rue Simonneau. Puis Roland s'enfonça dans un des angles de la rue du Greffe et attendit. Le capitaine de gendarmerie continua seul son chemin. Il allait rue des Ursules, devenue depuis sept ans la rue des Casernes; c'était là que le chef de brigade de dragons avait son logement. Il venait de se mettre au lit au moment où le capitaine entra dans sa chambre; il lui dit deux mots tout bas, et en hâte le chef de brigade s'habilla et sortit.

Au moment où le chef de brigade de dragons et le capitaine de gendarmerie apparaissaient sur la place, une ombre se détachait de la muraille et s'approchait d'eux. Cette ombre, c'était Roland. Les trois hommes restèrent en conférence dix minutes, Roland donnant des ordres, les deux autres l'écoutant et l'approuvant. Puis ils se séparèrent.

Le chef de brigade rentra chez lui; Roland et le capitaine de gendarmerie, par la rue de l'Étoile, les degrés des Jacobins et la rue de Bourgneuf, regagnèrent le chemin de ronde, puis, en diagonale, ils allèrent rejoindre la route de Pont-d'Ain.

Roland laissa, en passant, le capitaine de gendarmerie à la caserne et continua son chemin. Vingt minutes après, pour ne pas réveiller Amélie, au lieu de sonner à la grille, il frappait au volet de Michel. Michel ouvrait le volet, et, d'un seul élan, Roland, dévoré de cette fièvre qui s'emparait de lui lorsqu'il courait ou même rêvait tout simplement quelque danger, sautait dans le pavillon. Il n'eût point réveillé Amélie, eût-il sonné à la porte, car Amélie ne dormait point.

Charlotte qui, elle aussi, de son côté, arrivait de la ville sous prétexte d'aller voir son père, mais en réalité pour faire parvenir une lettre à Morgan, avait trouvé Morgan et rapportait la réponse à sa maîtresse. Amélie lisait cette réponse; elle était conçue en ces termes :

« Amour, à moi!

« Oui, tout va bien de ton côté, car tu es l'ange; mais j'ai bien peur que tout n'aille mal du mien, moi qui suis le démon.

« Il faut absolument que je te voie, que je te presse dans mes bras, que je te presse contre mon cœur; je ne sais quel pressentiment plane au-dessus de moi, je suis triste à mourir.

« Envoie demain Charlotte s'assurer que sir John est bien parti; puis, lorsque tu auras acquis la certitude de ce départ, fais le signal accoutumé.

« Ne t'effraye point, ne me parle point de la neige, ne me dis point que l'on verra mes pas.

« Ce n'est pas moi, cette fois, qui irai à toi, c'est toi qui viendras à moi; comprends-tu bien? tu peux te promener dans le parc, personne n'ira suivre la trace de tes pas.

« Tu te couvriras de ton châle le plus chaud, de tes fourrures les plus épaisses, puis, dans la barque amarrée sous les saules, nous passerons une heure en changeant de rôle, d'habitude; je te dis mes craintes et tu me dis tes espérances; demain, mon adorée Amélie, c'est toi qui me diras tes espérances et moi qui te dirai mes craintes.

« Seulement, aussitôt le signal fait, descends; je t'attendrai à Montagnat, et de Montagnat à la Reissousse il n'y a pas, pour moi qui t'aime, cinq minutes de chemin.

« Au revoir! ma pauvre Amélie; si tu ne m'eusses pas rencontré, tu eusses été heureuse entre les heureuses.

« La fatalité m'a mis sur ton chemin, et j'ai, j'en ai bien peur, fait de toi une martyre.

« Ton CHARLES.

« A demain, n'est-ce pas? à moins d'obstacle surhumain. »

VII

OÙ LES PRESSENTIMENTS DE MORGAN SE RÉALISENT.

Rien de plus calme et de plus serein souvent que les heures qui précèdent une grande tempête. La journée fut belle et sereine : ce fut une de ces belles journées de février, où, malgré le froid piquant de l'atmosphère, où, malgré le blanc linceul qui couvre la terre, le soleil sourit aux hommes et leur promet le printemps.

Sir John vint dans la journée faire à Amélie sa visite d'adieu. Sir John avait ou croyait avoir la parole d'Amélie; cette parole lui suffisait. Son impatience était toute personnelle; mais Amélie, en accueillant sa recherche, quoiqu'elle eût laissé l'époque de leur union dans le vague de l'avenir, avait comblé toutes ses espérances. Il s'en rapportait pour le reste au désir du premier consul et à l'amitié de Roland.

Il revenait donc à Paris pour faire sa cour à madame de Montrevel, ne pouvant rester pour la faire à Amélie. Un quart d'heure après la sortie de sir John du château des Noires-Fontaines, Charlotte à son tour prenait le chemin de Bourg. Vers les quatre heures, elle venait rapporter à Amélie qu'elle avait vu de ses yeux sir John monter en voiture à la porte de l'*hôtel de France* et partir par la route de Mâcon.

Amélie pouvait donc être parfaitement tranquille de ce côté. Elle respira. Amélie avait tenté d'inspirer à Morgan une tranquillité qu'elle n'avait point elle-même; depuis le jour où Charlotte lui avait révélé la présence de Roland à Bourg, elle avait pressenti comme Morgan que l'on approchait d'un dénoûment terrible. Elle connaissait tous les détails des événements arrivés à la Chartreuse de Seillon; elle voyait la lutte engagée entre son frère et son amant, et, rassurée sur le sort de son frère, grâce à la recommandation faite par le chef des compagnons de Jéhu, elle tremblait pour la vie de son amant. De plus, elle avait appris l'arrestation de la malle de Chambéry, la mort du chef de brigade des chasseurs de Mâcon; elle avait su que son frère était sauvé, mais qu'il avait disparu. Elle n'avait reçu aucune lettre de lui.

Cette disparition et ce silence, pour elle qui connaissait Roland, c'était quelque chose de pis qu'une guerre ouverte et déclarée. Quant à Morgan, elle ne l'avait pas revu depuis la scène que nous avons racontée, et dans laquelle

elle avait pris l'engagement de lui faire parvenir des armes partout où il serait, si jamais il était condamné à mort.

Cette entrevue demandée par Morgan, Amélie l'attendait donc avec autant d'impatience que celui qui la demandait. Aussi, dès qu'elle put croire que Michel et son fils étaient couchés, alluma-t-elle aux quatre fenêtres les bougies qui devaient servir de signal à Morgan. Puis, comme le lui avait recommandé son amant, elle s'enveloppa d'un cachemire rapporté par son frère du champ de bataille des Pyramides, et qu'il avait lui-même déroulé de la tête d'un bey tué par lui; elle jeta par-dessus son cachemire une mante de fourrures, laissa Charlotte pour lui donner avis de ce qui pouvait arriver, et, espérant qu'il n'arriverait rien, elle ouvrit la porte du parc et s'achemina vers la rivière.

Dans la journée, elle avait été deux ou trois fois jusqu'à la Reissousse et en était revenue, afin de tracer un réseau de pas dans lesquels les pas nocturnes ne fussent point reconnus. Elle descendit donc, sinon tranquillement, du moins hardiment, la pente qui conduisait jusqu'à la Reissousse; arrivée au bord de la rivière, elle chercha des yeux la barque amarrée sous les saules. Un homme l'y attendait. C'était Morgan. En deux coups de rame, il arriva jusqu'à un endroit praticable à la descente; Amélie s'élança, il la reçut entre ses bras.

La première chose que vit la jeune fille, ce fut le rayonnement joyeux qui illuminait pour ainsi dire le visage de son amant.

— Oh! s'écria-t-elle, tu as quelque chose d'heureux à m'annoncer. — Pourquoi cela, chère amie? demanda Morgan avec son plus doux sourire. — Il y a sur ton visage, ô mon bien-aimé Charles, quelque chose de plus que le bonheur de me revoir. — Tu as raison, dit Morgan en roulant la chaîne de la barque au tronc d'un saule et en laissant les avirons battre les flancs du canot.

Puis, prenant Amélie entre ses bras :

— Tu as raison, mon Amélie, lui dit-il, et mes pressentiments me trompaient. Oh! faibles et aveugles que nous sommes, c'est au moment où il va toucher le bonheur de la main que l'homme désespère et doute. — Oh! parle, parle! dit Amélie; qu'est-il donc arrivé? — Te rappelles-tu, mon Amélie, ce que, dans notre dernière entrevue, tu me répondis quand je te parlai de fuir et que je craignis tes répugnances? — Oh! oui, je m'en souviens, Charles; je te répondis que j'étais à toi, et que, si j'avais des répugnances, je les surmonterais. — Et moi, je te répondis que j'avais des engagements qui m'empêchaient de fuir; que, de même qu'ils étaient liés à moi, j'étais lié à eux; qu'il y avait un homme dont nous relevions, à qui nous devions une obéissance absolue, et que cet homme, c'était le futur roi de France, Louis XVIII. — Oui, tu m'as dit tout cela. — Eh bien, nous sommes relevés de notre vœu d'obéissance, Amélie, non-seulement par le roi Louis XVIII, mais par notre général Georges Cadoudal. — Oh! mon ami, tu vas donc redevenir un homme comme tous les autres, au-dessus de tous les autres! — Je vais redevenir un simple proscrit, Amélie. Il n'y a pas à espérer pour nous l'amnistie vendéenne ou bretonne. — Et pourquoi cela? — Nous ne sommes pas des soldats, nous, mon enfant bien-aimée; nous ne sommes pas même des rebelles, nous sommes des *compagnons de Jehu.*

Amélie poussa un soupir.

— Nous sommes des bandits, des brigands, des dévaliseurs de malles-postes, appuya Morgan avec une intention visible. — Silence! fit Amélie en appuyant sa main sur la bouche de son amant; silence! ne parlons point de cela; dis-moi comment votre roi vous relève de vos engagements, comment votre général vous donne congé. — Le premier consul a voulu voir Cadoudal. D'abord il lui a envoyé ton frère pour lui faire des propositions; Cadoudal a refusé d'entrer en arrangements; mais, comme nous, Cadoudal a reçu de Louis XVIII l'ordre de cesser les hostilités. Coïncidant avec cet ordre, est arrivé un nouveau message du premier consul; ce message, c'était un sauf-conduit pour lui, une invitation de venir à Paris, un traité enfin de puissance à puissance. Cadoudal a accepté, et doit à cette heure être en route pour Paris ou y être arrivé. Il y a donc, sinon paix, du moins trêve. — Et du côté du roi Louis XVIII? — Il y a plus encore: il y a, comme à Cadoudal, ordre de cesser les hostilités. — Oh! quelle joie, mon Charles! — Ne te réjouis pas trop, mon amour. — Et pourquoi cela? — Parce que cet ordre est venu, sais-tu pourquoi? — Non. — Eh bien, c'est un homme très-fort que M. Fouché; il a compris que, ne pouvant pas nous vaincre, il fallait nous déshonorer. Il a organisé de faux compagnons de Jehu qu'il a lâchés dans le Maine et dans l'Anjou, et qui ne se contentent pas, eux, de prendre l'argent du gouvernement, mais qui pillent et détroussent les voyageurs, qui entrent la nuit dans les châteaux et dans les fermes, qui mettent aux propriétaires de ces fermes et de ces châteaux les pieds sur des charbons ardents, et qui leur arrachent par des tortures le secret de l'endroit où est caché leur argent. Eh bien, ces hommes, ces misérables, ces bandits, ces chauffeurs, ils prennent le même nom que nous, et sont censés combattre pour le même principe; si bien que la police de M. Fouché nous met non-seulement hors la loi, mais hors l'honneur. — Oh! — Voilà ce que j'avais à te dire, mon Amélie, avant de te proposer une seconde fois de fuir ensemble. Aux yeux de la France, aux yeux de l'étranger, aux yeux du prince même que nous avons servi et pour qui nous avons risqué l'échafaud, nous serons dans l'avenir, nous sommes probablement déjà des misérables dignes de l'échafaud. — Oui, mais pour moi, mon bien-aimé Charles, tu es l'homme dévoué, l'homme de conviction, le royaliste obstiné qui a continué de combattre quand tout le monde avait mis bas les armes; pour moi, tu es le loyal baron de Sainte-Hermine; pour moi, si tu l'aimes mieux, tu es le noble, le courageux et l'invincible Morgan. — Ah! voilà tout ce que je voulais savoir, ma bien-aimée; tu n'hésiteras donc pas un instant, malgré le nuage infâme que l'on essaye de faire passer entre nous et l'honneur, tu n'hésiteras donc pas, je ne dirai point à te donner à moi, tu t'es donnée, mais à être ma femme? — Que dis-tu là? pas un instant, pas une seconde; mais ce serait la joie de mon âme, le bonheur de ma vie! Ta femme! je suis ta femme devant Dieu; Dieu comblera tous mes désirs le jour où il permettra que je sois ta femme devant les hommes.

Morgan tomba à genoux.

— Eh bien, dit-il, à tes pieds, Amélie, les mains jointes, avec la voix la plus suppliante de mon cœur, je viens te dire: Amélie, veux-tu fuir? Amélie, veux-tu quitter la France? Amélie, veux-tu être ma femme?

Amélie se dressa tout debout, prit son front entre ses deux mains, comme si la violence du sang qui affluait à son cerveau allait le faire éclater. Morgan lui saisit les deux mains, et, la regardant avec inquiétude :

— Hésites-tu ? lui demanda-t-il d'une voix sourde, tremblante, presque brisée. — Non ! oh ! non ! pas une seconde, s'écria Amélie ; je suis à toi, dans le passé et dans l'avenir, en tout et partout. Seulement, le coup est d'autant plus violent qu'il est inattendu. — Réfléchis bien, Amélie ; ce que je te propose, c'est l'abandon de la patrie et de la famille, c'est-à-dire de tout ce qui est cher, de tout ce qui est sacré ; en me suivant, tu quittes le château où tu es née, la mère qui t'y a enfantée et nourrie, le frère qui t'aime, et qui, lorsqu'il saura que tu es la femme d'un brigand, te haïra peut-être, te méprisera certainement.

Et en parlant ainsi, Morgan interrogeait avec anxiété le visage d'Amélie. Ce visage s'éclaira graduellement d'un doux sourire, et, comme s'il s'abaissait du ciel sur la terre, s'inclinant sur le jeune homme toujours à genoux :

— Oh ! Charles ! dit la jeune fille d'une voix douce comme le murmure de la rivière qui coulait claire et limpide sous ses pieds, il faut que ce soit une chose bien puissante que l'amour qui émane directement de Dieu ! puisque, malgré les paroles terribles que tu viens de prononcer, sans crainte, sans hésitation, presque sans regrets, je te dis : Charles, me voilà ; Charles, je suis à toi ; Charles, quand partons-nous ? — Amélie, nos destinées ne sont point de celles avec lesquelles on transige ou discute ; si nous partons, si tu me suis, c'est à l'instant même ; demain il faut que nous soyons de l'autre côté de la frontière. — Et nos moyens de fuite ? — J'ai à Montagnat deux chevaux tout sellés, un pour toi, Amélie, un pour moi ; j'ai pour deux cent mille francs de lettres de crédit sur Londres ou Vienne. Où tu voudras aller, nous irons. — Où tu seras, Charles, je serai ; que m'importe la ville ? — Alors, viens. — Cinq minutes, Charles, est-ce trop ? — Où vas-tu ? — J'ai à dire adieu à bien des choses, Charles ; j'ai à emporter tes lettres chéries, j'ai à prendre le chapelet d'ivoire de ma première communion, j'ai quelques souvenirs chéris, pieux, sacrés, des souvenirs d'enfance qui seront là-bas tout ce qui me restera de ma mère, de ma famille, de la France ; je vais les prendre et je reviens. — Amélie ! — Quoi ? — Je voudrais bien ne pas te quitter ; il me semble qu'au moment d'être réunis, te quitter un instant, c'est te perdre pour toujours ; Amélie, veux-tu que je te suive ? — Oh ! viens ; qu'importe qu'on voie tes pas maintenant ? nous serons loin demain au jour ; viens !

Le jeune homme sauta hors de la barque et donna la main à Amélie, puis il l'enveloppa de son bras, et tous deux prirent le chemin de la maison. Sur le perron, Charles s'arrêta.

— Va, lui dit-il, la religion des souvenirs a sa pudeur ; quoique je la comprenne, je te gênerais ; je t'attends ici, d'ici je te garde ; du moment où je n'ai qu'à étendre la main pour te prendre, je suis bien sûr que tu ne m'échapperas point ; va, mon Amélie, mais reviens vite.

Amélie répondit en tendant ses lèvres au jeune homme ; puis elle monta rapidement l'escalier, rentra dans sa chambre, prit un petit coffret de chêne sculpté cerclé de fer où était son trésor, les lettres de Charles, depuis la première jusqu'à la dernière, détacha de la glace de la cheminée le blanc et virginal chapelet d'ivoire qui y était suspendu, mit à sa ceinture une montre que son père lui avait donnée étant enfant, puis elle passa dans la chambre de sa mère, s'inclina au chevet de son lit, baisa l'oreiller que la tête de madame de Montrevel avait touché, s'agenouilla devant le Christ veillant au pied de son lit, commença une action de grâces qu'elle n'osa continuer, l'interrompit pour un acte de foi, puis tout à coup s'arrêta.

Il lui avait semblé que Charles l'appelait; elle prêta l'oreille et entendit une seconde fois son nom prononcé avec un accent d'angoisse dont elle ne pouvait se rendre compte. Elle tressaillit, se redressa et descendit rapidement l'escalier. Charles était toujours à la même place; mais, penché en avant, l'oreille tendue, il semblait écouter un bruit lointain avec anxiété.

— Qu'y a-t-il? demanda Amélie en saisissant la main du jeune homme. — Écoute! écoute! dit celui-ci.

Amélie prêta l'oreille à son tour. Il lui semblait entendre des détonations successives comme un pétillement de mousqueterie. Cela venait du côté de Ceyzeriat.

— Oh! s'écria Morgan, j'avais bien raison de douter jusqu'au dernier moment de mon bonheur! Mes amis sont attaqués, Amélie; adieu! adieu! — Comment, adieu? s'écria Amélie pâlissante; tu me quittes?

Le bruit de la fusillade devint plus distinct.

— N'entends-tu pas! ils se battent, et je ne suis pas là pour me battre avec eux!

Fille et sœur de soldat, Amélie comprit tout, et n'essaya point de résister.

— Va, dit-elle en laissant tomber ses bras; tu avais raison, nous sommes perdus.

Le jeune homme poussa un cri de rage, saisit une seconde fois la jeune fille, la serra sur sa poitrine comme s'il voulait l'étouffer; puis bondissant du haut en bas du perron, et s'élançant dans la direction de la fusillade avec la rapidité du daim poursuivi par les chasseurs:

— Me voilà, amis! cria-t-il, me voilà!

Et il disparut comme une ombre sous les grands arbres du parc. Amélie tomba à genoux, les bras étendus vers lui, mais sans avoir la force de le rappeler, ou, si elle le rappela, ce fut d'une voix si faible que Morgan ne lui répondit point, et ne ralentit point sa course pour lui répondre.

On devine ce qui s'était passé. Roland n'avait point perdu son temps avec le capitaine de gendarmerie et le colonel de dragons. Ceux-ci, de leur côté, n'avaient point oublié qu'ils avaient une revanche à prendre. Roland avait découvert au capitaine de gendarmerie le passage souterrain qui communiquait de l'église de Bourg à la grotte de Ceyzeriat.

A neuf heures du soir, le capitaine et les dix-huit hommes qu'il avait sous ses ordres devaient entrer dans l'église, descendre par le caveau des ducs de Savoie, et fermer de leurs baïonnettes la communication des carrières avec le souterrain. Roland, à la tête de vingt dragons, devait envelopper le bois, le battre en resserrant le demi-cercle, afin que les deux ailes de ce demi-cercle vinssent aboutir à la grotte de Ceyzeriat. A neuf heures, le premier mouvement devait être fait de ce côté, se combinant avec celui du capitaine de gendarmerie.

On a vu, par les paroles échangées entre Amélie et Morgan, quelles étaient pendant ce temps les dispositions des compagnons de Jehu : les nouvelles arrivées à la fois de Millau et de Bretagne avaient mis tout le monde à l'aise;

chacun se sentait libre, et, comprenant que l'on faisait une guerre désespérée, était joyeux de sa liberté.

Il y avait donc réunion complète dans la grotte de Ceyzeriat, presque une fête ; à minuit tous devaient se séparer, et chacun, selon les facilités qu'il pouvait avoir de traverser la frontière, se mettrait en route pour quitter la France.

On a vu à quoi leur chef occupait ses derniers instants. Les autres, qui n'avaient point les mêmes liens de cœur, faisaient ensemble dans le carrefour, splendidement éclairé, un repas de séparation et d'adieu : car, une fois hors de France, la Vendée et la Bretagne pacifiées, l'armée de Condé détruite, où se retrouveraient-ils sur la terre étrangère ? Dieu le sait !

Tout à coup le retentissement d'un coup de fusil arriva jusqu'à eux. Comme par un choc électrique, chacun fut debout. Un second coup de fusil se fit entendre ; puis, dans les profondeurs de la carrière, ces deux mots pénétrèrent frissonnants comme les ailes d'un oiseau funèbre :

— Aux armes !...

Pour les compagnons de Jehu, soumis à toutes les vicissitudes d'une vie de bandits, le repos d'un instant n'était jamais la paix. Poignards, pistolets et carabines étaient toujours à la portée de la main. Au cri poussé, selon toute probabilité, par la sentinelle, chacun sauta sur ses armes et resta le cou tendu, la poitrine haletante, l'oreille ouverte. Au milieu du silence, on entendit le bruit d'un pas aussi rapide que pouvait le permettre l'obscurité dans laquelle le pas s'enfonçait. Puis, dans le rayon de lumière projeté par les torches et par les bougies, un homme apparut.

— Aux armes ! cria-t-il une seconde fois, nous sommes attaqués !

Les deux coups que l'on avait entendus étaient la double détonation du fusil de chasse de la sentinelle, c'était elle qui accourait, son fusil encore fumant à la main.

— Où est Morgan ? crièrent vingt voix. — Absent, répondit Leprêtre, et par conséquent à moi le commandement. Éteignez tout, et en retraite sur l'église ; un combat est inutile maintenant, et le sang versé serait du sang perdu.

On obéit avec cette promptitude qui indique que chacun appréciait le danger ; puis on se serra dans l'obscurité. Leprêtre, à qui les détours du souterrain étaient aussi bien connus qu'à Morgan, se chargea de diriger la troupe, et s'enfonça suivi de ses compagnons dans les profondeurs de la carrière. Tout à coup il lui sembla entendre à cinquante pas devant lui un commandement prononcé à voix basse, puis le claquement d'un certain nombre de fusils que l'on arme ; il étendit les deux bras en murmurant à son tour le mot :

— Halte !

Au même instant, on entendit distinctement le commandement :

— Feu !

Ce commandement n'était pas prononcé, que le souterrain s'éclaira avec une détonation terrible. Dix carabines venaient de faire feu à la fois. A la lueur de cet éclair, Leprêtre et ses compagnons purent apercevoir et reconnaître l'uniforme des gendarmes.

— Feu ! cria à son tour Leprêtre.

Sept ou huit coups de fusil retentirent à ce commandement. La voûte obscure s'éclaira de nouveau. Deux compagnons de Jehu gisaient sur le sol, l'un tué raide, l'autre blessé mortellement.

— La retraite est coupée, dit Leprêtre; volte-face, mes amis; si nous avons une chance, c'est du côté de la forêt.

Le mouvement se fit avec la régularité d'une manœuvre militaire. Leprêtre se retrouva à la tête de ses compagnons, et revint sur ses pas. En ce moment les gendarmes firent feu une seconde fois. Personne ne riposta ; ceux qui avaient déchargé leurs armes les rechargèrent, ceux qui n'avaient pas tiré se tenaient prêts pour la véritable lutte, qui allait avoir lieu à l'entrée de la grotte. Un ou deux soupirs indiquèrent seuls que cette riposte de la gendarmerie n'était point sans résultat.

Au bout de cinq minutes, Leprêtre s'arrêta. On était revenu à la hauteur du carrefour à peu près.

— Tous les fusils et tous les pistolets sont-ils chargés? demanda-t-il. — Tous, répondirent une douzaine de voix. — Vous vous rappelez le mot d'ordre pour ceux de nous qui tomberont entre les mains de la justice; nous appartenons aux bandes de M. Téyssonnet : nous sommes venus pour recruter des hommes à la cause royaliste; nous ne savons pas ce que l'on veut dire quand on nous parle des malles-postes et des diligences arrêtées. — C'est convenu. — Dans l'un ou l'autre cas, c'est la mort, nous le savons bien; mais c'est la mort du soldat au lieu de la mort des voleurs, la fusillade au lieu de la guillotine. — Et la fusillade, dit une voix railleuse, nous savons ce que c'est. Vive la fusillade! — En avant! mes amis, dit Leprêtre, et vendons-leur notre vie ce qu'elle vaut, c'est-à-dire le plus cher possible. — En avant! répétèrent les compagnons.

Et aussi rapidement qu'il était possible de le faire dans les ténèbres, la petite troupe se remit en marche, toujours conduite par Leprêtre.

A mesure qu'ils avançaient, Leprêtre respirait une odeur de fumée qui l'inquiétait. En même temps, certaines lueurs se reflétaient sur les parois des murailles et aux angles des piliers, qui indiquaient qu'il se passait quelque chose d'insolite vers l'ouverture de la grotte.

— Je crois que ces gredins-là nous enfument, dit Leprêtre. — J'en ai peur, répondit Guyon. — Ils croient avoir affaire à des renards. — Oh! répondit la même voix, ils verront bien à nos griffes que nous sommes des lions.

La fumée devenait de plus en plus épaisse, la lueur de plus en plus vive. On arriva au dernier angle. Un amas de bois sec avait été allumé dans l'intérieur de la carrière, à une cinquantaine de pas de son ouverture, non pas pour enfumer, mais pour éclairer. A la lumière répandue par le foyer incandescent, on voyait reluire à l'entrée de la grotte les armes des dragons. A dix pas en avant d'eux, un officier attendait, appuyé sur sa carabine, non-seulement exposé à tous les coups, mais semblant les provoquer. C'était Roland.

Il était facile à reconnaître; il avait jeté loin de lui son chapeau, sa tête était nue, et la réverbération de la flamme se jouait sur son visage. Mais ce qui eût dû le perdre le sauvait. Leprêtre le reconnut et fit un pas en arrière.

— Roland de Montrevel, dit-il; rappelez-vous la recommandation de Morgan. — C'est bien, répondirent les compagnons d'une voix sourde. — Et maintenant, cria Leprêtre, mourons, mais tuons.

Et il s'élança le premier dans l'espace éclairé par la flamme du foyer, déchargea un des canons de son fusil à deux coups sur les dragons, qui répondirent par une décharge générale.

Il serait impossible de raconter ce qui se passa alors : la grotte s'emplit d'une fumée au sein de laquelle chaque coup de feu brilla comme un éclair ; les deux troupes se joignirent et s'attaquèrent corps à corps : ce fut le tour des pistolets et des poignards. Au bruit de la lutte, la gendarmerie accourut ; mais il lui fut impossible de faire feu, tant étaient confondus amis et ennemis ; seulement, quelques démons de plus semblèrent se mêler à cette lutte de démons.

On voyait des groupes confus luttant au milieu de cette atmosphère rouge et fumeuse, s'affaissant, se relevant, s'affaissant encore ; on entendait un hurlement de rage ou un cri d'agonie : c'était le dernier soupir d'un homme.

Le survivant cherchait un nouvel adversaire, commençait une nouvelle lutte. Cet égorgement dura un quart d'heure, vingt minutes peut-être. Au bout de ces vingt minutes, on pouvait compter dans la grotte de Ceyzeriat vingt-deux cadavres. Treize appartenaient aux dragons et aux gendarmes, neuf aux compagnons de Jehu.

Cinq de ces derniers survivaient : écrasés par le nombre, criblés de blessures, ils avaient été pris vivants. Les gendarmes et les dragons, au nombre de vingt-cinq, les entouraient.

Le capitaine de gendarmerie avait eu le bras gauche cassé, le chef de brigade de dragons avait eu la cuisse traversée par une balle. Seul, Roland, couvert de sang, mais d'un sang qui n'était pas le sien, n'avait pas reçu une égratignure.

Deux des prisonniers étaient si gravement blessés, qu'on renonça à les faire marcher ; il fallut les transporter sur des brancards.

On alluma des torches préparées à cet effet, et l'on prit le chemin de la ville. Seulement, au moment où l'on passait de la forêt sur la grande route, on entendit le galop d'un cheval. Ce galop se rapprochait rapidement.

— Continuez votre chemin, dit Roland, je reste en arrière pour savoir ce que c'est.

C'était un cavalier qui, comme nous l'avons dit, accourait à toute bride.

— Qui vive ? cria Roland, lorsque le cavalier ne fut plus qu'à vingt pas de lui.

Et il apprêta sa carabine.

— Un prisonnier de plus, monsieur de Montrevel, répondit le cavalier ; je n'ai pas pu me trouver au combat, je veux du moins me trouver à l'échafaud. Où sont mes amis ? — Là, Monsieur, répondit Roland qui avait reconnu, non pas la figure, mais la voix du jeune homme, voix qu'il entendait pour la troisième fois.

Et il indiqua de la main le groupe formant le centre de la petite troupe qui suivait la route de Ceyzeriat à Bourg.

— Je vois avec bonheur qu'il ne vous est rien arrivé, monsieur de Montrevel, dit le jeune homme avec une courtoisie parfaite, et ce m'est une grande joie, je vous le jure.

Et, piquant son cheval, il fut en quelques élans près des dragons et des gendarmes.

— Pardon, Messieurs, dit-il en mettant pied à terre, mais je réclame une place au milieu de mes trois amis, le vicomte de Jayat, le comte de Valensolle et le marquis de Ribier.

Les trois prisonniers jetèrent un cri d'admiration et tendirent les mains à leur ami. Les deux blessés se soulevèrent sur leur brancard et murmurèrent :
— Bien, Sainte-Hermine... bien ! — Je crois, Dieu me pardonne! s'écria Roland, que le beau côté de l'affaire restera jusqu'au bout à ces bandits!

VIII

CADOUDAL AUX TUILERIES.

Le surlendemain du jour, ou plutôt de la nuit où s'étaient passés les événements que nous venons de raconter, deux hommes marchaient côte à côte dans le grand salon des Tuileries donnant dans le jardin. Ils parlaient vivement; des deux côtés les paroles étaient accompagnées de gestes rapides et animés. Ces deux hommes, c'étaient le premier consul Bonaparte et Georges Cadoudal.

Georges Cadoudal, touché des malheurs que pouvait entraîner pour la Bretagne une plus longue résistance, venait de signer la paix avec Brune. C'était après la signature de cette paix qu'il avait délié les compagnons de Jehu de leurs serments. Par malheur le congé qu'il leur donnait était arrivé, comme nous l'avons vu, vingt-quatre heures trop tard. Dans cette paix, Georges Cadoudal, fidèle à son caractère, n'avait rien stipulé pour lui que la liberté de se retirer où il voudrait.

Le lendemain du jour où cette paix avait été signée, Cadoudal, en rentrant dans son camp le cœur navré, recevait une lettre de l'amiral anglais mouillé à la baie de Quiberon. L'amiral lui annonçait par cette lettre que l'Angleterre mettait six cent mille francs à sa disposition pour continuer la guerre. Cette nouvelle, arrivée deux jours auparavant, changeait, selon toute probabilité, la face des choses; mais il était trop tard. Cadoudal répondit :

« J'ai signé hier la paix, je ne puis recevoir aujourd'hui un argent destiné à faire la guerre.

« Je ne vous demande donc maintenant, pour toute grâce, que de me transporter en Angleterre. »

Mais Brune avait tant insisté, que Cadoudal avait consenti à une entrevue avec le premier consul. Il était en conséquence parti pour Paris. Le matin même de son arrivée, il s'était présenté aux Tuileries, s'était nommé et avait été reçu. C'était Rapp qui, en l'absence de Roland, l'avait introduit.

En se retirant, il avait laissé les deux portes ouvertes, afin de tout voir du cabinet de Bourrienne, et de porter secours au premier consul s'il était besoin. Mais Bonaparte, qui avait compris l'intention de Rapp, avait été fermer la porte. Puis, revenant vivement vers Cadoudal :

— Ah! c'est vous, enfin, lui avait-il dit, je suis bien aise de vous voir; un de vos ennemis, mon aide de camp Roland de Montrevel, m'a dit le plus grand bien de vous. — Cela ne m'étonne point, avait répondu Cadoudal; pendant le peu de temps que j'ai vu M. de Montrevel, j'ai cru reconnaître en lui les sentiments les plus chevaleresques. — Oui, et cela vous a touché? répondit le premier consul.

Puis, fixant sur le chef royaliste son œil de faucon :

— Écoutez, Georges, dit-il, j'ai besoin d'hommes énergiques pour accomplir l'œuvre que j'entreprends. Voulez-vous être des miens? Je vous ai fait offrir le grade de colonel; vous valez mieux que cela : je vous offre le grade de général de division. — Je vous remercie du plus profond de mon cœur, citoyen premier consul, répondit Georges, mais vous me mépriseriez si j'acceptais. — Pourquoi cela? demanda vivement Bonaparte. — Parce que j'ai prêté serment à la maison de Bourbon.

Le premier consul s'inclina avec gravité.

— Serai-je toujours libre de me retirer où il me conviendra?

Bonaparte alla à la porte et l'ouvrit.

— L'aide de camp de service! demanda-t-il.

Il s'attendait à voir paraître Rapp. Il vit paraître Roland.

— Ah! dit-il, c'est toi?

Puis, se retournant vers Cadoudal :

— Je n'ai pas besoin, colonel, de vous présenter mon aide de camp Roland de Montrevel; c'est une de vos connaissances. Roland, dis au colonel qu'il est aussi libre à Paris que tu l'étais dans son camp de Muzillac, et que, s'il désire un passe-port pour quelque pays du monde que ce soit, Fouché a l'ordre de lui en donner. — Votre parole me suffit, citoyen premier consul, répondit en s'inclinant Cadoudal; ce soir je pars. — Et peut-on vous demander où vous allez? — A Londres, général.

Georges salua le premier consul et se retira.

— Eh bien! général, demanda Roland après que la porte se fut refermée sur lui, est-ce bien l'homme que je vous avais dit? — Oui, répondit Bonaparte pensif; seulement il voit mal l'état des choses; mais l'exagération de ses principes prend sa source dans de nobles sentiments, qui doivent lui donner une grande influence parmi les siens.

Alors à voix basse :

— Il faudra pourtant en finir! ajouta-t-il.

Puis, s'adressant à Roland :

— Et toi? demanda-t-il. — Moi, répondit Roland, j'en ai fini. — Ah! ah! de sorte que les compagnons de Jehu...? — Ont cessé d'exister, général; les trois quarts sont morts, le reste est prisonnier. — Et toi sain et sauf? — Ne m'en parlez pas, général; je commence à croire que, sans m'en douter, j'ai fait un pacte avec le diable.

Le même soir, comme il l'avait dit au premier consul, Cadoudal partit pour l'Angleterre. A la nouvelle que le chef breton était heureusement arrivé à Londres, Louis XVIII lui écrivait :

« J'ai appris avec la plus vive satisfaction, général, que vous êtes enfin *échappé* aux mains du tyran qui vous a méconnu au point de vous proposer de le servir; j'ai gémi des malheureuses circonstances qui vous ont forcé de traiter avec lui; mais je n'ai jamais conçu la plus légère inquiétude : le cœur de mes fidèles Bretons et le vôtre en particulier me sont trop bien connus.

Aujourd'hui vous êtes libre, vous êtes auprès de mon frère; tout mon espoir
renaît : je n'ai pas besoin d'en dire davantage à un Français tel que vous.

« LOUIS. »

A cette lettre étaient joints le brevet de lieutenant général et le grand cordon de Saint-Louis.

IX

L'ARMÉE DE RÉSERVE.

Le premier consul en était arrivé au point qu'il désirait : la Vendée était pacifiée, les compagnies de Jehu étaient détruites. Tout en demandant la paix à l'Angleterre, il avait espéré la guerre. Le plan qu'avait un jour, dans son cabinet du Luxembourg, expliqué Bonaparte à Roland était resté le même dans son esprit. Il comptait reconquérir l'Italie par une seule bataille. Cette bataille devait être une grande victoire.

Parti de Paris le 6 mai, le 26 du même mois, le général en chef campait avec son armée entre Turin et Casal; il avait plu toute la journée; vers le soir, l'orage se calma, et le ciel, comme il arrive en Italie, passa en quelques instants d'une pluie torrentielle au plus bel azur, et les étoiles se montrèrent scintillantes au ciel. Le premier consul fit signe à Roland de le suivre; tous deux sortirent de la petite ville de Chivasso et suivirent les bords du fleuve; à cent pas hors des dernières maisons, un arbre abattu par la tempête offrait un banc aux promeneurs. Bonaparte s'y assit et fit signe à Roland de prendre place près de lui.

Le général en chef avait évidemment quelque confidence intime à faire à son aide de camp. Tous deux gardèrent un instant le silence. Bonaparte l'interrompit le premier.

— Te rappelles-tu, Roland, lui dit-il, une conversation que nous eûmes au Luxembourg? — Général, dit Roland en riant, nous avons eu beaucoup de conversations au Luxembourg, une entre autres où vous m'avez annoncé que nous descendrions en Italie au printemps, et que nous battrions le général Mélas à Torre di Garofolo ou San Giuliano; cela tient-il toujours? — Oui, mais ce n'est point de cette conversation qu'il était question. — Voulez-vous me remettre sur la voie, général? — Il était question de mariage. — Ah! oui; du mariage de ma sœur? ce doit être fini à présent, général. — Non pas du mariage de ta sœur, Roland, mais du tien. — Ah! bon! dit Roland avec son sourire amer, je croyais cette question-là coulée à fond entre nous, général.

Et il fit un mouvement pour se lever. Bonaparte le retint par le bras.

— Lorsque je te parlai de cela, Roland, continua-t-il avec un sérieux qui prouvait son désir d'être écouté, sais-tu qui je te destinais, Roland? — Non, général. — Eh bien, il existe de par le monde une charmante enfant que j'aime comme ma fille; elle vient d'avoir dix-sept ans, tu en as vingt-six, tu es général de brigade de fait, avant la fin de la campagne tu seras général de division. Eh bien, Roland, à la fin de la campagne nous reviendrons à Paris, et tu épouseras... — Général, interrompit Roland, voici, je crois, Bourrienne qui vous cherche.

Et en effet, le secrétaire du premier consul était à dix pas à peine des deux causeurs.

— C'est vous, Bourrienne ? demanda Bonaparte presque impatient. — Oui, général : un courrier de France. — Ah ! — Et une lettre de madame Bonaparte. — Bon ! dit le premier consul se levant vivement; donne.

Et il lui arracha presque la lettre des mains.

— Et pour moi, demanda Roland, rien ? — Rien. — C'est étrange ! fit le jeune homme en fronçant le sourcil.

La lune était levée, et à la lueur de cette belle lune d'Italie Bonaparte pouvait lire et lisait. Pendant les deux premières pages son visage indiqua la sérénité la plus parfaite : Roland suivait sur le visage du général les impressions de son âme. Mais, vers la fin de la lettre, son visage se rembrunit, son sourcil se fronça, il jeta à la dérobée un regard sur Roland.

— Ah ! fit le jeune homme, il paraît qu'il est question de moi dans cette lettre.

Bonaparte ne répondit point et acheva sa lecture. La lecture achevée, il plia la lettre et la mit dans la poche de côté de son habit.

— C'est bien, dit-il nous allons rentrer. Probablement expédierai-je un courrier. Allez m'attendre en me taillant des plumes.

Bourrienne salua et reprit le chemin de Chivasso. Bonaparte alors s'approcha de Roland, et, lui posant la main sur l'épaule :

— Je n'ai pas de bonheur avec les mariages que je désire, dit-il. — Pourquoi cela ? demanda Roland. — Le mariage de ta sœur est manqué. — Elle a refusé ? — Non, pas elle. — Comment, pas elle ? Serait-ce lord Tanley ? — Oui. — Il a refusé ma sœur après me l'avoir demandée, à moi et à ma mère, à vous, à elle-même ? — Voyons, ne commence point par t'emporter, et tâche de comprendre qu'il y a quelque mystère là-dessous. — Je ne vois pas de mystère, je vois une insulte. — Ah ! voilà bien mon homme; cela m'explique pourquoi ni ta mère ni ta sœur n'ont voulu t'écrire; mais Joséphine a pensé que, l'affaire étant grave, tu devais en être instruit. Elle m'annonce donc cette nouvelle en m'invitant à te la transmettre si je le crois convenable. Tu vois que je n'ai pas hésité. — Je vous remercie bien sincèrement, général; et lord Tanlay donne-t-il une raison à ce refus ? — Une raison qui n'en est pas une. — Laquelle ? — Cela ne peut pas être la véritable cause. — Mais enfin ? — Il ne faut que voir l'homme et causer cinq minutes avec lui pour le juger sous ce rapport. — Mais enfin, général, que dit-il pour dégager sa parole ? — Que ta sœur est moins riche qu'il ne le croyait.

Roland éclata de ce rire nerveux qui décelait chez lui la plus violente agitation.

— Ah ! fit-il, justement c'est la première chose que je lui ai dite. — Laquelle ? — Que ma sœur n'avait pas le sou. Est-ce que nous sommes riches, nous autres enfants de généraux républicains ? — Et que t'a-t-il répondu ? — Qu'il était assez riche pour deux. — Tu vois donc que ce ne peut être là le motif de son refus. — Ainsi, dit Roland, il y a refus ? — Refus, oui. — Positif ? — Positif. — Eh bien, général, vous comprenez, n'est-ce pas, que ce refus est une insulte ? — Je ne dis pas non. — Et vous êtes d'avis qu'un de vos aides de camp ne peut pas recevoir une insulte dans la personne de sa sœur, sans en demander raison? — Dans ces sortes de situations, mon cher Roland, c'est à la personne qui se croit offensée à peser elle-même le pour et le contre. — Général, demanda Roland, dans combien de jours croyez-vous que nous ayons une affaire décisive? — Pas avant quinze jours ou trois semaines. — Général, je vous demande un congé de quinze jours. — A une condition. — Laquelle? — C'est que tu passeras par Bourg et que tu interrogeras ta sœur pour savoir d'elle de quel côté vient le refus. — C'était bien mon intention. — En ce cas, il n'y a pas un instant à perdre. — Vous voyez bien que je ne perds pas un instant, dit le jeune homme en faisant quelques pas pour rentrer dans le village. — Une minute encore; tu te chargeras de mes dépêches pour Paris, n'est-ce pas? — Je comprends: je suis le courrier dont vous parliez tout à l'heure à Bourrienne. — Justement. — Alors, venez. — Attends encore. Les jeunes gens que tu as arrêtés... — Les compagnons de Jehu? — Oui. Eh bien! il paraît que tout cela appartient à des familles nobles; ce sont des fanatiques plutôt que des coupables. Il paraît que ta mère, victime de je ne sais quelle surprise judiciaire, a témoigné dans leur procès et a été cause de leur condamnation. — C'est possible. Ma mère, comme vous le savez, avait été arrêtée par eux et avait vu la figure de leur chef. — Eh bien, ta mère me supplie, par l'intermédiaire de Joséphine, de faire grâce à ces *pauvres fous*: c'est le terme dont elle se sert. Ils se sont pourvus en cassation. Tu arriveras avant que le pourvoi soit rejeté, et, si tu juges la chose convenable, tu diras, de ma part, au ministre de la justice de surseoir. A ton retour, nous verrons ce qu'il y aura à faire définitivement. — Merci, général. N'avez-vous rien autre chose à me dire? — Non, sinon de penser à la conversation que nous venons d'avoir. — Eh bien! nous parlerons de cela à mon retour, si je reviens.

Et, cette fois, il reprit le chemin de Chivasso sans que le général le retînt. Une demi-heure après, Roland galopait sur la route d'Ivrée dans une voiture de poste; il devait voyager ainsi jusqu'à Aoste, à Aoste, prendre un mulet, traverser le Saint-Bernard, descendre à Martigues, et par Genève gagner Bourg, et de Bourg Paris. Pendant que Roland galope, voyons ce qui s'était passé en France, et éclaircissons les points qui peuvent être restés obscurs pour nos lecteurs dans la conversation que nous venons de rapporter entre Bonaparte et son aide de camp.

X

OU AMÉLIE TIENT LA PROMESSE FAITE A MORGAN.

Les prisonniers faits par Roland dans la grotte de Ceyzeriat avaient fait une halte d'une nuit seulement dans la prison de Bourg, et avaient été immédiatement transférés dans celle de Besançon, où ils devaient passer devant un conseil de guerre.

On se rappelle que deux de ces prisonniers avaient été si grièvement blessés, qu'on avait été obligé de les transporter sur des brancards; l'un était mort le même soir, l'autre trois jours après son arrivée à Besançon.

Le nombre des prisonniers était donc réduit à quatre : Morgan, qui s'était rendu volontairement et qui était sain et sauf, et Leprêtre, Guyon et Amiet, qui avaient été plus ou moins blessés pendant le combat, mais dont aucun n'avait reçu de blessures dangereuses. Ces quatre pseudonymes cachaient, on se le rappellera, les noms du baron de Sainte-Hermine, du comte de Jayat, du vicomte de Valensolle et du marquis de Ribier.

Pendant que l'on instruisait, devant la commission militaire de Besançon, le procès des quatre prisonniers, arriva l'expiration de la loi qui soumettait les délits d'arrestation de diligences sur les grands chemins aux tribunaux militaires. Les prisonniers se trouvaient dès lors passibles des tribunaux civils.

C'était une grande différence pour eux, non point relativement à la peine, mais au mode d'exécution de la peine. Condamnés par les tribunaux militaires, ils étaient fusillés; condamnés par les tribunaux civils, ils étaient guillotinés. La fusillade n'était point infamante, la guillotine l'était. Du moment où ils devaient être jugés par un jury, leur procès relevait du jury de Bourg.

Vers la fin de mars les accusés avaient donc été transférés des prisons de Besançon dans celles de Bourg, et l'instruction avait commencé. Mais les quatre accusés avaient adopté un système qui ne laissait pas que d'embarrasser le juge d'instruction. Ils déclaraient s'appeler le baron de Sainte-Hermine, le comte de Jayat, le vicomte de Valensolle et le marquis de Ribier, mais n'avoir jamais eu aucune relation avec les détrousseurs de diligences qui s'étaient fait appeler Morgan, Leprêtre, Guyon et Amiet. Ils avouaient faire partie d'un rassemblement à main armée, mais ce rassemblement appartenait aux bandes de M. de Teyssonnet, et était une ramification de l'armée de Bretagne destinée à opérer dans le Midi ou dans l'Est, tandis que l'armée de Bretagne, qui venait de signer la paix, était destinée à opérer dans l'Ouest. Ils n'attendaient eux-mêmes que la soumission de Cadoudal pour faire la leur, et l'avis de leur chef allait sans doute leur arriver quand ils avaient été attaqués et pris.

La preuve contraire était difficile à fournir, la spoliation des diligences avait toujours été faite par des hommes masqués, et, à part madame de Montrevel et sir John, personne n'avait jamais vu le visage d'un de nos aventuriers.

On se rappelle dans quelles circonstances : sir John, dans la nuit où il avait été jugé, condamné, frappé par eux; madame de Montrevel, lors de l'arrestation de la diligence, et quand, en se débattant contre une crise nerveuse, elle avait fait tomber le masque de Morgan. Tous deux avaient été appelés devant le juge d'instruction, tous deux avaient été confrontés avec les quatre accusés, mais sir John et madame de Montrevel avaient déclaré ne reconnaître aucun d'eux.

D'où venait cette réserve? De la part de madame de Montrevel elle était compréhensible : madame de Montrevel avait gardé une double reconnaissance à l'homme qui avait sauvegardé son fils Édouard, et qui lui avait porté des secours à elle. De la part de sir John le silence était plus difficile à expliquer, car bien certainement, parmi les quatre prisonniers, sir John reconnaissait au moins deux de ses juges.

Eux l'avaient reconnu, et un certain frissonnement avait passé dans leurs veines à sa vue ; mais ils n'en avaient pas moins résolûment fixé leurs regards sur lui, lorsqu'à leur grand étonnement sir John, malgré l'insistance des juges, avait obstinément répondu :

« *Je n'ai pas l'honneur de reconnaître ces Messieurs.* »

Amélie, nous n'avons point parlé d'elle (il y a des douleurs que la plume ne doit pas même essayer de peindre) ; Amélie, pâle, fiévreuse, mourante depuis la nuit fatale où Morgan avait été arrêté ; Amélie attendait avec anxiété le retour de sa mère et de lord Tanlay de chez le juge d'instruction.

Ce fut lord Tanlay qui rentra le premier ; madame de Montrevel était restée un peu en arrière pour donner des ordres à Michel. Dès qu'elle aperçut sir John, Amélie s'élança vers lui en s'écriant :

— Eh bien?

Sir John regarda autour de lui pour s'assurer que madame de Montrevel ne pouvait ni le voir ni l'entendre.

— Ni votre mère ni moi n'avons reconnu personne, répondit-il. — Ah! que vous êtes noble, que vous êtes généreux, que vous êtes bon, milord! s'écria la jeune fille en essayant de baiser la main de sir John.

Mais lui, retirant sa main :

— Je n'ai fait que tenir ce que je vous avais promis, dit-il ; mais silence! voici votre mère.

Amélie fit un pas en arrière.

— Ainsi, Madame, dit-elle, vous n'avez pas contribué à compromettre ces malheureux ? — Comment, répondit madame de Montrevel, voulais-tu que j'envoyasse à l'échafaud un homme qui m'avait porté secours, et qui, au lieu de frapper Édouard, l'avait embrassé ? — Et cependant, Madame, demanda Amélie toute tremblante, vous l'aviez reconnu ? — Parfaitement, répondit madame de Montrevel ; c'est le blond avec des sourcils et des yeux noirs, celui qui se fait appeler le baron Charles de Sainte-Hermine.

Amélie jeta un cri étouffé ; puis, faisant un effort sur elle-même :

— Alors, dit-elle, tout est fini pour vous et pour milord, et vous ne serez plus appelés ? — Il est probable que non, répondit madame de Montrevel. — En tout cas, répondit sir John, je crois que, comme moi, qui n'ai effectivement reconnu personne, madame de Montrevel persisterait dans sa déposition. — Oh! bien certainement, fit madame de Montrevel ; Dieu me garde de causer la mort de ce malheureux jeune homme ! je ne me la pardonnerais jamais ; c'est bien assez que lui et ses compagnons aient été arrêtés par Roland.

Amélie poussa un soupir, mais cependant un peu de calme se répandit sur son visage. Elle jeta un regard de reconnaissance à sir John et remonta dans son appartement, où l'attendait Charlotte. Charlotte était devenue pour Amélie plus qu'une femme de chambre, elle était devenue presque une amie. Tous les jours, depuis que les accusés avaient été ramenés à la prison de Bourg, Charlotte allait passer une heure près de son père.

Pendant cette heure il n'était question que des prisonniers que le digne geôlier, en sa qualité de royaliste, plaignait de tout son cœur. Charlotte se faisait renseigner sur les moindres paroles, et chaque jour elle rapportait à

Amélie des nouvelles des accusés. C'était sur ces entrefaites qu'étaient arrivés aux Noires-Fontaines madame de Montrevel et sir John.

En partant, le premier consul avait fait dire à madame de Montrevel par Roland, et redire par Joséphine, qu'il désirait que le mariage eût lieu en son absence et le plus tôt possible. Sir John, en partant avec madame de Montrevel pour les Noires-Fontaines, avait déclaré que ses désirs les plus ardents seraient accomplis par cette union, et qu'il n'attendait que les ordres d'Amélie pour devenir le plus heureux des hommes.

Les choses arrivées à ce point, madame de Montrevel avait, le matin même du jour où sir John et elle devaient déposer, autorisé un tête-à-tête entre sir John et sa fille. L'entrevue avait duré plus d'une heure, et sir John n'avait quitté Amélie que pour monter en voiture avec madame de Montrevel et aller faire sa déposition.

Nous avons vu que cette déposition avait été toute à la décharge des accusés. Nous avons vu encore comment, à son retour, il avait été reçu par Amélie. Le soir, madame de Montrevel avait eu à son tour une conférence avec sa fille.

Aux instances pressantes de sa mère, Amélie s'était contentée de répondre que son état de souffrance lui faisait désirer l'ajournement de son mariage, mais qu'elle s'en rapportait sur ce point à la délicatesse de lord Tanlay. Le lendemain, madame de Montrevel avait été forcée de quitter Bourg pour revenir à Paris, sa position près de madame Bonaparte ne lui permettant pas une longue absence.

Le matin du départ, elle avait fortement insisté pour qu'Amélie l'accompagnât à Paris; mais Amélie s'était sur ce point encore appuyée de la faiblesse de sa santé. On allait entrer dans les mois doux et vivifiants de l'année, dans les mois d'avril et de mai; elle demandait à passer ces deux mois à la campagne, certaine, disait-elle, que ces deux mois lui feraient du bien. Madame de Montrevel ne savait rien refuser à Amélie, surtout lorsqu'il s'agissait de sa santé. Ce nouveau délai fut accordé à la malade.

Comme, pour venir à Bourg, madame de Montrevel avait voyagé avec lord Tanlay, pour retourner à Paris elle voyagea avec lui; mais, à son grand étonnement, pendant les deux jours que dura le voyage, sir John ne lui avait pas dit un mot de son mariage avec Amélie. Mais madame Bonaparte, en revoyant son amie, lui avait fait sa question accoutumée :

— Eh bien, quand marions-nous Amélie avec sir John ? Vous savez que ce mariage est un des désirs du premier consul.

Ce à quoi madame de Montrevel avait répondu :

— La chose dépend entièrement de lord Tanlay.

Cette réponse avait longuement fait réfléchir madame Bonaparte. Comment, après avoir paru d'abord si empressé, lord Tanlay était-il devenu si froid ? Le temps seul pouvait expliquer un pareil mystère. Le temps s'écoulait et le procès des prisonniers s'instruisait.

On les avait confrontés avec les voyageurs qui avaient signé les différents procès-verbaux que nous avons vus entre les mains du préfet de police ; mais aucun des voyageurs n'avait pu les reconnaître, aucun ne les ayant vus à visage découvert. Les voyageurs avaient en outre attesté qu'aucun objet leur appartenant, argent ou bijoux, ne leur avait été pris. Jean Picot avait attesté qu'on lui avait rapporté les cent louis qui lui avaient été pris par mégarde.

L'instruction avait pris deux mois, et, au bout de deux mois, les accusés, dont nul n'avait pu constater l'identité, restaient sous le seul poids de leurs propres aveux : c'est-à-dire, qu'affiliés à la révolte bretonne et vendéenne, ils faisaient simplement partie des bandes armées qui parcouraient le Jura sous les ordres de M. de Teyssonnet.

Les juges avaient tant qu'ils avaient pu retardé l'ouverture des débats, espérant toujours que quelque témoin à charge se produirait; leur espérance avait été trompée. Personne, en réalité, n'avait souffert des faits qui leur étaient imputés, à l'exception du Trésor, auquel personne ne s'intéressait. Il fallait bien ouvrir les débats. De leur côté, les accusés avaient mis le temps à profit.

On a vu qu'au moyen d'un habile échange de passe-ports, Morgan voyageait sous le nom de de Ribier, de Ribier sous celui de Sainte-Hermine, et ainsi des autres; il en était résulté dans les témoignages des aubergistes une confusion que leurs livres étaient encore venus augmenter.

L'arrivée des voyageurs, consignée sur les registres une heure plus tôt ou une heure plus tard, appuyait des alibi irrécusables. Il y avait conviction morale chez les juges, seulement cette conviction était impuissante devant les témoignages.

Puis, il faut le dire, d'un autre côté, il y avait pour les accusés sympathie complète dans le public.

Les débats s'ouvrirent. La prison de Bourg est attenante au prétoire; par les corridors intérieurs on pouvait conduire les prisonniers à la salle d'audience. Si grande que fût cette salle d'audience, elle fut encombrée le jour de l'ouverture des débats; toute la ville de Bourg se pressait aux portes du tribunal, et l'on était venu de Mâcon, de Lons-le-Saulnier, de Besançon et de Nantua, tant les arrestations des diligences avaient fait de bruit, tant les exploits des compagnons de Jéhu étaient devenus populaires.

L'entrée des quatre accusés fut saluée d'un murmure qui n'avait rien de répulsif : on y démêlait en partie presque égale la curiosité et la sympathie. Et leur présence était bien faite, il faut le dire, pour éveiller ces deux sentiments. Parfaitement beaux, mis à la dernière mode de l'époque, assurés sans impudence, souriant vis-à-vis de l'auditoire, courtois envers leurs juges, quoique railleurs parfois, leur meilleure défense était dans leur propre aspect. Le plus âgé des quatre avait à peine trente ans.

Interrogés sur leurs nom, prénoms, âge et lieu de naissance, ils répondirent se nommer :

— Charles de Sainte-Hermine, né à Tours, département d'Indre-et-Loire, âgé de vingt-quatre ans.... Louis-André de Jayat, né à Bagé-le-Château, département de l'Ain, âgé de vingt-neuf ans.... Raoul-Frédéric-Auguste de Valensolle, né à Sainte-Colombe, département du Rhône, âgé de vingt-sept ans.... Pierre-Hector de Ribier, né à Bollène, département de Vaucluse, âgé de vingt-six ans. Interrogés sur leur condition et leur état, tous quatre déclarèrent être gentilshommes et royalistes.

Nous avons dit quel était le système de défense : nier toute participation à l'arrestation des malles-postes et des diligences, afin d'écarter l'accusation de vol et de demeurer sous celle de révolte à main armée. Ces quatre beaux jeunes gens, qui se défendaient contre la guillotine, mais non contre la fusillade, qui demandaient la mort, qui déclaraient l'avoir méritée, mais qui voulaient la mort des soldats, formaient un groupe admirable de jeunesse, de courage et de générosité. Seulement les juges comprenaient que, sous cette simple accusation de rébellion à main armée, la Vendée soumise, la Bretagne pacifiée, ils seraient acquittés. Et ce n'était point cela que voulait le ministre de la police; la mort d'un conseil de guerre ne lui suffisait même pas, il lui fallait la mort infamante, la mort des malfaiteurs, la mort des infâmes.

Les débats étaient ouverts depuis trois jours et n'avaient pas fait un seul pas dans le sens du ministère public. Charlotte, qui par la prison pouvait pénétrer la première dans la salle d'audience, assistait chaque jour aux débats et chaque soir venait rapporter à Amélie une parole d'espérance.

Le quatrième jour, Amélie n'y put tenir; elle avait fait faire un costume exactement pareil à celui de Charlotte, seulement la dentelle noire qui enveloppait le chapeau était plus longue et plus épaisse qu'aux chapeaux ordinaires. Il formait un voile et empêchait que l'on ne pût voir le visage.

Charlotte présenta Amélie à son père comme une de ses jeunes amies curieuse d'assister aux débats; le bonhomme Courtois ne reconnut point mademoiselle de Montrevel, et, pour qu'elles vissent bien les accusés, il les plaça dans le corridor où ils devaient passer et qui donnait de la chambre du concierge du présidial à la salle d'audience.

Le corridor était si étroit au moment où l'on passait de la chambre du concierge à l'endroit que l'on désignait sous le nom du bûcher, que, des quatre gendarmes qui accompagnaient les prisonniers, deux passaient d'abord, puis venaient les prisonniers un à un, puis les deux derniers gendarmes. Ce fut dans le rentrant de la porte du bûcher que se rangèrent Charlotte et Amélie.

Lorsqu'elle entendit ouvrir les portes, Amélie fut obligée de s'appuyer sur l'épaule de Charlotte; il lui semblait que la terre manquait sous ses pieds et la muraille derrière elle. Elle entendit le bruit des pas, les sabres retentissants des gendarmes; enfin la porte de communication s'ouvrit. Un gendarme passa. Puis un second.

Sainte-Hermine marchait le premier, comme s'il se fût encore appelé Morgan. Au moment où il passait :

— Charles, murmura Amélie.

Le prisonnier reconnut la voix adorée, poussa un faible cri et sentit qu'on lui glissait un billet dans la main. Il serra cette chère main, murmura le nom d'Amélie et passa. Les autres vinrent ensuite et ne remarquèrent point ou firent semblant de ne point remarquer les deux jeunes filles.

Quant aux gendarmes, ils n'avaient rien vu ni entendu. Dès qu'il fut dans un endroit éclairé, Morgan déplia le billet. Il ne contenait que ces mots :

« Sois tranquille, mon Charles, je suis et serai ta fidèle Amélie dans la vie comme dans la mort. J'ai tout avoué à lord Tanlay ; c'est l'homme le plus généreux de la terre : j'ai sa parole qu'il rompra le mariage et prendra sur lui la responsabilité de cette rupture. Je t'aime! »

Morgan baisa le billet et le posa sur son cœur, puis il jeta un regard du côté du corridor; les deux jeunes Bressanes étaient appuyées contre la porte.

Amélie avait tout risqué pour le voir une fois encore. Il est vrai que l'on espérait que cette séance serait suprême s'il ne se présentait point de nouveaux témoins à charge : il était impossible de condamner les accusés, vu l'absence de preuves.

Les premiers avocats du département, ceux de Lyon, ceux de Besançon avaient été appelés par les accusés pour les défendre. Ils avaient parlé chacun à son tour, détruisant pièce à pièce l'acte d'accusation, comme, dans un tournoi du moyen âge, un champion adroit et fort faisait tomber pièce à pièce l'armure de son adversaire. De flatteuses interruptions avaient, malgré les admonestations du président et des greffiers, accueilli les parties les plus remarquables de ces plaidoyers.

Amélie, les mains jointes, remerciait Dieu qui se manifestait si visiblement en faveur des accusés; un poids affreux s'écartait de sa poitrine brisée, elle respirait avec délices, elle regardait le Christ, placé au-dessus de la tête du président, à travers des larmes de reconnaissance.

Les débats allaient être fermés.

Tout à coup un huissier entra, s'approcha du président et lui dit quelques mots à l'oreille.

— Messieurs, dit le président, la séance est suspendue, que l'on fasse sortir les accusés.

Il y eut un mouvement d'inquiétude fébrile dans l'auditoire. Qu'était-il arrivé de nouveau, qu'allait-il se passer d'inattendu? Chacun regarda son voisin avec anxiété ; un pressentiment serra le cœur d'Amélie, elle porta la main à sa poitrine, elle avait senti quelque chose de pareil à un fer glacé pénétrant jusqu'aux sources de sa vie.

Les gendarmes se levèrent, les accusés les suivirent et reprirent le chemin de leur cachot. Ils repassèrent l'un après l'autre devant Amélie. Les mains des deux jeunes gens se touchèrent; la main d'Amélie était froide comme celle d'une morte.

— Quoi qu'il arrive, merci, dit Charles en passant.

Amélie voulut lui répondre ; les paroles expirèrent sur ses lèvres.

Pendant ce temps le président s'était levé et avait passé dans la chambre du conseil. Il y trouva une femme voilée qui descendait de voiture à la porte même du tribunal, et qu'on avait amenée où elle était sans qu'elle eût échangé une seule parole avec qui que ce fût.

— Madame, lui dit-il, je vous présente toutes mes excuses pour la façon un peu brutale dont, en vertu de mon pouvoir discrétionnaire, je vous ai fait prendre à Paris et conduire ici; mais il y va de la vie d'un homme, et devant cette considération toutes les autres ont dû se taire. — Vous n'avez point besoin de vous excuser, Monsieur, répondit la dame voilée, je sais quelles sont les prérogatives de la justice, et me voici à ses ordres. — Madame, reprit le président, le tribunal et moi apprécions le sentiment d'exquise délicatesse qui vous a portée, au moment de votre confrontation avec les accusés, à ne pas vouloir reconnaître celui qui vous avait porté des secours ; alors les accusés niaient leur identité avec les spoliateurs de diligences ; depuis, ils ont tout avoué, seulement nous avons besoin de connaître celui qui vous a donné cette marque de courtoisie de vous secourir, afin de le recommander à la clémence du premier consul. — Comment! s'écria la dame voilée, ils ont avoué? —

— Oui, Madame, seulement ils s'obstinent à taire celui d'entre eux qui vous a secourue ; sans doute craignent-ils de vous mettre en contradiction avec votre témoignage, et ne veulent-ils pas que l'un deux achète sa grâce à ce prix. — Et que demandez-vous de moi, Monsieur ? — Que vous sauviez votre sauveur. — Oh ! bien volontiers, dit la dame en se levant ; qu'aurai-je à faire ? — A répondre à la question qui vous sera adressée par moi. — Je me tiens prête, Monsieur. — Attendez un instant ici, vous serez introduite dans une seconde.

Le président rentra ; un gendarme placé à chaque porte empêchait que personne communiquât avec la dame voilée.

Le président reprit sa place.

— Messieurs, dit-il, la séance est rouverte.

Il se fit un grand murmure, les huissiers crièrent silence. Le silence se rétablit.

— Introduisez le témoin, dit le président.

Un huissier ouvrit la porte du conseil, la dame voilée fut introduite. Tous les regards se tournèrent sur elle. Quelle était cette dame voilée, que venait-elle faire, dans quel but était-elle appelée ? Avant ceux de personne, les yeux d'Amélie s'étaient fixés sur elle.

— O mon Dieu, murmura-t-elle, j'espère que je me trompe. — Madame, dit le président, les accusés vont rentrer dans cette salle ; désignez à la justice celui d'entre eux qui, lors de l'arrestation de la diligence de Genève, vous a prodigué des soins si touchants.

Un frémissement courut dans l'assemblée ; on comprit qu'il y avait quelque piège sinistre tendu sous les pas des accusés. Dix voix allaient s'écrier : Ne parlez pas ! lorsque, sur un signe du président, l'huissier, d'une voix impérative, cria :

— Silence !

Un froid mortel enveloppa le cœur d'Amélie, une sueur glacée perla sur son front, ses genoux plièrent et tremblèrent sous elle.

— Faites entrer les accusés, dit le président, en imposant silence du regard comme l'huissier l'avait fait de la voix, et vous, Madame, avancez et levez votre voile.

La dame voilée obéit à ces deux invitations.

— Ma mère ! s'écria Amélie, mais d'une voix assez sourde pour que ceux qui l'entouraient l'entendissent seuls.

— Madame de Montrevel ! murmura l'auditoire.

En ce moment, le premier gendarme parut à la porte, puis le second ; après lui venaient les accusés, mais dans un autre ordre : Morgan s'était placé le troisième, afin que, séparé qu'il était des gendarmes par Leprêtre et Guyon qui marchaient devant lui, et par d'Assas qui marchait derrière, il pût serrer plus facilement la main d'Amélie.

Leprêtre entra donc d'abord. Madame de Montrevel secoua la tête. Puis vint Guyon. Madame de Montrevel fit le même signe de dénégation. En ce moment Morgan passait devant Amélie.

— Oh ! nous sommes perdus, dit-elle.

Il la regarda avec étonnement ; une main convulsive serrait la sienne. Il entra.

— C'est Monsieur, dit madame de Montrevel en apercevant Morgan, ou, si vous le voulez, le baron Charles de Sainte-Hermine, qui ne faisaient plus qu'un seul et même homme du moment où madame de Montrevel venait de donner cette preuve d'identité.

Ce fut dans tout l'auditoire un long cri de douleur. Leprêtre éclata de rire.

— Oh! par ma foi, dit-il, cela t'apprendra, cher ami, à faire le galant près des femmes qui se trouvent mal.

Puis, se retournant vers madame de Montrevel :

— Madame, lui dit-il, avec deux mots vous venez de faire tomber quatre têtes.

Il se fit un silence terrible, au milieu duquel un seul gémissement se fit entendre.

— Huissiers, dit le président, n'avez-vous pas prévenu le public que toute marque d'approbation ou d'improbation était défendue?

L'huissier s'informa pour savoir qui avait manqué à la justice en poussant ce gémissement. C'était une femme portant le costume de Bressane, et que l'on venait d'emporter chez le concierge de la prison. Dès lors, les accusés n'essayèrent même plus de nier; seulement, de même que Morgan s'était réuni à eux, ils se réunirent à lui.

Leurs quatre têtes devaient être sauvées ou tomber ensemble. Le même jour, à dix heures du soir, le président du jury prononça la peine de mort. Trois jours après, à force de prières, les avocats obtinrent que les accusés se pourvussent en cassation. Mais ils ne purent obtenir qu'ils se pourvussent en grâce.

XI

OÙ AMÉLIE TIENT SA PROMESSE.

L'arrêt prononcé par le jury de la ville de Bourg avait produit un effet terrible, non-seulement dans la salle d'audience, mais encore par toute la ville. Il y avait parmi les quatre accusés un tel accord de fraternité chevaleresque, une telle élégance de manières, une telle conviction dans la foi qu'ils professaient, que leurs ennemis eux-mêmes admiraient cet étrange dévouement qui avait fait des voleurs de grands chemins de gentilshommes de naissance et de nom.

Par malheur, on ne pouvait espérer de pourvoi en grâce. Madame de Montrevel, désespérée de la part qu'elle venait de prendre au procès et du rôle qu'elle avait bien involontairement joué dans ce drame au dénoûment mortel, n'avait vu qu'un moyen de réparer le mal qu'elle avait fait, c'était de repartir à l'instant même pour Paris, de se jeter aux pieds du premier consul et de lui demander la grâce des quatre condamnés. Elle ne prit pas même le temps d'aller embrasser Amélie au château des Noires-Fontaines : elle savait que le départ de Bonaparte était fixé aux premiers jours de mai, et l'on était au 6.

Lorsqu'elle avait quitté Paris, tous les apprêts du départ étaient faits. Elle écrivit un mot à sa fille; lui expliqua par quelle fatale suggestion elle venait, en essayant de sauver un accusé, de les faire condamner à mort tous les quatre.

Puis, comme si elle eût eu honte d'avoir manqué à la promesse qu'elle avait faite à Amélie, et surtout qu'elle s'était faite à elle-même, elle envoya chercher des chevaux frais à la poste, remonta en voiture et repartit pour Paris.

Elle arriva à Paris le 8 mai au matin. Bonaparte était parti le 6 au soir. Il avait dit, en partant, qu'il n'allait qu'à Dijon, peut-être à Genève, mais qu'en tout cas il ne serait pas plus de trois semaines dehors. Le pourvoi des condamnés, fût-il rejeté, devait prendre au moins cinq semaines.

Tout espoir n'était donc point perdu. Mais il le fut, lorsque l'on apprit que la revue de Dijon n'était qu'un prétexte, que le voyage à Genève n'avait jamais été sérieux, et que Bonaparte, au lieu d'aller en Suisse, allait en Italie. Alors madame de Montrevel qui, sachant le serment qu'avait fait son fils quand lord Tanlay avait été assassiné, la part qu'il avait prise à l'arrestation des compagnons de Jehu, ne voulait point s'adresser à Roland; alors madame de Montrevel s'adressa à Joséphine : Joséphine promit d'écrire à Bonaparte. Le même soir elle tint parole.

Mais le procès avait fait grand bruit ; il n'en était point de ces accusés-là comme d'accusés ordinaires, la justice fit diligence, et, le trente-cinquième jour après le jugement, le pourvoi en cassation fut rejeté. Le rejet fut expédié immédiatement à Bourg, avec ordre d'exécuter les condamnés dans les vingt-quatre heures. Mais, quelque diligence qu'eût faite le ministère de la justice, l'autorité judiciaire ne fut point prévenue la première.

Tandis que les prisonniers se promenaient dans la cour intérieure, une pierre passa par-dessus les murs et vint tomber à leurs pieds. Une lettre était attachée à cette pierre.

Morgan qui avait, à l'endroit de ses compagnons conservé, même en prison, la supériorité d'un chef, ramassa la pierre, ouvrit la lettre et la lut. Puis se tournant vers ses compagnons :

— Messieurs, dit-il, notre pourvoi est rejeté, comme nous devions nous y attendre, et, selon toute probabilité, la cérémonie aura lieu demain.

Valensolle et Ribier, qui jouaient au petit palet avec des écus de six livres et des louis, avaient quitté leur jeu pour écouter la nouvelle.

La nouvelle entendue, ils reprirent leur partie sans faire de réflexions. Jayat, qui lisait *la Nouvelle Héloïse*, reprit sa lecture en disant :

— Je crois que je n'aurai pas le temps de finir le chef-d'œuvre de M. Jean-Jacques Rousseau ; mais, sur l'honneur, je ne le regrette pas : c'est le livre le plus faux et le plus ennuyeux que j'aie lu de ma vie.

Sainte-Hermine passa la main sur son front en murmurant :

— Pauvre Amélie!

Puis, apercevant Charlotte qui se tenait à la fenêtre de la geôle donnant dans la cour des prisonniers, il alla à elle :

— Dites à Amélie, fit-il, que c'est cette nuit qu'elle doit tenir la promesse qu'elle m'a faite.

La fille du geôlier referma la fenêtre et embrassa son père, en lui annonçant qu'il la reverrait, selon toute probabilité, dans la soirée. Puis elle prit le chemin des Noires-Fontaines, chemin que depuis deux mois elle faisait tous les jours deux fois : une fois vers le milieu du jour pour aller à la prison, une fois le soir pour revenir au château.

Chaque soir, en rentrant, elle trouvait Amélie à la même place, c'est-à-dire assise à cette fenêtre qui, dans des jours plus heureux, s'ouvrait pour donner passage à son bien-aimé Charles. Depuis le jour de son évanouissement, à la suite de l'arrêt du jury, Amélie n'avait pas versé une larme, et nous pourrions presque ajouter n'avait pas prononcé une parole.

Au lieu d'être le marbre de l'antiquité s'animant pour devenir femme, on eût pu croire que c'était l'être animé qui peu à peu se pétrifiait. Chaque jour il semblait qu'elle fût devenue un peu plus pâle, un peu plus glacée. Charlotte la regardait avec étonnement : les esprits vulgaires, très-impressionnables aux bruyantes démonstrations, c'est-à-dire aux cris et aux pleurs, ne comprennent rien aux douleurs muettes.

Il semble que pour eux le mutisme c'est l'indifférence. Elle fut donc étonnée du calme avec lequel Amélie reçut le message qu'elle était chargée de lui transmettre. Elle ne vit pas que son visage, plongé dans la demi-teinte du crépuscule, passait de la pâleur à la lividité ; elle ne sentit point l'étreinte mortelle qui, comme une tenaille de fer, lui broya le cœur ; elle ne comprit point, lorsqu'elle se leva de sa chaise et qu'elle s'achemina vers la porte, qu'une roideur plus automatique encore que de coutume accompagnait ses mouvements. Seulement elle s'apprêta à la suivre ; mais, arrivée à la porte, Amélie étendit la main.

— Attends-moi là, dit-elle.

Charlotte obéit. Amélie referma la porte derrière elle et monta à la chambre de Roland : la chambre de Roland était une véritable chambre de soldat et de chasseur, dont le principal ornement était des panoplies et des trophées.

Il y avait là des armes de toute espèce, indigènes et étrangères, depuis les pistolets aux canons azurés de Versailles jusqu'aux pistolets au pommeau d'argent du Caire ; depuis le couteau catalan jusqu'au kangiar turc. Elle détacha des trophées quatre poignards aux lames tranchantes et aiguës ; elle enleva aux panoplies huit pistolets de différentes formes ; elle prit des balles dans un sac, de la poudre dans une corne ; puis elle descendit rejoindre Charlotte.

Dix minutes après, aidée de sa femme de chambre, elle avait revêtu son costume de Bressane. On attendit la nuit ; la nuit vient tard au mois de juin. Amélie resta debout, immobile, muette, appuyée à sa cheminée éteinte, regardant par la fenêtre ouverte le village de Ceyzeriat qui disparaissait peu à peu dans les ombres crépusculaires. Lorsque Amélie ne vit plus rien que des lumières s'allumant de place en place :

— Allons, dit-elle, il est temps.

Les deux jeunes filles sortirent ; Michel ne fit point attention à Amélie, qu'il prit pour une amie de Charlotte qui était venue vers celle-ci et que celle-ci allait reconduire.

Dix heures sonnaient comme les deux jeunes filles passaient devant l'église de Bourg. Il était dix heures un quart à peu près lorsque Charlotte frappa à la porte de la prison. Le père Courtois vint ouvrir.

Nous avons dit quelles étaient les opinions politiques du digne geôlier. Le père Courtois était royaliste. Il avait donc été pris d'une profonde sympathie pour les quatre condamnés ; il espérait, comme tout le monde, que madame de Montrevel, dont on connaissait le désespoir, obtiendrait leur grâce du premier consul, et autant qu'il avait pu le faire, sans manquer à ses devoirs, il avait adouci la captivité de ses prisonniers en écartant d'eux toute rigueur inutile.

Il est vrai que, d'un autre côté, malgré cette sympathie, il avait refusé soixante mille francs en or, somme qui, à cette époque, valait le triple de ce qu'elle vaut aujourd'hui, pour les sauver. Mais, nous l'avons vu, mis dans la confidence par sa fille Charlotte, il avait autorisé Amélie, déguisée en Bressane, à assister au jugement.

On se rappelle les soins et les égards que le digne homme avait eus pour Amélie, lorsqu'elle-même avait été prisonnière avec madame de Montrevel. Cette fois encore, et comme il ignorait le rejet du pourvoi, il se laissa facilement attendrir. Charlotte lui dit que sa jeune maîtresse allait dans la nuit même partir pour Paris afin de hâter la grâce, et qu'avant de partir elle venait prendre congé du baron de Sainte-Hermine et lui demander ses instructions pour agir. Il y avait cinq portes à forcer pour gagner celle de la rue; un corps de garde dans la cour, une sentinelle intérieure et extérieure; le père Courtois n'avait donc pas crainte que les prisonniers s'évadassent. Il permit donc qu'Amélie vît Morgan.

Qu'on nous excuse de dire, tantôt Morgan, tantôt Charles, tantôt le baron de Sainte-Hermine : nos lecteurs savent bien que par cette triple appellation nous désignons le même homme.

Le père Courtois prit une lumière et marcha devant Amélie. Celle-ci, comme si elle devait partir par la malle-poste en sortant de la prison, tenait à la main un sac de nuit. Charlotte suivait sa jeune maîtresse.

— Vous reconnaîtrez le cachot, mademoiselle de Montrevel: c'est celui où vous avez été enfermée avec madame votre mère. Le chef de ces malheureux jeunes gens, le baron Charles de Sainte-Hermine, m'a demandé comme une grande faveur la cage n° 1. Vous savez que c'est le nom que nous donnons à nos cellules. Je n'ai pas cru devoir lui refuser cette consolation, sachant que le pauvre garçon vous aimait. Oh! soyez tranquille, mademoiselle Amélie, ce secret ne sortira jamais de ma bouche. Puis il m'a fait des questions, m'a demandé où était le lit de votre mère, où était le vôtre; je le lui ai dit. Alors il m'a demandé que sa couchette fût placée juste au même endroit où la vôtre se trouvait; ce n'était pas difficile : non-seulement elle était au même endroit, mais encore, c'était la même. De sorte que, depuis le jour de son entrée dans votre prison, le pauvre jeune homme est resté presque constamment couché.

Amélie poussa un soupir qui ressemblait à un gémissement; elle sentit, chose qu'elle n'avait pas éprouvée depuis longtemps, une larme prête à mouiller sa paupière. Elle était donc aimée comme elle aimait, et c'était une bouche étrangère et désintéressée qui lui en donnait la preuve. Au moment d'une séparation éternelle, cette conviction était le plus beau diamant qu'elle pût trouver dans l'écrin de la douleur.

Les portes s'ouvrirent les unes après les autres devant le père Courtois. Arrivée à la dernière, Amélie mit la main sur l'épaule du geôlier. Il lui semblait entendre quelque chose comme un chant. Elle écouta avec plus d'attention : une voix disait des vers. Mais cette voix n'était point celle de Morgan; cette voix lui était inconnue. C'était à la fois quelque chose de triste comme une élégie, de religieux comme un psaume. La voix disait :

J'ai révélé mon cœur au Dieu de l'innocence ;
Il a vu mes pleurs pénitents ;

Il guérit mes remords, il m'arme de constance:
   Les malheureux sont ses enfants.

Mes ennemis, riant, ont dit dans leur colère:
   Qu'il meure, et sa gloire avec lui!
Mais à mon cœur calmé le Seigneur dit en père :
   Leur haine sera ton appui.

A tes plus chers amis ils ont prêté leur rage.
   Tout trompe ta simplicité;
Celui que tu nourris court vendre ton image,
   Noire de sa méchanceté.

Mais Dieu t'entend gémir, Dieu vers qui te ramène
   Un vrai remords né des douleurs;
Dieu qui pardonne enfin à la nature humaine
   D'être faible dans les malheurs.

J'éveillerai pour toi la pitié, la justice
   De l'incorruptible avenir;
Eux même épureront, par leur long artifice,
   Ton honneur qu'ils pensent ternir.

Soyez béni, mon Dieu, vous qui daignez me rendre
   L'innocence et son noble orgueil;
Vous qui, pour protéger le repos de ma cendre,
   Veillerez près de mon cercueil!

Au banquet de la vie, infortuné convive,
   J'apparus un jour, et je meurs;
Je meurs, et sur ma tombe, où lentement j'arrive,
   Nul ne viendra verser des pleurs.

Salut, champs que j'aimais, et vous, douce verdure,
   Et vous, riant exil des bois!
Ciel, pavillon de l'homme, admirable nature,
   Salut pour la dernière fois!

Ah! puissent voir longtemps votre beauté sacrée
   Tant d'amis sourds à mes adieux!
Qu'ils meurent pleins de jours, que leur mort soit pleurée!
   Qu'un ami leur ferme les yeux!

La voix se tut; sans doute la dernière strophe était dite.

Amélie, qui n'avait pas voulu interrompre la méditation suprême des condamnés et qui avait reconnu la belle ode de Gilbert, écrite par lui sur le grabat d'un hôpital la veille de sa mort, fit signe au geôlier qu'il pouvait ouvrir. Le père Courtois, qui, tout geôlier qu'il était, semblait partager l'émotion de la jeune fille, fit le plus doucement qu'il put tourner la clef dans la serrure: la porte s'ouvrit.

Amélie embrassa d'un coup d'œil l'ensemble du cachot et les personnages qui l'habitaient : Valensolle, debout, appuyé à la muraille, tenait encore à la main le livre où il venait de lire les vers qu'Amélie avait entendus; Jayat était assis près d'une table, la tête appuyée sur sa main; Ribier était assis sur la table même; près de lui, au fond, Sainte-Hermine, les yeux fermés, et comme s'il eût été plongé dans le plus profond sommeil, était couché sur le lit. A la vue de la jeune fille, qu'ils reconnurent pour Amélie, Jayat et Ribier se levèrent. Morgan resta immobile; il n'avait rien entendu.

Amélie alla droit à lui, et comme si le sentiment qu'elle éprouvait pour son amant était sanctifié par l'approche de la mort, sans s'inquiéter de la présence de ses trois amis, elle s'approcha de Morgan, et, tout en appuyant ses lèvres sur les lèvres du prisonnier, elle murmura :

— Réveille-toi, mon Charles; c'est ton Amélie qui vient tenir sa parole.

Morgan jeta un cri joyeux et enveloppa la jeune fille de ses deux bras.

— Monsieur Courtois, dit Leprêtre, vous êtes un brave homme; laissez ces deux pauvres jeunes gens ensemble, ce serait une impiété que de troubler par notre présence les quelques minutes qu'ils ont encore à rester ensemble sur la terre.

Le père Courtois, sans rien dire, ouvrit la porte du cachot voisin. Valensolle, Jayat et Ribier y entrèrent. Il ferma la porte sur eux; puis, faisant signe à Charlotte de le suivre, il sortit à son tour. Les deux jeunes gens se trouvèrent seuls.

Il y a des scènes qu'il ne faut pas tenter de peindre, des paroles qu'il ne faut pas essayer de répéter; il n'y a que Dieu, qui les entend du haut de son trône immortel et qui incline la tête pour les écouter, qui sache ce qu'elles contiennent de sombres joies et de voluptés amères.

Au bout d'une heure les deux jeunes gens entendirent la clef tourner de nouveau dans la serrure. Ils étaient tristes, mais calmes, et la conviction que leur séparation ne serait pas longue leur donnait cette double sérénité.

Le digne geôlier avait l'air plus sombre et plus triste encore à cette seconde apparition qu'à la première. Morgan et Amélie le remercièrent en souriant. Il alla à la porte du cachot où étaient enfermés les trois amis et ouvrit cette porte en murmurant :

— Par ma foi, c'est bien le moins qu'ils passent cette nuit ensemble, puisque c'est leur dernière nuit.

Valensolle, Jayat et Ribier rentrèrent. Amélie, en tenant Morgan enveloppé dans son bras gauche, leur tendit la main à tous trois. Tous trois baisèrent, l'un après l'autre, sa main froide et humide, puis Morgan la conduisit jusqu'à la porte.

— Au revoir, dit Morgan. — A bientôt, dit Amélie.

Puis, ce rendez-vous pris dans la tombe fut scellé d'un long baiser, après lequel ils se séparèrent avec un gémissement si douloureux qu'on eût dit que leurs deux cœurs venaient de se briser en même temps. La porte se referma derrière Amélie, les verrous et les clefs grincèrent.

— Eh bien? demandèrent ensemble Valensolle, Jayat et Ribier. — Voici, répondit Morgan en vidant sur la table le sac de nuit.

Les trois jeunes gens poussèrent un cri de joie en voyant ces pistolets brillants et ces lames aiguës. C'était ce qu'ils pouvaient désirer de plus après la liberté; c'était la joie douloureuse et suprême de se sentir maîtres de leur vie, et, à la rigueur, de celle des autres. Pendant ce temps, le geôlier reconduisait Amélie jusqu'à la porte de la rue. Arrivé là, il hésita un instant, puis enfin l'arrêtant par le bras :

— Mademoiselle de Montrevel, lui dit-il, pardonnez-moi de vous causer une telle douleur, mais il est inutile que vous alliez à Paris... — Parce que le pourvoi est rejeté et que l'exécution a lieu demain, n'est-ce pas? répondit Amélie.

Le geôlier fit, d'étonnement, un pas en arrière.

— Je le savais, mon ami, continua Amélie.

Puis, se retournant vers la femme de chambre :

— Conduis-moi jusqu'à la prochaine église, Charlotte, dit-elle ; tu viendras m'y reprendre demain lorsque tout sera fini.

La prochaine église n'était pas bien éloignée ; c'était Sainte-Claire. Depuis trois mois à peu près, sur les ordres du premier consul, elle venait d'être rendue au culte. Comme il était près de minuit l'église était fermée ; mais Charlotte connaissait la demeure du sacristain et se chargea de l'aller éveiller.

Amélie attendit debout, appuyée contre la muraille, aussi immobile que les figures de pierre qui ornent la façade. Au bout d'une demi-heure le sacristain arriva. Pendant cette demi-heure elle avait vu passer une chose qui lui avait paru lugubre. C'étaient trois hommes vêtus de noir conduisant une charrette, qu'à la lueur de la lune elle avait reconnue être peinte en rouge. Cette charrette portait des choses informes : planches démesurées, échelles étranges peintes de la même couleur ; cette charrette se dirigeait du côté du bastion Montrevel, c'est-à-dire vers la place des exécutions.

Amélie devina ce que c'était ; elle tomba à genoux et poussa un cri. A ce cri, les hommes vêtus de noir se retournèrent ; il leur sembla qu'une des sculptures du porche s'était détachée de sa niche et s'était agenouillée. Celui qui paraissait être le chef des hommes noirs fit quelques pas vers Amélie.

— Ne m'approchez pas, Monsieur ! cria celle-ci ; ne m'approchez pas!

L'homme reprit humblement sa place et continua son chemin. La charrette disparut au coin de la rue des Prisons, mais le bruit de ses roues retentit encore longtemps sur le pavé, dans le cœur d'Amélie. Lorsque le sacristain et Charlotte revinrent, ils la trouvèrent à genoux. Le sacristain fit quelques difficultés pour ouvrir l'église à une pareille heure, mais une pièce d'or et le nom de mademoiselle de Montrevel levèrent ses scrupules. Une seconde pièce d'or le détermina à illuminer une petite chapelle. C'était celle où, tout enfant, Amélie avait fait sa première communion. Cette chapelle illuminée, Amélie s'agenouilla au pied de l'autel et pria qu'on la laissât seule.

Vers trois heures du matin elle vit s'illuminer la fenêtre, la fenêtre aux vitraux de couleur qui surmontait l'autel de la Vierge. La fenêtre s'ouvrait par hasard à l'orient, de sorte que le premier rayon du soleil vint droit à elle comme un messager de Dieu. Peu à peu la ville s'éveilla. Amélie remarqua qu'elle était plus bruyante que d'habitude. Vers six heures elle entendit passer une troupe de cavaliers ; cette troupe se rendait du côté de la prison. Vers neuf heures elle entendit une grande rumeur, et il lui sembla que chacun se précipitait du même côté. Elle essaya de s'enfoncer plus avant encore dans la prière pour ne plus entendre ces différents bruits qui parlaient à son cœur une langue inconnue, et disaient tout bas qu'elle comprenait chaque mot. C'est qu'en effet il se passait à la prison une chose terrible, et qui méritait bien que tout le monde courût la voir.

Lorsque, vers neuf heures du matin, le père Courtois entra dans leur cachot pour annoncer aux condamnés tout à la fois que leur pourvoi était rejeté, et qu'ils devaient se préparer à la mort, il les trouva armés jusqu'aux dents.

Le geôlier, pris à l'improviste, fut attiré dans le cachot, la porte fut refermée derrière lui ; puis, sans qu'il essayât même de se défendre, tant sa surprise était inouïe, Morgan lui arracha son trousseau de clefs, et, ouvrant et refermant la porte située en face de celle par laquelle le geôlier était entré, ils le laissèrent enfermé à leur place, et se trouvèrent, eux, dans le cachot voisin où, la veille, Valensolle, Jayat et Ribier avaient attendu que l'entrevue entre Morgan et Amélie fût terminée. Une des clefs du trousseau ouvrait la seconde porte de cet autre cachot; cette porte donnait sur la cour des prisonniers. La cour des prisonniers était, elle, fermée par trois portes massives qui, toutes trois, donnaient dans une espèce de couloir donnant lui-même dans la loge du concierge du présidial. De cette loge du concierge du présidial on descendait par quinze marches dans le préau du parquet, vaste cour fermée par une grille. D'habitude cette grille n'était fermée que la nuit. Si par hasard les circonstances ne l'avaient pas fait fermer de jour, il était possible que cette ouverture présentât une issue à leur fuite.

Morgan trouva la clef de la cour des prisonniers, l'ouvrit, se précipita avec ses compagnons de cette cour dans la loge du concierge du présidial, et s'élança sur le perron donnant dans le préau du tribunal. Du haut de cette espèce de plate-forme, les quatre jeunes gens virent que tout espoir était perdu.

La grille du préau était fermée, et quatre-vingts hommes à peu près, tant gendarmes que dragons, étaient rangés devant cette grille.

À la vue des quatre condamnés libres et bondissant de la loge du concierge sur le perron, un grand cri, cri tout à la fois d'étonnement et de terreur, s'éleva de la foule. En effet, leur aspect était formidable. Pour conserver toute la liberté de leurs mouvements, et peut-être aussi pour dissimuler l'épanchement du sang qui se manifeste si vite sous une toile blanche, ils étaient nus jusqu'à la ceinture; un mouchoir noué autour de leur taille était hérissé d'armes. Il ne leur fallut qu'un regard pour comprendre qu'ils étaient maîtres de leur vie, mais qu'ils ne l'étaient pas de leur liberté.

Au milieu des clameurs qui s'élevaient de la foule et du cliquetis des sabres qui sortaient des fourreaux, ils conférèrent un instant. Puis, après leur avoir serré la main, Montbar se détacha de ses compagnons, descendit les quinze marches, et s'avança vers la grille. Arrivé à quatre pas d'elle, il jeta un dernier regard et un dernier sourire à ses compagnons, salua gracieusement la foule redevenue muette, et s'adressant aux soldats:

— Très-bien, messieurs les gendarmes, très-bien, messieurs les dragons, dit-il.

Et introduisant dans sa bouche l'extrémité du canon d'un de ses pistolets, il se fit sauter la cervelle. Des cris confus et presque insensés suivirent l'explosion, mais cessèrent presque aussitôt. Valensolle descendit à son tour: lui tenait simplement un poignard à la main, à la lame droite, aiguë, tranchante. Ses pistolets, dont il ne paraissait pas disposé à faire usage, étaient restés à sa ceinture.

Il s'avança vers une espèce de petit hangar supporté par trois colonnes, s'arrêta à la première colonne, y appuya le pommeau du poignard, dirigea la pointe vers son cœur, prit la colonne entre ses bras, salua une dernière fois ses amis, et serra la colonne jusqu'à ce que la lame tout entière eût disparu dans sa poitrine. Il resta un instant encore debout; mais une pâleur mortelle s'étendit sur son visage, puis ses bras se détachèrent et il tomba mort au pied de la colonne. Cette fois, la foule resta muette. Elle était glacée d'effroi.

C'était le tour de Ribier : lui tenait à la main ses deux pistolets. Il s'avança jusqu'à la grille ; puis, arrivé là, il dirigea les canons de ses pistolets sur les gendarmes. Il ne tira pas, mais les gendarmes tirèrent. Trois ou quatre coups de feu se firent entendre, et Ribier tomba percé de deux balles.

Une espèce d'admiration venait de faire, parmi l'assistance, place aux sentiments divers qui, à la vue de ces trois catastrophes successives, s'étaient succédé dans son cœur. Elle comprenait que ces jeunes gens voulaient bien mourir, mais qu'ils tenaient à mourir comme ils l'entendraient, et surtout, comme des gladiateurs antiques, à mourir avec grâce. Elle fit donc silence lorsque Morgan, resté seul, descendit en souriant les marches du perron, et fit signe qu'il voulait parler.

D'ailleurs, que lui manquait-il à cette foule avide de sang ? on lui donnait plus qu'on ne lui avait promis. On lui avait promis quatre morts, mais quatre morts uniformes, quatre têtes tranchées, et on lui donnait quatre morts différentes, pittoresques, inattendues ; c'était donc bien naturel qu'elle fît silence lorsqu'elle vit s'avancer Morgan.

Morgan ne tenait à la main ni pistolets ni poignard : poignard et pistolets reposaient à sa ceinture. Il passa près du cadavre de Valensolle et vint se placer entre ceux de Jayat et de Ribier.

— Messieurs, dit-il, transigeons.

Il se fit un silence comme si la respiration de tous les assistants était suspendue.

— Vous avez eu un homme qui s'est brûlé le cervelle, il désigna Jayat ; un autre qui s'est poignardé, il désigna Valensolle ; un troisième qui a été fusillé, il désigna Ribier ; vous voudriez voir guillotiner le quatrième, je comprends cela.

Il passa un frissonnement terrible dans la foule.

— Eh bien, continua Morgan, je ne demande pas mieux que de vous donner cette satisfaction. Je suis prêt à me laisser faire, mais je désire aller à l'échafaud de mon plein gré et sans que personne me touche ; celui qui m'approche, *je le brûle*, si ce n'est Monsieur, continua Morgan en montrant le bourreau : c'est une affaire que nous avons ensemble, et qui de part et d'autre ne demande que des procédés.

Sa demande, sans doute, ne parut pas exorbitante à la foule, car de toute part on entendit crier :

— Oui ! oui ! oui !

L'officier de gendarmerie vit que ce qu'il y avait de plus court était d'en passer par ce que demandait Morgan.

— Promettez-vous, dit-il, si l'on vous laisse les pieds et les mains libres, de ne point chercher à vous échapper ? — J'en donne ma parole d'honneur, dit Morgan. — Eh bien, dit l'officier de gendarmerie, éloignez-vous et laissez-nous enlever les cadavres de vos camarades. — C'est trop juste, dit Morgan.

Et il alla, à dix pas d'où il était, s'appuyer contre la muraille. La grille s'ouvrit. Les trois hommes vêtus de noir entrèrent dans la cour, ramassèrent l'un après l'autre les trois corps.

Ribier n'était point tout à fait mort, il rouvrit les yeux et parut chercher Morgan.

— Me voilà, dit celui-ci, sois tranquille, cher ami, *j'en suis*.

MORT DE MORGAN.

LES COMPAGNONS DE JEHU.   TYP. J. CLAYE.

Ribier referma les yeux sans faire entendre une parole. Quand les trois corps furent emportés :

— Monsieur, demanda l'officier de gendarmerie à Morgan, êtes-vous prêt? — Oui, Monsieur, répondit Morgan en saluant avec une exquise politesse. — Alors, venez. — Me voici, dit Morgan.

Et il alla prendre place entre le peloton de gendarmerie et le détachement de dragons.

— Désirez-vous monter dans la charrette ou aller à pied, Monsieur? demanda le capitaine. — A pied, à pied, Monsieur; je tiens beaucoup à ce que l'on sache que c'est une fantaisie que je me passe en me laissant guillotiner, mais je n'ai pas peur.

Le cortége sinistre traversa la place des Lices, et longea les murs du jardin de l'hôtel Montbaron. La charrette traînant les trois cadavres marchait la première; puis venaient les dragons; puis Morgan, marchant seul dans un intervalle libre d'une dizaine de pas; puis les gendarmes précédés de leur capitaine.

A l'extrémité du mur le cortége tourna à gauche. Tout à coup, par l'ouverture qui se trouvait alors entre le jardin et la grande halle, Morgan aperçut l'échafaud qui dressait vers le ciel ses deux poteaux rouges comme deux bras sanglants.

— Pouah! dit-il, je n'avais jamais vu de guillotine, et je ne savais point que ce fût si laid que cela.

Et, sans autre explication, tirant son poignard de sa ceinture, il se le plongea jusqu'au manche dans la poitrine. Le capitaine de gendarmerie vit le mouvement sans pouvoir le prévenir, et lança son cheval vers Morgan, resté debout, au grand étonnement de tout le monde et de lui-même. Mais Morgan, tirant un pistolet de sa ceinture et l'armant :

—Halte-là! dit-il; il est convenu que personne ne me touchera; je mourrai seul, ou nous mourrons trois; c'est à choisir.

Le capitaine fit faire à son cheval un pas à reculons.

— Marchons, dit Morgan.

Et, en effet, il se remit en marche. Arrivé au pied de la guillotine, Morgan tira le poignard de sa blessure et s'en frappa une seconde fois aussi profondément que le première. Un cri de rage plutôt que de douleur lui échappa.

— Il faut, en vérité! que j'aie l'âme chevillée dans le corps, dit-il.

Puis, comme les aides voulaient l'aider à monter l'escalier au haut duquel l'attendait le bourreau :

— Oh! dit-il encore une fois, que l'on ne me touche pas.

Et il monta les six degrés sans chanceler. Arrivé sur la plate-forme, il tira le poignard de sa blessure et s'en donna un troisième coup. Alors un effroyable éclat de rire sortit de sa bouche, et, jetant aux pieds du bourreau le poignard qu'il venait d'arracher de sa troisième blessure, aussi inutile que les deux premières :

— Par ma foi! dit-il, j'en ai assez; à ton tour, et tire-toi de là comme tu pourras.

Une minute après la tête de l'intrépide jeune homme tombait sur l'échafaud, et, par un phénomène de cette implacable vitalité qui s'était révélée en lui, bondit et roula hors de l'appareil du supplice.

Allez à Bourg comme j'y ai été, et l'on vous dira qu'en bondissant, cette tête avait prononcé le nom d'Amélie. Les morts furent exécutés après le vivant; de sorte que les spectateurs, au lieu de perdre quelque chose aux événements que nous venons de raconter, eurent double spectacle.

XII

LA CONFESSION.

Trois jours après les événements que nous venons de raconter, vers les sept heures du soir, une voiture, couverte de poussière et attelée de deux chevaux de poste blancs d'écume, s'arrêtait à la grille du château des Noires-Fontaines. Au grand étonnement de celui qui paraissait si pressé d'arriver, la grille était toute grande ouverte, des pauvres encombraient la cour, et le perron était couvert d'hommes et de femmes agenouillés. Puis, le sens de l'ouïe s'éveillant au fur et à mesure que l'étonnement donnait plus d'acuité à celui de la vue, le voyageur crut entendre le tintement d'une sonnette.

Il ouvrit vivement la portière, sauta en bas de la chaise, traversa la cour d'un pas rapide, monta le perron et vit l'escalier qui montait au premier couvert de monde. Il franchit l'escalier intérieur comme il avait franchi le perron, et entendit un murmure religieux qui lui parut venir de la chambre d'Amélie. Il s'avança vers cette chambre; elle était ouverte. Au chevet étaient agenouillés madame de Montrevel et le petit Édouard, un peu plus loin Charlotte, Michel et son fils.

Le curé de Sainte-Claire administrait les derniers sacrements à Amélie; cette scène lugubre n'était éclairée que par la lueur des cierges. On avait reconnu Roland dans le voyageur dont la voiture venait de s'arrêter devant la porte; on s'écarta devant lui, il entra la tête découverte et alla s'agenouiller près de sa mère.

La mourante, couchée sur le dos, les mains jointes, la tête soulevée par son oreiller, les yeux fixés au ciel dans une espèce d'extase, ne parut point s'apercevoir de l'arrivée de Roland. On eût dit que le corps était encore de ce monde, mais que l'âme était déjà flottante entre la terre et le ciel. La main de madame de Montrevel chercha celle de Roland, et la pauvre mère l'ayant trouvée, laissa tomber en sanglotant sa tête sur l'épaule de son fils. Ces sanglots maternels ne furent sans doute pas plus entendus d'Amélie que la présence de Roland n'en avait été remarquée, car la jeune fille garda l'immobilité la plus complète. Seulement, lorsque le viatique lui eut été administré, lorsque la béatitude éternelle lui eut été promise par la bouche consolatrice du prêtre, ses lèvres de marbre parurent s'animer, et elle murmura d'une voix intelligible, mais faible:

— Ainsi soit-il!

Alors la sonnette tinta de nouveau, l'enfant de chœur qui la portait sortit le premier, puis les deux qui portaient les cierges, puis celui qui portait la croix... puis enfin le prêtre qui portait Dieu. Tous les étrangers suivirent le cortége, les personnes de la maison et les membres de la famille restèrent seuls.

La maison, un instant auparavant pleine de bruit et de monde, resta silencieuse et presque déserte. La mourante n'avait pas bougé, ses lèvres s'étaient refermées, ses mains étaient restées jointes, ses yeux levés au ciel. Au bout de quelques minutes, Roland se pencha à l'oreille de madame de Montrevel, et lui dit à voix basse :

— Venez, ma mère, j'ai à vous parler.

Madame de Montrevel se leva ; elle poussa le petit Édouard vers le lit de sa sœur ; l'enfant se dressa sur la pointe des pieds, et baisa Amélie au front. Puis madame de Montrevel prit sa place, s'inclina sur sa fille et, tout en sanglotant, déposa un baiser à la même place. Roland vint à son tour, le cœur brisé, mais les yeux secs ; il eût donné bien des choses pour verser les larmes qui noyaient son cœur. Il embrassa Amélie comme avaient fait son frère et sa mère. Amélie parut aussi insensible à ce baiser qu'elle l'avait été aux deux précédents.

L'enfant marchant le premier, madame de Montrevel et Roland suivant Édouard, s'avancèrent donc vers la porte. Au moment d'en franchir le seuil, tous trois s'arrêtèrent en tressaillant. Ils avaient entendu le nom de Roland distinctement prononcé. Roland se retourna. Amélie une seconde fois prononça le nom de son frère.

— M'appelles-tu, Amélie? demanda Roland. — Oui, répondit la voix de la mourante. — Seul, ou avec ma mère? — Seul.

Cette voix sans accentuation, mais cependant parfaitement intelligible, avait quelque chose de glacé; elle semblait un écho d'un autre monde.

— Allez, ma mère, dit Roland ; vous voyez que c'est à moi seul que veut parler Amélie. — Oh! mon Dieu! murmura madame de Montrevel, resterait-il un dernier espoir?

Si bas que ces mots eussent été prononcés, la mourante les entendit.

— Non, ma mère, dit-elle; Dieu a permis que je revisse mon frère; mais cette nuit je serai près de Dieu.

Madame de Montrevel poussa un gémissement profond.

— Roland! Roland! fit-elle, ne dirait-on point qu'elle y est déjà?

Roland lui fit signe de le laisser seul ; madame de Montrevel s'éloigna avec le petit Édouard. Roland rentra, referma la porte, et, avec une indicible émotion, revint au chevet du lit d'Amélie. Tout le corps était déjà en proie à ce que l'on appelle la roideur cadavérique; le souffle eût terni une glace à peine, tant il était faible, les yeux seuls, démesurément ouverts, étaient fixes et brillants, comme si tout ce qui restait d'existence dans ce corps condamné avant l'âge s'était concentré en eux.

Roland avait entendu parler de cet état étrange que l'on nomme l'extase, et qui n'est rien autre chose que la catalepsie. Il comprit qu'Amélie était en proie à cette mort anticipée.

— Me voilà, ma sœur, dit-il, que me veux-tu? — Je savais que tu allais arriver, répondit la jeune fille toujours immobile, et j'attendais. — Comment savais-tu que j'allais arriver? demanda Roland. — Je te voyais venir.

Roland frissonna.

— Et, demanda-t-il, savais-tu pourquoi je venais? — Oui; aussi j'ai tant prié Dieu du fond de mon cœur, qu'il a permis que je me levasse et que je t'écrivisse. — Quand cela? — La nuit dernière. — Et la lettre? — Elle est sous mon oreiller, prends-la et lis.

Roland hésita un instant; sa sœur n'était-elle point en proie au délire?

— Pauvre Amélie! murmura Roland. — Il ne faut pas me plaindre, dit la jeune fille, je vais le rejoindre. — Qui cela? demanda Roland. — Celui que j'aimais et que tu as tué.

Roland poussa un cri : c'était bien du délire; de qui sa sœur voulait-elle parler?

— Amélie, dit-il, j'étais venu pour t'interroger. — Sur lord Tanlay, je le sais, répondit la jeune fille. — Tu le sais, et comment cela? — Ne t'ai-je pas dit que je t'avais vu venir et que je savais pourquoi tu venais? — Alors réponds-moi. — Ne me détourne pas de Dieu et de lui, Roland; je t'ai écrit, lis ma lettre.

Roland passa sa main sous l'oreiller, convaincu que sa sœur était en délire. A son grand étonnement, il sentit un papier qu'il tira à lui; c'était une lettre sous enveloppe; sur l'enveloppe étaient écrits ces quelques mots :

« Pour Roland qui arrive demain. »

Il s'approcha de la veilleuse, afin de lire plus facilement. La lettre était datée de la veille à onze heures du soir. Roland lut :

« Mon frère, nous avons chacun une chose terrible à nous pardonner. »

Roland regarda sa sœur, elle était toujours immobile; il continua :

« J'aimais Charles de Sainte-Hermine, je faisais plus que de l'aimer, il était mon amant. »

— Oh! murmura le jeune homme entre ses dents, il mourra. — Il est mort, dit Amélie.

Roland jeta un cri d'étonnement : il avait dit si bas les paroles auxquelles répondait Amélie, qu'à peine les avait-il entendues lui-même; ses yeux se reportèrent sur la lettre.

« Il n'y avait aucune union possible entre la sœur de Roland de Montrevel et le chef des compagnons de Jehu; là était le secret terrible que je ne pouvais pas dire et qui me dévorait. Une seule personne devait le savoir et l'a su; cette personne, c'est sir John Tanlay. Dieu bénisse l'homme au cœur loyal qui m'avait promis de rompre un mariage impossible et qui a tenu parole.

« Que la vie de lord Tanlay te soit sacrée, ô Roland! c'est le seul ami que j'ai eu dans ma douleur, le seul homme dont les larmes se sont mêlées aux miennes. J'aimais Charles de Sainte-Hermine, j'étais la maîtresse de Charles : voilà la chose terrible que tu as à me pardonner. Mais en échange, c'est toi qui es cause de sa mort, voilà la chose terrible que je te pardonne. Et maintenant arrive vite, ô Roland, puisque je ne dois mourir que quand tu seras arrivé. Mourir, c'est le revoir, mourir, c'est le rejoindre pour ne le plus quitter jamais; je suis heureuse de mourir. »

Tout était clair et précis, il était évident qu'il n'y avait pas dans cette lettre trace de délire. Roland la relut deux fois et resta un instant immobile, muet, haletant, plein d'anxiété; mais enfin la pitié l'emporta sur la colère. Il s'approcha d'Amélie, étendit la main sur elle, et d'une voix douce :

— Ma sœur, dit-il, je te pardonne.

Un léger tressaillement agita le corps de la mourante.

— Et maintenant, dit-elle, appelle notre mère, c'est dans ses bras que je dois mourir.

Roland alla à la porte et appela madame de Montrevel. Sa chambre était ouverte, elle attendait évidemment, et accourut.

— Qu'y a-t-il de nouveau? s'informa-t-elle vivement. — Rien, répondit Roland, sinon qu'Amélie demande à mourir dans vos bras.

Madame de Montrevel entra et alla tomber à genoux devant le lit de sa fille. Elle, alors, comme si un bras invisible avait détaché les liens qui semblaient la retenir sur sa couche d'agonie, se souleva lentement, détachant les mains de dessus sa poitrine et laissant glisser une de ses mains dans celle de sa mère.

— Ma mère, dit-elle, vous m'avez donné la vie, vous me l'avez ôtée, soyez bénie; c'était ce que vous pouviez faire de plus maternel pour moi, puisqu'il n'y avait plus pour votre fille de bonheur possible en ce monde.

Puis, comme Roland était allé s'agenouiller de l'autre côté du lit, laissant, comme elle avait fait pour sa mère, tomber sa seconde main dans la sienne :

— Nous nous sommes pardonné tous deux, frère ? dit-elle. — Oui, pauvre Amélie, répondit Roland, et, je l'espère, du plus profond de notre cœur. — Je n'ai plus qu'une dernière recommandation à te faire. — Laquelle? — N'oublie pas que lord Tanlay a été mon meilleur ami. — Sois tranquille, dit Roland, la vie de lord Tanlay m'est sacrée.

Amélie respira; puis, d'une voix dans laquelle il était impossible de reconnaître une autre altération qu'une faiblesse croissante :

— Adieu, Roland, dit-elle; adieu, ma mère, vous embrasserez Édouard pour moi.

Puis, avec un cri sorti du cœur et dans lequel il y avait plus de joie que de tristesse :

— Me voilà, Charles, dit-elle, me voilà.

Et elle retomba sur son lit, retirant à elle, dans le mouvement qu'elle faisait, ses deux mains qui allèrent se rejoindre sur sa poitrine.

Roland et madame de Montrevel se relevèrent et s'inclinèrent chacun de son côté. Elle avait repris sa position première, seulement ses paupières s'étaient refermées, et le faible souffle qui sortait de sa poitrine s'était éteint. Le martyre était consommé, Amélie était morte.

XIII

OÙ, SI BIEN PRISES QU'ELLES SOIENT, LES ESPÉRANCES DE ROLAND SONT ENCORE UNE FOIS TROMPÉES.

Amélie était morte dans la nuit du lundi au mardi, c'est-à-dire du 2 au 3 juin 1800. Dans la soirée du jeudi, c'est-à-dire du 5, il y avait foule au

Grand-Opéra, où l'on donnait la seconde représentation d'*Ossian ou les Bardes*.

On savait l'admiration profonde que le premier consul professait pour les chants recueillis par Macpherson, et, par flatterie autant que par choix littéraire ou musical, l'Académie de musique avait commandé un opéra qui, malgré les diligences faites, était arrivé un mois environ après que le général Bonaparte avait quitté Paris pour aller rejoindre l'armée de réserve. On a vu ce que cette armée de réserve, que nous avons laissée entre Turin et Casal, était devenue.

Au balcon de gauche, un amateur de musique se faisait remarquer par la profonde attention qu'il prêtait au spectacle, lorsque, dans l'intervalle du premier au second acte, l'ouvreuse, se glissant entre les deux rangs de fauteuils, s'approcha de lui et demanda à demi voix :

— Pardon, Monsieur, n'êtes-vous point lord Tanlay? — Oui, répondit l'amateur de musique. — En ce cas, milord, un jeune homme qui aurait, dit-il, une communication de la plus haute importance à vous faire, vous prie d'être assez bon pour venir le joindre dans le corridor. — Oh! oh! fit sir John; un officier? — Il est en bourgeois, milord; mais, en effet, sa tournure indique un militaire. — Bon, dit sir John, je sais ce que c'est.

Il se leva et suivit l'ouvreuse. A l'entrée du corridor attendait Roland. Lord Tanlay ne parut aucunement étonné de le voir : seulement, la figure sévère du jeune homme réprima en lui ce premier élan d'amitié profonde qui l'eût porté à se jeter au cou de celui qui le faisait demander.

— Me voilà, Monsieur, dit sir John.

Roland s'inclina.

— Je viens de votre hôtel, milord, dit Roland; vous avez, à ce qu'il paraît, pris depuis quelque temps la précaution de dire où vous allez, afin que les personnes qui pourraient avoir affaire à vous sachent où vous rencontrer. — C'est vrai, Monsieur. — La précaution est bonne, surtout pour les gens qui, venant de fort loin et étant pressés, n'ont, comme moi, pas le loisir de perdre leur temps. — Alors, demanda sir John, c'est pour me revoir que vous avez quitté l'armée, et que vous êtes venu à Paris? — Uniquement pour avoir cet honneur, milord; et j'espère que, voyant mon empressement, vous en devinerez la cause, et m'épargnerez toute explication. — Monsieur, dit sir John, à partir de ce moment, je me tiens à votre disposition. — A quelle heure deux de mes amis pourront-ils se présenter chez vous demain, milord? — Mais depuis sept heures du matin jusqu'à minuit, Monsieur; à moins que vous n'aimiez mieux que ce soit tout de suite?... — Non, milord; j'arrive à l'instant même, et il me faut le temps de trouver ces deux amis et de leur donner mes instructions. Ils ne vous dérangeront donc, selon toute probabilité, que demain de onze heures à midi : seulement, je vous serais bien obligé si l'affaire que nous avons à régler par leur intermédiaire pouvait se régler dans la même journée. — Je crois la chose possible, Monsieur, et, du moment où il s'agit de satisfaire votre désir, le retard ne viendra pas de mon côté. — Voilà tout ce que je désirais savoir, milord; je serais donc désolé de vous déranger plus longtemps.

Et Roland salua. Sir John lui rendit son salut, et, tandis que le jeune homme s'éloignait, rentra au balcon et alla reprendre sa place. Toutes les paroles échangées l'avaient été, de part et d'autre, d'une voix si contenue et avec un visage si impassible, que les personnes les plus proches ne pouvaient pas même se douter qu'il y eût eu une simple discussion entre deux interlocuteurs qui venaient de se saluer si courtoisement.

C'était le jour de réception du ministre de la guerre; Roland rentra à son hôtel, fit disparaître jusqu'à la dernière trace du voyage qu'il venait de faire, monta en voiture, et, à dix heures moins quelques minutes, put encore se faire annoncer chez le citoyen Carnot. Deux motifs l'y conduisaient : le premier était une communication verbale qu'il avait à faire au ministre de la guerre de la part du premier consul; le second l'espoir de trouver, dans son salon, les deux témoins dont il avait besoin pour régler sa rencontre avec sir John.

Tout se passa comme Roland l'avait espéré : le ministre de la guerre eut par lui les détails les plus précis sur le passage du Saint-Bernard et la situation de l'armée, et il trouva les deux amis qu'il venait chercher dans les salons ministériels. Quelques mots suffirent pour les mettre au courant; les militaires, d'ailleurs, sont coulants sur ces sortes de confidences. Roland parla d'une insulte grave qui demeurerait secrète, même pour ceux qui devaient assister à son expiation. Il déclara être l'offensé et réclama pour lui, dans le choix des armes et le mode du combat, tous les avantages réservés aux offensés.

Les deux jeunes gens avaient mission de se présenter le lendemain, à neuf heures du matin, à l'hôtel Mirabeau, rue de Richelieu, et de s'entendre avec les deux témoins de lord Tanlay. Après quoi ils viendraient rejoindre Roland, hôtel de Paris, même rue. Roland rentra chez lui à onze heures, écrivit pendant une heure à peu près, se coucha et s'endormit. A neuf heures et demie ses deux amis se présentèrent chez lui. Ils quittaient sir John.

Sir John avait reconnu tous les droits de Roland, leur avait déclaré qu'il ne discuterait aucune des conditions du combat, et que, du moment où Roland se prétendait l'offensé, c'était à lui de dicter les conditions. Sur l'observation faite par eux, qu'ils avaient cru avoir affaire à deux de ses amis et non à lui-même, lord Tanlay avait répondu qu'il ne connaissait aucune personne assez intimement à Paris pour la mettre dans la confidence d'une pareille affaire, qu'il espérait donc qu'arrivé sur le terrain un des deux amis de Roland passerait de son côté et l'assisterait. Enfin, sur tous les points, ils avaient trouvé lord Tanlay un parfait gentleman.

Roland trouva que la demande de son adversaire, à l'endroit d'un de ses témoins, était non-seulement juste, mais convenable, et autorisa l'un des deux jeunes gens à assister sir John et à prendre ses intérêts. Restait, de la part de Roland, à dicter les conditions du combat. On se battrait au pistolet.

Les deux pistolets chargés, les adversaires se placeraient à cinq pas. Au troisième coup frappé dans la main des témoins, ils feraient feu. C'était, comme on le voit, un duel à mort, où celui qui ne tuerait pas ferait évidemment grâce à son adversaire : aussi les deux jeunes gens multiplièrent-ils les observations; mais Roland insista, déclarant que, seul juge de la gravité de l'offense qui lui avait été faite, il la jugeait assez grave pour que la réparation eût lieu ainsi et non autrement. Il fallut céder devant cette obstination.

Celui des deux amis de Roland qui devait assister sir John fit toutes ses réserves, déclarant qu'il ne s'engageait nullement pour son client, et qu'à moins d'ordre absolu de sa part, il ne permettrait jamais un pareil égorgement.

— Ne vous échauffez pas, cher ami, lui dit Roland; je connais sir John, et je crois qu'il sera plus coulant que vous.

Les deux jeunes gens sortirent et se présentèrent de nouveau chez sir John. Ils le trouvèrent déjeunant à l'anglaise, c'est-à-dire avec un bifteck, des pommes de terre et du thé. Celui-ci, à leur aspect, se leva, leur offrit de partager son repas, et, sur leur refus, se mit à leur disposition.

Les deux amis de Roland commencèrent par annoncer à lord Tanlay qu'il pouvait compter sur l'un d'eux pour l'assister. Puis, celui qui restait dans les intérêts de Roland établit les conditions de la rencontre. A chaque exigence de Roland sir John inclinait la tête en signe d'assentiment, et se contentait de répondre :

— Très-bien.

Celui des deux jeunes gens qui était chargé de prendre ses intérêts voulut faire quelques observations sur un mode de combat qui devait, à moins d'un hasard impossible, amener à la fois la mort des deux combattants; mais lord Tanlay le pria de ne point insister.

— M. de Montrevel est galant homme, dit-il; je désire ne le contrarier en rien; ce qu'il fera sera bien fait.

Restait l'heure à laquelle on se rencontrerait. Sur ce point comme sur les autres, lord Tanlay se mettait entièrement à la disposition de Roland. Les deux témoins quittèrent sir John encore plus enchantés de lui à cette seconde entrevue qu'à la première. Roland les attendait; ils lui racontèrent tout.

— Que vous avais-je dit? fit Roland.

Ils lui demandèrent l'heure et le lieu. Roland fixa sept heures du soir et l'allée de la Muette; c'était l'heure où le bois était à peu près désert et le jour encore clair, on se rappelle que l'on était au mois de juin, pour que les deux adversaires pussent se battre à quelque arme que ce fût. Personne n'avait parlé des pistolets; les deux jeunes gens offrirent à Roland d'en prendre chez un armurier.

— Non, dit Roland; lord Tanlay a une paire d'excellents pistolets dont je me suis déjà servi; s'il n'a pas de répugnance à se battre avec ceux-là, je les préfère à tous autres.

Celui des deux jeunes gens qui devait servir de témoin à sir John alla retrouver son client et lui posa les trois dernières questions, à savoir : si l'heure et le lieu lui convenaient, et s'il voulait que ses pistolets servissent au combat. Lord Tanlay répondit en réglant sa montre sur celle de son témoin et en lui remettant la boîte de pistolets.

— Viendrai-je vous prendre, milord? demanda le jeune homme.

Sir John sourit avec mélancolie.

— Inutile, dit-il; vous êtes l'ami de M. de Montrevel, la route vous sera plus agréable avec lui qu'avec moi, allez donc avec lui; j'irai à cheval avec mon domestique, et vous me trouverez au rendez-vous.

Le jeune officier rapporta cette réponse à Roland.

— Que vous avais-je dit? fit celui-ci.

Il était midi, on avait sept heures devant soi; Roland donna à ses deux amis congé d'aller à leurs plaisirs ou à leurs affaires. A six heures et demie précises ils devaient être à la porte de Roland avec trois chevaux et deux domestiques. Il importait, pour ne point être dérangé, de donner à tous les apprêts du duel les apparences d'une promenade.

A six heures et demie sonnantes le garçon de l'hôtel prévenait Roland qu'il était attendu à la porte de la rue. C'étaient les deux témoins et les deux domestiques; un de ces derniers tenait en bride un cheval de main. Roland serra affectueusement la main aux deux officiers et sauta en selle. Puis, par les boulevards, on gagna la place Louis XV et les Champs-Élysées. Pendant la route cet étrange phénomène qui avait tant étonné sir John lors du duel de Roland avec M. de Barjols se reproduisit. Roland fut d'une gaieté que l'on eût pu croire exagérée, si évidemment elle n'eût été si franche.

Les deux jeunes gens, qui se connaissaient en courage, restaient étourdis devant une pareille insouciance. Ils l'eussent comprise dans un duel ordinaire, où le sang-froid et l'adresse donnent l'espoir, à celui qui le possède, de l'emporter sur son adversaire; mais dans un combat comme celui au-devant duquel on allait, il n'y avait ni adresse ni sang-froid qui pussent sauver les combattants, sinon de la mort, du moins de quelque effroyable blessure. En outre, Roland poussait son cheval en homme qui a hâte d'arriver; de sorte que, cinq minutes avant l'heure fixée, il était à l'une des extrémités de l'allée de la Muette. Un cavalier, suivi de son domestique, s'y promenait. Roland reconnut sir John.

Les deux jeunes gens examinèrent d'un même mouvement la physionomie de Roland à la vue de son adversaire. A leur grand étonnement, la seule expression qui se manifesta sur le visage du jeune homme fut celle d'une bienveillance presque tendre. Un temps de galop suffit pour que les quatre principaux acteurs de la scène qui allait se passer se joignissent et se saluassent. Sir John était parfaitement calme, mais son visage avait une teinte profonde de mélancolie. Il était évident que cette rencontre lui était aussi douloureuse qu'elle paraissait agréable à Roland.

On mit pied à terre; un des deux témoins prit la boîte aux pistolets des mains d'un des domestiques, et leur ordonna de continuer de suivre l'allée comme s'ils promenaient les chevaux de leurs maîtres. Ils ne devaient se rapprocher qu'au bruit des coups de pistolet. Le groom de sir John devait se joindre à eux et faire ainsi qu'eux. Les deux adversaires et les deux témoins entrèrent dans le bois, s'enfonçant au plus épais du taillis, pour trouver une place convenable. Au reste, comme l'avait prévu Roland, le bois était désert; l'heure du dîner avait ramené chez eux tous les promeneurs. On trouva une espèce de clairière qui semblait faite exprès. Les témoins regardèrent Roland et sir John. Tous deux firent de la tête un signe d'assentiment.

— Rien n'est changé? demanda un des témoins s'adressant à lord Tanlay.
— Demandez à monsieur de Montrevel, dit lord Tanlay; je suis ici sous son entière dépendance. — Rien, fit Roland.

On tira les pistolets de la boîte, et on commença à les charger. Sir John se tenait à l'écart, fouillant les hautes herbes du bout de sa cravache. Roland le regarda, sembla hésiter un instant, puis, prenant sa résolution, marcha à lui. Sir John releva la tête et attendit avec une espérance visible.

— Milord, lui dit Roland, je puis avoir à me plaindre de vous sous certains rapports, mais je ne vous en crois pas moins homme de parole. — Et vous avez raison, Monsieur, répondit sir John. — Êtes-vous homme, si vous me survivez, à me tenir ici la promesse que vous m'aviez faite à Avignon? — Il n'y a pas de probabilité que je vous survive, Monsieur, répondit lord Tanlay; mais vous pouvez disposer de moi tant qu'il me restera un souffle de vie. — Il s'agit des dernières dispositions à prendre à l'endroit de mon corps. — Seraient-elles les mêmes ici qu'à Avignon? — Elles seraient les mêmes, milord. — Vous pouvez être parfaitement tranquille.

Roland salua sir John et revint à ses deux amis.

— Avez-vous, en cas de malheur, quelque recommandation particulière à nous faire? demanda l'un d'eux. — Une seule. — Faites. — Vous ne vous opposerez en rien à ce que milord Tanlay décidera de mon corps et de mes funérailles. Au reste, voici dans ma main gauche un billet qui lui est destiné au cas où je serais tué sans avoir le temps de prononcer quelques paroles; vous ouvririez ma main et lui remettriez le billet. — Est-ce tout? — C'est tout. — Les pistolets sont chargés. — Eh bien, prévenez-en milord.

Un des jeunes gens se détacha et marcha vers sir John. L'autre mesura cinq pas. Roland vit que la distance était plus grande qu'il ne croyait.

— Pardon, fit-il, j'ai dit trois pas. — Cinq, répondit l'officier qui mesurait la distance. — Pardon, cher ami, vous êtes dans l'erreur.

Il se retourna vers sir John et son témoin en les interrogeant du regard.

— Trois pas vont très-bien, répondit sir John en s'inclinant.

Il n'y avait rien à dire, puisque les deux adversaires étaient du même avis. On réduisit les cinq pas à trois; puis on coucha à terre deux sabres pour servir de limite. Sir John et Roland s'approchèrent chacun de son côté, jusqu'à ce qu'ils eussent la pointe de leur botte sur la lame du sabre.

Alors on leur mit à chacun un pistolet tout chargé dans la main. Ils se saluèrent pour dire qu'ils étaient prêts. Les témoins s'éloignèrent; ils devaient frapper trois coups dans leurs mains.

Au premier coup les adversaires armaient leurs pistolets, au second ils ajustaient, au troisième ils lâchaient le coup. Les trois battements de mains retentirent à une distance égale au milieu du plus profond silence; on eût dit que le vent lui-même se taisait, que les feuilles elles-mêmes étaient muettes. Les adversaires étaient calmes : mais une angoisse visible se peignait sur le visage des deux témoins.

Au troisième coup, les deux détonations retentirent avec une telle simultanéité qu'elles n'en firent qu'une. Mais, au grand étonnement des témoins, les deux combattants restèrent debout.

Au moment de tirer, Roland avait détourné son pistolet en l'abaissant vers la terre. Lord Tanlay avait levé le sien et coupé une branche derrière Roland, à trois pieds au-dessus de sa tête. Chacun des deux combattants était évidemment étonné d'une chose : c'était d'être encore vivant ayant épargné son adversaire. Roland fut le premier qui reprit la parole :

— Milord! s'écria-t-il, ma sœur me l'avait bien dit que vous étiez l'homme le plus généreux de la terre.

Et, jetant son pistolet loin de lui, il tendit les bras à sir John. Sir John s'y précipita.

— Ah! je comprends, dit-il, cette fois encore vous vouliez mourir; mais, par bonheur, Dieu n'a pas permis que je fusse votre meurtrier.

Les deux jeunes gens s'approchèrent.

— Qu'y a-t-il donc? demandèrent-ils. — Rien, fit Roland; sinon que, décidé à mourir, je voulais du moins mourir de la main de l'homme que j'aime le mieux au monde; par malheur, vous l'avez vu, il préférait mourir lui-même que de me tuer. Allons, ajouta Roland d'une voix sourde, je vois bien que c'est une besogne qu'il faut réserver aux Autrichiens.

Puis, se jetant encore une fois dans les bras de lord Tanlay, et serrant la main de ses deux amis :

— Excusez-moi, Messieurs, dit-il; mais le premier consul va livrer une grande bataille en Italie, et je n'ai pas de temps à perdre si je veux en être.

Et, laissant sir John donner aux deux officiers les explications que ceux-ci jugeaient convenable de lui demander, Roland regagna l'allée, sauta sur son cheval, regagna Paris au galop. Toujours possédé de cette fatale manie de la mort, nous avons dit quel était son dernier espoir.

. . . .
. . . .

Quelques jours après il se battait à Marengo en désespéré. Le jour même de la bataille, à neuf heures du soir, Bonaparte écrivait cette lettre à madame de Montrevel :

« Madame,

« J'ai remporté aujourd'hui ma plus belle victoire, mais cette victoire me coûte les deux moitiés de mon cœur, Desaix et Roland.

« Ne pleurez point, Madame, depuis longtemps votre fils voulait mourir et ne pouvait mourir plus glorieusement.   « BONAPARTE. »

On fit des recherches inutiles pour retrouver le cadavre du jeune aide de camp; comme Romulus, il avait disparu dans une tempête. Nul ne sut jamais quelle cause lui avait fait poursuivre avec tant d'acharnement une mort qu'il avait eu tant de peine à rencontrer.

FIN DES COMPAGNONS DE JEHU.

CAUSERIE

Chers lecteurs,

Il y a à peu près un an que mon vieil ami Jules Simon, l'auteur du *Devoir*, vint me demander de lui faire un roman pour le *Journal pour tous*.

Je lui racontai un sujet de roman que j'avais dans la tête. Le sujet lui convenait. Nous signâmes le traité séance tenante.

L'action se passait de 1791 à 1793, et le premier chapitre s'ouvrait à Varennes, le soir de l'arrestation du roi. Seulement, si pressé que fût le *Journal pour tous*, je demandai à J. Simon une quinzaine de jours avant de me mettre à son roman. Je voulais aller à Varennes : je ne connaissais pas Varennes.

Il y a une chose que je ne sais pas faire, c'est un livre ou un drame sur des localités que je n'ai pas vues.

Je voulais donc visiter Varennes avant de commencer mon roman, dont le premier chapitre s'ouvrait à Varennes. Je fus sept jours en chemin : trois jours pour aller de Châlons à Varennes, trois jours pour revenir de Varennes à Châlons, et un jour pour visiter toutes les localités nécessaires à mon roman, qui devait être intitulé *René d'Argonne;* puis je revins.

Mon fils étant à la campagne à Sainte-Assise, près Melun, ma chambre m'attendait; je résolus d'y aller faire mon roman. Je ne sais pas deux caractères plus opposés que celui d'Alexandre et le mien, et qui cependant aillent mieux ensemble. Nous avons certes de bonnes heures parmi celles que nous passons l'un loin de l'autre, mais je crois que nous n'en avons pas de meilleures que celles que nous passons l'un près de l'autre. Au reste, depuis trois ou quatre jours j'étais installé, essayant de me mettre à mon *René d'Argonne*, prenant la plume, et la déposant presque aussitôt. Cela n'allait pas. Je m'en consolais en racontant des histoires.

Le hasard fit que j'en racontai une qui m'avait été racontée à moi-même par Nodier; c'était celle de quatre jeunes gens, affiliés à la compagnie de Jehu et qui avaient été exécutés à Bourg-en-Bresse, avec des circonstances du plus haut dramatique.

L'un de ces quatre jeunes gens, celui qui eut le plus de peine à mourir, ou plutôt celui que l'on eut le plus de peine à tuer, avait dix-neuf ans et demi.

Alexandre écouta mon histoire avec beaucoup d'attention; puis, quand j'eus fini :

— Sais-tu, me dit-il, ce que je ferais à ta place? — Dis! — Je laisserais là ton *René d'Argonne* qui ne rend pas, et je ferais *les Compagnons de Jehu* en place. — Alors, tu m'aideras. — Oui, je vais te donner deux personnages. — Voilà tout? — Tu es trop exigeant, le reste te regarde : moi je fais ma *Question d'argent*. — Eh bien, quels sont tes deux personnages? — Un gentleman anglais et un capitaine français. — Voyons l'Anglais.

Et il me fit le portrait du lord Tanley que vous avez vu dans *les Compagnons de Jehu*.

— Ton gentleman anglais me va, lui dis-je ; maintenant, voyons ton capitaine français. — Mon capitaine français est un personnage mystérieux, qui veut se faire tuer à toute force et qui ne peut pas en venir à bout ; de sorte que, chaque fois qu'il veut se faire tuer, comme il accomplit une action d'éclat, il monte d'un grade. — Mais pourquoi veut-il se faire tuer ? — Parce qu'il est dégoûté de la vie. — Et pourquoi est-il dégoûté de la vie ? — Ah ! voilà le secret du livre. — Il faudra toujours finir par le dire. — Moi, à ta place, je ne le dirais pas. — Oui, mais pour ma satisfaction personnelle, faut-il au moins que je sache pourquoi mon héros veut se faire tuer. — Oh ! à toi je ne refuse pas de le dire. — Dis. — Eh bien ! suppose qu'au lieu d'être professeur de dialectique, Abeilard ait été soldat. — Après ? — Eh bien ! suppose qu'une balle... — Très-bien. — Tu comprends ! au lieu de se retirer au Paraclet, il aurait fait tout ce qu'il aurait pu pour se faire tuer. — Hum ! — Quoi ? — C'est rude. — Rude, comment ? — A faire avaler au public. — Puisque tu ne le lui diras pas, au public. — C'est juste. Par ma foi, je crois que tu as raison. Attends. — J'attends. — As-tu les *Souvenirs de la Révolution* de Nodier ? — J'ai tout Nodier.

Alexandre alla me chercher les *Souvenirs de la Révolution*. J'ouvris le livre, je feuilletai trois ou quatre pages, et enfin je tombai sur ce que je cherchais.

Un peu de Nodier, chers lecteurs, vous n'y perdrez rien. C'est lui qui parle :

« Les voleurs de diligences dont il est question dans l'article Amiet, que j'ai cité tout à l'heure, s'appelaient Leprêtre, Hyvert, Guyon et Amiet.

« Ces quatre hommes avaient été chargés de l'attaque d'une diligence qui portait quarante mille francs pour le compte du gouvernement. Cette opération s'exécutait en plein jour, presque à l'amiable, et les voyageurs désintéressés dans l'affaire s'en souciaient fort peu. Ce jour-là, un enfant de dix ans, bravement extravagant, s'élança sur le pistolet du conducteur et tira au milieu des assaillants. Comme l'arme pacifique n'était chargée qu'à poudre, suivant l'usage, personne ne fut blessé, mais il y eut dans la voiture une grande et juste appréhension de représailles. La mère du petit garçon fut saisie d'une crise de nerfs si affreuse, que cette nouvelle inquiétude fit diversion à toutes les autres, et qu'elle occupa tout particulièrement l'attention des brigands. L'un d'eux s'élança près d'elle en la rassurant de la manière la plus affectueuse, en la félicitant sur le courage prématuré de son fils, en lui prodiguant les sels et les parfums dont ces messieurs étaient ordinairement munis pour leur propre usage. Elle revint à elle, et ses compagnons de voyage remarquèrent que, dans ce moment d'émotion, le masque du voleur était tombé, mais ils ne le virent point.

« Leprêtre, Hyvert, Guyon et Amiet furent traduits devant le tribunal d'un département voisin. Personne n'avait souffert de leur attentat que le Trésor, qui n'intéressait qui que ce fût, car on ne savait plus à qui il appartenait. Personne n'en pouvait reconnaître un, si ce n'est la belle dame, qui n'eut garde de le faire. Ils furent acquittés à l'unanimité.

« Cependant la conviction de l'opinion était si manifeste et si prononcée, que le ministère public fut obligé d'en appeler. Le jugement fut cassé ; mais telle était alors l'incertitude du pouvoir, qu'il redoutait presque de punir des excès qui pouvaient le lendemain être cités comme des titres. Les accusés furent renvoyés devant le tribunal de l'Ain, dans cette ville de Bourg, où étaient une partie de leurs amis, de leurs parents, de leurs fauteurs, de leurs complices. On croyait avoir satisfait aux réclamations d'un parti en lui ramenant ses victimes; on croyait être assuré de ne pas déplaire à l'autre, en les plaçant sous des garanties presque infaillibles. Leur entrée dans les prisons fut en effet une espèce de triomphe.

« L'instruction recommença; elle produisit d'abord les mêmes résultats que la précédente : les quatre accusés étaient placés sous la faveur d'un *alibi* très-faux, mais revêtu de cent signatures, et pour lequel on en aurait trouvé dix mille. Toutes les convictions morales devaient tomber en présence d'une pareille autorité. L'absolution paraissait infaillible, quand une question du président, peut-être involontairement insidieuse, changea l'aspect du procès.

« Madame, dit-il à celle qui avait été si aimablement assistée par un des voleurs, quel est celui des accusés qui vous a accordé tant de soins? »

« Cette forme inattendue d'interrogation intervertit l'ordre de ses idées. Il est probable que sa pensée admit le fait comme reconnu, et qu'elle ne vit plus dans la manière de l'envisager qu'un moyen de modifier le sort de l'homme qui l'intéressait. « C'est Monsieur » dit-elle en montrant Leprêtre. Les quatre accusés, compris dans un alibi indivisible, tombaient de ce seul fait sous le fer du bourreau. Ils se levèrent et la saluèrent en souriant. « Pardieu, dit Hyvert en retombant sur sa banquette avec de grands éclats de rire, voilà, capitaine, qui vous apprendra à être galant. » J'ai entendu dire que, peu de temps après, cette malheureuse dame était morte de chagrin.

« Leur pourvoi fut rejeté; mais l'autorité judiciaire n'en fut pas prévenue la première. Trois coups de fusil tirés sous les murailles du cachot avertirent les condamnés. Le commissaire du directoire exécutif, qui exerçait le ministère public près des tribunaux, épouvanté par ce symptôme de connivence, réquit une partie de la force armée dont mon oncle était alors le chef. A six heures du matin, soixante cavaliers étaient rangés devant la grille du préau.

« Quoique les guichetiers eussent pris toutes les précautions possibles pour pénétrer dans le cachot de ces quatre malheureux, qu'ils avaient laissés la veille si étroitement garrottés et chargés de fers si lourds, ils ne purent pas leur opposer une longue résistance. Les prisonniers étaient libres et armés jusqu'aux dents. Ils sortirent sans difficulté, après avoir enfermé leurs gardiens sous les gonds et sous les verrous; et, munis de toutes les clefs, ils traversèrent aussi aisément l'espace qui les séparait du préau. Leur aspect dut être terrible pour la populace qui les attendait devant les grilles. Pour conserver toute la liberté de leurs mouvements, pour affecter peut-être une sécurité plus menaçante encore que la renommée de force et d'intrépidité qui s'attachait à leur nom, peut-être même pour dissimuler l'épanchement du sang qui se manifeste si vite sous une toile blanche, et qui trahit les derniers efforts d'un homme blessé à mort, ils avaient le buste nu. Leurs bretelles croisées sur la poitrine, leurs larges ceintures rouges hérissées d'armes, leur cri d'attaque et de rage, tout cela devait avoir quelque chose de fantastique. Arrivés au préau, ils virent la gendarmerie déployée, immobile, impossible à rompre et à traverser. Ils s'arrêtèrent un moment et parurent conférer entre eux. Leprêtre qui était, comme je l'ai dit, leur aîné et leur chef, salua de la main le piquet, en disant avec cette noble grâce qui lui était particulière : « Très-bien, messieurs de la gendarmerie! » Ensuite il passa

devant ses camarades, en leur adressant un vif et dernier adieu, et se brûla la cervelle. Guyon, Amiet et Hyvert se mirent en état de défense, le canon de leurs doubles pistolets tourné sur la force armée. Ils ne tirèrent point, mais elle regarda cette démonstration comme une hostilité déclarée : elle tira. Guyon tomba raide mort sur le corps de Leprêtre, qui n'avait pas bougé. Amiet eut la cuisse cassée près de l'aine. La *Biographie des Contemporains* dit qu'il fut exécuté. J'ai entendu raconter bien des fois qu'il avait rendu le dernier soupir au pied de l'échafaud. Hyvert restait seul : sa contenance assurée, son œil terrible, ses pistolets agités par deux mains vives et exercées qui promenaient la mort sur tous les spectateurs, je ne sais quelle admiration peut-être qui s'attache au désespoir d'un beau jeune homme aux cheveux flottants, connu pour n'avoir jamais versé le sang, et auquel la justice demande une expiation de sang, l'aspect de ces trois cadavres sur lesquels il bondissait comme un loup excédé par des chasseurs, l'effroyable nouveauté de ce spectacle, suspendirent un moment la fureur de la troupe. Il s'en aperçut et transigea : « Messieurs, dit-il, à la mort! J'y vais! j'y vais de tout mon cœur!
« mais que personne ne m'approche, ou celui qui m'approche, je le *brûle*,
« si ce n'est Monsieur, continua-t-il en montrant le bourreau. Cela, c'est une
« affaire que nous avons ensemble, et qui ne demande de part et d'autre que
« des procédés. »

« La concession était facile, car il n'y avait là personne qui ne souffrît de la durée de cette horrible tragédie, et qui ne fût pressé de la voir finir. Quand il vit que cette concession était faite, il prit un de ses pistolets aux dents, tira de sa ceinture un poignard, et se le plongea dans la poitrine jusqu'au manche. Il resta debout et en parut étonné. On voulut se précipiter sur lui : « Tout beau! Messieurs, cria-t-il en dirigeant de nouveau sur les hommes qui se disposaient à l'envelopper les pistolets dont il s'était ressaisi pendant que le sang jaillissait à grands flots de la blessure où le poignard était resté. Vous savez nos conventions : je mourrai seul ou nous mourrons trois, marchons. » On le laissa marcher. Il alla droit à la guillotine en tournant le couteau dans son sein. « Il faut, ma foi, dit-il, que j'aie l'âme *chevillée* dans le ventre! je ne peux pas mourir. Tâchez de vous tirer de là. »

« Il adressait ceci aux exécuteurs.

« Un instant après, sa tête tomba. Soit par hasard, soit par quelque phénomène particulier de la vitalité, elle bondit, elle roula hors de tout l'appareil du supplice, et on vous dirait encore à Bourg que la tête d'Hyvert a parlé. »

La lecture n'était pas achevée que j'étais décidé à laisser de côté *René d'Argonne* pour *les Compagnons de Jehu*.

Le lendemain je descendais, mon sac de nuit sous le bras.

— Tu pars? me dit Alexandre. — Oui. — Où vas-tu? — A Bourg-en-Bresse. — Quoi faire? — Visiter les localités et consulter les souvenirs des gens qui ont vu exécuter Leprêtre, Amiet, Guyon et Hyvert.

FIN DE LA CAUSERIE.

TABLE DES MATIÈRES

LES COMPAGNONS DE JEHU.

	Pages.
AVANT-PROPOS. — La ville d'Avignon	1

PREMIÈRE PARTIE.

I. — La table d'hôte	13
II. — Un proverbe italien	20
III. — L'Anglais	27
IV. — Le duel	32
V. — Roland	39

DEUXIÈME PARTIE.

I. — Morgan	51
II. — La Chartreuse de Seillon	56
III. — A quoi servait l'argent du Directoire	61
IV. — Roméo et Juliette	65
V. — La famille de Roland	68
VI. — Le château des Noires-Fontaines	72
VII. — Les plaisirs de la province	78
VIII. — Les amusements de la province	91
IX. — Les plaisirs de la province	96

TROISIÈME PARTIE.

I. — Le fantôme	100
II. — Les amusements de la province	105
III. — Le jugement	109
IV. — La petite maison de la rue de la Victoire	115

QUATRIÈME PARTIE.

I. — Une communication importante	118
I. — Le bal des victimes	127
III. — Guyon, Amiet et Leprêtre	135
IV. — En famille	138
V. — La diligence de Genève	142
VI. — Le rapport du citoyen Fouché	149
VII. — Le fils du meunier de Kericano	153
VIII. — La diplomatie de Georges Cadoudal	157
IX. — Propositions de mariage	181
X. — L'ambassadeur	185
XI. — Les deux signaux	191

CINQUIÈME PARTIE.

I. — La grotte de Céyzériat	197
II. — Buisson creux	206
III. — L'hôtel de la Poste	211
IV. — La malle de Chambéry	220
V. — La réponse de lord Greenville	224
V. — (Suite). — Le chercheur de piste	229
VI. — Une inspiration	234
VII. — Où les pressentiments de Morgan se réalisent	244
VIII. — Cadoudal aux Tuileries	252
IX. — L'armée de réserve	254
X. — Où Amélie tient la promesse faite à Morgan	256
XI. — Où Amélie tient sa promesse	264
XII. — La confession	274
XIII. — Où, si bien prises qu'elles soient, les espérances de Roland sont encore une fois trompées	277
CAUSERIE	284

CLASSEMENT DES GRAVURES

	Pages.
1. Combat de Georges Cadoudal et de Roland	en regard du titre.
2. Le duel	35
3. Le fantôme	103
4. Le jugement	114
5. Roland en Bretagne	157
6. La prière	176
7. La grotte de Ceyzériat	199
8. Le caveau des ducs de Savoie	204
9. Mort de Morgan	273

FIN DE LA TABLE ET DU CLASSEMENT DES GRAVURES.

LAGNY. — Typographie de A. VARIGAULT.

EN VENTE CHEZ LES MÊMES ÉDITEURS

Œuvres de Chateaubriand, nouvelle et riche édition, 20 vol. grand in-8° jésus, ornés de 100 gravures inédites sur acier.

Mémoires d'Outre-Tombe, par M. de Chateaubriand, nouvelle et riche édition grand in-8° jésus, 6 vol. ornés de 48 gravures inédites sur acier.

Œuvres de Chateaubriand, ancienne édition, 16 vol. grand in-8°, illustrés de 64 gravures sur acier.

Œuvres de Buffon, 10 demi-vol. in-8°, 100 gravures sur acier coloriées à la main, et le portrait de l'auteur.

Géographie universelle de Malte-Brun, revue, rectifiée et complétement mise au niveau de l'état actuel des connaissances géographiques, par M. CORTAMBERT, membre et ancien secrétaire général de la Société de Géographie, 8 forts tomes divisés en 16 vol., illustrés de 80 gravures et types coloriés; plus, de 8 cartes inédites et de 8 planches de cosmographie.

Histoire de France, édition de luxe, 6 beaux vol., 60 gravures.

Histoire de Paris depuis les premiers temps historiques, par J.-A. Dulaure, continuée jusqu'à nos jours par C. Leynadier, 8 vol., 150 gravures dont 50 coloriées à la main.

Histoire maritime de France, par M. Léon Guérin, historien titulaire de la marine, 8 vol. grand in-8°, 50 gravures sur acier ou plans.
Les quatre derniers volumes, qui comprennent les événements maritimes depuis 1789 jusqu'en 1857, se vendent à part.

Histoire de la dernière guerre de Russie, par Léon Guérin, 2 vol. grand in-8° jésus, divisés en 4 tomes, 12 gravures, 4 cartes et plans, le tout inédit et sur acier.

Les Héros du Christianisme à travers les Ages, magnifique ouvrage illustré de 48 splendides gravures sur acier. 4 parties de 2 vol. chaque.

Histoire de Napoléon III et de la Dynastie napoléonienne, par Paul Lacroix (bibliophile Jacob), 4 vol. illustrés de 40 gravures inédites sur acier.

La Collection de l'Echo des Feuilletons, 19 vol., 200 gravures sur acier, et 600 gravures sur bois.

Louis XIV et son siècle, par A. Dumas, 60 gravures, 240 vignettes, 2 vol. grand in-8°.

Histoire de Louis XVI et de Marie-Antoinette, par A. Dumas, 3 vol., 40 gravures.

Monte-Cristo, par A. Dumas, 2 vol. grand in-8°, 30 gravures sur acier.

Les Mousquetaires, par A. Dumas, 1 vol. grand in-8°, 33 gravures.

Vingt ans après, par le même, 1 vol., 37 gravures.

Le Vicomte de Bragelonne, par A. Dumas, 2 très-beaux vol. grand in-8°, 60 gravures.

Mémoires d'un Médecin, par A. Dumas, comprenant : *Joseph Balsamo, le Collier de la Reine, Ange Pitou* et *la Comtesse de Charny,* 6 volumes divisés en 12 tomes, ornés de 200 gravures inédites sur papier teinté chine.

Nouvelles Œuvres illustrées de A. Dumas, comprenant : *les Mohicans de Paris, les Compagnons de Jéhu, les Louves de Machecoul, le Page du duc de Savoie, Black, le Capitaine Richard, Journal de madame Giovanni, El Salteador, John Davys* et *Maître Adam le Calabrais,* 10 volumes ornés de 120 gravures sur papier teinté chine.

LAGNY. — Typographie de A. VARIGAULT.

www.ingramcontent.com/pod-product-compliance
Lightning Source LLC
Chambersburg PA
CBHW070529160426
43199CB00014B/2229